불평등은 어떻게 몸을 갉아먹는가

WEATHERING
Copyright ⓒ 2023 by Arline T. Geronimus
All rights reserved.

Korean translation rights arranged with Aevitas Creative Management,
New York through Danny Hong Agency, Seoul.
Korean-language edition copyright ⓒ 2025 by Dolbegae Publishers.

이 책의 한국어판 저작권은 대니홍 에이전시를 통해 저작권사와 독점 계약한
도서출판 돌베개에 있습니다. 저작권법에 의해 한국 내에서 보호를 받는 저작물이므로
무단 전재와 복제를 금합니다.

불평등은 어떻게 몸을 갉아먹는가	펴낸이	한철희
불공정한 사회, 스트레스, 그리고 위협받는 건강	펴낸곳	돌베개
	등록	1979년 8월 25일 제406-2003-000018호
	주소	(10881) 경기도 파주시 회동길 77-20 (문발동)
	전화	(031) 955-5020
알린 T. 제로니머스 지음	팩스	(031) 955-5050
방진이 옮김	홈페이지	www.dolbegae.co.kr
	전자우편	book@dolbegae.co.kr
2025년 3월 31일	블로그	blog.naver.com/imdol79
초판 1쇄 발행	페이스북	/dolbegae
	인스타그램	@Dolbegae79
	편집	김진구
	표지디자인	김민해
	본문디자인	이은정·이연경
	마케팅	고운성·김영수
	제작·관리	윤국중·이수민·한누리
	인쇄·제본	상지사 P&B

ISBN   979-11-94442-15-8 (03330)

· 책값은 뒤표지에 있습니다.

불평등은 어떻게 몸을 갉아먹는가

불공정한 사회,
스트레스,
그리고
위협받는 건강

알린 T.
제로니머스
지음

방진이
옮김

Weathering: The Extraordinary Stress of
Ordinary Life in an Unjust Society

발라보스타, 소저너, 힐 우먼,* 멘쉬,**
내 조부모 조지프 제로니머스와 애나 팔레이에프 제로니머스를
포함해 모든 존 헨리들에게,
이저도어와 애니 자르킨 몰드베옌과
내 부모 리프먼 H. 제로니머스와 미리엄 몰드베옌 제로니머스에게,
그리고 세계 곳곳에서 그들만큼이나 인종화되고,
억압당하고, 추방당하고, 소외당하고, 착취당하면서도
불굴의 의지로 맞서는 사람들에게 이 책을 바칩니다.

---

* 발라보스타는 166쪽, 소저너는 188~189쪽, 힐 우먼에 대해서는 190쪽을 참고하라. 모두 저자가 헌사를 바치는 여성들의 유형을 가리킨다.
** '좋은 사람'이라는 뜻이다. 본문에는 등장하지 않는 표현이다.

차례

서문　　　　　　　　　　　　　　　　　　　　　　　　　9

1부　　**배제, 마모, 그리고 버텨내기**　　　　　　　　　　29

1장　　열심히 일하고 규칙을 지키면 우리를 괴롭히는　　　35
　　　병으로부터 치유될 수 있을까?

2장　　스트레스와 인간의 생물학적 캔버스　　　　　　　63

3장　　스트레스 받는 유전자와 마모된 세포　　　　　　　97

4장　　위험에 빠진 산모와 영아　　　　　　　　　　　121

5장　　집단적으로 웨더링 견뎌내기　　　　　　　　　163

6장　　우리를 은밀하게 죽인다　　　　　　　　　　　197
　　　: 인종화된 사회적 정체성의 웨더링 효과

7장　　성공을 위해 애쓰다가 웨더링 당하기　　　　　237
　　　: 시스템에 맞서다가 노화되기

8장　　사회 정책과 흑인 가족생활에 대한 공격　　　　285

| 2부 | 앞으로 나아가는 길 | 321 |

| 9장 | 생심리사회적으로 생각하기
: 우리 주변의 은밀한 불평등에 대처하기 | 333 |

| 10장 | 전체론적으로 생각하기
: 부서, 구역, 결정요인별로 대응하는 관행에서 벗어나기 | 365 |

| 11장 | 억압받는 이해관계자를 지워서는 안 된다
: 우리 없이는 우리에 대해 아무것도 하지 말라 | 375 |

| 12장 | 공공보건 과학과 정책을 재편해
노동연령 및 생식연령 성인의 필요를 더 잘 반영하기 | 397 |

| 13장 | 우리 모두의 운명이 연결되어 있음을 깨닫기 | 423 |

감사의 말　　459
미주　　465
추천의 말　　507

일러두기
1. 페이지 하단의 각주는 옮긴이가 이해를 돕기 위해 단 것이다.
2. 구별과 강조 목적으로 쓰인 원서 본문의 이탤릭체는 고딕체로 바꿔 표기했다.

서문

1985년 8월, 미국 보건복지부는 8권에 달하는 보고서를 발간했다. 이 보고서는 "인종에 따른 건강 격차"라는 표현을 쓰면서 이런 격차가 길고 다양한 건강 결과 목록 전반에 걸쳐 얼마나 크고 일관되게 나타나고 있는지 그 충격적인 실상을 상세하게 기록했다. 보고서에서 다룬 건강 결과에는 심혈관질환, 암, 당뇨병, 저체중아 출생, 영아 사망률 등이 포함되어 있었다. 당시 보건복지부 장관 마거릿 헤클러Margaret M. Heckler는 보고서 서문에서 이런 조사 결과를 "꾸준히 향상되는 미국인의 건강 실적에 오랫동안 기나긴 그림자를 드리우고 있는 건강 격차 종식의 시작점"으로 삼아야 한다고 단호하게 말했다.¹ 보고서가 발간된 그해 미국 흑인 인구집단 전체의 기대수명은 69.3세, 백인 인구집단 전체의 기대수명은 75.3세였다.²

이 "실적"을 향상시키기 위한 노력의 일환으로 미국 보건복지부는 인종에 따른 건강 격차를 완화하고 해소하는 것을 미국의 최우선 국가 공공보건 목표로 삼았고, 이 최우선 목표를 10년마다 발행하는 『건강한 국민』Healthy People 보고서에서 거듭 언급했다. 『건강한 국민』 보고서는 1990년, 2000년, 2010년, 2020년 발행되었고, 각 보고서는 향후 10년간 추진할 공공보건 목표를 설정했다.³ 2010년의 목표는 2000년의 목표보다 야심찼고,

2020년의 목표는 2010년의 목표보다 야심찼다. 그러나 2000년의 목표도, 2010년의 목표도 달성하지 못했다. 목표 근처에도 가지 못했다. 선한 의도로 많은 노력을 들였음에도 불구하고 미국에서 인종에 따른 건강 격차는 수십 년 전이나 지금이나 변함없이 견고하고 심각하다. 심지어 1985년 헤클러 보고서가 발간된 이후 일부 건강 결과의 격차는 더 크게 벌어졌다.

1985년 보고서는 건강 격차와 관련된 통계자료와 그런 건강 격차의 원인을 밝히기 위한 연구 방향에 대한 제안으로 구성되어 있었다. 통계자료는 비非히스패닉 백인, 비히스패닉 흑인, 히스패닉, 미국 원주민/알래스카 원주민, 아시아계 및 태평양 섬 주민의 유병률 및 사망률을 비교했다. 이 분류는 미국 관리예산처의 요구에 따라 연방기관이 수집해야 하는 통계자료에 적용되는 기본 인종/민족 범주를 따랐다. 보고서 내용의 대부분과 보고서 발간 이후 진행된 정치적·과학적 논의는 흑인의 건강 격차에 초점이 맞춰졌다. 왜냐하면 흑인과 백인 간 건강 격차가 유독, 일관되게 컸기 때문이다. 그런데 이 보고서의 권고안에는 많은 것이 드러나 있다. 이 권고안은 당시 지배적인 관점에서 제시하는 흑인과 백인 간 격차를 설명할 수 있는 다음과 같은 논리들을 반영하고 있기 때문이다. 유전적 원인이 작용했을 것이다. 문화적 영향도 있을 것이다. 사회경제적 지위와 양질의 의료서비스에 대한 접근성에서 차이가 났을 것이다. 보고서의 주요 권고안의 기본 골자는 소수집단의 개인들에 대한 건강 교육을 확대해서 개인의 건강 행동을 개선해야 한다는 것이었다. 첫 번째 권고안의 도입부는 이렇게 시작한다.

미국의 비소수 인구집단과 소수 인구집단(흑인, 히스패닉, 아시아계/태평양 섬 주민, 미국 원주민)의 사망률 차이가 건강 교육이 이런 차이를 줄이는 데 어떻게 기여할 수 있는지를 조사해야 한다고 강권하는 이유다. 소수집단의 사망률이 지나치게 높은 원인과 관련이 있는 것으로 파악된 행동적·환경적 위험인자 중 많은 것이 통제 가능하므로 소수집단을 대상으로 그런 위험인자에 대해 교육하는 데 더 많은 관심을 기울여야 한다.[4]

1980년대에 이르자 미국 전체가 흡연, 고지방 내지 고콜레스테롤 식단, 점점 더 정적으로 변하는 생활양식 등 건강에 해로운 행동이 암과 심혈관질환 같은 만성질환 유발에 얼마나 관여하는지를 밝히는 것에 더욱더 집착했다. 만성질환은 백인에 비해 흑인이 과도하게 사망률이 높은 원인으로 지목되고 있다. 이런 관점에서 흑인이 백인에 비해 건강이 나쁜 것도 동일한 행동적 원인에서 비롯되었다는 추측이 당연한 결론으로 여겨졌을 것이다. 이런 결론을 바탕으로 건강이 나빠지는 원인에 관한 정보를 널리 알리는 것을 목표로 설계된 교육적 행동 변화 개입이 쏟아져 나왔고, 이와 관련된 자기계발 모임과 도서 시장이 폭발적으로 성장했다. 그리고 종래에는 미국에서 많은 흑인이 건강한 생활방식을 유지하려고 노력할 때 맞닥뜨리는 구조적 장애물에 대한 이해로 이어졌다. 낮은 소득, 건강한 식품의 지역 공급처 내지 안전하게 운동할 수 있는 공간의 부족, 담배와 술 등 건강에 해로운 제품의 표적 마케팅이 그런 장애물의 예이며, 재정 지원이 끊긴 거주 분리 지역에는 그런 장애물이 가득하다.[5]

또한 비난 내러티브blame narrative도 빼놓을 수 없으며 때로는 이를 "개인적 책임" 내러티브로 그럴듯하게 포장하기도 한다. 비난 내러티브, 즉 비난 논리 또는 비난 분석틀을 가장 열렬하게 지지하는 사람들은 단순히 흑인이 건강하게 먹지 않았다거나 적절한 운동을 하지 않은 게 문제였다고 주장한다. 한마디로 흑인이 건강해지기 위한 노력을 게을리했다는 것이다. 그들이 보기에는 보고서에서 발표한 자료에도 나오듯이 많은 건강 결과에서 흑인이 히스패닉보다 건강이 더 나빴다는 사실에 의해 사회적 원인은 배제된다. 두 집단 모두 다른 집단보다 특히 더 가난하며, 인종차별을 당했고, 당하고 있다.

그렇다면 인종이나 개인적 책임을 탓하는 자들은 어떻게 해야 건강 격차를 해소할 수 있다고 생각했을까? 흑인의 기대수명이 짧은 원인이 유전적인 것이라고 주장한 사람들은 건강 격차를 해소하기 위해 할 수 있는 것은 없어 보인다는 입장이었다. 비난 내러티브를 전적으로 믿는 사람들은 흑인이 패스트푸드를 먹고, 설탕덩어리 탄산음료를 마시고, 제대로 운동을 하지 않아서 기대수명이 짧아진 것이니 건강 정보를 제공하는 홍보 운동이 어느 정도 효과가 있을지는 모르겠으나, 시스템이나 규제를 통해 더 할 수 있는 것은 없다고 주장했다. 비난 내러티브의 관점에서 이 문제를 바라보는 사람들로서는 백인이 개인적으로 자제력을 발휘하면서 건강을 누릴 자격을 얻은 반면, 흑인은 자신이 한 선택들의 결과로 죽어가는 것이라면, 그런 결과가 부당하다고 호소하는 것은 설득력이 없었다. 비난 내러티브는 흑인의 건강 증진을 위해 미국인의 세금을 사용하는 데 필요한 정치적 의지를 약화시켰다. 많은 사람이 그렇게 하는 것이 오히려 부당하다고 생각했기 때문이다.

많은 전문가와 공공보건 종사자들은 당연히 그런 잘못된 억측이 비과학적이고 심지어 인종차별주의적이라고 지적하면서 반발했다. 그러나 왜 건강 격차가 발생하는가, 그리고 그런 건강 격차에 어떻게 대응해야 하는가라는 질문은 여전히 남아 있었다. 주류 사회는 그런 질문을 대체로 도외시했지만 말이다. 미국에서 흑인과 백인 모두 60대와 70대까지 너끈히 사는 시대에 두 집단의 기대수명이 6년 차이 난다는 사실이 권력집단의 관심을 끌기는 어려웠다.

더 나아가 애초에 흑인/백인 건강 격차가 존재한다는 사실 자체를 알지 못하는 사람이 많았다. 헤클러의 보고서가 이 문제를 다뤘고 이후 건강 격차에 관한 문헌이 많이 나왔음에도 불구하고 2009년까지도 미국 전역에서 실시한 여론 조사에 따르면 미국 성인 중에서 이런 건강 격차가 존재한다는 사실을 아는 사람은 절반에도 못 미쳤다.[6]

건강 격차가 얼마나 큰지, 그런 건강 격차로 인해 가장 고통받는 공동체에서 그것이 무엇을 의미하는지를 이해하는 사람은 그보다 더 적었다. 왜냐하면 평균 기대수명이 중요한 지표인 것은 분명하지만, 평균 기대수명만으로는 가장 소외된 공동체의 건강 현실을 파악하는 데 한계가 있기 때문이다. 예를 들면 미국의 흑인과 백인 간 평균 기대수명 차이가 노년기에는 몇 년 되지 않는다고 생각할 수 있지만, 뉴욕의 센트럴할렘, 로스앤젤레스 왓츠 지구, 시카고의 사우스사이드, 디트로이트의 이스트사이드 같은 극빈층 동네 흑인 청년의 건강 기대수명을 동일한 대도시 권역 부유한 동네의 동일 연령대 청년의 건강 기대수명과 비교하면 몇십 년이나 차이가 난다.

다른 많은 사람처럼 당신도 그런 몇십 년이라는 큰 차이가 살인, 에이즈, 약물 과다복용에서 기인한 것(모두 편리하게도 비난 내러티브에 속한다)이라고 반박하고 있다면, 실제로는 흑인 청년의 주된 사망원인이 만성질환이라는 사실을 알게 되었을 때는 어떻게 하겠는가? 심혈관질환과 암 같은 만성질환이 건강에 해롭다고 알려진 그 어떤 행동도 원인으로 지목할 수 없을 만큼 젊은 나이에 이미 흑인들을 죽이고 있다면? 센트럴할렘에 거주하는 흑인 중에서 특히 과도하게 많이 죽는 집단이 좋게 말해도 무책임하다, 나쁘게는 약탈적이라는 말을 듣는 청년이 아니라 노동계급의 30대, 40대, 50대 성인이라는 사실을 알게 되었다면? 더 나아가 애팔래치아와 같은 시골의 극빈곤층 공동체의 백인 또한 만성질환으로 일찍 죽거나 장애를 얻는 비중이 터무니없이 높다는 사실을 알게 되었다면? 물론 탄광 사고, 그리고 언론에서 떠들썩하게 다룬 마약성진통제 대유행opioid epidemic이 애팔래치아 지역에서 중요한 사망원인이기는 하다. 그러나 현재까지 가장 큰 사망원인은 만성질환이다. 또한 애팔래치아 지역과 애팔래치아 이외 지역의 건강 격차는 마약성진통제 대유행이 확산되기 전부터 존재했다. 그렇다면 도대체 무슨 일이 일어나고 있는 걸까?

이 주제에 내가 관심을 가지게 된 계기는, 그리고 내가 이 주제에 관한 기존의 이론과 추측을 뒷받침하는 사실 근거가 거의 없다는 것을 깨닫게 된 출발점은 학부 시절과 대학원 시절에 시작한 연구였다. 헤클러 보고서가 발간되기 몇 개월 전 나는 공공보건학 박사학위를 받았다. 내 박사학위 논문과 첫 발표논문은 미국의 영아 사망률 차이를 다뤘다. 당시 미국의 흑인 영아 사망률은 백인 영아 사망률에 비해 훨씬 더 높았다. 그리고 여전히 훨씬 더 높다. 나는 산모의 연령이 그런 영아 사망률 차이에 어떤 영향을 미치는지에 관심이 있었다. 지금도 굳건하게 유지되고 있는 당시의 통념은, 흑인 여성이 너무 이른 나이에, 즉 생식 기능이 완전히 성숙하기 전에, 또는 정신적·사회적으로 성숙하기 전에 출산을 하는 것이 흑인/백인 영아 사망률의 차이를 만들어내는 주요 원인이라는 것이었다. 1980년대부터 1990년대 중반까지 "십대 엄마"라는 유령이 대중이 신경 쓰는 많은 사회 문제를 맴돌고 있었다. 30년 내지 40년 전 당시, 첫 아이를 낳은 흑인 엄마 중 약 45퍼센트가 십대 때 아이를 출산했다. 십대 때 첫 출산을 하는 백인 엄마의 비율이 약 18퍼센트인 것과 비교하면 이것은 매우 높은 비율이다.[7] 그래서 통계를 더 면밀하게 검토하지 않은 상태에서는 십대 엄마가 압도적으로 많다는 점이 흑인/백인 영아 사망률 차이를 설명하는 핵심 논리가 되었다.

이런 관점은 개인적 책임 내러티브에도 딱 들어맞았다. 흑인 소녀들이 (실상은 아니었지만) 성적으로 문란하고 무모하게 행동하지만 않으면, 그 흑인 소녀들의 부모가 적절하게 감독하고 도덕 교육만 제대로 시켜도 십대에 임신하는 일도 없을 것이고, 영아 사망률도 급격히 떨어질 텐데. 이런 논리를 적용하면 자연스럽게 정부와 비영리기관은 십대 출산을 막는 공공보건 교육 프로그램을 시작해야 한다는 결론에 도달한다. 그런 프로그램이 실시된 수십 년 동안 공교롭게도 십대 출산도 급감했다. 현재 흑인 공동체에서 십대 때 첫 출산을 경험하는 비율은 16퍼센트에 불과하다. 백인의 경우에도 그 비율이 7퍼센트 아래로 떨어졌다.[8]

이런 변화가 영아 건강에는 어떤 영향을 미쳤을까? 기대와는 달리 십대의 출산이 줄었다고 해서 그에 비례해 영아 사망률 격차가 완화되지는 않았다. 오히려 심각한 저체중으로 태어난 신생아의 절대 비율은 증가했고, 흑인 산모가 출산한 영아의 사망률은 백인 산모가 출산한 영아의 사망률보다 약 2배 더 높다.[9]

흑인 산모가 출산한 영아의 사망원인에 관한 내 연구를 통해 밝혀진 내용은 기존의 주장과는 완전히 상반되었다. 흑인 여성의 경우 십대에 출산했을 때, 특히 십대 후반에 출산했을 때, 그보다 더 나이가 들어서 출산할 때보다 영아가 더 건강했다(그리고 흑인 십대 산모의 대부분이 십대 후반이었다). 흑인 여성 중에서 영아가 사망할 위험이 가장 적은 산모는 십대 산모였고, 20대부터 30대 초반으로 넘어가면 영아가 사망할 위험이 더 커졌다. 그렇다고 해서 이를 이유로 십대 출산을 옹호하거나 권장하려는 것은 결코 아니다. 오히려 이것은 흑인 여성의 경우 왜 산모의 연령이 20대 이상으로 올라가면 영아가 더 큰 위험에 노출되는지 그 근본적인 원인을 찾아야 한다는 것을 시사한다. 게다가 영아만 더 큰 위험에 노출되는 것이 아니다. 산모 자신도 더 큰 위험에 노출된다. 흑인의 모성 사망률도 백인 여성의 모성 사망률에 비해 산모의 연령이 올라갈수록 더 높아지고, 그 차이도 훨씬 더 커지기 때문이다. 이 현상에 대해서는 이 책 후반부에서 더 상세하게 다룰 것이다.

흑인 산모의 나이가 20대, 그리고 30대 초반으로 올라갈수록 왜 영아의 사망 위험이 내려가지 않고 오히려 올라가는지 이해하고자 연구를 계속해나가는 동안 나는 헤클러 보고서가 발표한 것보다 훨씬 더 우려스러운 흑인/백인 건강 격차에 관한 통계 데이터를 모으기 시작했다. 일반상식에 바탕을 둔 흑인/백인 격차의 원인에 관한 추측들 중에 내가 이후 점차 발견한 사실에 부합하는 것은 단 하나도 없었다.

내가 연구팀과 함께 『뉴잉글랜드 의학 저널』New England Journal of Medicine에 발표한 논문에서 우리는 재정 지원이 끊긴 극빈곤지역에서 45세 생일파티를 할 수 있을 정도로 오래 살 것으로 기대되는 흑인 청년의 수가 노인이 될 때까지 살 것으로 기대되는 미국 전체 백인 청년의 수보다 적다는 사실을 발견했다. 이렇듯 충격적인 차이가 나는 원인은 총이나 주삿바늘이 아니었으며, 특히 주목해야 할 점은 그런 차이가 나는 원인이 만성질환이라는 사실이다. 후속 연구에서는 극빈곤지역의 흑인 청년(또는 애팔래치아의 그와 유사한 극빈곤지역의 백인 청년)이 장애가 없는 채로 살아서 50세 생일을 맞이할 확률은 50퍼센트에 불과했다. 미국의 백인 청년 대다수는 자신이 장애 없이 살아서 50세 생일을 맞이할 것이라고 기대할 수 있을 뿐 아니라 그 이후로도 수십 년간 건강하게 살 것이다. 우리가 연구를 진행한 재정 지원이 끊긴 극빈곤지역 흑인 및 백인 집단에서는 중년까지 죽지 않고 살아남은 사람들도 생존 기간 중 최대 30퍼센트를 장애인으로 살았다.[10]

이런 연구 결과를 설명할 수 있는 논리가 필요하다. 이 청년들은 왜 만성질환과 장애에 그토록 취약한 것일까? 내가 지난 이삼십 년간 실시한 연구를 비롯해 다른 많은 연구들이[11] 이런 격차가 발생하는 근본원인에 대한 기존의 추측들을 반박하거나 복잡하게 만든다. 미국에서 가난한 흑인만큼이나 건강이 나쁜 가난한 백인 밀집지역이 존재하는데, 흑인/백인 간 견고한 건강 격차가 과연 대부분 유전적 원인에서 기인한다고 말할 수 있을까? 대학 졸업장이 있는 흑인이 중졸 학력의 백인보다 건강이 나쁘다면 인종적 건강 격차가 발생하는 이유가 흑인의 사회경제적 지위나 학력이 백인보다 낮기 때문이라고 말할 수 있을까? 이삼 년 더 기다렸다가 첫 아이를 가지기보다 20세 이전에 첫 아이를 가졌을 때 오히려 영아의 사망률이 낮아진다면 과연 십대에 아이를 출산하는 것을 무조건적으로 무책임하다고 비난할 수 있을까?

건강에 해로운 식단, 정적인 생활방식, 흡연, 알코올 및 약물 남용으로 인해 만성질환이 발병하기까지는 수십 년이 걸리는데, 이르면 이삼십 대에 얻은 만성질환이 사망원인이라면 어떻게 건강에 해로운 행동이 건강 격차의 원인이라고 말할 수 있을까? 실제로 미국에서 흑인은 백인보다 더 늦은 나이에 담배와 술을 시작한다. 계속해서 관련 연구들은 아무리 적극적으로 해석해도 개인의 행동 패턴은 소수집단의 과도한 사망률을 조금밖에 설명하지 못한다고 결론 내린다.

그렇다고 해서 안전하게 산책하고 운동할 수 있는 공원 등 녹지, 그리고 특히 저소득층 흑인이 많이 사는 식품 사막*에 공급되는 가격을 후려친 질 나쁜 식품 대신 건강에 좋은 과일과 채소 등을 살 수 있는 식품점과 농산물 직거래 시장처럼 건강한 생활방식을 유지할 기회에 대한 접근성을 모든 인구집단으로 확대하는 것이 바람직하지 않다고 주장하는 것이 아니다. 미국에서 백인들은 이런 것들을 당연한 듯 누린다. 그러나 그런 환경 개선에 계속 비난 내러티브와 개인적 책임 논리틀을 씌우면 실제로 흑인 지역사회의 환경이 개선된다고 해도 우리가 바라는 만큼 건강 격차가 완화되지는 않을 것이다.

---

* 신선한 음식을 구매하기 어려운 지역 또는 신선한 음식이 너무 비싼 지역을 의미한다.

인종과 계급에 따라 극명하게 갈리는 미국의 건강 격차의 원인을 이해하려면 기존의 논리틀에서 벗어나야 한다. 유전학, 개인의 건강 행동, 개인적 책임에 대한 집착이 우리 눈을 가려서 다른 가능성을 보지 못하게 만들었다. 빛이 비추는 곳이라는 이유로 가로등 밑에서 열쇠를 찾는 취객과 달리 우리는 우리가 찾는 답이 있을 가능성이 더 높은 곳은 없는지 스스로에게 물어야 한다.

나는 그런 곳이 있다는 것을 안다.

거의 40년 가까이 공공보건 분야를 연구하고 인종적·계급적 부당함injustice이라는 질문과 평생을 씨름한 끝에 나는 미국의 인구집단 간 건강 격차의 원인을 이해하고 이를 해소하는 데 있어서 내가 웨더링이라고 부르는 것이 핵심 열쇠라는 결론에 도달했다. 웨더링weathering은 인종, 민족, 종교, 계급 차별에 의해 공격당하는 소외된 지역사회에서 살아가는 사람들이 겪는 생리학적 작용을 포괄하는 과정이다. 웨더링은 한 인간이 인종차별주의적이고 계급주의적인 사회에서 자라고, 성장하고, 노화하는 동안 세포 단위에 이르기까지 온몸을 구석구석 괴롭힌다. 웨더링은 그 사람이 걸은 걸음 수, 흡연한 담배량, 복용한 마약성진통제의 양, 마신 술의 양, 섭취한 칼로리로는 측정할 수 없다. 학력 수준, 소득 수준이나 은행 잔고를 주된 척도로 삼아 측정할 수도 없다. 그렇다고 해서 정서적 절망감과 관련이 있지도 않다. 웨더링은 낙관적이고, 성실하고, 책임감이 강하고, 기술이 뛰어나고, 회복력이 좋은 사람들이 자신의 몸에 가해지는 지속적인 신체적 부담을 견디다 못해 죽어가는 것과 관련이 있다. 조작된, 착취적이고 모멸적인 시스템하에서 산다는 이유로 그들의 건강이 희생되고 있다.

웨더링에는 역동적인 생리학적·심리사회적 차원이 관여한다. 생리학적 차원은 흔히 심리사회적 차원에 의해 활성화된다. 이 책에서는 이 두 차원을 통합해서 **생심리사회적**biopsychosocial 차원이라고 부를 것이다. 또한 미국이 건강 형평성이라고 할 만한 상태에 도달하는 데 처참하게 실패한 이유가 다음과 같은 사실에 대한 전반적인 이해 부족에서 비롯된 필연적인 결과라고 설명할 것이다. 인종은 그 어떤 유효한 생물학적 범주에서도 근거를 찾을 수 없는 개념이다. 인종은 생물학적 허구, **발명품**이다. 권력자들이 피부색(또는 종교, 계급, 민족, 젠더, 성적 지향 내지는 성적 정체성)에 임의적인 구분선을 긋고는 자신들이 보기에 "틀린" 쪽에 서 있는 일부 사람들을 통제하기 위해 만들어낸 개념이다. 우리의 생각이 인종에 관한 민간의 지배적인 관념 안에 머문다면 문제의 근원을 결코 파악할 수 없을 것이다. 문제의 근원을 파악해야만 건강 형평성을 도모할 수 있다.

웨더링을 이해하려면 먼저 다문화 사회인 미국에서 **지배집단의 문화**와 **소외집단의 문화** 간 권력 차이와 심리사회적 역학관계를 이해해야 한다. 다문화 사회에서는 지배집단의 관행, 가치관, 언어, 상식이 그 사회에서 권위를 인정받는 지식이 된다. 그것이 보편적인 진실 내지는 실증적 진실인지 여부와는 무관하게 유효한 지식으로 여겨진다.[12] 미국에서 권위를 인정받는 노선은 계급의 존재를 부정하고 다양성에 대해 모호한 입장을 취하는 것이다. 이런 가치관과 관행의 주입은 역사적으로 물리력과 교만함을 무기로 삼은 권력에 의해 체계적으로 관리되었고, 지배집단의 제도적 통제권과 방대한 경제적 자원에 의해 유지되었다.

인종화는 지배문화가 그 사회의 집단들을 자원, 명예, 권력을 누릴 자격 내지 권리가 있는 집단과 없는 집단, 역으로 경멸, 처벌, 박탈, 낙인, 탄압, 착취를 받아 마땅한 집단과 그렇지 않은 집단으로 나누는 강력한 수단이다. 인종화된 집단과 인종 간 차이점이 웨더링의 핵심이다. 우리가 인종이라고 부르는 것 자체가 건강에 영향을 미치지는 않는다. 예컨대 어떤 사람이 흑인이라고 해서 건강이 나쁘기 쉬운 체질로 태어나지는 않는다. 사회가 특정 집단을 본질적으로 "무책임하다" "열등하다" "미숙하다" "태생적으로 위험한 작업에 적합하다" "신체 고통에 무감하다" "위협적이다"라고 규정하는 인종화가 그 집단의 건강을 손상시킨다. 그리고 이것은 지배집단과 소수집단 모두에게 익숙한 분류체계이다.

인종화는 한 집단에서 공통적으로 관찰되는 피상적인 신체적 특징, 혈통, 민족 기원을 바탕으로 사회적 정체성을 만들어낸다. 인종화된 집단 안에는 그런 분류를 자신의 주된 정체성으로 받아들이는 사람도 있고, 받아들이지 않는 사람도 있다. 또한 그들은 다른 특징을 기준으로 삼으면 얼마든지 각기 다른 집단으로 분류될 수도 있는 사람들이다(인종화된 집단 내에서도 젠더나 성 정체성처럼 마찬가지로 눈에 띄는 차이점이 존재한다. 또한 백인 여성과 흑인 여성이 살아낸 경험에 차이점이 존재하듯이 지위, 권한, 사회적 역할 기대에 따른 교차적 차이도 존재한다.)[13] 일단 인종화된 집단은 그 집단에 대한 탄압, 착취, 배제를 당연한 것으로 만드는 방향으로 묘사될 수 있다. 동일한 분류체계에서 권력집단의 구성원은 더 우월하고, 책임감 있고, 자격이 있는 것으로 묘사된다. 이렇듯 깊이 스며든 우월성과 열등성, 권력과 탄압이라는 사회적 역학관계로 인해 인종화된 집단은 어느 지점에서 갈

라져서 각각 더 길거나 더 짧은 기대수명으로 이어지는 건강 궤적에서 권력집단과는 다른 갈림길로 보내진다. 건강 격차 종식이라는 이제는 널리 공유되고 있는 헤클러 전 장관의 야심을 실현하기 위해서는 건강 격차에 대한 우리의 이해, 그리고 접근 방식을 재편해서 적극적이고 지속적인 인종화에 의해 발생하는 웨더링의 영향을 함께 고려해야 한다.

미국인에게 인종이라는 개념은 흔히 흑인성 또는 백인성을 떠올리게 만든다. 또한 인종차별주의는 흔히 반흑인 편견과 동의어로 취급되며, 특히 미국의 반흑인 편견은 견고하고 유해하다. 그러나 인종화는 유동적이다. 초기 미국 원주민과 멕시코인을 대상을 한 적대적 인종화는 토지 강탈, 인종 학살, 미국 원주민 아이들을 가족과 떨어뜨려 학대가 자행되는 기숙학교에 보내는 강제분리 정책에 힘을 실어주었다. 원주민 아이들을 납치한 명백한 의도는 원주민 부족의 문화를 말살하고 원주민 아이들이 자신의 가족 및 부족과 의미 있는 사회적 유대관계를 형성하지 못하게 하는 것이었다. 원주민 청소년의 "문명화"(미국 원주민 부족은 15세기에 콜럼버스가 신대륙에 도착한 후로 줄곧 "야만인"으로 인종화되었다)로 포장되고 미화된 이런 납치 관행은 17세기 중반에 시작되어 20세기까지도 계속되었다. 당시 강제로 기숙학교로 보내진 많은 미국 원주민이 오늘날에도 생존해 있는데, 그들은 여전히 당시에 받은 학대와 정신적 충격에서 벗어나지 못하고 있다.

일본계 미국인의 적대적 인종화는 제2차 세계대전 중에 심화되어 미국 정부가 일본계 미국인을 강제수용소에 보내는 것이 정당한 조치로 여겨지는 지경에 이르렀다. 마찬가지로 그런 강제수용소에서 인격 형성기를 보낸 많은 일본계 미국인이 오늘날에도 생존해 있다.

19세기부터 20세기 초까지 무자비하게 인종화되고 착취당하고 배척당한 중국 이민자들은 21세기 초입에는 "소수집단의 모범"으로 칭송받기까지 했다.[14] 그런데 그런 일시적인 집행유예에도 불구하고, 코로나19에 "중국 바이러스"라는 악의적인 오명이 붙자 모든 아시아계 미국인이 일부 비아시아계 미국인에 의해 폭력적인 혐오범죄의 목표물이 되었다.[15] 2001년 9·11사태 이후 무슬림에 대한 혐오와 의심이 급격히 치솟은 것도 거의 즉각적인 인종화를 잘 보여주는 또 다른 사례다.[16]

흑인성과 백인성조차도 유동적이다. 역사적으로 백인성이라는 우산 속으로 초대받은 인구집단은 시간이 지나면서 조금씩 달라졌는데, 이것만 봐도 백인성의 경계가 얼마나 임의적인지를 알 수 있다. 예를 들어 아일랜드인, 이탈리아인, 동유럽 유대인이 20세기 초중반에 미국으로 이민했을 때는 이분법에서 "흑인"에 가까운 것으로, 또는 "흑인"에 속하는 것으로 분류되었다. 이들 집단이 1950년대 무렵부터 이분법에서 "백인"에 가까운 것으로 재분류되는 데 성공했다는 사실 또한 잘 알려져 있다.

또한 북서유럽계 청교도 백인우월주의 문화에서 북서유럽계 청교도 후손 중 일부 집단을 "화이트 트래시"white trash나 "힐빌리"hillbillies라고 부르면서 적대적 인종화와 착취의 대상으로 삼은 것도 인종이 허구라는 추가적인 증거다. 만약 인종이라는 개념이 생물학적 진실이라면 이런 계급 구별과 인종 구별의 융합은 일어날 수 없다. 그러나 그런 융합은 일어날 수 있으며, 실제로도 일어난다. 유동적이지 않은 것은 미국 역사 전반에 걸쳐 현실로 유지된 구조적인 반反흑인 인종차별주의다. 다만 지난 100년간 그것이 발현된 구체적인 모습과 합법성 여부는 변화를 겪었고, 어떤 면에서는 상당히 개선되었다.[17]

많은 학자, 저술가, 활동가가 구조적인 인종차별주의가 야기한 물질적, 교육적, 법적, 정치적, 환경적 불의에 대해 말했다. 나는 이 공적 담론에 중요한 퍼즐조각, 내가 내 학자 경력을 바친 진실을 추가하고자 이 책을 썼다. 그 진실이란, 인종화를 비롯한 문화적 탄압의 양식들을 지탱하는 이데올로기, 예컨대 인종차별주의, 계급주의, 성차별주의, 연령주의, 외국인혐오, 동성애혐오는 단순히 경제적으로 풍요로운 지역과 재정 지원이 끊긴, 환경적으로 유해한 지역으로 사람들의 거주지를 분리시키는 데 그치는 게 아니라 사람들의 건강에 실질적이고 측정가능한 중대한 영향을 미친다는 것이다.

내 연구에 따르면 미국 사회에 만연한 인종차별주의적, 계급주의적 이데올로기가 정도의 차이는 있을지언정 모든 **경제 계층**에서 유색인종의 신체적·정신적 건강을 갉아먹는 생물학적 작용을 활성화한다. 특히 당혹스러운 아이러니는 어느 정도 사회경제적 안정성을 확보하거나 상향 사회이동에 성공한 흑인은 그런 성공으로 인해 건강에 별도의 추가적인 타격을 받는다는 사실이다. 그런 흑인은 자신의 안녕을 실질적으로 위협하는 인종차별주의를 가장 적극적으로 대면하며, "성실하게 일하면서 규칙을 따른다"는 미국의 핵심가치관의 화신으로 살아간다. 웨더링은 인종적 건강 격차가 왜, 어떻게 경제 계층 구분선을 무시하고 모든 계층에서 일어나는지를 설명한다. 나는 다양한 형태로 자행되는 인종화 내지 계급 탄압으로 명백하게 고통을 받았거나 고통받고 있는 백인, 흑인, 라틴계 인구집단의 건강 이력을 연구했다. 웨더링 분석틀을 적용하면, 이를테면 애팔래치아의 빈곤지역 거주 백인과 도심 거주 흑인의 주변화가 어떻게 서로 연결되어 있는 동시에 차별화되는지를 알 수 있다.

　우리는 모두 각자 자신이 자란 시간과 장소의 산물이다. 나의 경우에는 민족차별과 인종차별, 그리고 누가 어디에, 언제, 왜 속하는가라는 질문의 네온사인이 평생 내 눈앞에서 깜빡이고 있었다. 인종 대학살을 피해 미국으로 온 동유럽 이민자의 손주인 나와 내 자매들은 유럽에서 러시아 코사크 기병, 그리고 이후에는 독일 나치에 의해 학살당한 가족들의 이름을 물려받았다. 보스턴 대도시 권역에서 자란 내가 다닌 학교에는 아일랜드계 미국인 1세대들도 있었는데, 그 친구들의 부모는 젊은 시절 상점들이 직원을 구한다는 공지에서 "아일랜드인은 받지 않는다"고 강조했다는 얘기를 여전히 했다. 반면에 미국 독립혁명의 딸들 Daughters of the American Revolution의 후손들도 있었는데, 그런 친구들은 7학년이 되면 우리가 다니는 공립학교를 떠나 엘리트 사립학교나 기숙학교로 옮겼다.

　민권운동은 내 어린시절에서 큰 부분을 차지한다. 루비 브리지스Ruby Bridges가 백인만 다니는 윌리엄 프란츠 초등학교에 걸어 들어갔을 때, 그녀는 나와 비슷한 또래였다. 나는 루비 브리지스의 등교 장면을 TV로 지켜봤다. 그녀는 작고 혼자였지만, 차분하고 품위가 있었다. 그녀의 주위에는 두세 명의 연방요원들이 배치되어 있었다. 소리를 지르면서 루비를 에워싼, 성난 군중으로부터 루비를 보호하기 위해서였다. 나는 불 코너Bull Connor가 개를 풀어서 흑인 아이들을 공격하고 그 아이들을 향해 물대포를 쏘아대는 걸 지켜봤다. 내 유년기에는 늘 죽음의 그림자가 드리워져 있었다. 유럽에 남은 친척들의 죽음, 살아 있는 친척들이 몸소 보여준 상실과 트라우마, 미국 대통령과 유력한 미국 대통령 후보의 피살, 민권운동 지도자와 평화적 시위 참가자들의 죽음, 미국 정부가 배후에서 조작한 흑인 인권운동가의 자택 폭파 사건, 매일 밤 발표되는 미군 사망자 수와 그보다 더 많은 베트남인 사망자 수. 심지어 우리 집안에도 죽음이 맴돌았다. 내가 아직 어릴 때 어머니는 비교적 젊은 나이에 암으로 돌아가셨다.

가족, 이웃, 국가에서 내가 점하는 위치, 내가 자란 역사적 순간으로 인해 내 연구는 주로 미국의 흑인/백인 이분법, 그리고 빈곤, 노동계급 고용, 부에 의해 만들어진 계급 차이와 이민자에 대한 외국인혐오가 유발하는 웨더링에 초점이 맞춰져 있었다. 또한 자연스럽게 그런 것들이 교차하는 지점과 그런 것들이 젠더와 교차하는 지점에도 주목했다. 웨더링을 경험하는 것은 사회적 정체성 집단만이 아니다. 내가 연구한 웨더링의 구체적인 양상은 명백하게 미국에서 관찰된 것이지만, 생물학적 웨더링은 전 세계 어느 나라에서든 문화적으로 불평등한 다문화 사회에서 일어날 수 있는 일이고, 실제로도 일어난다. 내가 이 점을 강조하는 이유는 왜 이 책에서 특정 소외집단을 집중적으로 다루는지 설명하기 위해서다. 또한 웨더링이 모든 억압당하고, 소외당하고, 착취당하는 집단의 구성원들이 겪는 인간의 신체 작용이라는 사실을 명확하게 밝히기 위해서다.

현재의 웨더링 연구자들은 각자 자신의 다양한 개인적 출신 배경에 따라 웨더링의 적용 범위를 다른 소외집단으로 확장하고 있다. 예를 들어 젊은 동료 학자들 및 제자들과 지속적으로 진행하는 공동연구에서 우리는 성소수자 공동체LGBTQ+community에 적합하지도 않고 그런 공동체를 환영하지도 않는 사회와 제도에 속한 채 살아가는 미국 트렌스젠더의 신체에 가해지는 타격이 계속 축적되며, 그래서 그들이 자신의 건강으로 그 대가를 치르고 있다는 증거를 발견하고 있다. 미국에서는 출생시에 남성으로 분류된 흑인 트랜스젠더 여성과 이분법적 성 구분을 거부하는 사람들nonbinary people이 가장 큰 타격을 받고 있는 것처럼 보인다.[18] 당신이 어느 공동체에 속하건 웨더링이라는 관념이 깊이 와 닿는다면 이 책이 당신에게 웨더링이라는 관념을 다른 인구집단과 시공간에 적용할 기회를 활짝 열어주는 문이 되기를 바란다.

나는 역사가도 문화인류학자도 아니다. 다만 나는 동유럽 유대인 이민자, 노동계급 출신임을 자랑스럽게 여기도록 가정교육을 받았고, 시간이 지나면서 인종화가 변동하는 방식을 보여주기 위해 내 어린 시절 그리고 내 부모와 조부모의 이야기를 활용한다. 동유럽 유대인이 인종 대학살과 탄압을 피해 처음 미국으로 이민 왔을 때, 그들은 청교도 주류집단뿐 아니라 그들보다 먼저 미국에 온 서유럽 유대인에게도 멸시를 당했다. 나는 이것이 내 선조에게 그리고 궁극적으로는 나 자신에게 어떤 영향을 미쳤는지를 생생하게 기억한다. 내 개인적인 일화는 내가 직접 살아낸 경험에서 나왔다.

또한 나는 공공보건학 분야에서 연구하고 가르친 수십 년의 경험을 토대로 이 책을 썼다. 그러나 과학은 우리의 이해를 넓혀주는 만큼이나 혼란도 일으킨다. 이것은 어떤 과학 분야도 마찬가지이지만, 특히 생물학적 인종이라는 허구와 연관된 분야는 더욱 그러하다. 또한 인종, 문화, 생물학을 결합하는 과학이야말로 가장 위험한 과학이라 할 수 있을 것이다. 나는 사회 정의, 연민, 사회 변화라는 근본적으로 도덕적인 문제를 과학적 관점에서 접근할 때 어떤 부작용이 발생할 수 있는지 잘 알고 있다. 당연히 모든 해석은 온전히 나의 것이다. 나는 과학자이므로 진지한 비판, 논쟁, 대안 가설의 검증을 환영한다. 그러나 그동안 인종과 건강에 관한 거짓된 정보가 허위임을 입증하는 작업들이 너무나 오랫동안 문화적으로 차단되었다.

상식처럼 떠도는 말이 있다. 늘 하던 대로 하면 늘 서푼 내로 거두게 된다. 진정으로 건강 형평성을 이루기를 원한다면 이미 오래전에 기존의 접근법이 문제가 있다는 것을 인정하고 새로운 증거기반 접근법으로 노력의 방향을 돌렸어야 했다. 현재 미국의 시스템하에서는 우리 모두가 건강 격차를 정당화하고 심화하는 주요 신화와 인종차별주의적 이데올로기의 진실을 꿰뚫어보고 그런 신화와 이데올로기를 거부하지 않는 한, 일부에게는 과도한 혜택을 주고 나머지 사람들에게는 과도한 짐을 지우는 것이 원칙으로 고수될 것이다. 건강 형평성 연구 분야의 붙박이 정원사로서 내 노동의 결실을 바친다. 부디 내 관점이 새로운 내러티브와 새로운 이해의 불씨를 틔워서 건강 형평성으로 가는 새로운 길을 열 수 있길 바란다.

1부

배제, 마모, 그리고 버텨내기

우리는 그리스도가 고난을 당했듯 우리도 고난당해야 한다는 말을 늘 들어왔다.
그러나 나는 다윗이 무엇을 해야 했는지를 떠올린다.
다윗은 양치기 소년이었지만,
살아생전에 골리앗을 쓰러뜨려야 하는 때가 오고야 말았다.

— 패니 루 헤이머Fannie Lou Hamer[1]

미국에서 우리는 매일 한 무더기의 사람들이 인종화된 사회적 정체성이라는 시련에 의해 길고 활력 넘치는 삶을 살 기회를 빼앗기는 것을 속수무책으로 지켜본다. 출생이라는 우연한 사건이 우리를 사회적으로 대우받는 집단에 배정하는가, 아니면 소외당하고 멸시당하는 집단에 배정하는가에 따라 우리의 기대수명이 달라질 수 있다. 이것은 단순히 명확한 경제적 결정요인들을 통해서만이 아니라 천천히 주입되는 인종과 개인적 책임에 관한 은밀한 관념을 통해서도 일어난다. 우리가 문화의 일부로 가장 소중하게 여기는 신념 중 일부가 그런 해악을 활성화하거나 심화한다.

주변화된 사회적 정체성에는 필연적으로 따르는 결과들이 있다. 사회적으로 규정된 집단의 구성원이 대접받고, 환영받고, 인정받고, 문화적으로 의미 있는 방식으로 자신의 삶을 살 수 있는지, 아니면 "타자화"되거나 지배집단에 의해 착취당하는지에 따라 그 구성원들의 신체적 웰빙, 노화 속도, 기대수명이 크게 달라진다.

타자화되고 폄하당한 집단의 구성원은 인정받기 위해 고군분투하거나 강력한 역풍에 맞서 성공해야만 하고, 그 과정에서 일련의 생리학적 경로가 만성적으로 활성화되어 심혈관질환, 암, 가속 노화, 면역체계 약화, 기타 생명을 위협하는 위험인자들에 취약해진다. 이런 생리학적 작용을 촉발하는 방아쇠는 그런 작용이 개인의 몸 안에서 일어나는 것임에도 불구하고 사회적이고 역동적이다.

따라서 웨더링은 스트레스와 관련이 있는 생물학적 과정으로, 사회적 정체성 집단에 속한 미국인들을 죽음으로 몰고 가거나 실제 나이상 노인이 되기 훨씬 전에 만성질환과 장애에 시달리게 만든다. 웨더링을 통해 주변화된 인구집단의 구성원들은 빨리 늙는다. 미국적 사회계약, 즉 미국적 신조American Creed*를 아무리 잘 지켜도, 또는 최신 행동과학에서 제시하는 건강한 행동을 아무리 잘 실천해도 말이다. 심지어 때로는 그런 신조를 잘 지키고, 건강한 행동을 잘 실천하기 때문에 빨리 늙는다.

나는 이 과정을 웨더링이라고 명명하기로 했다. 왜냐하면 웨더링이라는 단어가 동어반의어contronym, 즉 모순된 의미들을 담고 있는 단어이기 때문이다. 웨더링weathering은 침식이나 마모를 묘사할 때 사용할 수 있다. 예컨대 "그 돌은 수십억 년에 걸친 지질학적 과정에 의해 마모되었다." 그러나 또한 힘과 끈기를 의미하기도 한다. 예컨대 "그 가족은 경제 불황을 잘 견뎌냈다."

---

* 미국의 국가 정체성의 기원이라고 주장되는 저항적 프로테스탄티즘에서 파생된 인간의 존엄성, 자유, 평등, 정의, 개인주의 등의 핵심 가치를 일컫는다. 그중에서도 여기서는 저항적 프로테스탄티즘에서 강조하는 근면한 삶과 그것을 통한 부의 축적을 신의 은총으로 간주하는 노동 윤리를 의미한다. 미국적 신조의 대표적인 대중 관념이 '아메리칸 드림'이다.

건강과 노화와 관련해서는 두 가지 의미가 모두 적용될 수 있다. 왜냐하면 소외집단에 씌워지는, 그들이 사악하고 역량이 부족하고 그 집단에서는 가족이 정상적으로 작동하지 않는다는 온갖 고정관념과 비난에도 불구하고, 소외집단은 불리한 환경과 조건에 맞서 서로를 돌보는 인적 네트워크를 만들어내기 때문이다. 그 네트워크에는 친지와 친구도 포함되며, 그들은 서로를 지원하기 위해 최선을 다한다. 정부의 안전망이 전무한 상태에서 이런 네트워크는 소외집단 구성원들이 자신이 살아가는 사회가 만든 폭풍을 견디게 해준다.

1부에서는 웨더링이라는 생리학적 침식 작용의 사회적 원천과 생물학적 기전을 세밀하게 설명한다. 처음에는 지배집단의 문화가 인종을 분류하고 차등화해서 위계질서를 강제적으로 부여한다. 어떤 소외집단을 들여다보아도 그 안에 속한 개인들 간에는 엄청난 이질성이 존재하는데도 말이다. 그러나 일단 그 구성원들이 이 "인종" 내지는 저 "계급"에 속한다고 결정되면 그 소외집단에 속한 사람들의 운명은 실제로 연결되어버린다. 좋든 싫든 이런 모욕적인 낙인찍기의 효과는 그들의 건강부터 소득에 이르기까지, 교육부터 일자리에 이르기까지, 거주지부터 사법적 처우에 이르기까지 모든 것에 불리하게 작용한다. 또한 소외집단이 일단 본질적으로 단일하고 열등한 집단으로 규정되면 그런 결합 집단에서 자동적으로 파생되는 정체성만이 아니라 구성원 각자의 개인 정체성마저도 지배집단의 내러티브 안에서는 배제되거나 폄하된다. 이제 물질적으로 운명이 연결되어버린 소외집단 구성원들은 살아남고 인정받기 위해 집단적 전략을 구축하고 그런 전략에 투자해야 한다. 그런 전략을 통해 사회적·경제적인 지원과 개인적·문화적인 인정을 확보하는 한편, 탄압을 견디고, 살아내고, 극복하겠다는 희망과 의지를 지속적으로 표출한다.

아무리 그것이 일상이라고는 해도, 잔인한 생물학적 운명의 장난에 의해 폄하된 집단의 구성원이 되어 인종차별주의, 계급주의, 기타 집단 주변화의 이데올로기에 대응하고 버티기 위한 행위를 반복적으로 실행해야 하는 사람들의 경우에는 (불공평한) 보상을 받기 위해 그야말로 영웅적인 힘을 발휘해야 하고, 신의 성실하게 노력할 때조차도 여전히 수모를 견뎌내야 한다. 그리고 이런 상황은 웨더링을 심화한다. 더 나아가 지배문화 내러티브가 그들의 노력을 배제하거나 왜곡하고 낙인찍는 동안, 불공정함을 해결하겠다고 나선 지배집단의 선한 사마리아인은 너무나 자주 효과가 없거나 심지어 파괴적인 정책을 추진하곤 한다. 최선의 시나리오에서는 웨더링을 다소 완화하는 효과가 있을 수도 있지만, 또한 웨더링을 증폭할 수도 있다. 1부에서는 이런 잔인한 사회구조와 그런 사회 구조가 촉발하는 인체의 생물학적 과정, 그리고 그런 사회 구조와 생물학적 과정이 장기적으로 건강을 손상시키는 결과를 낳는 웨더링 작용의 조건들에 대해 설명한다.

1장

열심히 일하고 규칙을 지키면
우리를 괴롭히는 병으로부터
치유될 수 있을까?

2020년 봄에서 살아남은 사람은(살아남지 못한 사람이 많다) 누구나 수백 년간 너무나 많은 미국인이 익숙해졌고 권력을 쥔 자들이 외면한 현실을 직시해야 했다. 죽음은 불공평하다. 어떤 사람에게는 아직 때가 되지 않았는데 일찍 찾아온다. 그리고 그렇게 일찍 죽는 사람들 중에 유색인종, 노동계급, 소외집단 구성원의 비중이 압도적으로 높다는 사실은 결코 우연의 산물이 아니다.

　2020년 봄, 우리는 코로나19와 처음 만났다. 코로나19는 치명적인 신종 바이러스로, 전 세계가 지난 한 세기 중 최악의 팬데믹을 겪었다. 코로나19 사태가 발생한 뒤 첫 2년 동안 미국에서만 100만 명이 목숨을 잃었다. 가장 큰 타격을 입은 사람들 다수가 우리가 필수 노동자라고 부르는 사람들이었다. 물론 보건 분야와 전문 의료인도 방역의 최전선을 지켰지만, 공공서비스직 종사자들도 이 세계가 멈추지 않고 계속 돌아갈 수 있도록 스스로를 위험에 노출시켜야 했다. 필수 노동자는 디트로이트의 흑인 버스기사 제이슨 하그로브Jason Hargrove 같은 노동계급과 유색인종의 비중이 압도적으로 높다. 2020년 4월 2일, 하그로브가 코로나19로 사망하자 디트로이트 시장 마이크 더건Mike Duggan은 하그로브를 위해 영웅에게 걸맞은 장례식을 치르면서 기자들에게 "그는 자신의 목숨이 위험해질 수 있다는 것을 알면서도 디트로이트 시민을 위해 매일 일하러 나갔다. 그리고 이제 그는 세상을 떠났다."[1]

잠시 시간을 내서 제이슨 하그로브에 대해 조금 더 알아보자. 제이슨 하그로브의 페이스북 프로필을 살펴보면 디트로이트 공공버스 로고가 그려진 모자와 마스크를 쓰고 운전석에 탄 그의 사진이 나온다. 그 사진에는 이런 해시태그가 달려 있다. #CoronaVirus[#코로나바이러스], #ICannotStayHome[#집에머물수없다], #I'mOnTheRoad4U[#당신을위해도로를달린다]. 이런 해시태그는 자신의 일을 하는 것만으로도 감수해야 하는 위험, 매일 도로로 나가 스스로를 위험에 노출시키는 것 외에는 선택지가 없는 현실, 그리고 마지막으로 자신이 공공서비스직 근로자라는 자각으로 인해 그가 느끼는 두려움을 잘 보여준다.[2] 2020년 3월 21일, 코로나19로 사망하기 2주 전, 하그로브는 동영상을 찍어서 자신의 페이스북에 올렸다. 그는 마스크를 쓰지 않은 채로 버스에 탄 승객이 입도 가리지 않고 계속해서 기침을 했다고 설명했다.[3]

우리 공공서비스 종사자들은 여기 나와서 자신에게 주어진 일을 하고 있습니다. 가족을 부양하기 위해 정직하게 돈을 벌기 위해서요. 그런데 당신이 그렇게 버스에 올라타서 입도 가리지 않고 기침을 여러 번 해대면, 게다가 당신도 한창 팬데믹이 진행 중인 걸 알 텐데, 그런 걸 보고 있으면 어떤 사람들은 정말이지 아무 생각이 없다는 걸 알게 됩니다. (…) 이건 실제 상황이에요. 저는 여기 나와 있어요. 우리는 여기 나와 있어요. 도시를 돌면서 왕복하고 있어요. 우리에게 주어진 일을 하려고 애쓰고 있고, 그

일을 프로답게 해내려고 최선을 다하고 있어요.

그는 이 영상에서 분노와 두려움 둘 다를 표출하지만, 그는 그 여자 승객과 다른 승객들이 모두 버스를 내리기 전까지 그런 분노와 두려움을 절대 입 밖으로 내지 않았다고 명확하게 밝힌다.

이걸로 사람들이 죽어나가고 있어요. 그런데도 나는 그들이 요구하는 대로 프로답게 행동하려고 노력하고 있습니다. 그래서 입을 다물고 있었죠.

그 승객을 위협하거나 훈계조차 하지 않았다는 점을 분명히 한 뒤에 그는 또한 집에 가면 유니폼을 벗어서 세탁기에 넣고 샤워를 마친 후에 아내와 아이들에게 가겠다고 아내를 안심시킨다. 자신이 매일 마주해야 하는 위협으로부터 가족들을 지키기 위해서다.

자신이 정직하고, 성실하고, 책임감 있는 가장이며, 자신과 자신의 승객들을 위험에 노출시킨 승객이 있어도 입을 꾹 다물고 아무 말도 하지 않으려고 최선을 다했다는 점을 명확히 한 후에야 하그로브 씨는 호소한다.

그러나 어느 시점이 오면 선을 그어야 합니다.

제이슨 하그로브에게는 그 시점이 지나버렸다. 영상을 찍은 지 나흘 뒤에 그는 코로나19에 걸렸다는 진단을 받았다. 그리고 그로부터 1주일 뒤에 사망했다. 하그로브가 어떻게 코로나바이러스에 감염되었는지는 쉽게 추측할 수 있지만, 우리는 왜 50세 남성이 최선을 다해 예방조치를 취했음에도 불구하고 그토록 일찍 죽음을 맞이해야 했는지, 애초에 그가 왜 죽어야만 했는지 자문해야 한다.

3월 15일 코로나 증상이 발현되었을 때 병원에서 그를 받아주지 않았다는 사실도 불리하게 작용했을 것이다. (다만 이것은 흑인이 의료적 조치를 구할 때 일반적으로 받는 대우와 별반 다르지 않다.) 그러나 그게 전부는 아닐 것이나. 왜냐하면 이 낭시에는 코로나에 대한 효과적인 대처법이나 치료법이 없었기 때문이다. 따라서 병원에 입원했다고 해서 그가 살았을 것이라고는 확신할 수 없다.

나는 그가 그토록 빠르게 코로나에 굴복한 이유가 가족을 부양하는 근면성실한 노동계급 흑인이 마주하는 일상의 현실에 있다고 믿는다. 그리고 우리는 그가 끊임없이 스트레스 요인에 맞닥뜨렸다는 증거를 찾을 수 있다. 그의 동영상에는 그가 큰 짐을 지고 있었다는 점이 너무나 명백하게 드러난다. 그는 자신의 존재가치와 자기조절력 둘 다를 입증해야 한다는 부담을 느끼고 있었다. 그리고 그런 입증 과정을 거친 후에야 누군가가 자신에게 기침을 한 것에 대해 지극히 타당한 불만을 제기하는 모습에 마음이 아팠다. 그는 자신이 위협적이거나 충동적인 사람으로 보이지 않도록 조심하는 것이 필수적인 상황에 익숙해 보였다. 분명 그가 디트로이트와 같이 구조적으로 인종차별주의적인 사회에서 살았기 때문일 것이다. 그런 곳에서는 흑인 남성을 고정관념으로 환원해버려서 경찰관을 비롯해 "법을 지키는" 다른 시민에게 죽임을 당할 수 있는 대상으로 만드는 경우가 자주 발생하기 때문이다. 조지 플로이드George Floyd를 떠올려보라. 그는 제이슨 하그로브가 사망한 지 2개월도 채 되지 않았을 때 경찰관에 의해 살해당했다. 경찰관은 9분 30초 동안 무릎으로 플로이드의 목을 눌렀고, 자신을 에워싼 세 명의 경찰관에게 전혀 위협이 될 리 없는 플로이드는 "숨을 쉴 수가 없어요"를 28번 반복하다가 돌아가신 엄마를 불렀다.

하그로브가 노동계급 흑인 남성은 동료 시민들이 자신에게 무죄추정의 원칙을 적용해줄 것이라고 아예 기대조차 할 수 없는 사회라는 맥락에서 그 영상을 자기 보호를 위해, 더 나아가 전략적인 의도로 찍었으리라는 것을 쉽게 짐작할 수 있다. 대다수 흑인처럼 그는 남들이 자신을 어떻게 바라보는지 늘 촉각을 곤두세우고 경계하도록 단련되어 있었을 것이고, 그래서 공공 영역에서 그에 맞춰 자신의 사회적 정체성을 관리했을 가능성이 높다.

그러나 그런 경계 상태를 지속적으로 유지하는 데는, 합리적인 분노를 계속 억누르는 데는 그만한 신체적 대가가 뒤따른다. 하그로브의 영상에서 그가 그날 일어난 일에 대해 이야기하는 동안 눈썹의 땀을 계속 훔치고 스웨터 앞섶을 열면서 열을 식히는 모습이 눈에 띌 것이다. 이런 불안증의 징후는 생리학적 스트레스 반응이 과부하에 걸렸다는 것을 의미한다. 그리고 그런 일련의 생리학적 스트레스 반응은 다음 장에서 설명하는 영향들을 몸에 미친다. 영상에서 관찰되는 스트레스 반응은 그가 자신의 업무를 수행하는 동안, 심지어 단순히 디트로이트 거리를 걸으면서 경험한 첫 스트레스 반응이 결코 아닐 것이다. 부정적인 인종차별주의적 선입견과 고정관념에 따른 추정을 헤쳐나가는 일은 기력을 소진시킨다. 그리고 신체에 손상을 입힌다. 이런 것이 웨더링이라는 현상에 속한다.

제이슨 하그로브처럼 우리는 각자 광범위한 사회 계층화 과정을 거치면서 젠더를 부여받고 인종적으로 분류된 행위자가 되어 우리의 사회경제적 지위, 삶, 건강에 무수히 많은 방식으로 엄청난 영향을 미치는 문화적 내러티브 안에서 살아간다. 이 내러티브는 팬데믹 기간 중에 누군가에게는 재택근무를 할 수 있는 자유를 주고, 누군가에게는 자신의 존재가치와 자신이 위협적인 존재가 아니라는 사실을 입증한 뒤에야 승객이 자신을 향해 기침을 한 사실에 불만을 토로하도록 규제한다. 그리고 우리 중 타자들에게 그들의 건강을 해치고 웨더링을 심화하는 심리적·신체적 부담을 반복적·지속적으로 감내하도록 강요한다.

웨더링

제이슨 하그로브와 같은 흑인은 아무리 성실하게 일하고, 사회의 규칙을 지키기 위해 주의를 기울여도 다른 가난한 노동자나 문화적으로 주변부로 밀려난 사람들처럼 웨더링에 시달린다.

웨더링은 생리학적 스트레스 반응이 여러 해에 걸쳐, 최종적으로는 수십 년에 걸쳐 반복적 내지 지속적으로 활성화되어 생기는 결과다. 이는 한 개인의 건강과 기대수명이 유전적 특징이나 생활방식보다는 그 개인의 경험, 다른 사람과의 상호작용, 물리적 환경에 더 크게 좌우된다는 것을 의미한다. 소외집단에 속하지만 비교적 경제적으로 여유 있는 구성원들은 돈으로 살 수 있는 주택, 교육, 건강한 음식, 의료서비스를 통해 웨더링의 악영향을 줄이거나 완화할 수 있을지는 몰라도 완전히 제거하지는 못한다. 억압받는 집단의 구성원이 대학교, 근교 주거지, 전문직 직장과 같이 상대적으로 유리한 환경에 합류하는 데 성공하면 오히려 노화를 가속화하는 방아쇠가 더 잘 작동하기도 한다. 그런 환경은 백인이 압도적 주류를 차지하며, 역사적으로 흑인을 배제하기 위해 설계된, 그래서 흑인의 필요는 거의 고려하지 않고 설계된 환경일 때가 많기 때문이다. 제이슨 하그로브와 같은 노동계급 흑인의 이야기를 듣고, 백인에 비해 흑인이 코로나바이러스로 사망할 확률이 2배 이상 높다는 명백한 사실을 접한 미국인 대다수는 이전까지 못 본 척했던 것들을 더 이상 못 본 척할 수 없게 되었다.

물론 흑인의 몸에 가해진 가장 명확한 인종차별주의적 공격은 언론에서 떠들썩하게 다룬 죄없는 젊은 흑인 남성과 여성의 살해이고, 2020년 5월 조지 플로이드 살인사건도 여기에 해당한다. 이에 대한 반응으로 '흑인의 목숨도 소중하다'Black Lives Matter 시위가 미국 전역을 휩쓸었고, 기존에 흑인 집단의 우려를 무시했던 많은 사람들의 지지를 얻었다. 2020년 6월에 실시된 설문조사에서 미국인의 76퍼센트가, 그리고 백인의 71퍼센트가 미국에서 인종차별주의와 인종차별이 '심각한 문제'라고 답했는데, 이것은 5년 전에 비해 26퍼센트 높아진 수치다. 또한 설문에 응한 과반수가 미국 전역의 '흑인의 목숨도 소중하다' 시위대의 분노가 매우 정당하다고 답했다.[4]

흑인의 분노. 매우 정당하다. 수십 년의 세월이 지나는 동안 처음으로 많은 사람이 구조적 인종차별주의의 끔찍한 현실을 인정했다. 역사적 관행, 확고부동한 지배문화 신념, 전통적 지혜,

"일반상식"에 기대어 백인으로 분류된 집단에 사회적·경제적 특권을 몰아주는 동시에 흑인에게는 기회, 자원, 인격을 박탈하거나 축소하는 현실을. [터무니없게도, 트렌스젠더 여성이 2020년에는 44명이나, 그리고 2021년에는 거의 60명이나 살해당했는데(최고 기록이고, 그중 대다수가 유색인종이었다), 거의 알려지지도 않았고 대중으로부터 격분이나 공감을 불러일으키지도 못했다. 이 또한 죽음이 불공평하다는 사실을 보여준다.]5

그러나 2020년 여름 무렵에는 미국인들 사이에 반x흑인 인종차별주의를 종식하는 것이 시급한 문제라는 폭넓은 공감대가 형성되었다. 이런 폭넓은 지지를 바탕으로 "다마스쿠스 순간*으로 가는 길"을 통해 글로벌 공동체를 구축하고 그 공동체가 바라는 정의에 한층 더 가까워질 수 있을까? 아니면 사람들은 곧 잊어버릴까? 아니면 더 나쁘게는 흔히 그런 순간들에 뒤따르는, 그리고 인종이라는 허구를 근거로 계급 격차를 합리화하는 정치경제에 반기를 들지 않는, 부적절하고 재정 지원이 뒷받침되지 않는 얄팍한 정책안들이 쏟아져 나오는 것이 모든 문제를 해결하기에 충분한 해법이라고 판단하게 될까?

---

* Damascus moment. 그리스도인들을 박해하던 사울이 다마스쿠스로 가는 길에 예수의 제자가 된 사건에서 비롯된 개념으로, 자신의 삶의 목적을 명확하게 깨닫게 되는 인생의 전환점을 의미한다.

에이지워싱**

우리 사회에서 가장 선한 의도를 지닌 사람조차도 후자와 같이 판단하기 쉬울 것이라고 우려하는 데는 그럴 만한 이유가 있다. 생명, 죽음, 건강이라는 문제에 대해 우리가 에이지워싱을 당하고 있기 때문이다. 에이지워싱은 구조적 인종차별주의나 계급차별주의와 문화적 탄압이 소외집단 구성원의 몸을 손상시키는 웨더링을 유발한다는 사실을 무시한 채, 그 원인을 다른 곳에서 찾는 사고방식을 설명하고자 내가 개발한 용어다. 우리 서구사회는 획일적이고 보편적인 성장과 노화 주기가 있으며, 급성 바이러스 감염, 유전 관련 질환, 사고로 인한 때이른 죽음을 제외하면, 적당히 절제하면서 식단, 운동, 생활방식에서 의사가 권하는 건강에 이로운 선택들을 하는 한 모든 사람이 길고 건강한 삶을 누릴 수 있다고 믿는 경향이 있다. 성장과 노화에 관한 이런 관점은 개인적으로 책임 있게 살고 건강 관리 수칙을 준수하고 건전한 시민으로 살아갈 때 우리의 나이가 질환과 죽음에 대한 취약성을 정확하게 예측하는 변수가 된다고 상정한다.

우리가 제이슨 하그로브와 조지 플로이드의 사례와 같은 때이른 죽음을 예외로 보는 한 그런 죽음은 에이지워싱된 우리의 신념을 전혀 흔들지 못한다. 그런 사례는 단순히 지금까지 알려진 바가 없는 치명적인 바이러스에 감염된 운 나쁜 사례, 단 한 명의 부패한 경찰관을 잘못 만나서 생긴 비극적인 사례에 머물게

** age-washing. 사람들이 건강한 생활방식을 유지할 수 있을 만큼 교육받고 풍요로워지면 인구 간 건강 및 수명 차이가 없어질 것이라고 가정하는 사고방식을 말한다. 이러한 가정은 소외되거나 주변화된 집단의 건강 문제를 개인 책임으로 돌리는 결과를 초래할 수 있다.

된다. 구조적인 인종차별주의를 인식하기 시작할 때조차도, 적어도 그런 구조적인 인종차별주의의 가장 낮은 가지에 달린, 가장 잘 보이는 과실을 알아보기 시작할 때조차도, 우리가 그런 신념을 고수하는 것 또한 기대수명 격차를 유지시킨다.

예를 들어 이른바 필수 노동자가 일의 성격상 코로나19 바이러스에 노출될 확률이 더 높고, 따라서 코로나19에 과도하게 높은 비율로 감염될 것이라는 점은 산술적으로 명백하게 알 수 있다. 제이슨 하그로브와 같은 버스기사가, 코로나 환자의 체액·배설물·시체를 다루는 간호조무사, 병원 잡역부, 청소부가, 미국 남부 및 중부 시골의 환기 시설이 열악하고 비좁은 도축장과 육가공 공장에서 일하는 생산직 노동자가 하나같이 코로나19 유병률이 높고, 따라서 사망률도 높다는 사실에 놀라는 사람은 없을 것이다. 또한 그런 사람들 중에 흑인의 비중이 압도적으로 높다거나 도축장과 육가공 공장 노동자의 경우에는 라틴계 비중이 압도적으로 높다는 사실에도 크게 놀라지 않을 것이다. 유색인종을 코로나바이러스에 과도하게 높은 비율로 노출시키는 노동시장 세분화는 그 자체로 구조적 인종차별주의가 구체적으로 발현된 현상이다. 우리는 이 사실을 안타깝게 생각할 수는 있어도 그것이 해결해야 하는 문제라는 생각은 좀처럼 하지 않는다.

물론 코로나19 바이러스에 특정 집단이 과도하게 높은 비율로 노출되었다는 사실로도 코로나19 바이러스 감염률의 집단 간 격차를 어느 정도 설명할 수 있다. 그러나 코로나19 바이러스에 더 많이 노출되고, 그에 따라 감염률이 더 높다는 이유만으로는 왜 50대였던 제이슨 하그로브 같은 노동계급 집단과 유색인종 집단이, 특히나 청년층과 중년층에서 코로나로 사망할 확률이

2배 이상 높은지는 충분히 설명하지 못한다. 코로나19로 사망할 인구학적 위험요인 중 가장 확실한 것은 고령이다. 백신과 치료제가 등장하기 이전에도 코로나19에 걸린 청년 환자의 90퍼센트 이상이 경증 내지 중등도의 증상을 보였다. 아예 증상이 없는 경우도 있었고, 자택에서 회복했다.[6]

그런데 왜 팬데믹 초기부터 소외집단, 즉 흑인과 라틴계만이 아니라 미국 원주민과 가난한 시골의 백인 집단의 청년층과 중년층이 경제적으로 부유한 백인 집단의 청년층과 중년층보다 코로나19에 걸렸을 때 더 심한 증상을 보이고 코로나19로 사망할 확률도 더 높았을까? 이 질문의 답은 더 큰 질문의 일부이기도 하다. 왜 감염병 발병이든 심혈관질환, 고혈압, 당뇨병 등 노화와 관련이 있는 만성질환의 조기 발병이든, 그런 집단들이 20대와 60대 사이에서 미국인 평균과 가장 큰 건강 격차를 보이는 것일까?[7] 코로나19 팬데믹 기간 중에는 건강 격차가 더 선명하게 드러났다. 단순히 코로나19로 인한 흑인의 사망률이 백인의 사망률보다 2배 이상 높은 것이 전부가 아니었다.[8] 다음과 같은 통계치를 살펴보자. (그리고 앞으로 이보다 훨씬 더 많은 통계치를 보게 될 것이다.) 흑인 산모는 백인 산모에 비해 분만 중 사망률이 거의 3배 정도 더 높다.[9] 30대 중후반인 흑인 산모의 경우에는 그 수치가 훨씬 더 암울해서 동일 연령대의 백인 산모에 비해 분만 중 사망률이 5배나 더 높다.[10] 그런데 노동연령working-age과 생식연령reproductive-age은 고위험기인 영유아기, 아동기, 청소년기는 넘긴 한편, 노화로 인해 가장 심각한 위험에 노출되는 시기는 아직 시작되지 않았기 때문에 생애주기에서 가장 건강한 시기라고 알려져 있다.

이것은 충격적인 수치이며, 이런 데이터를 접하면 사람들은 놀라움과 당혹감을 표현한다. 일반적으로 개인적 책임과 "건강한" 선택이 힘차고 활기 넘치는 삶으로 이어지고 그런 삶이 80대 내지 90대, 심지어 100세까지도 충분히 연장될 수 있다고 강조하는 에이지워싱 주문에 들어맞지 않기 때문이다. 우리는 현재의 의학기술과 과학지식에 비추어볼 때 누구든지 무사히 노년을 맞이할 수 있다고 믿는다. 1990년대 후반에 저명한 노화 인구학자인 고故 제임스 보펠James Vaupel은 다음과 같이 낙관적인 전망을 펼쳤다. "오늘 살아 있는 대다수 사람에게는 장수가 실현 가능성이 매우 높은 운명이다. (…) 앞으로 세대가 지날수록 더 늙은 나이에 더 건강하게 살 것이다. [현재의 청년들은] 95세나 100세까지 살 것이다. 왜냐하면 그들은 80세에도 매우 건강하고 활발하게 활동하며 살 것이기 때문이다."[11]

언론 보도에 따르면 보펠의 예언조차 현재에 와서는 다소 보수적이었던 것으로 보인다. 2015년 장밋빛 입술의 금발 아기가 『타임』 매거진 표지를 장식했다. 표지에는 다음과 같은 문구가 적혀 있었다. "이 아기는 142살까지 살 수도 있다."[12]

우리는 수년간 이런 에이지워싱 메시지의 폭격을 받았다. 이렇듯 피부색 차이를 고려하지 않는 일반화는 미국과 같이 인종-의식, 계급-의식이 작동하는 사회에서는 건강이 단순히 운이나 개인의 선택이나 책임의 문제가 아닌 현실을 완전히 무시한다.

흑인의 목숨도 소중하다는 논의가 재점화되고 합당한 논리로 한창 전개되던 2015년 마틴 루터 킹의 날 아침, 전 세계의 많은 소수집단 및 소외집단이 당하는 인종차별주의적인 사건과 선입견에 관한 시사 뉴스들이 내 페이스북 피드를 채우고 있었다.

그때 한 게시물이 내 눈을 사로잡았는데, 고정관념이라는 단어가 등장한 유일한 글이었다. 그런데, 그 글을 제대로 읽어보니 그것은 블라디미르 야코블레프Vladimir Yakovlev의 행복한 나이 사진 프로젝트Age of Happiness photo project를 다룬 기사였다.[13] 61세인 폴 댄서, 78세인 전라의 비건 보디빌더, 72세인 DJ, 80세인 스탠드업 코미디언, 96세인 활강 스키선수 등 거의 백인으로 채워진 사진들을 아우르는 제목은 "60-이 60세 이상 노인들은 나이에 관한 당신의 고정관념을 깰 것입니다"였다. 나는 이 게시물이 꾸준히 유포되는 미디어 내러티브의 일부임을 간파했다. 이 내러티브는 대중문화가 베이비부머 세대가 50대에 접어들기를 기다린 지난 20년간 점점 더 힘을 얻고 있다. 『뉴스위크』와 『타임』과 같은 언론 매체부터 PBS와 NPR 같은 방송 매체에 이르기까지, 언론 매체들은 하나같이 베이비부머가 앞으로 노화를 재규정할 방식을 예측하면서 찬미하기 시작했다. 그렇게 편안한 밤과 수면의 시간으로 얌전히 들어가기보다는 새로운 방향으로 요란하게 나아가는 길을 택하겠다고, 새로운 모험을 떠나고 몸과 영혼을 위한 새로운 도전과제를 맞이하겠다고 선언한 것이다.

2000년 『뉴스위크』 기사에서 다룬 케이트를 예로 들어보자.

케이트가 49.5세가 되었을 때 50이라는 숫자가 케이트를 괴롭히기 시작했다. "나는 그렇게 늙은 사람이 되고 싶지 않아요." 케이트는 심리학자로 샌프란시스코에 거주한다. "거의 반백 살인 거잖아요." 1월, 그 무시무시한 날을 맞이한 케이트는 50세 생일을 그동안 자신의 삶에서 마음에 들지 않았던 것들을 바꿀 기회로 여기기로 마음먹었다. 케이트는 세 가지 결심을 했다. 걱정 덜

하기, 덜 바쁘게 지내면서 자신을 위한 "여유를 더 많이 확보"하기, 더 대담해지기. 간략하게 정리하면, 홀로 트레킹과 자전거 여행을 정기적으로 다니던 20대와 30대 때의 자신에 더 가까운 사람이 되기로 했다. 그해 8월 그녀는 아프리카로 가서 서아프리카 춤에 대해 더 배울 것이다. 그것은 그녀가 오래전부터 계획했던 꿈이다.[14]

스케이트보드를 즐기는 "다시 태어난" 샌프란시스코의 베이비부머들과 50세 생일을 첫 문신과 할리스 오토바이로 기념하는 중부 미국인들에 대한 대중화된 이미지는 적어도 80대까지는 건강하게 활동적인 삶을 영위하지 못할 이유가 없으니 그것은 선택의 문제라는 메시지를 전한다. 그것은 선택의 문제라고 말이다. 실제로 2000년 『뉴스위크』의 특별기획 기사 「당신의 황금기로 가는 방법」은 50대를 바라보는 베이비부머를 향해 "노쇠와 활기찬 노년 사이에서 선택할 수 있는 시간이 아직 남아 있지만, 그런 선택의 시간이 많이 남지는 않았다"[15]고 훈계한다. 2015년 『타임』의 기사도 그런 잔소리를 재차 반복한다. 노화에 대해 다룬 기사에서 최신 "과학"을 요약정리하면서 기자는 이렇게 말한다. "장담하건대 당신은 당신이 선택하는 만큼만 늙습니다."[16] 이 말에 깔린 메시지는 당신의 노화 과정이 순조롭지 않게 진행되고 있다면 그것은 오직 당신 탓이라는 것이다.

그런 낙관주의를 떠받치고 있는 것은 기술에 대한 무조건적인 신뢰, 나이와 건강의 상관관계에 대한 발달적 관점의 무비판적 수용, 그리고 소외집단이 살아내는 경험과 그들 앞에 놓인 면역 반응 이상으로 가는 건강 궤적에 대한 특권층의 무관심이다.

"설탕덩어리 케이크를 먹게 내버려두지 말라"는 미국의 이데올로기는 우리 대다수에게 건강한 선택지가 얼마든지 있고, 그런 건강한 선택지들이 우리가 건강을 유지할 수 있는 근본적인 이유라고 전제한다. 현실에서는 그런 선택지들이 이미 건강에 이로운 많은 건강 특권들이 주어진 가운데 자연스럽게 얻는, 있어도 그만 없어도 그만인 장식품에 불과하다. 그런 선택지가 없는 사람들의 경우에는 건강한 선택을 뒷받침할 수 있는 자원 부족이 문제인 것으로 여겨진다. 그런 선택지가 없는 사람들의 대부분을 차지하는 것은 흑인이며, 미국 원주민, 멕시코 이민자, 이른바 힐빌리로 불리는 가난한 백인, 성소수자, 빈곤한 노동계급 등 기타 소외집단도 여기에 속한다. 그런데 자원 부족은 유일한 문제도, 심지어 최악의 문제도 아니다. 소외집단의 구성원 중에서 부와 명예를 얻은 구성원은 특권층의 공간에 비집고 들어가는 데 성공하고 모든 건강한 생활습관을 선택할 기회를 가졌음에도 불구하고 여전히 놀랍도록 높은 비율로 장애를 얻고 이른 나이에 죽음을 맞이한다. 소외집단의 구성원은 교육이나 돈으로도 웨더링에서 완벽하게 벗어날 수 없는 것이다.[17]

지난 세기에 몇몇 건강지표가 향상되면서 에이지워싱 내러티브는 오로지 강화되기만 했다. 미국에서 1900년에 태어난 사람의 기대수명은 48세였다. 1930년이 되면 기대수명이 59세로 올라간다. 2010년에는 위생 개선과 같은 공공보건 조치들, 생의학 및 기술 발달, 그리고 흡연, 식이, 운동이 건강에 미치는 영향에 대한 이해가 높아진 덕분에 기대수명이 무려 78세에 달하게 된다.[18] 오늘날 점점 더 많은 미국인이 건강하게 사는 것을 당연하게 여기고, 더 오래 활동적인 삶을 살 것이라고 기대한다. 그렇게 기대할 수 없는 사람들이 있다는 사실, 실은 소외집단에 속한 수백만 명의 사람들은 그렇게 기대할 수 없다는 사실은 대체로 간과되고 있다. 2019년에 발간된 『뉴요커』에서 애덤 고프닉Adam Gopnik은 마치 미국에서 모든 사람이 누리는 현실인 양 노화 과정을 다음과 같이 묘사했다. "수십 년간 내적 변화의 기미는 거의 느끼지 못한 채 중년에 도달했지만 아주 살짝 느려졌을 뿐이다. 이름 하나가 생각이 안 나거나 허리가 아프거나 흰머리와 눈가 주름이 조금씩 나타나는 식이다."[19] 이런 묘사는 고프닉의 글을 읽는 중년 이상 고학력 백인 독자에게는 대체로 공감을 얻겠지만, 나머지 다수에게 이것은 그들이 살아가는 현실이 아니다.

내 연구를 포함해 많은 역학조사와 인구조사가 지난 수십 년간 밝혀낸 바에 따르면 미국인의 다수가 나이상 노년기에 접어들기 훨씬 전에 장애를 얻거나 사망한다. 한 사람의 건강 상태와 노화 속도는 사회집단별로 천차만별이다. 기대수명이 끝없이 늘어날 거라는 보펠의 확신과는 반대로 모든 사람의 건강과 기대수명이 끝없이 나아지지는 않는다. (실제로 팬데믹 이후 미국에서는 기대수명이 줄어들었다. 팬데믹이 발생하기 이전에도 미국의 노동계급에서는 기대수명이 정체되거나 줄어들고 있었다.) 의학 발달과 건강한 생활습관의 보편화에도 불구하고 건강한 기대수명의 사회경제적 격차의 정도는 줄어들지 않고 있다. 오히려 그 반대다. 최근 몇십 년 동안 그 격차는 점점 벌어지고 있다.[20] 그리고 이런 전반적인 격차가 점점 벌어지는 주된 원인은 주로 노화와 관련이 있는 심혈관질환과 암, 그리고 현재는 코로나19이다. 도시 빈곤층에서는 총이나 주삿바늘, 가난한 시골 지역사회에서는 마약성진통제가 주된 원인이라고 짐작할지도 모르겠지만, 아니다.

　100세까지 사는 사람은 여전히 드물다. 다만 이것도 인종, 계급, 젠더에 따라 천차만별이다. 나와 내 동료들은 2000년에 그해의 사망률이 계속 유지된다고 가정했을 때 도시의 빈곤지역 흑인 청소년 중 오직 10퍼센트만이 85세에도 살아 있을 것으로 기대된다고 추정했다. (다만 그로부터 시간이 지난 현재의 사망률은 2000년의 사망률보다 높아졌다.) 또한 부유한 근교 지역의 백인 청소년의 50퍼센트가 85세에도 살아 있을 것으로 기대된다고 추정했다. 부유한 근교 지역의 백인 청소년이 가장 오래 사는 집단이었다.[21] 미국인 중에 100세까지 사는 사람은 여전히 굉장히 드물며, 142세까지 사는 것은 순수하게 이론적 명제다. 그렇다 하더라도 『타임』 편집자들이 표지에 금발 아기를 내세운 것은 완벽하게 이해할 만하다. 왜냐하면 누군가 142세까지 산다면, 그것은 흑인, 라틴계, 미국 원주민 아이보다는 백인 아이일 가능성이 훨씬 더 높기 때문이다.

에이지워싱의 왜곡과 웨더링의 현실 비교하기

엘리트 학계에서 주목하는 중요한 과학적 질문은 이것이다. 신체가 계속 순조롭게 굴러가는 기간의 생물학적 한계는 어디인가? 85세, 95세, 100세, 142세? 그에 반해 왜 특정 소외집단에서는 그런 웰빙 상태가 연장되지 않는가 하는 점에는 충분히 주목하지 않는다. 현대 미국인은 중년, 심지어 노년에 들어서서까지 건강하고 활기찬 삶을 살 수 있다는 관점과 흑인, 라틴계, 미국 원주민, 노동계급, 가난한 도시 및 시골의 백인은 대부분 그런 삶을 살지 못하는 현실을 명백하게 보여주는 증거를 어떻게 동시에 받아들일 수 있을까? 내 연구를 비롯해 엄청난 수의 연구에 따르면 흑인과 애팔래치아 백인들의 건강이 20대부터 급격하게 나빠지는데, 이것을 어떻게 설명할 수 있을까?[22] 에이지워싱된 답 외에 이를 설명할 수 있는 다른 논리는 없을까?

우리는 그동안 이런 사실들을 두고 고민하는 일에서 면제되었다. 개인의 행동으로 설명하는 쉬운 방법을 택했기 때문이다. 그러나 그런 설명은 불완전하고 왜곡되었다. 이것이 에이지워싱의 어두운 면이다. 그런 논리적 비약은 우리 한 사람 한 사람이 길고 건강한 삶을 사는 것이 생물학적으로 가능하다면 우리 중에서 일부가 더 짧고 덜 건강한 삶을 사는 것은 그 사람들이 하거나 하지 않은 것이 그 원인일 수밖에 없다는 주장을 낳는다.

에이지워싱이라는 필터를 장착한 우리는 우리 한 사람 한 사람이 건강한 생활방식을 유지하기 위한 수칙에 대해 제대로 교육받고 이를 실천하기에 충분한 경제적 여유를 갖추면 인구집단 간 건강 및 기대수명 격차는 해소될 것이라고 믿게 되었다. (건강 격차가 존재한다는 것을 인지하고 있더라도) 소외집단 구성원들이 인생의 황금기에 만성질환과 암으로 고통받을 가능성이 높다는 사실을 곧 그들이 설탕, 소금, 지방, 가공식품을 너무 많이 먹고, 운동을 너무 조금 하고, 잠을 너무 조금 잔다는 것으로 해석한다.

또한 우리는 건강 격차가 관찰되는 특정 질환들, 예컨대 고혈압, 당뇨병, 암을 서로 별개인 질환으로 치부하는 경향이 있다. 실은 그런 질환들이 큰 숲을 이루는 나무들일 때가 더 많은데도 말이다. 우리는 그런 질환에 걸리는 이유가 불리한 유전적 소질을 타고났기 때문이라고 생각한다. 아니면 식습관, 운동, 알코올 및 약물 남용 등 행동에 문제가 있었기 때문이라고 생각한다. 그런 잘못된 선택을 한 이유가 무지, 나태, 탐욕 때문이며, 따라서 그런 잘못된 선택을 피할 수 있었다고 주장하기도 한다. 비난 내러티브를 따르지 않는 사람들은 구조적 문제로 접근한다. 예컨대, 가난해서, 적은 임금이라도 받기 위해 과로해서, 또는 건강한 식료품 공급처, 좋은 학교, 안정적인 이동수단, 마약 경제와 무관한 일자리를 갖춘 동네에 거주하지 못해서라고 설명한다. 코로나19 사망 격차에 적용해보면, 흑인과 라틴계가 걸릴 가능성이 높은 비만, 당뇨, 심혈관질환, 호흡기 질환 등 만성적 지병이 코로나19 감염 예후 불량과 통계적으로 상관관계에 있는 것으로 밝혀졌다는 사실과 연결하면 에이지워싱 내러티브 거품을 완벽하게 걷어낼 수 있다. 또한 이런 지병들은 모두 건강에 해로운 구체적인 행동과 상관관계가 있다. 그러나 건강 격차를 개인적 책임 논리로, 또는 특정 질병과 관련이 있다는 논리로 설명하기에는 한계가 있다. 또한 그런 논리는 신체 전반에 걸쳐 건강 취약성을 높이는 웨더링에 기여하는 생리학적 과정을 포함시키지 못한다. 웨더링은 비만, 고혈압, 당뇨, 호흡기 질환, 기타 만성 노인성 질환으로 발현될 수 있다. 그러나 웨더링을 당한 사람들은 특정 질병이나 건강 이상 상태로 진단받기 훨씬 전에 신체의 모든 시스템이 스트레스에 의해 마모된다. 이때 개인에만 초점을 맞추면 건강에 해로운 생리학적 과정을 촉발하는 사회구조적 힘을 이해할 수 없게 된다.

건강은 한 사람의 유전적 암호에 의해 확정된 결과이거나 한 사람의 성격이나 습관을 반영하지 않는다. 개인적 책임과 도덕성이라는 지배적 사회규범에 따라 삶을 영위하면 누구나 건강이 증진된다는 보장이 없다. 오히려 그 반대다. 당신이 흑인이라면 열심히 일하고 규칙을 지키는 것이 바로 당신을 죽이는 사회 구조의 일부일 수 있다. 흑인 공동체에서는 그런 도덕성이 수백 년 전부터 사망원인으로 작용했다. 왜냐하면 고정관념에 근거한 선입견을 헤쳐나가면서 받는 스트레스가, 튀지 않으려고 고개를 숙이고 성실하게 일하면서 받는 스트레스가 미국 흑인을 죽음으로 몰아가고 있기 때문이다. 이것은 노예제가 도입된 직후부터 21세기인 지금까지 변함없이 유지되는 현상이다. 잘 알려져 있다시피 1964년 할렘 지구의 한 교회에서 인권운동가 패니 루 헤이머는 "아프고 지친 것에 아프고 지친다"고 말했다.[23] 이 말은 오늘날까지도 많은 미국 흑인들의 심정을 대변한다. 왜냐하면 존재론적으로만이 아니라 생리학적으로도 지극히 사실적인 현상을 묘사하고 있기 때문이다. 수년, 수십 년 동안 반복적·만성적으로 활성화된 스트레스 반응은 신체 건강과 기대수명에 즉각적이고 장기적인 영향을 미친다. 간단히 말하자면 그런 영향에 의해 병들거나 장애를 얻거나 심지어 죽을 수도 있다. 누구의 몸에서든 심장질환, 암, 기타 노화와 관련된 질환으로 이어지는 생리학적 과정이 촉발될 수 있다. 그 생리학적 과정은 유전적 소인과 무관하고, 우리가 소파에 누워 담배를 피고 TV를 보면서 플라스틱 용기에 든 설탕과 지방 범벅인 가공식품을 먹는 것과도 무관하고, 일터에서 접촉한 화학물질이나 우리가 마시는 공기, 물, 먼지를 떠도는 원인물질이 유전자 변이를 일으키는 것과도 무관하다. 물론 23앤드미* 유전자 검사상 건강을 타고나거나 독성물질에 노출되지 않거나 건강을 해치는 행동을 하지 않는 개인은 그 덕분에 더 건강한 삶을 살 것이다. 그러나 그런 개별적인 요인들로는 건강 격차를 설명하거나 해소할 수 없을 뿐 아니라 그것들이 심지어 주된 요인조차도 아니다.

에이지워싱 내러티브가 우리에게 들려주는 이야기와 달리 사회적으로 인정받은 건강 지침을 따른다고 해서, 대학교 졸업장이 있다고 해서, 빈곤선을 한참 넘어서는 안정적인 소득을 누린다고 해서 장애를 피하고 죽음을 미룰 수 있다는 것은 기정사실이 아니다. 살면서 어떤 경험을 하는가에 따라 비교적 젊은 사람들이 생물학적으로는 노인일 수 있다. 그래서 일부 인구집단은 유독 이른 나이부터 노인성 질환에 시달리고, 심지어 이른 죽음을 맞이하는 것이다. 그들이 무엇을 먹든, 얼마나 운동을 열심히 하든, 얼마나 많은 임금을 받든, 어디에서 살거나 일하든, 건강 결과가 달라지려면 그들의 주변 사회가 먼저 변해야만 한다.

이런 가속 노화 과정이 어떻게 전개되는지 이해하기 위해 나는 수십 년 전에 웨더링이라는 가설을 제시한 뒤 계속해서 웨더링의 작용을 탐구했다. 이를 통해 생활방식에 따라 어느 정도 차이는 있지만 누구나 노년기까지 사는 것이 가능하다는 주류적인 신념에 반론을 제기했다. 코로나19 팬데믹 기간에 빈곤층, 노동계급, 그리고 계급을 막론하고 유색인종의 사망자 수가 압도적으로 많았다는 사실은 웨더링을 당한 몸은 감염병이 유행할 때 가장 큰 타격을 입는다는 것을 적나라하게 보여준다. 웨더링은 신체의 면역체계의 조절력을 망가뜨리거나 기력을 소진시킨다. 그

---

* 23andMe. 미국의 바이오테크 기업. 개인이 가정용 유전자검사 키트로 타액 샘플을 채취해 유전자검사를 의뢰하면 혈통 및 건강과 관련된 유전적 소인에 관한 보고서를 받을 수 있다.

결과 그들은 적절하게 면역 반응을 작동시킬 수 없고, 코로나19 관련 사망의 직접적인 원인이 될 때가 많은 무서운 사이토킨 폭풍에 취약해진다. 일반적으로 코로나19로 사망할 위험이 가장 큰 연령대는 65세 이상이라고 알려져 있지만, 이는 특정 인구집단은 웨더링에 의해 실제 나이보다 생물학적 나이가 더 높아진다는 사실을 간과하고 있다. 웨더링의 영향으로 그 인구집단의 구성원들은 실제 나이만을 기준으로 추정되는 것보다 심각한 만성질환, 감염병, 사망에 더 취약해진다.

아프고 지친 것에 아프고 지친다

웨더링을 당한 사람들은 심혈관 계통, 신경내분비 계통, 신체대사 계통에 손상을 입으므로 조기 사망할 가능성이 높아진다. 에리카 가너Erica Garner의 이야기를 살펴보자. 에리카 가너는 아버지 에릭 가너가 뉴욕시 경찰관에 의해 살해당한 뒤에 인종적 정의 수호를 위해 쉬지 않고 일하는 인권운동가가 되었다. 에릭 가너를 살해한 경찰관은 에릭 가너가 면세 담배를 파는 비교적 가벼운 범죄를 저질렀다는 이유로 목을 졸랐고, 이것은 위법한 행위였다. 에릭 가너가 죽기 전 마지막으로 한 말 "숨을 쉴 수가 없어요"는 '흑인의 목숨도 소중하다' 운동의 구호가 되었다. 에리카는 처음에는 망설였지만, 경찰 책임성을 요구하는 운동의 주동 세력이 되었다. 에리카 가너는 2017년 27세의 나이에 사망했다. 아버지 에릭 가너가 죽은 지 3년 반이 지났을 때였고, 둘째 아이를 출산한 지 4개월 되었을 때였다. 중증 천식으로 인해 에리카 가너 또한 호흡 곤란을 겪었고, 중증 천식은 치명적인 심장마비를 일으켰다. 에리카 가너의 담당의 말에 따르면 임신 기간에 이미 비대해진 가너의 심장에 출산이 부담으로 작용했고, 그래서 가너의 사망원인은 모성 사망으로 분류되었다. 그런데 왜 에리카 가너의 심장은 그렇게 젊은 나이에 그토록 비대해졌을까?

에리카 가너는 죽기 몇 주 전부터 경찰 책임성을 요구하는 '흑인의 목숨도 소중하다' 운동의 대변인 역할을 하면서 겪는 스트레스, 피로, 좌절에 대해 설명했다. "저는 지금 스트레스, 그리고 모든 것으로 인해 힘겨워하고 있습니다." 에리카 가너는 말했다. "이런 것들이 여러분을 마구 두들겨 팹니다. 시스템이 여러분을 인정사정없이 내려치면서 더는 버틸 수 없을 정도로 내리눌러요."24 에리카 가너의 여동생 에메랄드 스나입스 가너Emerald Snipes Garner는 에리카가 사망한 지 일주일 뒤에 다음과 같이 설명했다. "젠가* 같은 거예요." 시스템이 "한 피스, 한 피스 차례차례 빼내면서 에리카를 산산이 분해했어요."25

웨더링은 생사를 건 젠가 게임이다. 젠가 탑은 첫 피스를 제거할 때, 한 피스 한 피스 차례로 없애도 우뚝 솟은 채로 단단해 보인다. 곁에서 보기에는 피스들이 사라져도 여전히 위풍당당하게 서 있는 것처럼 보인다. 그러다 마지막 운명의 피스를 제거하면 내부의 많은 약점들이 드러나면서 탑이 와르르 무너진다. 2020년 봄에는 코로나19가 유색인종 수만 명에게 마지막 운명의 피스였다. 매일 여기저기서 탑이 무너졌고, 계속해서 무너지

---

* 손가락 크기 정도의 직육면체 나무 피스들을 한 층에 세 피스씩 엇갈리게 탑을 쌓은 뒤 돌아가면서 한 피스씩 빼는 게임으로, 피스를 뺐을 때 탑이 무너지면 지게 된다.

고 있다. 바로 우리 눈앞에서.

이미 오래전에 뭔가를 해야 했다. 그런데 무엇을 해야 했을까? 건강 격차 문제를 어떻게 다뤄야 하는지, 아니 그보다 어떻게 논의해야 하는지조차 명확하지 않다. 웨더링은 사회구조적인 인종차별주의와 계급주의가 얼마나 널리 퍼져 있는지를 인식하는 새로운 관점을 제시한다. 또한 웨더링은 신체에 가하는 손상을 더 잘, 더 과학적으로 이해할 수 있게 해준다. 수십 년간 관련 연구를 하면서 나는 문화적 억압과 착취가 사회에서 근면하게 일하고 규칙을 성실하게 따르면서 의지와 희망을 잃지 않는 노동계급, 빈민층, 모든 계급의 유색인종의 몸을 구성하는 세포 구석구석까지 전달되는 것을 지켜봤다.

"내가 할 수 있는 유일한 말은 딸이 전사였다는 것입니다." 에리카 가너가 죽은 뒤에 에리카 가너의 어머니 이소 스나입스 Esaw Snipes가 말했다. "에리카는 잘 싸웠어요. 딸은 27년을 싸웠고, 이번이 딸이 패배한 첫 전투였던 것뿐이에요."[26] 27년간 늘 맞바람에 맞서 싸우면서 또한 면세 담배를 판매했다는 이유로 자신의 아버지를 죽인 시스템과 싸워야 했던 에리카는 그 맞바람에 의해 깎여나가다가 결국 죽음을 맞이했다. 에리카 가너는 웨더링에 의해 마모되어 죽었다.

나는 패니 루 헤이머의 죽음도 같은 논리로 설명할 수 있다고 생각한다. 패니 루 헤이머는 흑인의 투표권을 위해 투쟁하던 중 자동차 총기 난사의 목표물이 되었다. 총알은 패니 루 헤이머에게 생채기 하나 내지 못했다. 그런데 정말 그랬을까? 패니 루 헤이머는 59세의 나이에 유방암 및 고혈압 합병증으로 사망했다. 나는 그녀가 수년에 걸쳐 시민운동을 하면서 자신이 치른 대가를 직관적으로 이해하고 있었다고 생각한다. 유권자 등록을 처음 시도했을 때 문해력 진단검사를 통과하지 못한 그녀는 유권자 등록 사무원에게 이렇게 말했다. "합격할 때까지 30일 내내 나를 보게 되실 거예요."[27] 훗날 그녀는 자신이 지치지 않고 끈질기게 버틴 세월을 돌아보면서 자신이 웨더링을 당하고 있다는 사실을 알고 있음을 은연중에 드러냈다. "내가 생각이 조금이라도 있었다면 겁이 났겠죠. 하지만 겁이 난들 어쩌겠어요? 그치들이 끽해야 나를 죽이기밖에 더하겠어요? 어차피 내가 기억하는 한 그들은 나를 한 번에 조금씩 조금씩 죽이고 있는 것 같았는걸요."[28]

"한 번에 조금씩" 젠가를 한 피스 한 피스씩 제거하듯 신체에 대한 공격은 웨더링을 통해 차곡차곡 쌓인다. 그러나 2020년 6월 빈자들의 행진Poor People's Campaign 운동의 공동의장 윌리엄 바버William Barber 목사의 주장대로 "죽음을 받아들이는 것은 더 이상 선택지에 없다."[29] MSNBC의 《모닝 조》Morning Joe 와의 인터뷰에서 바버는 조지 플로이드 사건과 브리오나 테일러 Breonna Taylor 사건을 포함해 미국 흑인을 위한 정의 구현을 요구하는 목소리를 냈다. 브리오나 테일러는 팬데믹 기간에 환자의 생명을 살리기 위해 애쓰던 26세의 구급대원이었다. 잘못된 정보로 인해 테일러의 집이 급습 작전의 대상이 되었고, 그녀는 자기 방에서 자다가 경찰에게 최소한 8발의 총알을 맞았다. 그런데 바버 목사는 미국 흑인을 위한 정의 구현 요구가 경찰의 잔혹 행위보다 더 광범위한 쟁점을 포괄한다는 점을 강조했다. 패니 루 헤이머의 말을 연상시키는 바버 목사의 말은 이러했다. "인종차별주의와 계급주의는 그것이 건드리는 모든 것에서 일종의 죽음을 유발한다."[30]

바버의 말은 은유로 읽히지만, 실제로는 문자 그대로의 진실을 표현하고 있다. 미국은 이제야 흑인이 지난 수백 년 동안 알고 있었던 사실, 공공보건 통계가 지난 수십 년간 우리에게 보여준 사실에 눈뜨기 시작했다. 사회구조적 불평등. 인종차별주의적인 경찰이라는 형태로만이 아니라 일상적으로 자행되는 사회구조적 불평등이 흑인, 라틴계, 노동계급, 빈곤층의 몸을 갉아먹고, 치명적인 마모를 일으킬 때가 너무나 많다는 사실이 마침내 주목받고 있다. 대중여론과 일반상식과 달리 어떤 사람이 건상하게 나이 들어간다면 그것은 그 사람이 스스로를 얼마나 잘 돌보았는지를 보여주는 척도가 아니라, 오히려 사회가 그 사람을 얼마나 잘 대우하고 돌보았는지를 보여주는 척도이다. 사회가 우리를 부당하게 대우할 때 그것은 단순히 "일종의 죽음을 유발"하는 데 그치지 않는다. 문자 그대로 우리 몸을 손상시키면서 우리를 노화시키고 죽인다.

2장

스트레스와
인간의 생물학적 캔버스

스트레스는 모든 사람이 안다고 생각하지만 실상은 이상하리만치 분산된 개념이다. 우리는 감정, 인식, 상황, 생리학적 반응의 폭넓은 양상을 아우르기 위해 스트레스라는 단어를 느슨하게 사용하고 있다. 스트레스라는 말을 들었을 때 우리가 떠올리는 것은 각 개인의 성격과 삶의 이력에 의해 달라지며, 또한 그 개인이 속한 사회집단이 스트레스를 어떻게 규정하느냐에도 영향을 받는다.

예를 들어 회계사든 동물학자든 어떤 사람이 자신의 직업에서 업무의 요구사항과 기한을 지키면서 동시에 자녀의 필요와 기대를 충족하기 위해 고군분투하느라 받는 스트레스는 전장에서 전투를 벌이고 있는 군인이 받는 스트레스와는 질적으로 다르다. 그러나 중상층에 속하면서 그런 아슬아슬한 줄타기를 하는 맞벌이 부모들은 자신의 개인적·직업적/사적·공적 책임의 집합을 스트레스로 인식하고 이를 "스트레스"라고 표현했을 때 서로 무슨 말을 하고 있는지 이해한다. 그런 부모들처럼 많은 선택지와 자원을 갖춘 상태에서 "미칠 듯이 바빠서" 받는 스트레스는 매일 최저임금 일자리를 여러 개 뛰어야 하고 난방장치를 고쳐달라고 집주인과 싸워야 하고 경제적으로 어렵다 보니 아이들을 독성물질에 고스란히 노출되는 학교에 보내야 하는 부모들이 받는 스트레스와도 다르다. 또한 에리카 가너가 깊은 상실을 경험한 뒤에 경찰의 잔혹행위를 근절하기 위한 투쟁의 지도자라는 명패를 받아들여야만 한다고 느꼈다고 말한 그런 부담감과도 다르다.

이렇듯 스트레스를 유발하는 경험이 단기적, 장기적으로 신체에 얼마나 큰 부담을 주는지, 그런 부담이 어떻게 웨더링을 촉발하는지가 이 장에서 다룰 주제다. 그러나 이런 만성적인 생리학적 스트레스 반응은 에이지워싱 내러티브에서 말하는 스트레스와는 매우 다르다. 에이지워싱 내러티브에서는 스트레스라는 것이 그 스트레스를 다루는 법만 알면 충분히 관리할 수 있는 것이라고 주장한다.

에이지워싱 내러티브의 조언
: 스트레스를 덜 받고, 더 많이 웃어라

에이지워싱 내러티브에서도 스트레스에 대해 이야기한다. 장수의 비결은 잘 먹고, 더 많이 움직이고, 푹 자는 등 올바른 생활방식을 선택하는 것 외에도 스트레스를 덜 받고, 긍정적인 삶의 태도를 유지하는 것도 있다고 말한다. 2013년《가디언 리버티 보이스》Guardian Liberty Voice라는 웹사이트에 게시된 기사는 여성이 30대 때 받은 스트레스 수준과 이후 나이가 들었을 때 알츠하이머의 유병률 간 상관관계가 있다는 통계자료를 제시했다. 그리고 이런 통계를 근거로 다음과 같은 알츠하이머 예방 처방전을 내린다. "당신을 괴롭히는 악마를 상자에 집어넣고, 하이힐을 신고 미소를 띠면서 중년의 위기를 두 팔 벌려 환영하고, 스트레스를 받지 않으려고 노력하세요. 왜냐하면 악마가 덜 찾아올수록 더 좋으니까요."¹ 난관, 좌절, 비극은 피할 수 없는 삶의 일부일 수 있으며, 그런 것들을 어떻게 다룰지는 우리가 결정할 수 있다고들 말한다. "관련 연구에 따르면 우리가 스트레스로 받는 타격은 우리가 그 스트레스를 어떻게 받아들이냐에 따라 달라진다." 따라서 142살까지 살 것으로 예상되는 아기를 표지에 내세운 『타임』의 기사는 다음과 같이 조언한다. "70세인 사람은 60세인 사람보다 항상 10살이 더 많을 것이다. 그러나 그 두 사람의 여명이 얼마나 남았는지를 논할 때는 활동적인 삶을 사는 행복한 70세가 정적인 삶을 사는 냉소적인 60세보다 더 오래 살 것이라는 데 돈을 걸라."²

이런 이야기를 듣고 나면 당연히 케이트(49쪽 참조)가 더 오래 살 것이라는 데 돈을 걸어야 할 것 같다. 그런데, 과연 케이트는 베이비붐 세대를 얼마나 잘 대변하는 인물일까? 내 연구에 따르면 많은 베이비부머가 50세가 되기 전에 사망하거나 장애를 얻었다. 그들은 노인을 재정의하기는커녕 노인이 되는 경험 자체를 하지 못했다. 그러니 케이트가 "걱정을 덜 하기"로 한 결심, 그리고 《가디언 리버티 보이스》의 조언에 따라 악마를 상자에 집어넣고 미소를 지으면서 스트레스를 경감하기로 한 결심이 평생 가난에 시달리고 오랫동안 실업 상태로 뉴욕 용커스의 공공주택 단지에 거주하는 흑인 여성 비벌리에게 과연 도움이 될까? 케이트와 마찬가지로 50세를 눈앞에 둔 비벌리를 다룬 『뉴욕타임스』 기사는 중년의 삶을 매우 다른 모습으로 그린다. 헬렌 엡스타인 기자는 비벌리가 천식, 당뇨, 고혈압, 류머티스 관절염, 통풍을 앓고 있으며, 심장이 비대해졌고, 고지혈증이 있어서 언제든 혈전

이 생길 위험이 있다고 전했다. 비벌리는

> 48세인데, 20대 후반에 첫 심장마비가 왔다. 비벌리의 남자 형제 중 한 명은 50세의 나이에 심정지로 사망했고, 다른 남자 형제 한 명과 여동생이 각각 45세, 35세에 신부전으로 사망했다. 젊은 사촌이 최근에 암으로 사망했다. 지난 3년 동안 비벌리의 가까운 지인 중 최소한 11명이 젊은 나이에 죽었다. 그중 총에 맞거나 약물 과다복용으로 죽은 사람은 거의 없었고, 대부분 병으로 죽었다.[3]

긍정적인 태도로 삶을 대하거나 모험심을 키우거나 서아프리카 댄스를 배우면 비벌리를 괴롭히는 질병들을 예방하거나 치료할 수 있다고 정말로 믿는가?

비벌리처럼 여러 질환을 앓고 있는 상황은 저소득층 흑인 여성에게는 드문 일이 아니다. 미국 전역을 대상으로 통계분석을 했을 때 내 동료들과 나는 노동연령 및 생식연령 흑인 여성 중 60퍼센트가 50세가 될 무렵에는 스트레스 매개 만성질환을 네 가지 이상 앓고 있다는 사실을 발견했다.[4] 미국 3개 도시에서 문화기술지적 방법론으로 복지, 아동, 빈곤가정에 대해 연구한 사회학자 린다 버튼Linda Burton은 그 연구에서 주 돌봄제공자의 60퍼센트가 여러 질환을 동시에 앓고 있다는 사실을 발견했다. 심지어 그들 중 대다수는 나이가 39세 미만이었다.[5] 37세인 바버라는 당뇨, 척추질환, 신장 기능이상, 고콜레스테롤증, 두통, 탈장, 우울증, 불안증 등 다양한 만성적인 건강 이상 증상에 시달리고 있었다. 32세인 어맨다는 쇠그렌 증후군Sjögren's syndrome

(자가면역질환), 중증 치아 및 치주 질환, 관절염, 역류성 식도염, 고혈압을 앓고 있었다. 30세인 프랜신은 위암을, 23세에 불과한 헤이즐은 임상학적 우울증을 비롯해 위궤양, 천식, 간질환, 폐기종, 치아 및 치주 질환, 게실염을 진단받았다. 이들 여성 중 다수는 자신의 어머니도 간병이 필요할 정도로 아픈 환자였다. 어머니가 이미 사망한 경우에는 50대 초반에 심혈관질환, 뇌졸중, 암으로 죽은 경우가 많았다. 이것은 성인인 딸들에게 추가적인 스트레스 요소로 작용했고, 그들의 미래를 보여주는 창문이기도 했다.

비벌리처럼 용커스 지역에 사는 한 19세 여성은 질병과 사고로 사랑하는 이를 너무나 많이 떠나보내서 그 생각만 하면 공황 발작을 일으켰다고 전했다. "심장이 너무 빨리 뛰어서 숨을 쉴 수가 없어요. 그 와중에 머릿속은 죽음에 대한 생각으로 가득해요." 버튼과 동료들이 실시한 미국 3개 도시 연구에서는 극심한 스트레스를 유발하는 상황에서 부모와 자녀 사이에 한쪽의 만성질환이 다른 쪽의 만성질환을 악화시키는 악순환이 관찰되었다. 10세 아들을 둔 피오나는 우울증 진단을 받았다. "아들도 우울해하고 내 걱정을 해요. 그리고 저는 아들이 내 문제로 고통받는다는 사실에 죄책감을 느껴요."

95세 내지 100세까지 산다는 이야기는 이들 여성에게는 신화처럼 느껴질 것이다. 심지어 같은 상황에 놓인 남성들은 평균 기대수명이 더 짧다. 내가 연구한 지역사회에도 "아주 아주 많이 늙은"(즉, 85세 이상인) 사람들이 없는 것은 아니다. 센트럴할렘, 디트로이트 이스트사이드, 시카고 사우스사이드, 로스앤젤레스 왓츠 지구에도 그런 사람들이 있지만, 상대적으로 매우 드물다.[6]

기대수명과 건강한 기대수명

그러니 도시와 시골의 빈곤지역에서 과연 어떤 아이가 자신이 85세, 95세, 더 나아가 100세까지 살 거라고 기대할 수 있을까? 내 연구에서 팬데믹 이전에 디트로이트 이스트사이드에서 16세 흑인 소녀가 85세까지 생존할 가능성은 29퍼센트였다. 같은 지역의 16세 흑인 소년은 그 확률이 9퍼센트까지 떨어졌다. 디트로이트의 빈곤층 밀집지역에 사는 백인의 경우에도 그 확률이 거의 비슷한 수준으로 낮았다. 16세 백인 소녀의 경우 30퍼센트, 16세 백인 소년의 경우 12퍼센트가 85세까지 살 것으로 추정되었다. 켄터키주 애팔래치아의 가난한 백인은 도시의 가난한 백인보다는 사정이 더 나았다. 소녀는 36퍼센트, 소년은 16퍼센트가 85세까지 살 것으로 추정되었지만, 이 수치는 미국 전체 평균보다는 훨씬 더 낮다.7 이들 지역의 아이가 은퇴 연령인 65세까지 산다면 그것만으로도 대단한 성과를 올린 것이 된다. 21세기 초에도 왓츠 지구에서는 16세 흑인 소년 2명 중 1명, 16세 흑인 소녀 3명 중 2명만이 중년의 나이까지 살아남을 것으로 기대된다. 이런 수치들을 더 큰 그림에 집어넣어보자. 미국에서 평균적으로 16세 소년 5명 중 4명, 16세 소녀 9명 중 8명이 65세 이상까지 살 것으로 기대된다.

만약 이런 암울한 통계를 보면서 타블로이드지가 퍼뜨리는 살인이나 약물 남용 장면이 떠올랐다면 다시 생각하라. 시카고 사우스사이드의 흑인 거주민이 일찍 사망하는 경우 거의 50퍼센트는 심혈관질환이나 암이 사망원인으로 지목된다. 여성 거주민의 6퍼센트, 남성 거주민의 14퍼센트만이 살인 사건으로 사망한다. 물론 살인은 시카고 사우스사이드 15~24세 흑인 남성집단의 주요 사망원인이기는 하다. 다만 주목할 점은 그런 젊은 연령층이 아니라 25~65세에서 백인과 흑인 간, 가난한 사람들과 가난하지 않은 사람들 간 사망 격차가 가장 크게 나타난다는 것이다.

또한 우리 연구에서는 재정 지원이 끊긴 빈곤층 밀집지역에서 중년 이상의 연령까지 살아남은 흑인은 미국 전역의 동일 연령 백인에 비해 건강 이상으로 인해 장애를 얻었을 확률이 더 높았다. 실제로 이들 집단의 건강 기대수명 격차는, 즉 건강 문제로 인한 장애를 가지지 않은 채로 산 햇수의 차이는 상당히 컸다. 우리가 실시한 관련 연구에서는 빈곤지역의 흑인 십대 소년과 그보다 더 경제적으로 여유 있는 지역의 백인 십대 소녀 간 건강 기대수명이 28년이나 차이가 났다.[8] 시카고의 빈곤층 밀집지역에서 사는 흑인 중에서 건강 이상으로 인해 장애를 얻는 일 없이 50세까지 살아남을 것으로 예상되는 비율은 고작 50퍼센트에 불과했다. 켄터키주 애팔래치아의 백인 집단도 마찬가지로 그 비율이 낮았다.

일부 통계에서 보여주듯이 웨더링은 흑인 대 백인의 문제가 아니다. 이 책에서 나는 특정 인종화 인구집단, 특히 미국 흑인을 중점적으로 다루지만, 웨더링이 보편적인 인간 생리학적 과정이라는 점을 반드시 명심해야 한다. 웨더링은 억압당하고 착취당하는 사회적 정체성 집단의 구성원에게 더 자주 일어나는 현상일 뿐이다. 그런 집단의 구성원은 경제적 어려움, 유해한 환경, 사회적·문화적 단절, 오인 또는 배제, 그리고 하루하루 살아남기 위해 엄청난 노력을 들여야만 하는 환경이라는 엄혹한 여건에 자주 노출된다. 실제로 1990년대 이후 미국의 최저학력 백인의 기대수명은 그대로인 반면, 다른 서구 국가에서 사회경제적 지위가 낮은 백인을 비롯해 여러 인구집단에서 그 정도는 제각각이어도 기대수명이 꾸준히 늘어나고 있다.[9]

미국의 저학력 백인이 과도하게 많이 사망하는 것에 대한 가장 널리 알려진 해석은 마약성진통제 남용 사망 사례의 증가이다. 그런 사망을 충분히 막을 수 있는 예외로 규정하는 에이지워싱 내러티브에 잘 들어맞는 사망원인이다. 그러나 마약성진통제 재앙이 아무리 끔찍하다 해도 저학력 백인이 조기 사망하는 주된 원인은 아니다. 타블로이드지에서 뭐라고 떠들어대든 살인과 약물 과용이 도심 거주민이 조기 사망하는 주된 원인이 아닌 것처럼 말이다. 가난한 백인 노동계급에서 사망자가 과도하게 많이 발생하는 원인은 만성적인 심혈관질환과 암이다. 두 질병 모두 스트레스 반응이 매개해서 발생하는 질병이다.[10] 여기서 말하는 스트레스 반응은 일상의 스트레스에 직면했을 때 미소를 지으면서 크게 호흡하는 루틴과 같은 반응이 아닌, 자동적으로 활성화되는 생리학적 스트레스 반응이다.

만성적인 생리학적 스트레스 반응과 웨더링

웨더링이라는 맥락에서 스트레스는 삶의 경험에 반응하는 기본적이고 자동적인 생물학적 과정을 일컫는다. 적확한 상황에서 적절하게 작동할 때 이 과정은 우리를 보호하고 우리의 건강을 증진한다. 그러나 과도하게 발동되고 지나치게 오래 지속되면 오히려 우리 몸에 손상을 입힌다. 이런 생리학적 스트레스 반응은 그야말로 자동적인 것이어서 다양한 자극에 의해 저절로 활성화되기 때문에 우리가 의식적으로 통제할 수 있는 것이 아니다.

우리 몸의 내적 작동방식은 언제나 적극적이고 적응적이어서 환경 변화에 맞춰 생리학적으로 반응한다. 록펠러대학교의 신경생물학자였던 고故 브루스 매큐언Bruce McEwen은 이런 적응적인 과정을 생체 적응이라고 불렀다. 생체 적응은 우리가 신체 안정성, 즉 항상성을 유지하도록 돕는다. 항상성은 우리 몸이 내적 환경의 균형을 추구하고 유지하는 경향성을 말하며, 외부의 도전 과제에 맞닥뜨렸을 때에도 마찬가지로 작동한다.[11] 외부 도전과제로는 앉았다가 일어날 때 몸의 균형 유지하기와 같은 꽤 일상적인 것도 있다. 또 하나 예를 들자면 우리 몸이 더울 때는 땀을 흘리고, 추울 때는 몸을 떠는 것과 같은 생리학적 작용을 통해 체온을 37도로 유지하는 것도 이에 해당한다. 우리는 의식적으로 땀을 흘리거나 몸을 떨겠다고 결정하지 않는다. 뇌에서 일종의 호르몬 제어 장치에 해당하는 시상하부에서 자동적으로 그런 과정을 작동시켜서 우리 몸을 데우거나 식힌다. 환경 변화에 대한 반응을 생물학적으로 처리하는 과정을 조정하는 이런 자동적인 역량이 우리 몸에 탑재되어 있다는 것이 실로 경이롭다.

대개의 경우 스트레스 인자에 재빨리 반응하고 항상성을 유지하는 신체 능력은 우리의 건강을 보호한다. 앉아 있다가 두 발로 다시 설 때 균형을 유지하기 위해 우리 근육이 정확한 타이밍과 방식으로 수축하고 이완하는데, 이는 소뇌와 전정신경 간에 신호가 빠르게 전달된 덕분이다. 우리는 따뜻한 코코아를 준비해 두고 기다리는 이가 있는, 훈훈하게 난방된 집에 도착할 때까지만 몸을 떤다. 시원하게 냉방이 된 영화관에 도착할 때까지만 땀을 흘린다. 생과 사를 가를 수 있는 위협적인 상황에서 일어나는 대규모 스트레스 반응조차도 그 지속 시간이 짧게 설계되어 있다. 사바나에서 치타를 보거나 숲에서 사나운 늑대를 만나면 그에 동조하는 신경 계통의 호르몬 분비를 유도한다. 그 호르몬이 부신을 자극하면 아드레날린을 비롯해 심박수와 호흡수 증가, 혈압 상승을 유도하는 호르몬이 분비된다. 이 모든 작용의 결과 산소를 실은 혈액이 빠른 속도로 큰 근육으로 순환해서 투쟁 또는 도피 반응에 돌입할 준비를 시킨다. 위협이 사라지면 신체는 자극받기 전 상태로 재빨리 돌아간다. 스탠퍼드대학교 신경생물학자 로버트 사폴스키Robert Sapolsky는 이를 다음과 같이 시각적으로 표현한다. "당신이 정상적인 포유동물이라면 스트레스란 것은 사바나에서 공포에 질린 상태로 소리 지르기를 3분 동안 하는 것이고, 소리가 멈췄다면 그 위협이 끝났거나 당신이 끝난 상태인 것이다."[12]

그 3분 동안 당신의 몸은 그런 반응이 필수적인지를 의식적으로 결정하는 일 없이 자동적으로 발동시킨다. 만약 포유류가 위협에 맞닥뜨릴 때마다 어떻게 반응해야 하는지 의식적으로 결정해야 했다면 이미 오래전에 멸종했을 것이다.

사바나에서 치타를 만나는 상황에서 이 반응은 잘 작동한다. 치타 앞에 멈춰서 하이힐을 신고 미소를 날리면서 매료시키려고 하거나 잠시 하던 일을 멈추고 명상을 하면서 감사한 마음을 가지거나 그 상황을 인지적으로 재구성하는 것보다는 훨씬 더 나은 대응이라고 생각된다. 인지적 재구성을 할 시간이 없다. 치타는 이미 거기에 있고, 당신을 죽이려고 한다. 당신의 인지적 역량은 당신의 정동적affective 역량을 위해 자연적으로 꺼진 상태다. 만약 갑자기 죽음이 코앞으로 다가오는 일을 겪었다면, 예컨대 길을 건너는데 차가 당신을 향해 전속력으로 돌진했다면 당신은 이 자동적인 생리학적 반응을 경험해본 것이다.

스트레스: 급성 또는 만성? 아니면 둘 다?

만약 위협이 물러가지 않고 지속되면 어떻게 될까? 예컨대 치타 한 마리와 대치 중인데 몇 분 뒤에는 수풀에서 날카로운 뿔을 지닌 야수 10마리가 더 있는 것을 발견했다면? 치타를 따돌리는 데 성공한 후에도 치타와 마주친 공포스러운 순간이 머릿속에서 떠나지 않고 계속 재연되면? 이 숲에서는 사나운 늑대와 너무나 자주 마주치다 보니 영구적으로 경계 태세를 풀 수 없고, 곧 다음 늑대가 시야에 들어올 거라고 확신하기 때문에 좀처럼 깊은 잠을 잘 수 없다면? 이런 영구적인 경계 상태에서 당신은 생사의 갈림길이라는 측면에서 나중에 오경보로 드러날 많은 것들에 반복해서 반응하게 될 것이다. 그러나 오경보에 과잉 반응하는 것이 진짜 위험상황을 놓치는 것보다는 낫다. 이들 예시에서와 같이 생리학적 스트레스 과정이 완전히 종료되지 않으면 신체는 스트레스 호르몬에 과도하게 노출된다. 이런 과다 노출이 장기간 지속되면 신체는 마모되며, 전문용어로 생체 적응 과부하라고 부르는 이 상태는 신경내분비 계통, 심혈관 계통, 대사 계통, 면역체계 등 신체의 모든 주요 계통에 영향을 미친다.

초기 인류가 사바나에서 짧지만, 격렬한 도피 또는 투쟁 반응으로 치명적인 위협에 잘 대처해서 일단 위협이 사라지면 생물학적 기능은 순순히, 대개 몇 분 안에 일상적인 수준으로 돌아갔다.[13] 현대인은 그렇게 생명이 위험해지는 상황에 놓이는 일이 자주 생기지는 않지만, 초기 인류와는 다른 다양한 스트레스 인자에 노출되어 있으며, 그런 스트레스 인자는 동일한 생리학적 스트레스 반응을 촉발한다. 인류의 조상에게는 스트레스 반응이 생명의 은인이었다. 현대인에게는 그 반응이 얼마나 오래 지속되고 얼마나 격렬한가에 따라 최악의 경우 사망원인이 될 수도 있고, 최선의 경우에도 온갖 질병과 장애의 원인이 될 수 있다.

현대의 스트레스 인자는 급성적이거나 단발적이기보다는 종종 만성적이거나 반복적이고, 무엇보다 심리사회적인 것일 때가 많다. 요컨대, 두려움과 불안이 반복적으로 엄습하며, 사회적 불의 그리고/또는 경제적 어려움이 지속되는 상태에서, 위협에 대해 끊임없이 경계 태세를 유지하게 만든다. 언제든 다시 떠올리거나 경험할 수 있고, 명확한 종료시점이 없다. 예를 들어 큰 충격을 입힌 경험은 그 사건이 발생한 뒤로도 꽤 오랫동안 스트레스를 유발할 수 있으며, 이것의 극단적인 사례가 외상후 스트레스 장애Post Traumatic Stress Disorder(PTSD)다. 어떤 경우이든 한번 높아진 스트레스 호르몬 분비량은 좀처럼 줄어들지 않는다. 왜냐하면 예상되는 위협이 줄어들지 않았기 때문이다. 이미 짠 치약을 다시 튜브에 집어넣기는 힘들다. 스트레스 호르몬의 지속적인 분비로 올라간 심박수는 몇 시간, 심지어 며칠 동안 유지될 수 있다. 수면 중에도 유지될 수 있다. 그동안 신체의 모든 계통이 마모된다. 이런 상황에서는 단 한 순간도 크게 호흡을 하고 툭툭 털어버릴 수 있는 여유가 허락되지 않는다. 특히나 자고 있을 때에는 그런 것이 더욱 불가능하다.

장기화된 미래 불확실성과 현재 느끼는 불안들도 같은 작용을 일으킨다. 예컨대 다음달 월세를 낼 수 있을까? 세 살배기를 돌봐줄 사람을 구하지 못한 채 계속 직장에 나갈 수 있을까? 악독한 집주인이 과연 아파트의 납페인트를 제거해줄까? 이런 불안감이 생리학적 스트레스 반응을 일으키고, 지속적인 스트레스 반응 상태가 일상이 된다.

이런 만성적인 스트레스 과정은 신경내분비, 심혈관, 대사, 면역체계에도 손상을 입히지만, 뇌 구조에도 영향을 미칠 수 있다. 단기적으로 스트레스에 적응한 뇌 구조는 고스트레스 환경에서 문제해결 능력을 향상시키는 방향으로 인지능력을 날카롭게 세울 수 있다.[14] 2019년 데이먼 영Damon Young이 『뉴욕타임스』에 발표한 논설이 떠오른다. 그 글에서 영은 피츠버그의 우범지역에서 흑인으로 자란 덕분에 위협을 예측하고, 피하고, 반응하는 예리한 감수성이 생겼다고 설명한다.

나는 거리의 정적이 위험의 전조일 때를 감지할 수 있다. 마치 폭풍이 휘몰아치기 직전에 대기가 위협적인 고요 상태를 가장하는 것과 같다. 나는 헐렁한 청바지 안에 연장을 숨겨둔 사람이 어떤 소리를 내면서 움직이는지 안다. 나이트클럽의 분위기가 축제에서 공포로 바뀌는 순간을 느낄 수 있다. 나는 어떻게 도망쳐야 하는지, 공공장소에서 어떻게 앉아 있어야 하는지 안다(벽을 등지고 앉아야 모든 것이 시야에 들어온다). 주차장에서 어떻게 주차해야 하는지도 안다(후방 주차해야 필요할 때 빠르게 도주할 수 있다).[15]

"세상 물정에 밝다"고 해서 빗나간 총알과 같은 위험으로부터 스스로를 보호할 수는 없지만, 미세조정을 거친 인지적 경계 태세는 일부 고스트레스 환경에서 생존 확률을 높여준다.

그러나 이를 위해서는 대가를 치러야 한다. 장기적인 외상 스트레스에 노출되면 해마가 위축되면서 단기기억과 학습능력이 저하된다.[16] 스트레스에 적응한 뇌를 지닌 사람들은 우울증을 포함해 불안증과 정서 장애에 더 취약한 것으로 밝혀져 있다.[17]

하나의 사회로서 우리는 종종 데이먼 영의 관점을 "과잉 반응"이라고 표현하면서 그런 경향성을 보이는 사람들에게 심리치료를 받거나 일기를 쓰면서, 스트레스를 훌훌 털어버리라고 권하거나 그 위협을 삶에 활기를 불어넣는 도전과제로 재규정하라고 조언한다. 그러나 실생활의 고위험 난관에 대해 만성적으로 경계 태세를 유지하도록 조작된 소외집단의 구성원은 과잉 반응을 하고 있는 것이 아니다. 그들은 "눈송이"*도 아니다. 그런 난관은 삶에 활기를 불어넣지도 않는다. 오히려 그 반대다. 소외집단은 적응적이다. 이따금씩 우리는 그런 반응이 마치 상상의 산물인 양, "주관적"인 것으로 규정하면서 폄하하기도 하는데, 오히려 오경보에 의해 촉발된 증거기반 또는 경험기반 계산의 산물로 보는 것이 더 정확하다. 웨더링을 일으키는 스트레스 인자는 의식적, 주관적으로 인식할 수 있는, 그리고 아마도 재규정할 수도 있는 스트레스와는 차원이 다르다.

운동과 양질의 수면 등 위협받고 있다는 느낌을 불식시키기

---

* snowflakes. 쉽게 녹아내리는 눈송이에 빗대어 다른 사람의 의견에 지나치게 민감하거나 크게 반응하는 사람을 비하해서 지칭하는 표현이다.

위한 행동처방전은 흑인에게는 무용지물일 수 있다. 운동하는 것이 건강에 도움이 된다고 해도 달리기를 시작할까 말까 고민하는 흑인이라면 아모드 아버리Ahmaud Arbery 사건을 잊을 수 없을 것이다. 아모드 아버리는 조깅을 하던 중에 흑인이라는 이유로 총격을 당해 죽었다. 또한 흑인이 과연 충분히 긴장을 풀고서 회복에 도움이 되는 양질의 수면을 취할 수 있을까? 브리오나 테일러가 자신의 집에서 자다가 경찰이 쏜 총에 맞아 죽었는데도?

몸과 마음을 뒤흔드는 사건을 겪은 후에도 크게 호흡하고 명상하면서 자기 생각을 재구성하거나 재편집하는 것만으로도 생리학적 스트레스 반응을 중단시킬 수 있는 사람도 있을 것이다. 그러나 웨더링을 당하는 인구집단은 단 하나의 급성 스트레스 인자에 반응하고 있는 것이 아닐 때가 더 많다. 그런 것이 아닐 때가 아예 없을 수도 있다. 그런 인구집단의 몸은 시급한 여러 책임을 한꺼번에 수행하느라 영구적인 생심리사회적 흐름에 갇혀버린다. 그런 흐름은 "나만의 시간"을 가질 기회도 빼앗는다. 시카고의 (흑인, 백인, 라틴계) 저소득층 엄마들을 대상으로 실시한 2004년의 문화기술지 연구는 대상자들 다수가 가족의 기본 필수재를 채우고 일상을 유지하기 위해 풀어야 하는 복잡한 퍼즐에 대해 상세히 기술했다.[18] 매일 최대 5시간을 통근했고(통근 시간이 2시간 이하인 경우는 거의 없었다), 그 과정에서 혹독한 날씨를 견뎌야 했으며, 투자가 중단된 대중교통 시스템의 빙빙 돌아가는 노선을 어떻게든 연결해야 했다. 공공 보조금 사무소의 긴 대기 시간과 제한된 방문 시간에 자신의 일정을 맞추기 위해 끼니를 굶어야 했다. 그들은 경제적으로 더 여유 있는 가정의 엄마들에 비해 자유 시간이 현저히 부족했을 뿐 아니라 책임을 다하지 못했을 때 치러야 하는 대가도 훨씬 더 컸다. 연구자들은 이렇게 썼다. 예컨대 "빈곤 가족 임시 지원책 수당을 받는 엄마들은 변화하는 상황을 전혀 참작해주지 않는 노동 요건에 스스로 맞춰야 했다. 갑자기 병에 걸리거나 응급 상황이 발생해서 출근 시간에 늦으면 근무 시간으로 산정되지 않거나 심지어 해고당하기도 했다. 가정의 변화하는 상황도 계속해서 처벌로 돌아왔다. 왜냐하면 실업 상태가 되면 공공 보조금 지원이 삭감되거나 종료될 수 있었기 때문이다." 종합해보자면, 이런 숨막히는 시간 제약으로 인해 수면 시간이 극단적으로 줄고, 가족과 보내는 시간도 줄고, 하루 일과 끝에 긴장을 풀 수 있는 시간도 줄었다. 잔인한 아이러니는 스트레스가 더 구조화될수록 긴장을 해소할 시간도 줄었다는 점이다. 연구 대상자의 3분의 2는 그런 "매우 험난한" 삶을 살았다. 한 대상자는 자신에게는 "숨 쉴 구멍이 하나도 없다"고 딱 잘라 말했다. 또 다른 대상자는 "일, 아이들, 청소, (…) 밀려오는 대로 그냥 '해요.' 그러다 의자에 앉는 순간 꾸벅꾸벅 조는 거죠"라고 말하기도 했다.

(흑인, 백인, 라틴계) 저소득층 엄마들을 대상으로 실시한 또 다른 연구는 미국 3개 도시에서 실시된 야심찬 문화기술지 연구에서 수집한 데이터를 활용했는데, 웨더링을 가장 많이 당하는 공동체의 구성원들이 받는 비정상적인 스트레스와 선택지들을 잘 보여준다.[19] 세 자녀를 둔 30세 엄마 프랜신은 시간이 없어서 위암 진단을 직접 들으러 병원에 가지 못하고 있었다. 천식을 앓는 아들과 최근에 뇌졸중과 심장마비를 겪은 50세 친정엄마를 돌봐야 했기 때문이다. 당뇨와 녹내장 진단을 받은 34세 엄마 루르데스는 복지수당 근로 요건을 채워야 했다. 신체 일부가

마비되었고, 눈이 잘 보이지 않음에도 의사는 그녀가 일할 수 있다는 소견을 냈기 때문이다. 앞서 지적했듯이 연구 대상 엄마들 중 80퍼센트가 만성질환을 앓고 있었지만(그리고 그중 83퍼센트는 39세 이하였다), 정기적으로 의사에게 진찰을 받을 수 없었다. 소득이 낮다 보니 돈이 없거나 자녀의 건강 문제를 이유로 휴가를 낼 수 없는 직장에 다니는 등 "더 시급한 문제"들이 있었기 때문이다. 젊은 나이에 암 진단을 받는 것보다 "더 시급한 문제"가 있다고 상상하기는 어렵다. 그런 진단에 대처하는 것을 당장 우선순위에 두지 못할 수 있다는 사실은 고강도 대응을 요구하는 지속적인 분투 상태를 반영한다.

불안정한 주거환경도 웨더링 인구집단의 만성 스트레스와 건강 격차의 구심점이 된다. 데버라 손태그Deborah Sontag는 1996년 『뉴욕타임스』에 게재한 탐사보도 기사에서 뉴욕시에서만 수만 가구(수십 만일 수도 있다)가 겪고 있는 비인간적이고 불법적인 주거환경을 낱낱이 폭로했다. 미국 정부는 임대주택 관리를 소홀히 하는 태만한 집주인들을 방관했고, "노숙자 분산" 정책의 일환인 공공주택 사업의 입주 대기자 목록에는 약 33만 6,000명이 등록된 채 방치되었다.[20] 마치 19세기에서나 볼 법한 장면이 연출되고 있었다. 입주 대기자는 "거의 노숙자나 다름없다"고 손태그는 보도했다. 거주민들은 "20세기 초 주택법에서 규정한 비상계단, 지하 온수시설과 같은 기본 시설"도 갖추지 못한 지하실, 다락방, "관 크기의 상자"에 욱여넣어졌다.

브롱크스의 공공주택단지에 거주하는 카르멘은 이런 생각들을 했다. "어떤 날은 잠에서 깨어 우리 모두가 구체적으로 어떻게 죽게 될까 생각해요. 바닥이 꺼지면 추락사할 테고, 천장이 무너지면 압사할 테고, 깨진 창문 밖으로 도망치지 못하면 불에 타 죽을 수도 있겠죠?" 이스트할렘 주민인 마르티네즈는 "침대 밑에 밧줄을 둔다. 비상계단이 없으니 어느 날 창밖으로 탈출해야 할 수도 있기 때문"이다. 이런 초경계 태세를 유지하는 데는 충분한 근거가 있었다. 이런 주거환경에서는 화재와 건물 붕괴로 주기적으로 10여 명이 사망하기 때문이다. 카르멘과 마르티네즈가 조기 사망 가능성에 대비하는 동안 할렘에서 쥐와 부대끼며 사는 호세 가족처럼 다른 사람들도 그보다는 덜한 스트레스 인사와 매일 마주한다. 83세인 마리아도 있다. 마리아는 양치질을 하기 위해 변기의 물을 사용해야 했다. 이런 주거환경은 비인간적이고 불법적이지만, 손태그의 보도에 따르면 시 공무원들은 목숨을 위협하는 사안일 때가 많은데도 그런 민원들을 대체로 무시했다. 묵묵부답인 집주인들은 수백 건의 법 위반을 저질렀고, 그동안 입주민들은 노숙자가 될까 봐 두려워 차마 월세 납부 거부 운동을 조직하지 못했다.

이 모든 것이 과장된 이야기, 과거가 된 1990년대 중반의 슬픈 이야기처럼 들린다면 나도 그렇다고 맞장구치고 싶다. 안타깝게도, 미국 주요 대도시 권역의 노동계급 또는 빈민층의 주거환경은 21세기에 들어선 뒤에도 계속 치솟는 주택 가격으로 인해 점점 더 악화되고 있다. 노숙자가 우후죽순 늘어나고 있으며, 강제 퇴거와 주택 압류가 헤아릴 수 없을 만큼 많이 일어나고 있다.[21] 『뉴욕타임스』 탐사보도 기자 앤드리아 엘리엇Andrea Elliott이 2021년 출간한 저서 『눈에 보이지 않는 아이』Invisible Child의 첫 장면은 디킨스 시대를 연상시키는 주거환경을 묘사한다. 2012년 엘리엇은 그런 곳에서 책의 주인공인 다사니를 처음 만났다.²² 다사니는 몇 년 전부터 시에서 운영하는 브루클린의 쉼터에서 가족과 함께 머물고 있었다. 뉴욕시에 거주하는 다른 25만 명의 주민들처럼 입주까지 몇 년이 걸린다고 알려진 공공주택단지 입주 대기자 명단에서 자신의 이름이 최상단으로 올라가기를 기다리고 있었다. 엘리엇은 다사니가 10명의 가족과 함께 사는 원룸 "아파트"의 주거환경을 묘사했는데, 마룻바닥을 조르르 기어다니는 생쥐, 벽을 타고 올라가는 바퀴벌레, 변기 대신 사용하는 양동이, 난방이 되지 않을 때 아기를 따뜻하게 해주기 위해 걸어놓은 헤어드라이기, 단 한 개뿐인 작은 싱크대의 녹슨 수전에서 새어나오는 물, 그리고 공간 부족으로 어쩔 수 없이 벽에 붙어서 자야 하는 가족에게 만성 천식을 유발한 벽에 난 구멍이 내뿜는 톱밥을 언급했다. 이것은 이에 못지않게 끔찍하고 힘든, 무엇보다 건강에 해로운 환경 중 일부에 불과했다.

우리 학교 공공보건학과에서 박사과정을 밟으면서 나와 연구 작업을 같이 한 알렉사 아이젠버그Alexa Eisenberg 박사는 디트로이트에서 실시한 연구에서 착취적인 임대사업자 집주인과 "저소득층 공동체에서 심각하고 인종화된 과도한 납 중독으로 인한 어려움", 특히 아동이 겪는 어려움의 심화 현상 간에 직접적인 상관관계가 있다는 사실을 발견했다.²³ 2008년 경기침체 이후 디트로이트는 수년 간 재산세 재평가 작업이 제대로 진행되지 않았고, 이로 인해 주택 가격이 80퍼센트 이상 떨어진 디트로이트의 주민에 대한 재산세가 최소한 6억 달러 이상 과도하게 책정되는 바람에 저소득 가구는 주택을 강제 압류당하는 처지가 되었다.²⁴ 어떤 주택이 강제 압류 요건을 충족하면, 정부는 그 주택을 경매에 부친다. 그런 주택의 경매가는 최하 500달러부터 시작하기도 한다.[25] 오늘날 디트로이트의 1가구용 주택 대다수의 소유자는 임대사업자들이다. 디트로이트는 한때 흑인의 자가 주택 보유 수준이 높은 도시로 알려져 있었다.[26] 많은 임대사업자가 각 주택을 오로지 싸게 구매한 거대 포트폴리오의 한 조각 정도로 여기므로 수익이 나지 않는 주택은 금세 방치한다. 지체 없이 주택의 기본 관리를 중단하고, 아예 주택을 철거하기도 한다.[27] 2017년 디트로이트 보건부는 주택 철거 현장에서 반경 120여 미터 내에 사는 것만으로도 아동의 몸에 독성 납이 과도하게 축적될 가능성이 높아진다는 사실을 발견했다.[28] 납 중독은 기어다니는 생쥐보다는 눈에 덜 띈다. 그러나 그에 못지않게 치명적이다. 유아동기에 납에 노출되면 뇌와 신경계가 손상을 입을 수 있고, 언어발달 지연, 신경행동 장애 등 여러 발달 지연을 겪을 수 있다.[29] 임대사업 투자자가 도시의 열쇠를 넘겨받게 되면, 자가 소유권 및 여러 세대에 걸친 부의 축적, 그리고 아동의 미래는 파괴돼버린다.

도심 지역의 극빈층 주민의 일상적이고 만성적인 스트레스 인자는 난방이 전혀 되지 않는 아파트에서 매우 추운 겨울을 보내는 것이나 어른과 아이가 납 먼지투성이 공기를 호흡하는 것 등 객관적이고 환경적인 것일 수 있다. 또한 집주인에게 난방을 틀어달라고 설득하느라 계속해서 집주인과 인지적·정서적으로 교섭해야 하는 상황처럼 주관적인 것일 수도 있다. 무장한 마약 단속반이 아파트를 헤집고 다니고, 아이들과 늙은 할머니가 방구석에 숨어 있는 동안 부디 경찰이 발포하기 전에 주소를 착각했다는 사실을 깨닫게 해달라고 기도해야 하는 상황처럼 엄청난 정신적 충격을 남길 수도 있다. 또는 뉴스 재방송을 통해 도시 전체에 끊임없이 송출되는 아버지가 경찰에게 살해당하는 장면처럼 정서적 반응의 방아쇠가 될 수도 있다.

당신의 스트레스 반응이 신체를 보호하는가 아니면 신체에 손상을 입히는가는 당신이 직면한 스트레스 인자가 급성인지 만성인지에 따라 달라진다. 또한 당신이 그런 스트레스 인자를 합리적이고 예측 가능한 기한 내에 만족스럽게 처리할 수 있는가, 당신이 그런 결과를 얻는 데 필요한 충분한 건강, 지원, 자원, 힘을 갖추고 있는가에 따라 달라진다. 인종적, 문화적, 지역적, 경제적, 정치적으로 주변화된 사람이라면 지속적이고, 반복적이고, 장기적인 스트레스 인자에 늘 노출되어 있을 가능성이 높다. 구조적 폭력이라고 알려진 이것이 웨더링의 주된 요인이다.

구조적 폭력

구조적 인종차별주의나 구조적 계급주의가 소외집단 구성원들이 맞닥뜨리는 중첩되고 반복되는 위해의 복잡한 망으로 발현된 것이 구조적 폭력이다. 구조적 폭력은 여러 형태를 띠지만, 웨더링이라는 맥락에서는 사회적으로 낙인과 차별을 당하는 집단의 구성원이 매일의 일과에서 직면하는 만성적인 신체적·환경적·물질적·생심리사회적 스트레스 인자를 의미한다. 구조적 폭력은 개인이 가할 수도 있다. 무장하지 않은 흑인을 경찰관이 총으로 사살한 사례나 사소한 법규 위반을 한 흑인을 목졸라 죽인 사례가 여기에 해당한다. 구조적 폭력은 법으로 실행될 수도 있다. 1989년 제정된 마약퇴치법에서 코카인 소지에 대한 형량을 규정하면서 가루 형태로 500그램을 소지했을 때와 정제된 덩어리 형태로

5그램 소지했을 때의 형량을 징역 5년형으로 동일하게 지정한 것이 그런 예다. 이 규정으로 인해 1990년대 흑인 남성과 여성이 대거 투옥되었다.[30] 또한 공공기관이 구조적 폭력을 행사할 수도 있다. 지역 수도공사나 전력공사가 경기침체기(또는 팬데믹 기간)에 공과금을 납부하지 못한 가구에 대한 수도나 전기 공급을 중단한 것이 여기에 해당한다.

좀 더 구체적인 이미지가 떠오르도록 건물 화재를 예로 들어 보겠다. 흑인이 주로 거주하는 지역의 가난한 노농계급 주민은 건물에 화재가 발생했을 때 집을 잃거나 심지어 목숨을 잃을 확률이 더 높다. 왜 그럴까? 이렇게 생각해보자. 당신은 소방법에 맞춰 개보수를 하지 않은 아파트 건물에 산다. 전기시설은 낡았고, 고장이 잘 난다. 난방시설도 마찬가지다. 방화문도 자동으로 닫히지 않는다. 건물은 저소득층을 위한 주택이 제한적으로 공급되고 젠트리피케이션으로 인해 임대료가 급격히 상승하는 지역에 위치하고 있다. 건물주로서는 수리를 하거나 단열재를 보강하거나 난방을 제대로 공급할 인센티브가 없다. 더 높은 임대료를 낼 준비가 된 새로운 입주자를 쉽게 구할 수 있기 때문이다. 임차인은 감히 불만을 적극적으로 토로할 수 없다. 그 지역에는 임대료가 적정한 주택이 한없이 부족하고, 당신은 추방당할까 봐 노심초사하고 있기 때문이다.

겨울에 아이들이 추울까 봐 개별 난방기구를 돌리고 오븐 문을 열어둔다. 그래서 오히려 불이 날 수도 있다. 안타깝게도 소방차가 빨리 도착하지 못하거나 아예 도착하지 못할 수 있다. 왜냐하면 이 동네는 수십 년 전부터 지역 정부로부터 재정 지원을 받지 못해서 소방서와 소방관의 숫자가 현저히 줄었기 때문이다.

재원 부족은 또한 쓰레기가 정기적으로 수거되지 않는다는 것, 폭설이 내렸을 때 거리의 눈이 치워지지 않는다는 것을 의미하며, 이로 인해 소방차의 진입이 곤란할 수 있다. 이 모든 요인의 기원은 지난 100년간 시행된 인종차별주의적인 정책에서 찾을 수 있다. 그런데 지금 당장 정당하게 비난할 수 있는 현존 인물이 단 한 명도 없다. 집주인에게 비난의 화살을 돌리거나 아이나 늙은 부모를 위해 오븐 문을 열어둔 엄마를 손가락질할지도 모르겠다. 그런데 그들의 행동이 화재의 직접적인 원인일 수는 있어도 그로 인한 상실, 부상, 노숙, 죽음은 근본적으로 구조적 폭력이 야기한 것이다. 그런 구조적 폭력이 이들 개인을 불가능한 상황에 몰아넣었고, 그로 인해 발생한 손해는 지역의 기반시설에 충분한 투자만 이루어졌어도 최소한으로 막을 수 있었다.[31] 구조적 폭력은 만연하고, 필연적으로 치명적인 결과를 낳는다. 웨더링을 작동시키는 근본 원인이지만, 에이지워싱 내러티브에서는 이 점을 완전히 무시한다.

　이 예시에서 내가 개괄한 스트레스 인자는 단단한 콘크리트 블록 같다. 실제로 도로에 세워진 장벽, 정책적 장애물, 물리적 쇠락, 냉랭한 기온이다. 생심리사회적 스트레스 인자는 그에 비해 눈에 잘 보이지는 않지만 여전히 해롭다. 당신이라면 겨울에는 얼어죽을 만큼 춥고, 여름에는 찜통처럼 더운 비좁은 아파트에서 숙면을 취할 수 있겠는가? 쥐에게 점령당하고, 바퀴벌레가 알을 까기 위해 아이들 콧구멍으로 곧잘 기어들어가는 그런 곳에서? 강제 퇴거의 위협이 늘 도사리고 있는 곳에서? 낡고 녹슬고 과부하가 걸린 전기시설 또는 개별 난방기구 고장으로 집이 불에 타게 될까 늘 전전긍긍하는 곳에서?

제이슨 하그로브의 이야기로 돌아가보자. 제이슨 하그로브는 팬데믹 기간에 코로나19가 창궐하는 도시의 버스 안에서 일했다. 그의 죽음을 기리기 위해 영웅에 걸맞은 장례식을 치렀는지 몰라도 그의 살아생전에 공공서비스직은 그가 팬데믹 상황에서 일하면서 직면한 엄청난 난관에 대응하는 데 필요한 지원을 거의 제공하지 않았다. 모든 사람이 마스크 착용을 하도록 감독하거나 그의 면전에 기침을 한 여자 승객을 버스에서 하차시키도록 보조할 사람이 버스에 없는 상황에서 그가 느낀 스트레스가 얼마나 컸을지 상상해보라. 이것은 그가 인종을 매우 예민하게 인식하는 인종분리된 도시에 사는 흑인으로서 그가 일상적으로 경험하는 모든 스트레스에 추가로 더해진 스트레스이다. 그는 자신의 분노를 동영상을 찍으면서 분출하는 대신 크게 호흡하고 미소를 지으면서 다스려야 했는지도 모른다. 그러나 그렇게 했더라도 팬데믹 기간에 누군가 그의 면전에 기침을 한 사건을 되돌릴 수도 없고, 그다음날 마스크를 쓰지 않은 더 많은 승객을 버스에 한가득 싣고 출발지에서 도착지까지 운송해야 하는 상황에서 벗어날 수도 없었을 것이다. 그에게 주어진 선택지는 매우 적었고, 그에게는 더 나은 선택지를 만들어낼 힘이 없었다. 그는 고위험군 일자리에 쉽게 등을 돌릴 수 없었다. 적어도 가족의 생계를 위해서, 강제 퇴거나 주택 압류를 피하기 위해서, 미국적 신조를 지키려면 그럴 수 없었다.

그는 문자 그대로 운전석에 앉아 있었지만, 은유적으로는 운전석에 앉아 있지 않았고, 하그로브도 그 사실을 매우 잘 알고 있었다. 그가 느낀 무력감은 그 자체로 웨더링을 작동시키는 동력이며, 그가 견뎌낸 수많은 동력 중 하나에 불과했다.

스트레스 반응 시스템의 내적 작동원리

이런 다양한 신체적, 심리적, 경제적 공격을 받은 몸에서는 어떤 일이 일어나는가? 많은 사람이 혈액 속에 지방과 당분이 너무 많으면 동맥에 혈전이 생기고, 혈전이 생기면 고혈압, 당뇨, 심장마비, 뇌졸중 위험이 높아진다는 사실을 안다. 우리는 건강한 식단을 지키면 이런 신체적 이상을 통제할 수 있다고 생각한다. 그렇게 하는 것이 가능한 사람도 있을 것이다. 식단과 무관하게 만성적, 반복적, 계속적인 스트레스가 동일한 문제를 일으킬 수 있다는 사실을 아는 사람은 많지 않다. 더 전문적으로 이 문제를 검토해보자. 생리학적 스트레스 반응은 큰 근육에 산소를 실은 혈액을 빠르게 순환시키기 위해 호흡수, 심박수, 혈압을 높인다는 사실을 떠올려보자. 이를 위해 우리 몸은 교감신경계를 활성화해서 스트레스 호르몬인 노르에피네프린과 에피네프린을 분비시킨다. 이들 호르몬은 시상하부-뇌하수체-부신 축을 자극해서 스트레스 호르몬인 코르티솔을 분비시킨다.[32] 교감신경계가 활성화되면 우리 몸의 정맥이 수축하면서 혈압을 높이고, 그 결과 심장은 더 큰 힘으로 혈액을 내보낸다. 그동안 분비된 스트레스 호르몬은 지방세포의 중성지방, 비운동 근육의 단백질, 기타 세포의 글리코겐의 분해작용을 촉발한다.[33] 글리코겐은 주로 간과 골격근에 축적되는 포도당, 즉 설탕의 저장 형태의 하나이다. 에너지가 필요하면 포도당은 연료가 필요한 신체부위로 재빨리 운반된다. 동시에 코르티솔은 혈액 속 인슐린이 그런 에너지원을 다시 세포에 저장하는 것을 막는다.[34] 이 모든 과정을 통해 혈액에는 포도당, 지방산, 아미노산이 넘쳐나게 된다. 그 포도당, 지방산, 아미노산은 몸의 근육의 연료로 사용되고 스트레스 인자에 대한 즉각적인 반응에 시동을 건다.

따라서 스트레스 인자에 만성적으로 노출된 사람은 그 사람이 더블 치즈 피자와 맥주를 과잉 섭취해서 또는 TV 리모컨 조작 외에는 운동을 일절 하지 않아서 몸속 혈액에 설탕과 지방이 축적되는 것이 아니다. 적어도 그 이유 중에는 위에서 살펴본 것처럼 우리의 신체 계통에서 홍수를 끝없이 일으키는 생리학적 스트레스 반응도 있다. 혈액으로 밀려드는 그런 만성적인 스트레스 호르몬의 홍수는 또한 생리학적으로 우리가 지방과 설탕이 많이 들어 있는 "위로"comfort 음식을 먹게 만들거나 긴장을 풀기 위해 알코올이나 약물에 손을 대게 만들기도 한다. 그 결과 혈액에 더 많은 포도당, 지방산, 아미노산이 유입된다.[35]

이 모든 과정이 활성화된 상태가 장기간 지속되면 몸은 다양한 방식으로 타격을 받는다. 예컨대 혈압 상승은 시간이 지남에 따라 동맥과 정맥을 손상시킨다. 기타 생화학 과정은 손상된 정맥과 동맥에 죽상경화반의 축적, 즉 동맥경화를 유발한다. 이것은 다시 혈압을 더 높이고, 결국 고혈압 질환을 유발한다. 심장에서는 고혈압이 좌심실의 근육을 두껍게 만들어서 심장이 비대해지고 이것은 부정맥의 원인이 될 수 있다. 심장 박동의 리듬이 깨지면 심장마비가 올 수 있고, 순환계가 막히거나 혈전이 돌아다니면 혈류를 방해해서 폐색전증, 심장마비, 뇌졸중을 일으킬 수 있다. 혈액 속 코르티솔 수치 상승은 결과적으로 췌장의 인슐린 분비 세포에 손상을 일으키거나 인슐린 저항성을 유도해서 당뇨병이 생길 수 있다.

인명 피해

27세에 죽은 에리카 가너의 이야기로 돌아가보자. 그녀는 비대해진 심장이 출산으로 인한 스트레스를 이겨내지 못해 사망하기에 이르렀다. 그녀의 사망원인을 단순하게 지병인 심장비대로 간단히 분류할 수도 있을 것이다. 그러나 우리는 왜 에리카 가너의 심장이 젊은 나이에 그렇게 비대해졌는지 물어야 한다. 오랫동안 역경과 스트레스 인자로 점철된 그녀의 삶은 아버지가 잔인하게 살해당했고 그 사실이 매우 큰 화제가 되었다는 점, 그리고 경찰 잔혹행위의 근절을 요구하는 시민운동의 적극적인 대변인이라는 역할에 수반되는 무거운 책임들에 의해 한층 더 혹독해졌다. 웨더링의 공격 사슬이 에리카 가너의 심장비대라는 결과를 낳았다는 건 쉽게 상상할 수 있다. 에리카가 만성적인 스트레스에 노출되어 있었고, 그로 인해 동맥경화와 고혈압이 생긴 것이 그 과정의 출발점이다. 고혈압과 좁아진 동맥으로 인해 에리카 가너의 심장은 더 강한 압력으로 혈액을 내보내야 했다. 전신으로 혈액을 힘겹게 내보내는 일을 반복하면서 심장이 비대해졌다. 어떤 근육이든 집중적으로 운동시키면 비대해지는 것과 같은 이치다. 비대해진 심장으로 인해 에리카 가너는 정상적인 심장 박동 리듬을 유지할 수 없을 가능성이 높아졌고, 그래서 불규칙한 심장 박동(즉 부정맥)에 더 취약해졌으며, 불규칙한 심장 박동은 심장마비 및 사망의 원인이 된다.

물론 에리카 가너의 사례는 우연의 산물일 수 있다. 에리카 가너라는 개인의 특수한 사정이, 또는 에리카 가너 가문의 유전적 기질이 그런 비극적인 운명의 문을 열었을 수도 있다. 에이지워싱 내러티브는 언제나 그런 비극을 불행이나 나쁜 유전자나 나쁜 행동이 발현된 것이라는 논리로 설명하려고 노력한다. 어쨌거나 에리카 가너는 과체중이었고, 실업자일 때가 많았고, 불법적인 활동에 관여한 아버지 밑에서 브루클린에서 자랐고, 그녀 자신은 미혼모였다. 에이지워싱 내러티브는 우리에게 에리카 가너의 죽음은 예외에 해당한다고 말할 것이다. 무엇보다 에리카 가너와 그녀의 가족이 더 나은 선택을 했다면 막을 수도 있는 죽음이었다고 설득할 것이다.

그러나, 그럼에도 불구하고……. 에리카 가너의 때이른 죽음은 흑인 공동체에서는 너무나 익숙한 시나리오다. 에리카 가너 연령대에서 산모 사망률은 백인 산모에 비해 흑인 산모에서 4배 더 높게 나타난다. 그러나 특히 주목할 점은, 그리고 웨더링이라는 관점에서 중요한 점은, 흑인 산모의 경우 20대 산모(에리카가 속한 연령대)의 산모 사망률이 10대 산모의 산모 사망률보다 2배 더 높다는 사실이다.[36] 왜 그럴까? 나 자신의 연구를 포함해 점점 더 축적되는 연구 결과에 따르면 어떤 사람이 우리가 지금까지 논의한 그런 부류의 스트레스에 더 오래 노출될수록, 즉 더 오래 웨더링을 당할수록, 그 사람의 몸이 더 큰 손상을 입는 것으로 보인다. 웨더링이라는 렌즈를 통해 보면 우리는 만성적인 스트레스 인자가 시간이 흐르면서 어떻게 에리카 가너의 심장을 비대하게 만들었는지 이해할 수 있다. 에리카 가너의 경우에 실제로 그런 인과관계가 작용했는지와는 무관하게 미국에서 인구집단의 수준에서는 이미 지병이 있는 상태에서 임신을 하는 산모의 비율이 흑인 집단에서 확연히 더 높은 것은 사실이지만, 그 이유를 오직 우연, 유전자, 나쁜 태도나 습관에서만 찾을 수 없다고,

심지어 애초에 그런 것들에서 찾을 수 없다고 믿을 만한 합리적인 근거가 있다.

또 다른 조기 사망 사례는 임신과는 관련이 없지만 스트레스 및 "구조적 폭력"과 관련이 있다는 것이 명백하다. 브로더 가족의 이야기를 살펴보자. 칼리프 브로더Kalief Browder는 16세에 또래 학생의 책가방을 훔친 범인으로 지목되어 수감되었다(이후 무혐의 처리되었다). 브로더 가족에게는 보석 신청에 필요한 3,000달러가 없었다. 혐의에 비해 과도한 금액이라고 볼 수도 있다. 그 결과 칼리프는 재판을 받을 날을 기다리면서 악명 높은 라이커스 아일랜드 교도소에서 무려 3년을 지냈다. 그곳에서 그는 교도관에게 폭행을 당했고, 400일은 독방에 갇혀 있었다.

브로더 가족의 이야기는 미국인들이 살아내는 경험에 너무나 극명한 차이가 존재한다는 사실을 부각시킨다. 부유한 공동체에서 백인 십대 소년을 키우는 (그런 아들을 두 명 키운 나를 포함해) 부모라면 자신의 아들에게 이런 일이 일어날 거라고 상상이나 하겠는가? 첫째, 백인 십대 소년이 다른 백인 십대 소년의 책가방을 훔쳤다는 의심을 받는다면 거의 언제나 학교 내에서 처리되거나 부모들끼리 논의를 할 것이다. 경찰이 개입할 여지는 없다. 아주 드물게 체포가 되더라도 가족 자산으로 또는 부유한 친구나 친척, 은행에서 빌려서라도 어떻게든 보석금을 낼 것이다 (그리고 단언하건대 보석금으로 3,000달러나 청구되지 않을 것이다). 그 아들은 재판받기를 기다리느라 라이커스 아일랜드 교도소에서 3년이나 보내지 않을 것이다. 무엇보다 미성년자로서 다른 아이의 책가방을 훔쳤다는 혐의로 인해 교도관에게 폭행을 당하거나 독방에 갇히는 일은 없을 것이다! 그러나 칼리프와 칼리프의 어머니 베니다 브로더Venida Browder에게 일어난 일은 그 세계에서는 이례적인 일이 아니다.

출소한 후 칼리프는 다시 학업을 이어가면서 미래 삶을 재건하려고 노력했다. 브롱크스 커뮤니티칼리지에 등록했지만, 라이커스에 수감된 후 그곳에서 오랫동안 심리적·신체적 트라우마에 시달리면서 생긴 우울증과 자살충동을 떨쳐내지 못했다. 그는 라이커스 교도소에서 서너 번 자살을 시도했고, 출소한 뒤에도 자살 시도를 완전히 멈추지 못했다. 그리고 2015년 6월, 마침내 성공했다. 목을 매기 전날 밤 칼리프는 어머니에게 이렇게 말했다. "엄마, 더 이상은 못 버티겠어요."[37]

우리는 칼리프가 이미 우울증을 앓은 전력이 있고, 그것이 그가 자살한 이유라고 설명할 수 있다. 그리고 우울증과 자살이 칼리프의 직접적인 사망원인인 것은 맞다. 그러나 칼리프는 라이커스 교도소에 수감되기 전에는 우울증이 없었다. 칼리프의 우울증은 구조적 폭력에 의해 촉발되었다. 생리학적 스트레스 반응에 만성적으로 노출되면 신체의 다른 부위뿐 아니라 뇌에도 영향을 미친다는 점을 떠올려보라. 뇌에서 감정을 관리하는 중앙 본부인 편도체가 비대해질 수 있고, 그러면 불안과 우울증을 비롯한 정서 장애에 더 취약해진다.[38] 스트레스와 치료되지 않은 우울증은 몇 달 만에 해마를 쪼그라들게 만들어서 인지 작용과 학습 능력이 저하된다.[39] 특히 젊거나 예민한 사람이라면, 그리고 청소년기를 비롯해 중요한 발달기에 해로운 스트레스에 장기간 노출되면 늘 불안을 느끼고 경계 상태에 있게 될 가능성이 높아진다. 생리학적 스트레스 반응의 역치도 낮아지고, 그런 상태가 생물학적으로 고착화된다.[40] 이것은 다시 뇌 구조에 영구적인 변화를 일으키고 스트레스 반응에 대한 역치를 낮춰서 몸과 마음을 마모시키는 유해한 과정을 반복적으로 활성화한다.

베니다 브로더의 경우 3년 동안 아들의 출소를 위해 싸웠고, 매주 라이커스 교도소를 찾아가 아들에게 책, 잡지, 갈아입을 옷을 가져다줬다. 31회에 걸친 아들의 법정기일에 꼬박꼬박 참석했고, 마침내 판사가 무죄 판결을 내리고 출소를 명할 때까지 멈추지 않았다. 베니다 브로더는 뉴욕 시장이 라이커스 교도소에서 16~17세 수감자에게 독방 처분을 내리는 관행을 금지할 때까지 1년 이상을 싸웠다. 지루한 투쟁 끝에 베니다 브로더는 아들의 이름을 딴 새로운 법, 칼리프법을 통과시키는 데 성공했다. 미래에는 아들과 같은 사건이 더 신속하게 법원의 판결을 받게 하는 법이었다. 에리카 가너와 마찬가지로 브로더는 궁극적으로 아들의 목숨을 앗아간 인종차별주의적, 계급주의적 불의에 굳은 결의로 공개적으로 맞서 싸우는 데 전념했다. 그리고 가너와 마찬가지로 브로더는 그런 인권 투쟁을 하면서 기력이 소진되는 걸 느꼈고, 스트레스를 받았다. 이 모든 것을 브로더가 감내하기가 얼마나 힘들었을지 상상하기는 어렵지 않다. 3년 동안 아들이 수감되었고, 아들이 풀려난 뒤에는 아들이 다시 민간사회의 삶에 적응할 수 있도록 열심히 도왔고, 아들의 자살을 받아들여야 했고, 자신의 아들에게 일어난 일이 다른 사람에게는 일어나지 않도록 막는 법안을 통과시키기 위해 투쟁했다. 또한 그로 인해 브로더가 어떤 대가를 치러야 했을지도 충분히 상상된다.

베니다 브로더는 칼리프를 떠나보내고 16개월이 지난 후에 심장마비에 이은 합병증으로 사망했다. 63세였던 브로더는 2016년 (출생시의 평균 기대수명인) 78세를 기준으로 하든 (사망 당시 60세 이상 집단의 평균 기대수명인) 83세를 기준으로 하든 미국 흑인 여성의 평균 기대수명을 채우지 못하고 죽었다. 브로더의 변호사 폴 프레스티아의 말대로 브로더는 심장이 부서져서 죽었다.

어떤 논리를 대든 베니다는 긍정적인 태도로 삶을 대하기 위해 최선을 다했다. 라이커스 교도소 개혁을 위해 브로더와 함께 일했던 시의원은 브로더의 장례식에서 이렇게 말했다. "우리 시는 브로더와 브로더의 아들 칼리프를 실망시켰지만, 브로더는 우리가 함께 더 공정하고 정의로운 시스템을 만들 수 있다고 굳게 믿었습니다. 베니다는 엄청난 용기와 무한한 낙관주의를 보여주었습니다. 베니다와 함께 있으면 더 나은 미래에 대한 희망을 품을 수밖에 없었습니다."[41]

무한한 낙관주의와 굳건한 의지에도 불구하고 베니다 브로더는 에리카 가너와 마찬가지로 구조적 폭력에 의해 무자비하게 찢겨나갔다.

3장 스트레스 받는 유전자와
마모된 세포

에메랄드 스나입스 가너가 언니 에리카가 맞서 싸우는 세력이 "그녀를 갈갈이 찢었다"고 말했을 때 그것은 은유적인 표현이었는지도 모른다. 실제로 나 또한 처음 웨더링이라는 용어를 썼을 때, 은유로 사용하고 있었다. 그로부터 수십 년 뒤, 과학 발전으로 구체적인 생리학적 기전에 대한 통찰이 세포 단위까지 닿았고, 덕분에 웨더링이 단순히 은유에 머물지 않는다는 사실이 밝혀졌다. 웨더링은 말 그대로 신체에 작용하는 과정이다. 이런 과학 발전은 여러 인구집단에서 관찰되는 건강 및 기대수명 격차에 유전자가 큰 영향을 미친다는 속설에 반론을 제기한다.

인종과 DNA, 생물학적 허구

스트레스라는 용어가 잘못 규정된 채 다용도로 사용되고 있듯이, 우리는 건강에서 유전이 차지하는 비중에 대해 모호하고 종종 근거 없는 선입견을 지니고 있다. 그중 일반적인 것이 인간은 잉태되는 순간부터 고정된 암호가 새겨진 "질병" 유전자를 지니고 있어서 이후 살면서 언젠가는 특정 질병에 걸리도록 프로그램되어 있다는 것이다. 또한 우리는 가족마다 "좋은" 유전자 또는 "나쁜"

유전자를 지니고 있으며, 그런 유전자가 가족 구성원들이 얼마나 오래 살지를 결정할 것이라고 막연하게 생각한다. 게다가 우생학의 영향으로 어떤 사람들은 가족 유전자가 "좋은"지 "나쁜"지를 결정하는 것은 인종이라고 생각하기도 한다. 많은 사람이 현재 관찰되는 건강 및 기대수명의 격차는 지리적 혈통(피부색이 대용물로 내세워지는), 즉 "인종" 유전자에서 기인한다고 믿는다. 그리고 유전자가 질병 유전자와 함께 깔끔하게 한 묶음으로 포장되어 있다고 믿는다. 예를 들어 웨더링의 구체적인 발현 형태일 가능성이 있는 질병인 당뇨병은 현재 여러 소외집단에서 유병률이 과도하게 높게 나타나지만, 한때는 유대인병으로 불렸다. 20세기의 첫 50년 동안 유대인의 당뇨병 유병률이 유독 높다고 지적되었는데, 이것은 동유럽에서 이민 온 유대인들의 특징으로 여겨진 나쁜 유전자와 나쁜 행동과 체질이 함께 작용한 결과로 치부되었다. 당시에 동유럽 출신 유대인은 백인이 아닌 아시아계, 몽고계, 흑인계로 인종화되었다.[1] 지금은 현재 주류 문화의 비방 대상인 흑인, 라틴계, 미국 원주민 집단에서 당뇨병 유병률이 과도하게 높게 나타나고 있다. 그러나 그 원인이 "나쁜 유전자와 나쁜 습관"이기보다는 문화적 탄압에 의한 웨더링의 산물일 가능성이 훨씬 더 높다. 당뇨병의 원인에 대해 널리 퍼진 이런 믿음은 그때나 지금이나 명백히 틀렸다. 단 하나의 유전자로 발병이 결정되는(또는 발병 가능성이 확연하게 높아지는) 질병이 몇 가지 있는 것은 사실이다. 근위축증과 헌팅턴병이 그런 예다.[2] 그러나 이런 질병은 유전적으로 특정 인종과 상관관계에 있지는 않다.

유전학과 후성유전학

어떤 질병의 원인으로 유전자를 지목하려면 유전자가 실제로 어떤 방식으로 작동하는지를 먼저 이해해야 한다. 우리 몸을 구성하는 수조 개의 세포 하나하나가 유전 물질인 DNA를 지니고 있다. 각 세포의 핵 안에 DNA 분자들이 하나로 엮여 염색체라는 실 같은 구조물을 이루고 있다. 유전자는 DNA 분자의 기능적 하위단위이다. 각 유전자는 특정 지시사항 묶음, 즉 암호를 지니고 있다. 이 암호는 유전의 기본단위이고 세포가 분열하고 증식하는 동안 복제된다. 대체로 한 사람의 고유한 유전 암호는 난자가 수정될 때 확정되고 우리 몸의 모든 세포에서 복제된다. (오류가 발생할 수도 있지만, 그런 경우는 매우 드물다.) 이것이 당신의 유전자형이 된다. 개인의 유전자 염기서열 분석은 유전자형을 파악하는 기법이다.

우리의 유전적 특질은 고정되어 있지만, 그 발현형은 고정되어 있지 않다. 기본암호는 암호의 다른 조각들이 생화학적 과정을 통해 촉발되거나(스위치를 켜다) 억제되면서(스위치를 끄다) 매우 다양한 방식으로 전사될 수 있다. 그 결과 유전자의 발현 양상은 천차만별일 수 있다. 급격하게 발전하는 후성유전학 분야는 이런 유전자 변형의 기전을 이해하는 데 도움이 된다. 후성유전학은 "유전체 너머에서" 벌어지는 사건들이 DNA 염기서열은 바꾸지 않은 채 유전 정보의 발현을 조절하는 과정과 방식을 다룬다.

유전적으로 동일한 쌍둥이(이제는 청년이 되었다)의 엄마인 나는 DNA에 새겨진 동일한 원 유전 암호initial genetic code가

각기 다르게 해석되는 것을 매일 목격한다. 유전자 검사로 내 두 아들이 일란성 쌍둥이라는 사실을 확인했는데, 이는 수정된 난자 하나가 수정된 지 약 10일 안에 자궁에서 두 개의 배아로 나뉘었다는 것을 의미한다. 따라서 두 아들의 몸을 채운 모든 세포는 동일한 유전 특질을 지닌다.

내 눈에는 두 아들이 늘 형제처럼 닮아 있었지만, 외모가 똑같거나 똑같은 행동을 한 적이 단 한 번도 없었다. 두 아들의 건강 이력도 주요한 면에서 다른 양상을 보인다. 같은 가성과 시역에서 자라고, 같은 학교들을 거쳐 같은 대학교를 다녔고, 대학교 졸업 후에는 같은 아파트에서 살았음에도 그런 차이가 나타났다. 넓은 의미에서 두 아들의 환경은 놀라울 정도로 유사했다.

후성유전학은 분자 단위에서 DNA가 동일한 두 아들의 밖으로 드러난 기질과 건강 상태에서 차이점이 발생하는 이유를 설명한다. 쌍둥이 연구는 쌍둥이가 계속해서 동일한 DNA 특질을 유지하지만 성인기에 들어서면 쌍둥이를 둘러싼 환경이 분리되면서 생물학적 동질성이 약해질 가능성이 높아진다는 사실을 보여 준다.[3] 내 아들들은 유전자형은 동일하지만 발현형은 다르다. 발현형은 실제로 나타난 신체적 특징을 묘사한다. 건강은 발현형 범주에 속한다.

유전자형과 발현형

유전-환경 상호작용에 의해 동일한 유전 암호가 다르게 전사되어 다양한 발현형을 만들어낼 수 있다. 발현형의 가장 단순한 특징 중 하나인 키를 예로 들어보자. 당신이 최대로 클 수 있는 키는 당연히 당신의 DNA의 산물이다. 그러나 실제로 얼마나 키가 클지는 영양 섭취 등 당신이 경험하는 삶의 수많은 측면에 의해 크게 달라진다. 영양 공급을 비롯한 환경은 자궁에서부터 작용하기 시작하고 쌍둥이 사이에서조차 다르게 작용할 수 있다. 극단적인 사례가 쌍태아 수혈 증후군이다. 이 증후군이 있으면 쌍둥이 중 한 명이 모체로부터 혈액을 훨씬 더 많이 공급받아서 다른 쌍둥이보다 상대적으로 더 빨리 크고, 양수도 더 많이 생산한다.[4] 평생을 가는 상당한 키 차이도 만들어낼 수 있다. 내 아이들은 쌍태아 수혈 증후군이 없었지만, 둘 중 한 명만 위험할 정도로 저혈당인 상태로 태어났다. 우리가 먹는 음식, 우리가 들이마시는 공기 속 화학물질, 우리가 경험하는 스트레스 인자. 이 모든 것이 후성유전학적 변형을 일으킬 수 있다. 발현형에 영향을 미칠 수 있는 환경에 두 사람이 완벽하게 동일한 시기에 동일한 맥락과 수준으로, 그리고 모든 가능한 조합에서 동일한 조합으로 노출되는 것은 불가능하다. 그런 일은 같은 자궁에서 발달과정을 공유한 일란성 쌍둥이에게조차 일어나지 않는다!

또 다른 간접증거로 지난 수십 년간 문제가 된 비만 대유행을 예로 들 수 있다. 미국에서 비만율이 급격하게 치솟은 아주 짧은 기간에 비만과 관련이 있는 유전자가 변했을 리는 없다. 대신 미국인의 삶의 경험이 변하면서 비만율이 상승했다. 범인으로 지목되는 환경 요인은 여러 가지다. 우리는 공기, 물, 흙, 청소제품을 통해 내분비 교란물질에 더 많이 노출되고 있다. 화면 시대가 도래하면서 정적인 생활방식이 더 널리 퍼졌다. 패스트푸드와 가공식품을 (그리고 그런 식품의 광고를) 점점 더 많이 접하고 있다.

하루 일과 중에 주기적으로 스트레스를 받을 일이 많아졌다. 예산 감축을 당한 공립학교들은 체육 수업 시수를 줄이거나 급식에서 민간 패스트푸드 유통업체와의 공급계약이 차지하는 비중이 점점 더 높아졌다. 이런 것들과 우리가 아직 발견하지 못한 여러 요인들이 종합적으로 작용했다.[5]

몸무게에 유전이 일부 관여한다는 것은 사실이다.[6] 그러나 그런 유전자의 종류(대립유전자)가 많고, 어느 것이 발현되거나 억제되는가는 키의 경우와 마찬가지로 환경 조건의 영향을 받는다. 너무나 많은 유전자 종류가 몸무게에 영향을 미칠 수 있다고 알려져 있고, 따라서 아마도 당신은 통계적으로 몸무게를 평균보다 덜 나가게 만들 가능성이 높은 대립유전자와 평균보다 더 나가게 만들 수 있는 대립유전자 모두를 지니고 있을 것이다. 23앤드미23andMe와 같은 회사는 당신의 "유전적 몸무게"를 계산할 수 있다고 주장하지만, 그들이 실제로 당신에게 알려줄 수 있는 것은 몸무게와 관련이 있는 당신의 대립유전자들을 종합적으로 검토했을 때 당신의 몸무게가 평균보다 몇 퍼센트 더 무거울지, 또는 몇 퍼센트 더 가벼울지와 같은 추정치뿐이다.[7] 그런 퍼센트값이 꽤 정확하게 들릴 수는 있어도 그 값은 결정적인 값이 아니다. 예컨대 내 23앤드미 보고서에서 몸무게와 관련이 있는 내 대립유전자들을 종합적으로 고려했을 때 내 몸무게는 평균보다 9퍼센트 덜 나갈 가능성이 있다고 알려줬다고 해보자. 이것은 유용한 정보인가? 그렇지 않다. 나의 경우에도 그렇지만, 체중계에 올라가서 측정한 내 몸무게가 그런 보고서의 수치에 부합한다고 해도, 일부는 당신을 더 무겁게 만들 소인이 있는 것으로 알려져 있고, 일부는 당신을 더 가볍게 만들 소인이 있는 것으로 알려진 대립유전자를 지니고 있는데, 그런 대립유전자들을 종합적으로 고려했을 때 내 몸무게가 평균보다 9퍼센트 덜 나갈 가능성이 있다는 것이 과연 무엇을 의미하는가? 평균이란 무엇인가? 9퍼센트는 얼마나 의미 있는 수치인가? 당신의 발현형에서 의미가 있는 것은 어떤 유전자가 실제로 외부로 드러났는가 하는 것이라면 당신의 유전자형의 대립유전자들이 벌이는 "종합 작용"이 과연 당신의 몸무게에 관한 중요한 정보라고 말할 수 있을까?

또한 23앤드미 보고서는 생활방식과 환경이 몸무게에 큰 영향을 미친다는 사실을 고려해야 한다고 조언했다. 이것은 교묘하게 절제된 표현이다. 환경이 비만에 얼마나 중요한지는 토호노 오담 자치국Tohono O'odham Nation의 아키멜 오담족Akimel O'odham이 명확하게 보여준다. 아키멜 오담족은 애리조나주 남부에 있는 미국 원주민 집단으로 이 집단은 미국에서 가장 비만한 집단 중 하나이며, 전 세계에서 2형 당뇨병 환자가 가장 많은 집단이다.[8] 그러나 그것은 그들의 현재 발현형일 뿐이다. 지난 100년 동안 토호노 오담 자치국의 식단과 문화가 농경작물에서 가공식품으로 바뀌기 전까지만 해도 그렇지 않았다. 오늘날에도 멕시코에 사는 오담족은 그들과 유전적으로 비슷한 애리조나주의 아키멜 오담족보다 비만율과 당뇨병 유병률이 훨씬 더 낮다. 유전자에 대한 미국 문화의 집착에도 불구하고 이런 예들은 복합적인 질병에 있어서는 유전자의 발현형에 환경 요인이 미치는 영향이 가장 중요하다는 점을 보여준다.

환경이 미치는 영향은 너무나 많고 다양해서 일일이 나열하거나 완벽하게 이해하기가 불가능하다. 내 일란성 쌍둥이 아들들의 발현형 차이가 시사하듯 무엇이 환경에 포함되는가라는 우리의 일반 개념은 너무나 거친 도구여서 환경이 건강에 미치는 모든 영향을 충분히 설명할 수 없다. 내 아들들의 발현형 차이는 우리가 "환경"이라고 느슨하게 부르는 우산 개념 아래 들어가는 요인들에 의해 결정되었을 것이다. 그러나 여기에는 생활수준, 지역 환경의 독성물질, 자궁 환경, 부모의 양육방식, 학교 교육의 질, 식습관 등 우리가 보통 "환경 영향"이라는 범주에 넣는 것들보다 더 미묘하게 작용하는 요인들이나 과정들이 관여했을 것이다. 왜냐하면 내 아들들은 그 모든 것을 공유했는데도 발현형이 서로 다르게 나타났기 때문이다.

흔한 오개념 중 하나는 흑인과 백인의 건강 격차가 본질적인 유전적 차이에서 비롯되었다는 것이다. 여기서 "본질적"이라는 것은 그런 유전적 차이가 유전적 유산의 일부라는 의미다. 즉 피부색과 질병 모두에 관여하는 유전자 묶음에 내재된 타고난 유전적 차이라는 것이다. 이를테면 흑인과 백인이 피부색(멜라닌 생성)에 영향을 미치는 유전자 변이의 분포에서 차이가 나므로 두 집단의 건강 상태의 차이 또한 유전자와 관계가 있을 것이라는 추론이 직관적인 결론으로 보일 수 있다. 그러나 그런 결론은 틀린 결론이다.

특정 질병에 대한 유전자 변이는 피부색 유전자와 묶여 있지 않다.9 인간의 유전자 변이는 사람들이 넓은 지리적 영역에서 지속적으로 유전자 변이를 만들어내기 위해 끊임없이 이동하고 이주하면서 짝짓기를 해서 생겨난 결과다. 이런 역사로 인해 인간 유전자 변이의 다양한 특징 또는 외형은 서로 연계되어 있지 않다. 즉 각 개인의 유전적 특징 또는 외형은 묶음으로 차이를 만들어내지 않는다. 실제로 인종이라는 개념 자체가 오해를 불러일으킨다. 유전적 관점에서 보면 하위종이나 인종이라는 것은 존재하지 않는다. 우리는 모두 인간이고, 우리 각자는 고유한 별개의 유전자 조합을 지닌다.

미국 흑인과 백인 사이에서 관찰되는 것과 같은 건강의 사회적 격차를 이해할 때 유전에서 그 원인을 찾는 것은 그다지 도움이 되지 않는다.[10] 미국에서 건강의 사회적 격차를 보여주는 질병의 목록은 길고 다양하다. 병의 소인 자체가 복잡한 경향이 있고, 어느 인종/민족 또는 사회경제적 집단의 구성원이든 특정 환경 조건이 갖춰지면 그 질병에 유전적으로 취약할 수 있다. 예를 들면 미국에서 고혈압은 백인에 비해 흑인이 전반적으로 건강이 나쁘고 기대수명이 짧은 주요 원인으로 꼽힌다. 고혈압과 관련이 있다고 알려진 유전자 변이는 500가지가 넘는다.[11] 이런 변이들이 고혈압이 없는 사람보다 있는 사람에게 더 흔히 발견되지만 그 어느 것도 모든 고혈압 환자에게서 공통적으로 발견되지는 않는다. 고혈압 유전자라는 것은 없다.

고혈압 유전자라는 것이 없다는 사실이 고혈압이 피부색 유전자와 한 묶음이라는 발상에 찬물을 끼얹는다. (그리고 물론 우리가 백과 흑으로 나누는 데 적용하는 피부색 스펙트럼은 이분법적인 인종 유전자를 근거로 삼지도 않는다.) 만약 피부색을 결정하는 유전자와 고혈압을 결정하는 유전자가 일치한다면 특정 맥락과 모든 맥락에서 피부색이 짙은 인구집단이 피부색이 옅은 인구집단보다 고혈압 유병률이 더 높아야 할 것이다. 리처드 쿠퍼와 동료들의 연구 결과는 그렇지 않다는 것을 보여준다.[12] 이 연구는 미국의 흑인 및 백인과 각각 유전적으로 공통된 혈통을 지녔을 가능성이 높은 아프리카와 유럽의 여러 국가의 인구집단을 대상으로 실시되었다. 미국에서는 흑인의 고혈압 유병률이 백인에 비해 훨씬 더 높지만, 다른 국가의 인구집단을 포함해서 실시한 연구 결과는 흑인이라는 점이 유전적으로 고혈압과 상관관계가 있다는 믿음이 잘못되었다는 것을 입증한다. 이 연구에서 고혈압 유병률이 가장 높은 집단은, 심지어 미국 흑인보다도 더 높은 집단은 핀란드와 독일의 백인 집단이었다. 미국 흑인의 고혈압 유병률은 나이지리아인과 자메이카인의 유병률보다는 영국과 스페인의 백인 집단의 고혈압 유병률에 더 가까웠다. 나이시리아인과 자메이카인은 연구 대상 인구집단 중 고혈압 유병률이 가장 낮았다. 자메이카 흑인의 고혈압 유병률이 그토록 낮았다는 점은, 대중적으로 널리 퍼져 있지만 과학적으로는 깨진 또 다른 가설이 틀렸다는 것을 확인시켜준다.[13] 그 가설은 미국 흑인은 (아프리카 서해안과 서인도 제도 사이의) 중간 항로로 노예선이 항해할 때 노예사냥꾼들이 그 배에 탄 흑인들을 끔찍하게 다룬 탓에 고혈압에 대한 취약성이 증가하는 방향으로 유전적으로 선별되었다고 주장한다. 그런데 자메이카 흑인도 미국 흑인과 마찬가지로 끔찍한 대서양 횡단 항해를 견뎌낸 아프리카인의 후예다.

검상 적혈구 질환도 한번 살펴볼 필요가 있다. 검상 적혈구 질환은 미국 흑인 집단에서 발병 건수가 압도적으로 높은 단일유전자 질환이다. 이 병은 거의 언제나 "흑인병"으로 취급된다. 검상 적혈구 질환이 피부색과 유전자가 연결될 수 있다는 사실을 입증한다고 볼 수 있지 않을까? 그렇지 않다. 검상 적혈구 질환은 흑인 피부색 유전자와 하나로 묶여 있지 않다. 미국 아프리카인 사이에서 이 병이 더 많이 발병하는 이유는 그들이 대부분 노예무역으로 미국에 온 아프리카인의 후예이기 때문이다.[14] 검상 적혈구 기질은 말라리아에 대한 저항성을 높이는 데 도움이 된다. 노예는 아프리카에서 말라리아가 유행하는 지역에서 주로 차출되었다. 겸상 적혈구 특질은 또한 열대 아프리카, 인도 남부, 아라비아 반도, 기타 말라리아가 유행하는 지역에서 흔히 볼 수 있다. 그러나 겸상 적혈구 특질은 말라리아 환자가 드물고 인구 대부분이 흑인인 남아프리카공화국에서는 찾아보기 힘들다.

지리학자 재레드 다이아몬드Jared Diamond가 지적했듯이 항말라리아 유전자의 유무를 기준으로 인종을 분류한다면 이탈리아인, 그리스인, 나이지리아인을 같은 인종으로 분류하고 남아프리카공화국의 호사족을 비롯해 스웨덴인 등 나머지 집단을 같은 인종으로 분류해야 한다.[15] 각 "인종" 집단은 유럽의 인구집단과 아프리카의 인구집단 일부를 포함하면서 또한 백인 집단과 흑인 집단의 일부는 빠질 것이다. 왜 미국에서 흑인이 백인보다 겸상 적혈구 질환을 비롯해 특정 질환의 유병률이 더 높은지 이해하고 싶다면 유전학을 연구하기보다는 오히려 미국의 역사와 지리, 이민 패턴, 노예무역, 인종 정치, 혼혈인, 거주지 분리법을 연구하는 편이 더 도움이 될 것이다. 심지어 말라리아에 대해 알아보는 것도 더 유용할 것이다.

인종 정체성과 미국인이 노출되었을 만한 환경 조건 간 연결고리는 유전 기질이라는 렌즈로 인구집단의 건강 격차를 이해하려는 시도가 왜 그토록 위험한지를 잘 보여준다. (그런 유전적 소인은 존재하지 않지만) 혹여 그런 유전적 소인이 존재한다고 해도 단일유전자 질환은 건강 및 기대수명의 인구집단별 차이를 거의 설명하지 못한다. 현실에서 유전적 유산은 한 사람의 건강 이력과 기대수명을 최종적으로 결정하는 수많은 요인 중 하나에 불과하다. 유전적 유산이 개인의 특정 질병 발병 가능성에 어떻게 관여하든, 인구집단의 수준에서는 별로 중요하지 않다. 인구집단에서 피부색과 같은 묶음으로 엮이는 것이 있다면 그것은 삶의 경험이다. 인종화된 사회에서 특정 만성 스트레스 인자(객관적인 것과 생심리사회적인 것 둘 다)에 노출될 가능성은 실제로 피부색과 연관시킬 수 있다. 실은 확실하게 연결되어 있다.

마모된 세포와 짧아진 텔로미어

만약 유전자 자체에는 특정 인구집단을 웨더링에 더 취약하게 만드는 소인이 없다면 왜 그 유전자는 분자 단위에서 마모되는 걸까? 우리 몸을 구성하는 세포는 주기적으로 분열한다. 세포분열은 (새로운 세포를 더함으로써) 우리 몸이 성장하도록 돕고 (손상되고 닳은 세포를 새로운 세포로 교체함으로써) 우리가 건강한 상태를 유지하도록 돕는다. 이 과정은 가끔 생기는 찰과상과 멍을 회복시키는 데 효과가 좋다. 심지어 교통사고나 큰 수술 등 중상이나 치명적인 부상으로부터 회복시키기도 한다. 그러나 만성적인 스트레스 반응이 세포에 손상을 입히면 이른 나이에 이미 세포분열이 중단될 수 있고, 그 결과 건강과 기대수명이 위태로워진다. 2004년에 캘리포니아주립대학교 샌프란시스코캠퍼스의 엘리사 에펠Elissa Epel 교수와 엘리자베스 블랙번Elizabeth Blackburn 교수가 발표한 전기적인 논문을 시작으로 연구자들은 만성 스트레스와 짧아진 텔로미어 및 세포 노화 사이에 상관관계가 존재한다는 증거를 점점 더 많이 발견하고 있다.[16]

세포 하나가 분열할 때마다, 그 세포의 DNA가 복제되고 그 DNA는 세포분열 과정 내내 안전하고 온전하게 유지되어야 하는데, 이때 텔로미어가 관여한다. 텔로미어는 염색체 말단을 보호하고 안정화하는 덮개로, 세포가 분열할 때 DNA 암호의 순수성을 유지하는 방벽 역할을 한다. 텔로미어를 머릿속에 그리는 한 가지 방법은 운동화 끈에서 끝부분이 헤져서 풀리는 것을 막는 플라스틱(애글릿aglet)을 떠올리면 된다. 일단 애글릿이 뜯겨 나갔다고 생각해보라. 운동화 끈은 끝부분부터 풀리기 시작해 결국 운동화 끈 전체의 순수성과 기능이 영향을 받을 수밖에 없다.

세포가 분열할 때마다 염색체의 텔로미어 방벽이 짧아진다. 마침내 세포가 죽거나 "복제 노화"가 시작된다. 세포가 분열하고 보충하는 일을 멈추는 것이다. 텔로미어 단축 과정이 노화, 최종적으로는 세포의 죽음으로 이어지지만, 운좋게 애초에 길이가 긴 텔로미어를 물려받으면 그 과정이 더 오래 걸릴 것이다. 그러나 누구나 언젠가는 주요 조직과 장기에서 세포분열이 더 이상 일어날 수 없는 한계점에 도달해 노쇠하고 죽게 된다. 2009년 노벨 생리학 및 의학상을 수상한 엘리자베스 블랙번이 발견했듯이 텔로미어 길이를 연장하는 효소인 말단소체복원효소telomerase가 나오는 세포가 있다. 이 효소는 어느 정도까지는 짧아진 텔로미어의 길이를 원상복구할 수 있다. 그러나 결국 말단소체복원효소도 비활성화되고 텔로미어의 단축과 말단소체복원효소가 매개하는 텔로미어 연장 작용의 균형점이 텔로미어의 단축으로 넘어가게 된다.[17]

텔로미어에 관한 지식은 세포 수준에서 만성 스트레스 인자 등 여러 형태의 구조적 폭력을 견뎌내는 사람들이 어떻게 생물학적으로 또래보다 더 빨리 늙는지를 이해하는 데 도움이 된다. 세포 건강이 더 많은 위협에 노출되는 사람들은 더 빠르게 세포분열을 경험하게 된다. 몸이 손상된 세포를 복구하려고 노력하기 때문에 생물학적 노화(텔로미어 단축, 노화가 시작된 세포 수의 증가)가 가속화되고 조기 사망할 위험이 높아지는 것이다. 더 나아가 말단소체복원효소의 작용으로 스트레스 반응이 둔화될 수 있으며, 이는 웨더링이 유발하는 텔로미어 단축을 심화하고 텔로미어가 복구될 수 있는 기회를 줄인다.[18] 그에 더해 세포가 노화하면서 신체적인 것이든 심리적인 것이든 스트레스 인자에 대한 반응의 효과가 점점 더 약해지거나 부적응적으로 이루어져서 말 그대로 상처에 소금을 뿌리는 격이 된다.

    텔로미어가 짧아지면 염색체는 점점 더 불안정해진다. 텔로미어가 세포분열 중에 더 이상 DNA 암호를 보호할 수 없게 되면, 텔로미어는 세포에게 분열을 멈추고 노화에 돌입하라는 신호를 보낸다. 죽은 세포가 몸 밖으로 씻겨 나가는 동안 노화된 세포가 쌓여서 건강에 부정적인 영향을 미칠 수 있는 유해한 신호를 다른 세포에게 보낸다. 면역세포가 노화하면서 당신은 점점 더 감염에 취약해진다. 혈관벽의 노화된 세포는 동맥경화를 유발하고 이는 심장마비를 유발할 수 있다. 연구자들은 세포 노화가 암 발병 위험도 상승과도 관련이 있다고 말한다. 노화된 세포가 분비하는 물질이 암-유도 유전자(종양 유전자)의 "스위치를 켜고" 암-억제 유전자의 "스위치를 끄는" 후천적인 변형을 유도하기 때문이다.[19] 이것은 암성 세포를 활성화하고 암성 세포가 통제에서 벗어난 채 제멋대로 성장할 수 있는 환경을 조성한다.

    제대로 기능하는 텔로미어는 "항염증 사이토카인"으로 알려진 단백질 분자를 분출한다. 이 물질은 친염증 사이토카인의 발생(증가)을 억제하거나 통제를 강화함으로써 신체의 면역반응을 조절하는 것을 돕는다. 감염, 기습적인 부상, 강한 신체적 충격을 가끔 겪는 사람의 텔로미어 길이가 건강한 상태라면 이런 항염증 사이토카인과 친염증 사이토카인의 조절 작용이 잘 작동한다. 건강한 여성이 제왕절개 수술을 받았다면 여기에 해당할 것이다. 면역세포는 호출 신호에 반응해서 상처 부위로 재빨리 이동해 상처 치유를 돕는다. 상처나 감염이 치유되는 동안 친염증 사이토카인은 억제된다. 그러나 텔로미어의 길이가 아주 짧아진 노화세포에서는 텔로미어가 제 기능을 하지 못한다.[20] 세포는 도움을 요청하는 (친염증 사이토카인 분출 억제) 신호를 보내지만, 소중한 DNA 화물을 보호하기 위한 최후의 방편으로 텔로미어는 구조해주기 위해 달려온 도우미조차 튕겨낸다! 그 과정에서 친염증 사이토카인은 지속적으로 분출되어 전신으로 퍼져나가 신체 계통에 만성적인 염증을 일으킨다. 만성 염증은 온몸의 세포, 조직, 장기에 손상을 입힌다.

만성 염증은 소외집단의 구성원들에서 발생할 가능성이 더 높고, 그래서 조기 사망하는 이유가 되는 많은 질환의 발병에 관여한다. 예를 들어 만성 염증은 췌장 세포에 기능 이상을 일으켜서 인슐린 조절에 영향을 미치고 당뇨병을 유발한다.[21] 만성 염증은 류머티스 관절염 또는 루푸스와 같은 자가면역질환을 일으킬 수 있다.[22] 만성 염증은 여러 장기와 조직에서 암 성장을 촉진한다.[23] 손상 복구 시도가 좌절된 면역체계의 백혈구에 축적된 폐기물은 콜레스테롤을 가둬서 정맥과 동맥을 손상시키거나 막는 죽상경화반을 형성할 수 있고, 그 결과 고혈압을 일으킬 수 있다.[24]

이렇게 형성된 죽상경화반에 의해 혈관벽이 찢어져서 혈전, 즉 색전이 생기면 폐, 심장, 뇌로 이동해 혈류를 차단해서 생명이 위험할 정도로 혈액 속 산소량이 부족해지거나 혈압이 떨어지거나 심장마비 또는 뇌졸중을 일으킬 수 있다.[25] 구조하기 위해 이동했다가 구조에 실패한 백혈구가 쌓여 병목현상이 생기면 백혈병의 원인으로 작용할 수도 있다.[26] 친염증 사이토카인을 분출하는 노화된 뼈 세포의 수가 많아져서 뼈 조직이 더 이상 보충되지 않으면 뼈 소실bone loss이 발생한다.[27] 폐혈관에 불안정한 세포나 노화된 세포가 너무 많아지면 천식, 만성 폐쇄성 폐질환COPD 등 폐 기능 저하가 특징인 질병을 일으키거나 악화시킨다.[28] 뇌에 노화된 세포가 너무 많아지면 뉴런을 죽이는 물질을 분비할 수 있다.[29] 몸의 조직과 계통 전반에 걸쳐 나이가 들면서 지속적인 염증 반응이 점증한다. 노화로 인해, 또는 만성 스트레스가 많은 삶의 경험에 의해 텔로미어의 길이가 짧아지고 텔로미어가 더 많이, 때로는 더 빨리 손상되기 때문이다. 이 과정을 "염증성 노화"라고 부르기도 한다.[30]

앞서 논했듯이, 특권집단과 비교했을 때 소외집단은 생물학적 가속 노화, 만성 노인성 질환의 조기 발병, 면역체계 약화 및 조절장애, 기대수명 단축에 더 취약하다. 그리고 그 모든 것은 세포 수준에서 웨더링이 작용한 결과이다. 그런 건강 격차가 나타나는 핵심 원인은 소외집단이 다방면으로 만성적인 환경 공격을 끊임없이 받기 때문이다. 그런 공격은 유전자 발현 과정에 부정적인 영향을 미치고 세포를 손상시켜서 텔로미어 길이 단축과 염증성 노화를 가속화한다.

노화의 심리사회적, 신체적, 환경적, 생물학적 기전에 대해, 그리고 무엇보다 그런 기전이 건강 격차와 어떤 상관관계가 있는지 여전히 밝혀지지 않은 것이 많지만, 우리가 현재 아는 사실들은 세간의 에이지워싱 내러티브와 질병의 유전적 소인 설명논리 중 어느 것도 그 기전을 설명하지 못한다고 우리에게 말하고 있다.

문화적, 경제적 탄압이 여러 복합적인 질병으로 발현되는 이유와 과정을 설명하는 웨더링이 훨씬 더 전망 있는 탐색 경로다. 그리고 앞으로 살펴보겠지만, 에이지워싱 내러티브나 DNA 중심 렌즈 대신 웨더링 렌즈를 장착하면 건강 형평성을 신장하기 위한 매우 다른 개인적·정책적 접근법을 구상할 수 있다.

요약하자면, 웨더링은 과거 그리고 현재까지도 지속되고 있는 구조적 인종차별주의와 계급주의에 의해 규정되는 삶의 경험이 점증적으로 축적된 결과다. 억압받는 노동계급 또는 빈곤층의 건강이 웨더링에 의해 마모되는 과정과 방식을 이해하기 위해 디트로이트 이스트사이드의 많은 흑인 거주민이 살아내는 경험을 살펴보자. 지난 100년 동안 인종화된 거주지 분리 및 재정 지원 감축 정책으로 인해 디트로이트의 저소득층에게 공급되는 합리적 가격의 주택은 노후화되었고, 소방법 위반 사항을 시정하지 못하고 있다. 주택 벽에는 납 페인트가 칠해져 있는 경우가 많고, 단열재로는 석면이 사용된다. 석면은 독성물질일 뿐 아니라 단열재로서의 성능도 형편없어서 석면을 단열재로 사용한 집은 겨울에는 너무 춥고, 여름에는 너무 덥다. 대기는 오염되어 있고, 수십 년에 걸친 산업활동으로 흙과 식수도 오염되었다. 지역사회의 세금원이 줄어들면서 도로의 구멍이 방치되고 학교는 오래전부터 재정 지원을 제대로 받지 못하고 있다. 통근길은 멀고 비효율적이며, 고되고 때로는 위험하기까지 한 일자리가 대부분이다.

몇 시간 일할지에 대한 선택권이 전혀 없으며, 임금은 공과금을 내기에도 빠듯할 정도로 적다. 친지에게 손을 벌리지 않으면 수도와 전기가 끊길 위기에 처해 있다. 게다가 그런 일이 처음이 아니다. 임금이 비교적 높은 일자리 공지가 올라와서 지원을 해도 고용주가 당신의 이름과 주소를 보는 순간 서류 심사에서 탈락시킨다. 응급실에 한 번 다녀오거나 지하실 수도관이 터지는 등 응급 상황이 닥쳐서 수습 비용 청구서가 한 번 날아오기라도 하면, 그날 월세나 주택담보대출금을 내지 못하게 될 수도 있다. 강제 퇴거, 주택 압류, 노숙은 늘 도사리는 위협이다. 미국 전역의 재정 지원이 끊긴 도심 빈곤층 거주 분리 지역 중 하나인 디트로이트 이스트사이드에 사는 저소득층 흑인인 당신은 아픈 아이를 돌보기 위해 또는 지하실 수도관을 고쳐줄 수리공에게 문을 열어주기 위해 출근하지 않으면 해고당할 수 있다. 의료서비스에 대한 접근권이 제한되어 있고, 의료서비스를 받더라도 그 수준이 대체로 평균에도 못 미친다. 건강한 식품을 구하기 위해서는 버스를 타고 한 시간을 나가야 하지만, 패스트푸드는 술, 담배, 길거리 마약과 마찬가지로 모퉁이만 돌면 구할 수 있다. 걷거나 운전할 때 "임의 몸수색"이나 교통 단속을 당할 수 있다. 소통 실수나 잘못된 몸짓 하나에도 경찰에게 폭행을 당해 때이른 죽음을 맞이할 수도 있다. 이 중 하나라도 바꾸기 위해 필요한 정치적 영향력이 당신에게는 없다.

    시간이 지나면 이런 상황들로 인해 당신의 몸은 만성적이고 집요한 신체적·환경적·심리사회적 스트레스 인자에 노출된다. 지속적인 스트레스 반응은 당신의 주요 신체 계통에 생리학적 부담을 가한다. 스트레스 호르몬, 포도당, 지방산이 당신의 혈관을 채우고, 심박이 상승하고, 큰 근육이 빠르게 산소를 공급받고, 다른 신체부위로 가는 혈류를 제한한다. 분자 수준에서 당신의 세포 환경의 산화 스트레스, 즉 세포를 손상시키는 활성산소의 생성과 항산화 방어 간 불균형이 심화된다. 이것은 부적응적인 후천적 변형, 변이, 텔로미어 길이 단축으로 이어진다. 당신의 평생에 걸쳐 이런 기전이 고혈압, 심장비대, 그리고 파열되면 폐, 뇌, 심장으로 혈전을 보낼 수 있는 동맥경화와 동맥막힘 등 심혈관질환의 발병 위험을 높인다. 비만, 당뇨병, 기타 대사 장애가 생길 가능성도 커진다. 해마가 쪼그라들고, 편도체가 커지고, 뇌세포가 죽으면서 정서 장애가 생물학적 기본 상태가 된다. 감염과 감염병이 만성적으로 나타나고, 면역체계가 약해지거나 조절 이상이 생기면서 자가면역 장애가 발생한다.

웨더링의 과정과 효과는 다양하게 나타난다. 단순히 사회적 정체성 집단별로 차이가 날 뿐 아니라 한 집단 내의 개인들 간에서도 다르게 나타난다. 웨더링의 정도는 특정 역사적 순간에 사람들이 겪는 만성 스트레스 인자의 다양성과 범위, 그리고 개인의 측면에서 그런 스트레스 인자들이 그 개인이 타고난 대립유전자와 어떻게 상호작용하는가, 텔로미어의 길이에 어떤 영향을 미치는가에 따라 달라진다. 외국인혐오 시대에는 이민자가 웨더링을 당했다. 전시에는 미국 사회가 적으로 규정한 사람들이 웨더링을 당했다. 제2차 세계대전 중 일본계 미국인, 중동에서 전쟁이 벌어진 여러 시기와 테러와의 전쟁 중에는 무슬림 또는 아랍계 미국인이 그런 사람들이었다. 코로나19의 원인이 "중국 바이러스"라고 믿었을 때는 아시아계 미국인에게 웨더링 스트레스 인자가 작용했을 것이다. 이분법적 성별 분류와 이성애의 우월성을 고수할 때 트렌스젠더, 기타 성소수자들이 웨더링을 당한다. 어떤 개인이나 인구집단도 억압의 대상이 되면 웨더링의 희생양이 된다. 경제적 압박, 부정적인 전형화에 의한 심리적 압박, 물리적 폭력 등 억압의 형태는 중요하지 않다.

개인의 수준에서 웨더링이 개인의 신체에게 미치는 영향은 천차만별이며, 어떤 사람이 웨더링을 얼마나 잘 견뎌낼지는 예측 불가능하다. 그러나 인구집단 수준에서는 억압받는 집단이 그렇지 않은 집단보다 더 큰 웨더링에 노출된다고 단언할 수 있다. 그래서 억압받는 집단은 짧은 기대수명과 장애 및 질병 조기 발병이라는 이중고에 시달리게 된다.

특히 잔인한 아이러니는 억압받는 집단의 구성원이 수년, 수십 년간 그런 역경에 불굴의 의지로 맞서면 그렇지 않은 구성원보다 더 큰 웨더링 위협에 노출된다는 것이다. 그런 개인들은 끊임없이 관료제를 상대하고, 긴 통근 시간을 감내하고, 야간 근무 내지는 연속 근무로 인해 또는 가사노동과 직장 업무를 조율하느라 수면 부족을 견뎌내야 한다. 서로 충돌하는 의무를 이행하고, 지속적인 모욕과 미세공격을 받아내고, 하루 종일 심리적 갑옷으로 스스로를 보호해야만 한다. 자신의 존재가치가 얼마나 보잘것없는 평가를 받는지, 그런 스트레스 인자를 피하기에는 자신의 힘이 얼마나 미약한지, 권력을 가진 사람들과 의견이 불일치할 때 자신의 의견이 받아들여질 가능성이 얼마나 미미한지, 자신이 수행하는 필수 노동이 얼마나 하찮게 여겨지고 금전적 보상을 못 받는지 너무나 자주 확인하게 된다. 자신이 끊임없이 무시당하고 경멸당하는 존재라는 것, 생존을 위해 전력을 다해 일해야 한다는 것도. 그들은 웨더링이라는 단어의 두 가지 의미 모두를 체화한다. 스트레스로 가득한 일상이 촉발하는 생리학적 스트레스 반응에 의해 손상되고, 또한 자신이 맞닥뜨린 모든 역경에 맞서면서 고군분투한다. 그들의 가족과 공동체가 하염없이 밀려드는 웨더링 스트레스 인자의 물결을 피하거나 견뎌낼 수 있도록 지원하기 위해서는 그들의 회복력이 핵심적인 역할을 한다. 그러나 그렇게 피난처를 제공하기 위한 엄청난, 꺾이지 않는 투지와 노력 때문에 그들은 생체 적응 폭풍에 고스란히 노출된다.

4장

위험에 빠진 산모와 영아

"나이가 많을수록 출산의 부담이 커지니 서른두 살이 되면 [여자는 아이를 낳는 걸 멈춰야 해요], 몸이 아예 버티지 못할 수도 있잖아요." 한 16세 소녀가 내게 말했다. 나는 임신한 흑인 십대 소녀들을 인터뷰하고 있었다. 미국 북부의 재원이 끊긴 도심 지역과 미국 남부 시골의 고립된 빈곤지역 출신 소녀들이었다. 여자가 몇 살까지는 임신과 출산을 완료해야 하는지 물었을 때 돌아온 답은 22세부터 삼십대 후반까지였다. 대다수는 아주 특수한 경우가 아니라면 30세가 여자가 임신·출산을 완료해야 하는 마지노선이라고 답했다. 소녀들이 말한 임신·출산이 가능한 마지막 연령대는 미국 사회의 지배문화 규범이 임신·출산을 시작하기에 바람직하다고 말하는 연령대 안에 들어오고도 남았다.

소녀들에게 왜 그렇게 답하는지 이유를 물었을 때 웨더링을 고려한 경우가 많았고, 30세, 40세, 50세가 얼마나 많은 나이인지에 대한 인식이 지배문화의 인식과 매우 다르다는 것을 알 수 있었다. 또한 집안어른의 건강 상태에 대한 걱정도 고려사항이었다.

"글쎄요, 제가 볼 때는, 서른 살이 되면 [여자는 임신 출산을 멈춰야 해요. 그 나이 이후로는] 권하지 않을 거예요. 아이가 열 살이면 아직 엄마 손길이 많이 필요한 나이예요. 아직 한참 더 자라야 하니까요. 그런데 엄마는 이미 마흔다섯 살일 거잖아요. 그러다 쉰 살이 되어봐요. 아이는 거의 어른이 되었다고 볼 수 있지만, 엄마는 이미 죽어가고 있을 수도 있어요. 그러니까 저는 서른다섯만 되어도 너무 늦다고 생각해요." 한 소녀가 내놓은 답이다.

주목할 점은 "거의 어른이나 마찬가지"인 "아이"는 15세라는 것이다. 대다수 미국인은, 흑인이든 백인이든 15세 아이를 어른으로 보지 않는다. 그리고 그런 아이의 50세 엄마가 죽을 위험에 처했을 것이라고도 생각하지 않을 것이다. 이것 또한 지배문화의 기대와는 다르다. 웨더링 낭한 사람들이 섦은 나이에 병들거나 장애를 얻거나 죽는 웨더링의 현실은 이 어린 여성들이 언제 아이를 임신·출산해야 하는지를 고민할 때 당면한 현재의 고려사항일 수밖에 없다. 산모 연령에 대한 이런 관점은 다른 소녀들의 답변에서도 반복해서 등장한다.

"어떤 사람은 서른다섯이 될 때까지 미뤄요. 그러면 안 된다고 생각해요. 건강한 날이 몇 년 남지 않았잖아요, 안 그래요?"라고 또 다른 소녀가 말했다.

또 다른 인터뷰 참가자는 여자라면 50세가 지나면서 겪게 될 것으로 예상되는 건강 문제가 발생했을 때 아이를 누가 돌볼지에 대한 걱정을 표했다. 그 소녀는 여자들이 삼십대 후반이 되기 전에 임신 출산을 중단해야 한다고 말했다. "왜냐하면 아이를 낳으면 [그 아이가] 내 나이[인 열여섯 살]가 될 때까지는 키워야 하니까요, 그렇죠. 그래야 내가 아프거나 해도 아이는 적어도 거의 어른이 되었을 테고요. 부모에게 무슨 일이 생겨도 스스로 살아나갈 수 있어요. [그렇게 하지 않으면] 엄마가 쉰 살이 될 무렵 아이는 열 살 정도일 텐데, 엄마한테 무슨 일이 생기기라도 하면 그 아이를 돌봐줄 사람이 필요하잖아요."

한 인터뷰 참가자는 아이들을 충분히 일찍 낳아야 엄마의 건강이 나빠질 때 아이들이 엄마를 돌봐줄 수 있지 않겠느냐고 반문했다. 그 소녀는 엄마의 건강이 삼십대 초반쯤 나빠질 수도 있다고 생각했으므로 여자들이 33세에는 임신 출산을 멈춰야 한다고 말했다. "[아이를 더 일찍 낳아야] 그 무렵에는 아이들이 어느 정도 자라서 엄마를 돌봐주기 시작할 수 있지 않겠어요?"

또 다른 인터뷰 참가자는 이렇게 말했다. "제가 지금 사는 집에서는, 할머니가 어린아이 세 명의 보호자인데, (…) 할머니가 교회에 가시게 해요, 아이들이 할머니 걱정을 하거든요. 할머니는 나이도 너무 많고, 집에만 있는 걸 지긋지긋해하시고, 할 일이 없으니까 소리나 지르고, 잔소리만 퍼붓거든요. 그래서 할머니가 나가시면 제가 아이들을 돌봐요."

나는 할머니의 연세를 물었다. 85세까지는 아니어도 적어도 65세 이상인, 거동이 불편한 노파를 떠올리고 있었다. 그런데 돌아온 답변은, 46세였다! 자신의 할머니가 "나이도 너무 많다"는 인터뷰 참가자의 말이 나이가 많다는 것에 대한 십대 소녀의 생각이 얼마나 왜곡되었는지를 보여주는 발언일 뿐이라고 가볍게 넘기고 싶을 수 있다. 그러나 건강 통계는 그 소녀의 경험을 뒷받침해준다. 그녀의 가족에서 46세인 여자는 스트레스와 노화의 징후를 보여주고 있을 것이다.

특히 신랄하고 가슴 아픈 응답은 지배문화의 관념과 인터뷰 참가자의 경험 간 갈등을 드러냈다. 지배문화의 관념상 여자는 아이를 가지기 전에 교육을 받고 성숙한 사람이 먼저 되어야 한다. 그런데 인터뷰 참가자의 경험에 따르면 임신과 출산을 나중으로 미루는 것은 아이가 아직 어려서 여전히 엄마의 돌봄이 필요한 나이임에도 불구하고 엄마가 신체적·정신적으로 무능력 상태에 빠질 위험을 감수하는 것을 의미했다. 그 소녀는 이렇게 말했다. 여자가 임신·출산을 멈추는 나이는 "서른 살 정도예요. 그때가 되면 너무 나이가 많아요. 신경이 불안정하고, 정신적으로 문제가 생기잖아요. 예전처럼 빠릿빠릿하지도 않고. 아는 건 많아졌겠지만, 그걸 행동에 옮길 만한 정신 상태가 더 이상 아니겠죠."

한 노동계급의 19세 흑인 엄마는 언니들의 경험에서 자신이 배운 교훈을 들려줬다. "서른네 살인 언니는 말기 암 환자예요. 다행히 언니의 막내가 열일곱 살이니까 언니는 막내가 자라는 걸 봤어요. 스물여덟 살인 언니와 서른 살인 언니는 고혈압과 고혈당이에요. 서른인 언니는 상점에서 총에 맞았어요. 폐에 구멍이 났고 한쪽 팔이 마비되었어요. 이미 한참 전에 콘수엘라를 낳은 게 얼마나 다행인지. 스무여덟 살인 언니도 아이를 너무 낳고 싶어해요. 세 번 유산했고, 두 명의 사산아를 낳았어요. 의사들은 언니가 더 이상은 아이를 갖지 못할 거라고 말해요. 언니들 모두 몸무게가 110킬로그램 정도 나가요. 언니들이 제 나이에는 저 같았을[말랐을] 거라고는 상상도 못할걸요. 저도 나이가 들면 언니들처럼 되겠죠."

그 소녀가 언니들의 경험에서 얻은 교훈은 임신과 출산을 미루면, 그렇게 미룬 나이가 이십대 중반에 불과하더라도, 그만큼 위험도 더 커진다는 것이다. 그리고 그 위험의 스펙트럼에는 자신의 바람과는 관계없이 영원히 아이 없이 사는 것부터 아이들이 다 자라기도 전에 죽어서 아이들을 돌볼 수 없게 되는 것까지 포함된다.

사회학자 린다 버튼Linda Burton이 가난한 흑인 가족을 대상으로 실시한 문화기술지 연구 중 하나에서 한 가족의 주 양육자는 두 아이를 낳아서 키우는 21세 여성이었는데, 자신이 건강하게 임신·출산할 수 있는 기간이 어떤 식으로 단축될지에 대해 비슷한 인식을 보여줬다. "엄마랑 나는 우리가 그동안 얼마나 많은 문제를 겪었는지에 대해 이야기해요. 저는 스물한 살밖에 안 됐지만 이렇게 많은 문제[천식, 부인과 종양, 우울증]를 겪었어요. 앞으로 또 무슨 일이 일어날까 걱정해요. 삼십대에 자궁절제술을 받는 여자들도 있거든요. 저도 그런 여자들 중 한 명이 될까요?"[1]

인터뷰를 진행하면서 나는 어린 엄마들이 자신의 남자친구들의 전망이 밝지 않다는 사실을 고통스러우리만치 잘 알고 있다고 느꼈다. 한 16세 소녀가 한 말이 특히 가슴 아팠는데, 그녀가 임신한 사실을 알고서 아이를 낳기로 결심한 데 남자친구가 미친 영향을 이렇게 설명했다.

[임신했을 수도 있다고] 남자친구에게 말했을 때 남자친구는 병원에 입원해 있었어요. (…) 남자친구가 살 수 있을지 없을지조차 모르더라고요. 그래서 병원으로 갔죠. (…) 남자친구에게 나 임신했다고, 그러니 죽으면 안 된다고 말했어요. (…) 남자친구가 말했대요. "전 죽으면 안 돼요. 아이가 생겼대요. 아이를 생각해주세요." 내가 그런 줄[임신했을 수도 있다는 걸] 모를 때였는데도요. 하지만 남자친구가 내가 임신한 걸 알아야 한다고 생각했어요. 남자친구에게 살아야 할 이유를 주고 싶었어요. [그게 제가 아이를 낳기로 마음먹는 데 영향을 미쳤어요.] 왜냐하면 남자친구에게 무슨 일이 생기더라도, 그가 이 세상에 뭔가를 남겼으면 했으니까요. 남자친구가 살기를 너무나 바랐지만, 죽을 수

있다는 걸 모르지는 않았을 거예요.

　이 소녀들이 보여주는 임신에 대한 관점은, 예컨대 임신의 적절한 시기, 임신이 자신에게 가지는 의미, 임신을 둘러싼 걱정 등은 임신과 출산에 관한 지배문화의 규범을 따르는 미국의 중산층 이상의 백인에게는 완전히 낯설게 느껴질 것이다. 에이지웨싱 내러티브는 이십대 후반~삼십대 초반이 보편적으로 임신하기에 이상적인 시기라고 가르친다. 실제로 미국 백인 십대를 대상으로 한 표본 설문조사에서 응답자들은 임신과 출산의 마지노선이 40세라고 말하며, 연령 제한을 두지 않는 응답자도 많다. 특권층인 내 스물여덟인 아들들과 서른넷인 딸은, 언젠가는 부모가 되고 싶다고 말하면서도 언제 아이를 갖고 싶다고 생각하는지 넌지시 물어도 무심하게 흘려듣는다. (위의 연구에 참가한 소녀가 들려준 말과 내 서른네 살 딸의 관점을 어쩔 수 없이 대비하게 된다. "서른네 살인 언니는 말기 암 환자예요. 다행히 언니의 막내가 열일곱 살이니까 언니는 막내가 자라는 걸 봤어요.") 내 아이들이 부모가 되었을 때 자신이 얼마나 나이가 많을지에 대해 그토록 무심할 수 있는 사치를 누릴 수 있는 이유는, 어느 정도는 그 아이들이 앞으로 오래 살 것이라는 상당히 실현 가능성이 높은 기대를 가지고 있기 때문이다. 내 아이들은 자신이 건강한 미래, 경제적 안정성, 삶에서 주어지는 풍부한 기회를 누리는 것을 당연하게 여긴다. 그러나 웨더링은 문화적으로 억압받고 경제적으로 착취당하는 인구집단의 청년들, 심지어 십대 소년소녀들로부터 "삶이 내 앞에 펼쳐질 것이고, 세계는 내 손안에 있다"는 기대를 완전히 말살한다.

인종차별주의, 계급주의, 성차별주의의 교차점에 있는 가임기 여성은 아마도 그렇지 않은 모든 사람보다 가족이 물밖으로 머리를 내밀고 버틸 수 있도록 더 오래, 더 힘들게 물속에서 발차기를 해야 할 것이다. 앞서 46세인 할머니가 자신이 보호자로 등록되어 있는 세 아이를 돌볼 수 있도록 돕는다고 말했던 소녀처럼 그들은 다세대 친족 네트워크 유지에 책임감을 느끼며, 또한 자신의 생존을 위해("[아이를 더 일찍 낳아야] 그 무렵에는 아이들이 어느 정도 자라서 엄마를 돌봐주기 시작할 수 있잖아요"), 그리고 아이의 생존을 위해 그런 네트워크에 전적으로 의지한다("엄마한테 무슨 일이 생기기라도 하면 그 아이를 돌봐줄 사람이 필요하잖아요"). 내가 인터뷰한 젊은 여성들은 자신의 선택지를 아주 꼼꼼하게 따져보고 있는 것 같았다.

이것이 그들에게 주어진 타협 조건이고, 그들이 감수해야 하는 위험들이다. 그리고 그들은 자신에게 당연한 권리로 주어지는 선택지가 거의 없다는 것을 안다. 그런데도 미국의 지배문화는 십대 산모를 무지하고, 무책임하고, 심지어 그보다 더 나쁜 여자로 낙인찍는다. 그리고 미국의 사회 정책은 이런 낙인을 여러 프로그램과 예산안을 통해 제도화했다.

심지어 우리가 이와 관련해서 사용하는 용어에도 문제가 많다. 1970년대에 십대 산모(청소년 산모와 동의어로 사용되었고, "아이가 아이를 낳는다"라는 표현과 함께 대중화되었다)라는 용어가 우리의 모든 임신과 출산 관련 우려를 설명하는 용어이자, 1980년대 중반 무렵에는 사회 전반의 우려를 아우르는 용어로 제도화되었다. 널리 수용된 이 용어가 상상 가능한 모든 면에서 결함이 있다는 사실을 알게 되면 놀랄 수 있다. 십대 산모라는 용어는 일반 대중이 이해하는 것보다 훨씬 더 복잡한 현상에 대해 오해를 부르고, 이를 부정확하고, 불완전하게 묘사한다.

십대 출산이라는 용어가 결함이 있다는 가장 명백한 근거는 이 용어가 13세에 출산하는 산모와 19세에 출산하는 산모를 전혀 구별하지 않는다는 점이다. 13세와 19세는 사회적·발달적 연속체에서 매우 다른 단계에 속한다. "아이가 아이를 낳는다"처럼 매우 대중화된, 오해를 불러일으키는 표현에도 불구하고 이른바 십대 산모의 대부분인 약 3분의 2가 18세 또는 19세이나, 16세보다 어린 십대 산모는 2퍼센트도 되지 않으며, 13세 산모의 비율은 거의 0에 수렴한다. 적어도 1980년대 중반으로 거슬러 올라가면 방법론적으로 다양한 과학 문헌들이 소외집단에서는 십대 후반인 산모들이 이십대, 삼십대 중후반 산모보다 임신·출산 결과가 훨씬 더 좋다는 사실을 꾸준히 발견했다. 이것은 1970년대에 십대 산모에 대한 연구가 처음 시작되었을 때에도 유효했고, 오늘날까지도 여전히 유효하다.

나는 처음부터 십대 산모에 대한 혹독한 낙인찍기에 대해 의문을 제기하지 않을 수 없었다. 당시에 십대 산모는 새로운 사회적 일탈계급으로 조작되고 유포되고 많은 사회 문제의 원흉으로 몰렸다. 나는 학계 관계자와 사회 정책입안자들이 처음 이런 문제를 규정하면서 십대 비행청소년 엄마라는 모호한 개념을 이른바 사실정보 분석으로 뒷받침하고 그 개념을 대중에게 각인시키는 것을 지켜보았다. 단체들은 이 용어의 키메라와도 같은 유연성을 남용해서 변화하는 정치적·단체적 목적에 맞춰 이른바 "문제"를 재정의하고 인종화했다. 이 개념이 불러일으키는 지극히 비이성적인 도덕적 공황moral panics의 양상은 시간이 지나면서 변했다. 베이비부머 청소년의 성 혁명에 대한 우려에서 시작해, 이른바 병리적 흑인 하층민에 대한 두려움, 그리고 최근에는 외국인혐오와 백인대체 음모론*이 등장했는데, 십대 산모라는 용어가 모호하고 부정확한 탓에 그 사회 문제가 실제 문제이든, 과장된 것이든, 상상된 것이든 서로 매우 다른 여러 사회 문제의 원인으로 십대 산모를 지목하기가 수월했다.

예를 들어 이 용어가 등장한 초창기(1960년대 후반~1970년대 초반)에 사회학자 콘스턴스 네이선슨Constance Nathanson이 구체적으로 묘사했듯이 십대 산모에 대한 지배문화의 우려는 중산층과 상류층의 백인 십대 소녀에게 초점이 맞춰져 있었다. 페미니즘 운동의 태동기였고 부부가 아닌 남녀가 성관계를 갖는 것에 대한 사회적 인식이 관대해지는 중이었고, 중산층과 상류층 백인 십대 소녀들이 너무 어린 나이에 엄마가 됨으로써 한창 교육받고 경력을 쌓아나가야 하는 시기가 단축되는 것을 걱정했다. 당시에 그렇게 되는 것을 방지하는 데 도움이 되는 기술, 즉 피임약이 존재했는데도 말이다.² 고학력의 백인 부모는 십대 딸들이 눈부시게 밝은 미래로 향하는 길에서 임신이라는 장애물에 부딪히지 않기를 바랐다. 그 장애물은 성교육을 하고 피임법에 대해 널리 알리면 충분히 피할 수 있는 장애물이었다.

이후, 1970년대 말부터 시작해 1980년대를 거쳐 1990년대 대부분의 기간에는 그 용어가 도심에서 "번식하는 하층민" 흑인

---

* replacement theories. 세계를 좌우하는 극소수의 권력집단이 아프리카와 중동의 이민자들을 유럽에 유입시켜 백인을 몰아내려 한다는 거대 대체론Great Replacement 등 백인 중심 국가였던 서유럽, 미국, 캐나다, 호주, 뉴질랜드의 백인 인구가 점차 비백인으로 대체되고 있다고 주장하는 극우 음모론 중 하나.

이라는 과장된 묘사와 겹쳐지면서 두려움을 자아냈고 사회복지 안전망을 해체하려는 정치적 세력에게 좋은 핑계가 되었다.[3] 흑인 여성 중 십대 산모의 비중이 급격히 줄어들자 라틴계 십대 소녀들이 가장 최근의 목표물이 되었고, 심지어 29세인 여자들도 때로는 동일한 피임 캠페인의 집중관리 대상자가 되곤 한다. 원래는 십대 소녀의 임신을 막기 위해 시작된 캠페인인데 말이다!

건강 격차와 웨더링의 효과에 대한 인식 부족이 그 세 가지 공식 보부의 숨은 공신이었다. 고학력 백인 부모는 십대 딸들이 엄마가 되기까지는 아직 10년 이상 남았다는 것, 그전에 대학교 졸업장, 원한다면 대학원 졸업장까지 따는 것을 당연하게 여겼다. 반면에 가난한 노동계급의 백인 십대 자녀와 유색인종의 십대 자녀는 건강한 기대수명이 훨씬 더 짧고, 교육과 일자리 선택지가 훨씬 더 제한적이라는 사실은 꾸준히 무시되었다.

1970년대 중후반으로 거슬러 올라가보자. 그 당시 나는 프린스턴대학교 4학년에 재학 중인 학생으로 여성들에게 고등교육 기회가 새롭게 열린 시대적 상황을 충분히 누리고 있었고, 프린스턴대학교 인구조사 사무소Office of Population Research(OPR) 소장의 계약직 연구조교로 일하고 있었다. 나는 변화하는 정치적 목적에 맞춰 십대 산모라는 개념과 표상이 백인 소녀에서 흑인 소녀로 이행하는 과정이 한창 진행 중일 때 이를 지켜봤다.

OPR에서 일하는 동안 나는 얼마나 많은 교수 연구진이 십대 산모와 관련된 문제를 집중적으로 연구하고 연구결과를 해석했는지 목격했다. 빈곤부터 영아사망률까지 십대 임신·출산과 통계적으로 상관관계에 있는 것으로 밝혀진 심각한 문제가 많이 있었고, 여전히 그런 문제들이 존재한다는 것은 부인할 수 없는 사실이다. 그러나 상관관계가 있다고 해서 인과관계가 있다고 말할 수는 없다. 이것은 OPR 소속 교수진인 프린스턴대학교 경제학과와 사회학과 교수들도 잘 아는 양적 연구의 기본 교리이고, 비교적 가치중립적이고 에이지워싱의 영향을 덜 받은 맥락에는 그런 교리를 적용했을 것이라고 확신한다. 그러나 그 엘리트 교수들에게는 아마도 부유한 근교 거주지에서 접하는 또는 프린스턴대학교에서 만나는 십대들이 가장 익숙한 십대의 모습이다 보니 모든 십대 산모가 임신과 출산으로 비탄에 빠지고, 불리한 처지에 놓이고, 애초에 임신을 피하고 싶어했을 것이라는 일반상식의 관점에서 이 문제를 바라봤을 것이다. 자신들이 아는 대다수 십대들은 그랬을 것이기 때문이다. 정책적 해결방안이라는 측면에서 그들은 이 문제를 얼마나 적극적으로 성교육을 하고 피임 도구에 대한 접근성을 어떻게 높일 것인가라는 문제로 좁게 이해했을 것이다. 그들이 내놓은 해결책은 십대에 임신한 자신의 딸이나 프린스턴대학교 학생들에게는 도움이 되었을 수도, 도움이 되지 않았을 수도 있다. 그러나 표면적으로 그런 해결책이 돕겠다고 나선 많은 젊은 여성이 살아가는 현실에서는 애석하게도 전혀 도움이 되지 않았다.

나 또한 그들과 동일한 "일반상식" 관점을 고수하게 되었을 수도 있다. 그러나 그런 관점은 당시에 내가 인턴으로 일한 뉴저지주 트랜튼의 빈곤층 흑인 밀집지역의 여성 보건소와 십대 산모를 위한 대안고등학교에서 목격한 현실과 상충했다. 그 지역은 프린스턴대학교에서 고작 20분 거리에 있었지만, 완전히 다른 세상이었다. 그곳에서 나는 엄청난 책임을 지고 있는 여자들을 봤다. 임신한 어린 여성들과 그 여성들의 어머니들은 모두 그런 짐을 지고 있었다. 그리고 몇몇과는 아주 친해졌다. 그들은 심각한 경제적·심리적 어려움을 겪고 있었고, 건강에 해로운 주거 환경에 놓여 있었다. 그러나 그들은 버텼고 아이와 공동체를 지원하기 위해 일하면서 희망을 잃지 않았다. 어린 여성 대다수는 자신이 품은 새 생명에 대한 설렘과 기대를 표현했다. 동시에 나는 그들이 보건소를 방문하거나 산모 검사를 받을 때 동행하면서 그들이 신체적으로 얼마나 시달리고 지쳤는지를 봤다. 프린스턴대학교를 다니는 내 동급생들과 극명하게 대비되었다. 두 집단은 나이상으로는 비슷한 또래였는데도 말이다.

그렇게 방문한 진찰실에서 의사들은 자신의 환자인 어린 여성과 건강에 대해 이야기를 나누는 대신, 내가 요청하지도 않았는데도 프린스턴대학교의 백인 학생인 내게 의학용어를 설명하곤 했다. 그리고 환자의 사생활 보호 의무에 위반되는 것으로 의심되는, 환자의 신체에 대한 의학적 정보들을 나와 공유했다. 어린 여성에게 건강과 관련해서 걱정되는 점이 있는지를 묻거나 그 여성과 눈을 마주치는 의사는 단 한 명도 없었다. 내가 본 의사들은 기본적으로 진찰대에 다리를 벌리고 누운 어린 여성들을 마치 의식도 없고, 지적 능력도 없는 존재로 취급하고 무시했다. 하다못해 지각이 있는 인간으로도 대우하지 않았다. 그런 모욕적인 상황에서 진찰대에 누운 여성은 아마도 별별 감정을 다 느꼈을 것이고, 그런 감정들 중에 그녀의 건강과 배 속에서 자라는 태아에게 좋은 감정은 하나도 없었을 것이다.

나는 의대생도 아니었고, 심지어 의대 준비생도 아니었다. 나는 어린 여성의 또래 동반자로서 그녀가 성폭력을 당하는 일이 없도록 그 자리를 지켰다. 성폭력을 목격한 일은 없었다. 그러나 내가 목격한 부류의 폭력에는 어떻게 개입해야 하는지 교육을 받지 못했다. 그리고 그런 폭력, 환자의 인격에 대한 폭력은 늘 자행되고 있었다. 어린 여성들은 투영된 이미지로 대체되고, 인격은 완전히 삭제되었다.

OPR 소속 교수진은 그 어린 여성들이 마주하는 뿌리 깊은 건강 문제와 사회적 어려움을 인지하지 못하고 있을 뿐 아니라 내가 목격하고 있는 것을 전달하려고 아무리 노력해도 관심을 보이지 않았다. 그들은 어떤 십대 소녀도 자신이 임신했다는 사실에 설레고 기뻐할 리가 없다고 확신했다. 십대에 임신했다면 그것은 뭘 몰라서 그렇게 된 것이라고 생각했다. 이것이 곧 "아이가 아이를 낳는다" 내러티브였고, 그런 오만한 배제를 합리화하는 강력한 논리가 되었다. 그런 논리는 그 어린 산모들을 전혀 존중하지 않았다.

내가 보기에 그 어린 여성들과 그들의 가족이 떠안은 광범위하고 근본적인 문제들이 그들이 피임 도구만 사용했다면 사라졌을 것이라는 발상은 현실과 동떨어진 단순한 희망사항에 불과했다. 나는 또한 그 여성들이 피임에 대해 무지하다는 말이 과장되었다는 것도 명확하게 인지하고 있었다. 그들은 나만큼이나 피임에 대해 잘 알고 있었고, 실제로는 자신이 엄마가 되기에 너무 어리다고 생각할 때는 피임을 제대로 했다. 그들에게 피임에 대해 맨스플레인*을 한다고 해서 달라질 것은 없었다. 그러나 OPR 교수진이 고수하는 마법과도 같은 신념, 그 어린 여성들의 핵심 문

---

* mansplain. '남자'man와 '설명하다'explain를 합친 단어로, 어느 분야에 대해 여성들은 잘 모를 것이라고 생각하면서 남성들이 무턱대고 아는 척 설명하거나 가르치려고 드는 것을 뜻한다.

제는 무지, 피임 도구의 부족, 성적 문란함(제저벨*이라는 이름까지 붙은 인종차별주의적 고정관념)이라는 신념은 어떤 반론이 제기되어도 흔들리지 않는 것처럼 보였다. 적어도 내가 웨더링의 증거를 수집하기 시작한 이후 목격한 바에 따르면 사실증거 앞에서도 흔들리지 않는 것처럼 보였다.⁴

웨더링이 산모와 영아의 건강 결과에 미치는 영향

산모와 영아 건강의 인종 격차를 제거하는 것은 30년 이상 미국 공공보건 목표에서 우선 순위에 놓여 있었다. 그런데도 목표 달성에 가까워질 기미가 전혀 없다. 이 부문에서 미국은 고소득 국가 38개국 중에서 33위이며, 1위인 아이슬란드와 비교하면 미국의 영아 사망률이 거의 6배나 더 높다.⁵ 그런데 미국에서 흑인 영아 사망률은 이보다 더 심각해서 백인 영아 사망률보다 2배나 더 높다.⁶ 이 격차는 최근 수십 년간 더 공고해지고 있다.⁷

미국의 산모 사망률 또한 부끄러울 정도로 높다. 2020년에 10만 명이 출생할 때마다 23.8명의 산모가 죽었다.⁸ 모든 고소득 국가 중에서 최하위 성적이다.⁹ 또한 이 수치는 매년 증가하고 있어서 1990년 이후 2배 이상 상승했고, 흑인 산모의 사망률이 가장 높다.¹⁰ 2020년 미국에서 비라틴계 흑인 산모의 전체 사망률은 출생아 10만 명당 55.3명을 기록했다. 비라틴계 백인 산모의 사망률은 이보다 훨씬 낮아서 출생아 10만 명당 19.1명이었다.¹¹

---

* 성적으로 문란한 흑인 여성을 일반적으로 지칭할 때 흔히 쓰는 표현이다.

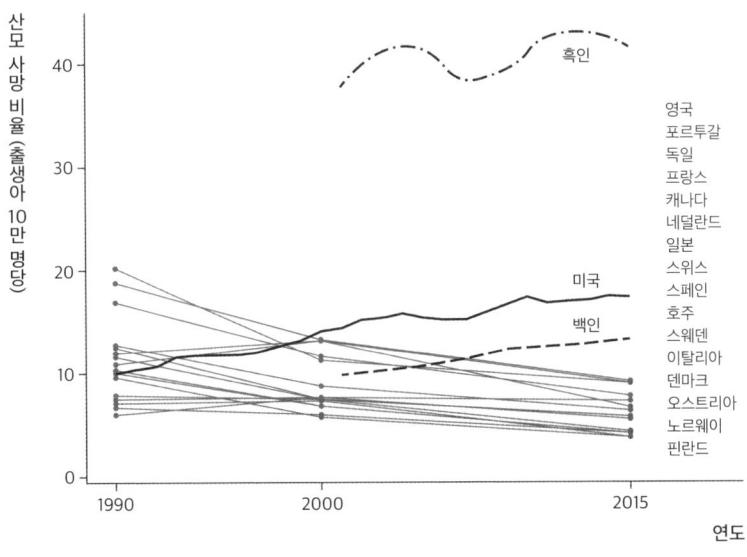

부유한 국가들의 산모 사망률 추이, 1990~2015년

미국 외 다른 국가의 추이선은 직선에 가깝다는 점에 주목하자. 미국 외의 국가에 대해서는 1990년, 2000년 2015년의 데이터밖에 없기 때문이다. 미국은 1990년부터 2015년까지 모든 해의 전체 산모 사망률 데이터가 있고, 2000년부터 2015년까지는 모든 해의 인종별 산모 사망률 데이터도 있다.

그리고 미국에서 임신 출산과 관련된 원인으로 사망한 산모 1명당 같은 원인으로 목숨이 위태로웠던 산모의 수는 70명이다.[12] 그런 산모들은 의학전문직 종사자들이 중증 산모 질환이라고 부르는 병을 진단받았다. 여기에는 다양한 치명적인 임신, 출산, 산후 합병증이 포함되며, 산모의 건강에 영구적인 영향을 미칠 수 있다.

위 그래프는 미국의 산모 사망률이 1990년부터 2015년까지 사이에 얼마나 급격히 상승했는지를 보여준다. 같은 기간에 다른 모든 고소득 국가에서 산모 사망률은 하락했다. 또한 미국의 산모 사망률이 다른 부유한 서구 국가의 산모 사망률보다 훨씬 더 높다는 것도 보여준다.[13] 미국이 매년 산모 돌봄정책에 600억 달러 이상을 썼음에도 그런 결과가 나왔다. 미국은 다른 어느 나라보다 산모 1인당 훨씬 더 많은 돈을 썼지만 다른 국가들이 훨씬 더 나은 산모 건강 결과를 얻었다. 세계보건기구WHO는 미국의 산모 사망률이 인권을 침해한다고까지 말했다.

십대 산모 vs. 임신을 미룬 대가

강연을 할 때 이런 그래프나 표를 보여주면 미국이 다른 국가에 비해 전반적으로, 그리고 특히 흑인의 십대 임신율이 높기 때문에 산모 사망률도 높은 것이라는 주장이 곧장 청중석에서 나온다. 미국에서 십대 산모의 비율이 다른 부유한 국가에 비해서 더 높은 것은 사실이다.

또한 미국은 소득 격차도 더 크고 빈곤율도 더 높으며 보편 의료보장제도, 아동 수당, 산후 가정 방문 서비스, 유급 가족돌봄휴가 등 가족 및 산모 친화 정책이 어떤 형태로든 존재하지 않는 유일한 고소득 국가다. 흥미롭게도 미국과 다른 고소득 국가 간에 존재하는 그런 매우 중요한 차이는 산모 사망률을 비교하는 논의에서 거의 언급되지 않는다. 청중이 미국의 안전망 부재를 무시하고, 미국의 높은 산모 사망률을 설명하는 논리로 십대 임신율을 드는 경향을 보이는 것은 우리가 건강 및 사망률 격차를 설명하기 위해 에이지워싱 내러티브에 얼마나 자동적으로 의지하는지를 보여주는 전형적인 예다. 십대 소녀 전부가 미국의 지배문화에서 건강하게 아이를 임신 출산하기에 신체적으로 아직 미성숙하다고 규정하는 그런 나이에 아이를 갖지 않도록 개인적 책임을 다하기만 한다면 산모와 영아의 높은 사망률 문제를 해결할 수도 있을 텐데. 그런 식으로 에이지워싱 내러티브는 논리를 펼친다. 그러나 산모 및 영아 사망률 격차는 그렇게 단순한 문제가 아니다. 이런 현상은 여러 가지 면에서 십대 임신 출산의 위험에 대한 우리의 신념에 철저히 위배된다.

미국인들은 가임기의 마지막 경계선까지 임신 출산을 미루더라도, 그 경계선이 삼십대 내지 40대이더라도, 하등 문제될 것이 없다고 믿게 되었다(심지어 50대까지 미뤄도 아무 문제가 없을 것이라고 믿는 이들도 있다). 실제로 미국 사회의 특정 인구층의 경우에는 경제적 여유가 허락하는 한 체외 인공수정 시술in-vitro fertilization(IVF), 젊은 나이에 채취한 냉동난자 또는 젊은 여성의 난자 사용, 더 직접적으로는 거의 언제나 저소득층 출신의 젊은 대리모의 자궁에 수정란을 착상시키는 등 현재 제공되는 폭넓은, 그리고 값비싼 기술을 통해 생물학적 생식연령이라는 자연적 한계를 피하는 것이 가능하다.

나는 정치적 벌집을 쑤시려는 게 아니다(적어도 이 책의 후반부에 가기 전까지는 아니다). 다만 산모 연령과 부정적인 출산 결과 간 상관관계를 검토할 때 이미 (에이지워싱된) 답이 정답이라고 확신하지 말고 이 문제를 열린 마음으로 재고해달라고 부탁하고 있는 것이다.

에이지워싱을 통해 우리는 아이를 가지기에 "좋은" 나이와 "나쁜" 나이가 보편적으로 정해져 있다는 관념, 그리고 모든 여성에게, 모든 상황에서 "십대 임신"이 최악의 선택이라는 관념을 참인 명제로 받아들이도록 교육받았다. 그러나 사실증거들은 매우 다른 이야기를 들려준다. 위 그래프에서도 볼 수 있듯이 산모

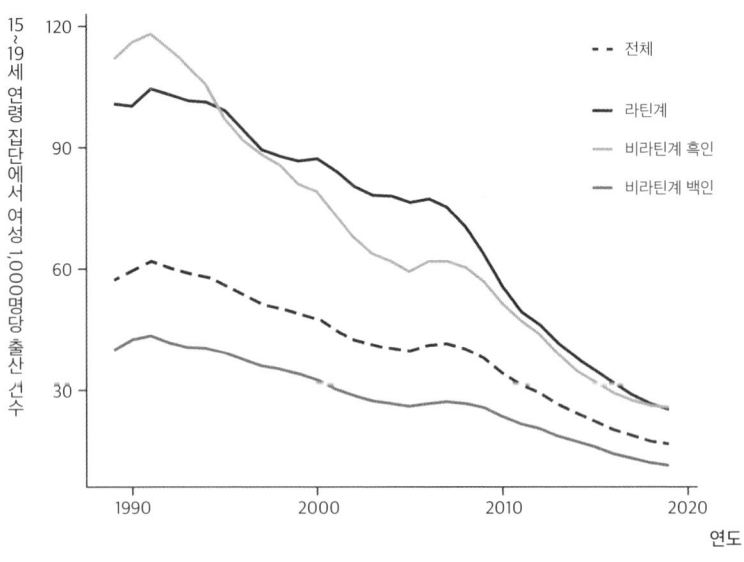

미국 15~19세 산모의 인종별 출산율, 1989~2019년

사망률이 급격히 치솟은 지난 30년간 십대 임신율은 줄었고, 심지어 그 비율은 흑인 산모에서 가장 급격하게 줄어들었다.[14]

만약 미국의 충격적으로 나쁜 산모 건강의 통계적 결과의 주된 요인이 십대 임신이라면 십대 출산율이 하락하면 산모 사망률도 하락해야 한다. 그러나 실제로는 그렇지 않았다. 오히려 산모 사망률은 상승했다. 현실에서는 웨더링을 당하는 인구집단의 경우에 십대 임신이 산모 건강 결과에 전혀 악영향을 미치지 않았다. 심지어 그 반대의 효과를 냈을 수도 있다. 오하이오주에서 극빈곤층 흑인을 주로 상대하는 클리닉에서 일하는 조산사 낸시는 그곳에서 분만을 보조한 자신의 경험에 대해 이야기하면서 이렇게 말했다. "제가 알게 된 것은 열여섯 살 산모도 아기를 잘만 낳는다는 거였어요. 산모가 스물다섯 정도 되면 그때부터는 문제가

생길 수도 있어서 자동적으로 경계했고요."¹⁵

문화적으로 탄압받는 가난한 노동계급을 상대로 일하는 산과 간호사, 조산사, 산과의사에게서도 이와 유사한 맥락의 말을 셀 수 없이 많이 들었다. 실증 과학 문헌 또한 그런 관찰 결과를 뒷받침한다.

산모 연령과 영아 건강 결과

억압받는 인구집단에서 산모 사망률은 산모의 나이가 많아져도 떨어지지 않는다. 오히려 올라간다. 그렇다면 산모가 출산하는 아이들에게는 산모의 나이가 어떤 영향을 미칠까? 여론과 정치계의 입장과는 달리 산모와 영아의 건강이라는 측면에서 보편적으로 적용할 수 있는 아이를 갖기에 최적인 나이라는 것은 없다. 예를 들어 다음 그래프는 미국에서 2017년부터 2019년까지 산모의 연령대별로 흑인 산모와 백인 산모가 아주 심각한 저체중아(VLBW, 1.5킬로그램 미만)를 낳을 평균적인 위험을 보여준다.¹⁶ VLBW는 대개 조산아이거나 자궁에서 발달이 지연된 경우에 발생한다. 영아 사망 위험이 커지고, 사망하지 않은 경우에도 신생아 집중 치료실에서 오랫동안 경과를 관찰하는데, 발달 지연의 가능성도 높아지고 시각 또는 청각 상실을 포함한 장애 등의 건강 이상을 겪을 가능성도 높아진다.¹⁷

이렇듯 사람이 직접 치러야 하는 대가 외에도 현재 임신 37주 이전에 출생한 조산아 또는 저체중아에게 생후 6개월간 들어가는 의료비만 해도 영아 1명당 7만 6,143달러~60만 3,778달러

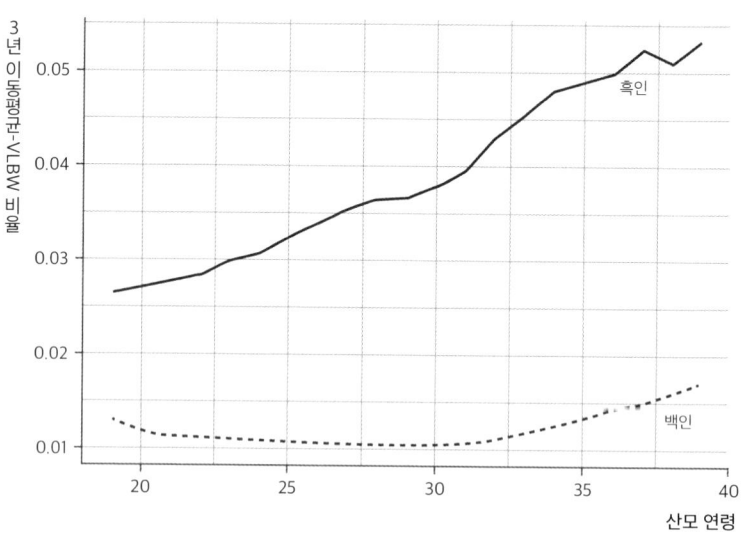

산모의 인종별·나이별 심각한 저체중인 첫 출산 신생아, 2017~2019년

에 달하는 것으로 추정된다.[18] 이런 금전적 비용은 일반적으로 미국인 모두가 건강보험료 상승, 세금, 병원의 손실을 보상하기 위한 전반적인 입원비 상승 등을 통해 공동 부담하게 된다.

위 그래프를 보면 미국에서 백인 십대 산모에게서 태어난 아이들, 그리고 삼십대 이상 백인 산모에게서 태어난 아이들이 백인 이십대 산모에게서 태어난 아이들에 비해 VLBW 위험이 높다. 그러나 산모의 나이가 어느 구간에 있든 같은 연령대의 산모에게서 태어난 흑인 신생아와 비교하면 백인 신생아가 VLBW일 위험이 전반적으로 더 낮다.

VLBW 비율은 산모의 나이에 상관없이 흑인 신생아가 백인 신생아보다 훨씬 더 높다. 그러나 십대 산모에게 퍼붓는 비난의 맥락을 고려할 때 가장 눈에 띄는 것은 흑인 인구집단 내에서는 산모의 나이가 많아질수록 VLBW 비율이 **급격히 상승한다는 점**

이다. 흑인 산모에게 위험이 가장 낮은 산모 나이는 오히려 십대였던 것이다! 이십대 초반이 되면 위험이 꽤 큰 폭으로 올라가기 시작한다. 내 연구팀을 비롯해 여러 연구자들이 흑인 산모의 경우 산모의 연령에 따른 태아, 신생아, 영아의 사망률 등 영아의 건강 결과가 나쁠 위험이 이와 비슷한 양상을 띠는 것을 확인했다.[19] 또한 앞으로 보게 되겠지만, 산모 사망에서도 비슷한 양상이 발견된다.

더 나아가 이런 결과들에 있어 흑인/백인 격차는 언제나 나이가 어린 산모에 비해 나이가 많은 산모에서 더 두드러지게 나타나며, 거주지역이 분리된, 극빈곤층 지역의 흑인 산모에게서 더 큰 폭으로 나타난다. 예를 들어 1990년 센트럴할렘 지구에 거주하는 흑인 산모 집단에서는 십대 산모에게서 태어난 영아의 사망률(출생아 1,000명당 11명)은 미국 전역의 백인 십대 산모에게서 태어난 영아의 사망률(출생아 1,000명당 10명)과 비슷한 것으로 나타났다.[20] 그러나 같은 센트럴할렘 지구에서 이십대 흑인 산모에게서 태어난 영아의 사망률(출생아 1,000명당 22명)은 십대 흑인 산모에게서 태어난 영아의 사망률보다 2배 더 높았고, 미국 전역에서 십대를 지나 이십대 이후에 아이를 가진 백인 산모에게서 태어난 영아의 사망률(출생아 1,000명당 6명)보다 3배 이상 더 높았다. 특히 주목할 점은 할렘에서는 "나이가 더 많은" 흑인 산모가 거의 이십대 산모로 구성된 반면, 백인 산모의 경우 "비非십대" 백인에는 삼십대와 사십대에 출산한 산모도 많이 포함되어 있었다는 것이다. 흑인 산모도, 흑인 산모가 낳은 아이도 웨더링이 요구하는 가장 값비싼 대가를 치러야 할지도 모른다는 위협에서 완전히 벗어날 수 없었다.

이런 통계자료를 보면서 가난한 십대 또는 흑인 십대가 아이를 가지도록 장려하거나 인센티브를 주는 정책이 필요하다고 잘못 해석하는 일이 없어야 한다는 점을 명확히 해두고 싶다. 그런 정책은 이 통계자료에서 드러난 근본적인 문제에 대한 해결책이 될 수 없다. 그러나 어린 나이에 아이를 갖는 것이 언제나 산모, 아이, 그 가족에게 나쁘다는 신념을 고수한다면 그것은 과학적이지도 않고 사실에 근거한 것도 아니다. 문화적으로 억압받는 집단의 구성원이 살아내는 경험을 존중하는 것도 아니다.

더 어린 나이에, 웨더링을 덜 겪은 나이에 아이를 가지는 것이 산모와 아이에게 더 나은 건강 결과로 이어진다면 우리는 현재의 사회 모습 안에서는 십대 출산을 줄이는 것에 초점을 맞추기보다는 웨더링의 원인을 해결하는 것이 더 중요하다는 것을 인정해야 한다. 앞으로 살펴보겠지만, 웨더링을 집중적으로 당하는 인구집단이 지배문화의 상상된 허구의 최적의 임신 출산 시간표에 순응하도록 유도하는 공공보건 노력은 산모와 아이 모두에게 해롭고, 심지어 치명적인 결과를 낳았다.

흑인 공동체에서 임신과 출산을 나중으로 미루면 치르게 되는 대가

1990년 미국에서 첫 출산을 한 전체 흑인 산모의 43퍼센트가 십대였다. 35세 이상은 10퍼센트에 불과했다. 2019년에 이르면 첫 출산을 한 전체 흑인 산모에서 십대가 차지하는 비중은 43퍼센트에서 17퍼센트로 거의 절반 이상 떨어졌다. 반면에 첫 출산을 한 전체 흑인 산모 중에서 35세 이상의 비율은 10퍼센트에서 22퍼센트로 2배 이상 늘었다.²¹ 이렇듯 흑인 산모 중에서 높은 연령대의 산모 비율 증가는 미국 전체 산모에서 관찰되는 흐름과 일치한다. 그런 변화는 얼마나 긍정적인 결과를 가져왔을까? 당신이 기대했을 법한 그런 결과는 아니었다. 실제로 이런 변화는 산모와 아기 모두의 건강과 생존에 비극적인 영향을 미쳤다. 그 이유는 웨더링의 효과가 나이가 들수록 강화되기 때문이다.

임신에 관한 사실들

임신에는 많은 위험이 수반된다. 그런데 웨더링을 당해서 건강이 이미 손상된 문화적으로 억압받는 집단의 여성에게는 그런 위험들이 훨씬 더 커진다. 그런 여성의 일상에는 웨더링 스트레스 인자가 가득하다. 여성의 몸에 생긴 모든 생리학적 틈새를 파고들고, 때로는 태반 관문까지 뚫고 들어가 태아 발달에도 영향을 미친다. 우리가 지금까지 묘사한 그런 산전, 임신 중, 분만 중, 산후의 경험들은 임신 과정 전체에 영향을 미치고 중증질환, 난산, 심지어 산모와 신생아의 사망 위험을 높인다. 요컨대 웨더링은 모든 부모가 자신과 자신의 아이를 위해 세우는 두 가지 가장 기본적인 목표인 아이가 건강하게 출생하는 것, 그리고 산모가 임신과 출산을 경험한 후에 돌봄을 통해 충분히 건강을 회복하는 것을 이루지 못하도록 방해한다.

웨더링으로 인해 만성질환, 특히 고혈압 등 심혈관질환을 앓고 있는 여성이 임신하게 되면 후유증을 겪을 위험이 높아진다.

고혈압인 여성이 임신하거나 임신 중에 고혈압이 생기면 자간전증preeclampsia(임신 중후기에 고혈압으로 인해 간 또는 신장 손상을 일으킬 수 있다), 자간증eclampsia(자간전증이 있는 산모가 발작을 일으키거나 혼수상태에 빠진다), 뇌졸중, 출산합병증 등 치명적인 건강 이상이 발생할 위험이 높아진다.[22] 또한 산모의 고혈압은 태아의 산소와 영양분 공급에 영향을 미쳐서 태아 발달이 지연될 수 있다. 산모의 자간전증이 자간증으로 악화되는 것을 막는 최선의 구제책이 태아가 40주를 채우지 못했더라도 출산하는 것이라는 사실을 함께 고려하면 유산, 사산아 출산, 조산, 저체중의 위험 또한 높아진다. 미국에서 자간전증 발병률은 지난 30년간 상승하는 추세이고, 팬데믹 이후 그 상승세가 한층 더 급격하게 뛰어오른 것으로 보인다.[23]

일상적인 웨더링 스트레스 인자가 임신 중에 지속되거나 심지어 강해지면, 혈액을 큰 근육으로 운반하는 생리학적 스트레스 반응이 활성화되면서 즉각적인 생존에 도움이 되지 않는 신체 기능으로 흘러들어가는 혈류가 줄어들 수밖에 없다. 이것은 태아가 산소와 영양분을 충분히 공급받지 못하는 또 다른 이유가 된다. 더 나아가 스트레스 호르몬 코르티솔 분비가 특히 임신 초기에 차단되기는 하지만, 태반 관문을 통과하면 자궁 안에 있는 태아가 스트레스 반응에 노출될 수 있다.[24]

산모의 경우 수년에 걸친 웨더링으로 인해 혈관이 약해진 탓에 분만 중 출혈 위험이 높아진다. 만성적으로 웨더링을 당하고, 면역체계의 조절 이상을 겪고 있는 산모는 산후감염증에 걸릴 위험이 높아지고, 분만 중에 찢어지고 절개된 자궁이 회복하는 데 더 많은 시간이 걸린다. 웨더링을 당하는 동안 동맥에 축적된 죽상경화반으로 인해 혈전이 생길 수 있고, 이 혈전이 폐, 심장, 뇌로 이동하면 목숨이 위태로워질 수 있다. 환경적 인종차별주의는 유색인종과 빈곤층이 환경 독성물질에 과도하게 노출되는 모든 방식을 포괄하는 관념이다. 환경적 인종차별주의에는 독성 폐기물 처리장과 환경오염 유발 공장이 있는 지역에 거주하는 것, 석면, 곰팡이, 납페인트, 납수도관, 납 오염 흙과 같은 독성물질에 노출된 집에서 사는 것이 포함된다. 시골에 사는 사람들은 논과 밭의 독성 살충제에 노출되며, 애팔래치아 광산마을의 공기 중에는 석탄먼지가 떠다닌다. 애리조나주 북부, 뉴멕시코주 북동부, 유타주 남동부에 흩어져 있는 (나바호 자치국으로도 불리는) 디네 부족Diné Tribe 거주지처럼 원자력 발전소 근처 미국 원주민 보호구역에서는 아이들이 혈류와 조직에 독성 우라늄이 상당히 축적된 채 태어난다. 산모가 환경적 인종차별주의의 작용에 노출되면 산모와 영아 모두에게 문제가 발생한다.

우라늄과 마찬가지로 블랙카본*과 납이 태반 관문을 통과하면 태아는 독성 수준으로 많은 양의 독극물에 직접적으로 노출된다.[25] 산모와 태아가 블랙카본에 오염된 대기에 노출되면 유산, 조산, 저체중 위험이 높아지는 것으로 나타났다.[26] 환경을 통해 납에 장기간 노출되어도 비슷한 결과가 나온다(가장 유명한 사례로는 미시건주 플린트의 납에 오염된 식수를 떠올려볼 수 있다). 또한 환경을 통해 납에 노출된 아이들은 지적 능력 미달, 신경행동 장애, 발달 지연, 낮은 학업성취도 등이 나타날 확률이 높

---

* black carbon. 자동차 매연이나 석탄 등이 연소할 때 나오는 검은색 그을음으로, 장기간 흡입시 폐 기능과 인지능력 저하를 유발하는 것으로 알려져 있다.

아진다.[27] 플린트 식수 사태는 결국 세상에 폭로되었지만, 플린트에서 남동부로 1시간 30분 떨어진 디트로이트의 오래된 주택시장의 압류 주택의 노후화와 철거가 주변 거주지 환경에 납 먼지를 유입시키고 있다는 점은 주목받지 못했다. 앞서 다뤘듯이 디트로이트 보건부는 2017년 철거 현장에서 약 120여 미터 반경 이내에 거주하는 것만으로도 아이들 몸 안에 납 독성이 과도하게 축적될 가능성이 있다는 사실을 발견했다. 이것은 가난한 가구에 대한 착취적 대출, 그에 이은 주택 압류와 작쥐석 십수인을 위한 철거라는 악순환에 의해 납 중독에 대해 엄마들이 짊어지는 마음의 짐이 더 커졌다는 것을 의미한다.[28]

임산부의 혈액을 타고 모체를 순환하는 납이 태반 관문을 통과하면 발달 중인 태아는 그 납을 스펀지처럼 흡수한다. 모유 수유도 영아가 산모의 몸에 축적된 납에 노출되는 또 다른 경로이다.[29] 한번 흡수된 납은 평생 몸에 남아서 부정적인 영향을 미친다.[30] 가임기 내내 환경적 인종차별주의를 당한 여성의 경우 몸에 축적된 납은 이후로 납에 노출될 때마다 계속 늘어나기만 해서 독성이 더욱 심화된다. 이것이 나이가 많은 흑인 산모의 임신 및 출산 결과가 상대적으로 어린 흑인 산모의 임신 및 출산 결과보다 나쁜 이유 중 하나일 수 있다. 이 논점은 나중에 다시 다룰 것이다.

흑인 여성은 십대를 지나 이십대, 삼십대를 거치면서 웨더링 작용에 점점 더 취약해지고, 임신과 출산의 위험요인이 되는 증상과 질환을 더 많이 지니게 된다. 앞서 지적했듯이 웨더링으로 인한 만성질환, 그중에서도 특히 고혈압 등 심혈관질환을 지닌 채 임신하는 여성은 자간전증, 자간증, 뇌졸중, 출산합병증과 같이 건강과 생명을 위협하는 상태에 빠질 위험이 있고, 아이도 함께 위험에 노출된다. 왜냐하면 산모의 고혈압은 태아의 발달을 지연시키고 조산 가능성을 높일 수 있기 때문이다.

이제 내 연구를 통해 밝혀진 내용을 검토해보자. 그 연구에서는 흑인 여성 중에서 고혈압 환자 비율이 20세에는 20퍼센트 미만이다가(이것은 실제로 같은 연령대의 백인 여성 중 고혈압 환자 비율보다 살짝 더 높은 수준이다) 45세에 이르면 60퍼센트까지 올라간다.[31] (백인 여성 집단의 경우 육십대에 이르러서야 그런 수준까지 올라간다.) 흑인 산모의 경우 30세에 이르렀을 때 이미 그 비율이 35퍼센트 이상까지 올라간다.

심혈관질환은 또 어떠한가? 미국에서 비라틴계 백인, 비라틴계 흑인, 라틴계, 기타 몇몇 인구집단의 임신 관련 사망률의 통계적 분석을 실시한 앤드리아 크리앵가Andrea Creanga와 동료들의 연구는 산모 사망의 의학적 원인이 1987년에서 2010년 사이에 크게 바뀌었다는 사실을 발견했다.[32] 1987년에는 산모 사망의 주된 원인이 압도적인 차이로 출혈이었고, 출혈은 2010년까지 산모의 주된 사망원인이었다. 그러나 그사이에 새로운 사망원인 조합들이 중앙 무대에 등장하면서 출혈로 인한 산모 사망 비율은 절반 이상 줄어들었다. 심혈관질환, 심근병증, 감염증으로 인한 산모 사망의 비중이 각각 출혈로 인한 산모 사망 비중을 앞질렀다. 심혈관질환은 산모 사망원인 1위이다. 이것은 실제로 2006~2010년에 1987년에 비해 한 해에 심혈관질환으로 사망한 산모의 수가 5배나 늘었다는 점을 반영한다. 20세 이상 흑인 여성은 두 명 중 한 명이 어떤 형태로든 심혈관질환을 지니고 있고, 흑인 여성의 사망원인 1위가 심혈관질환이라는 점을 고려

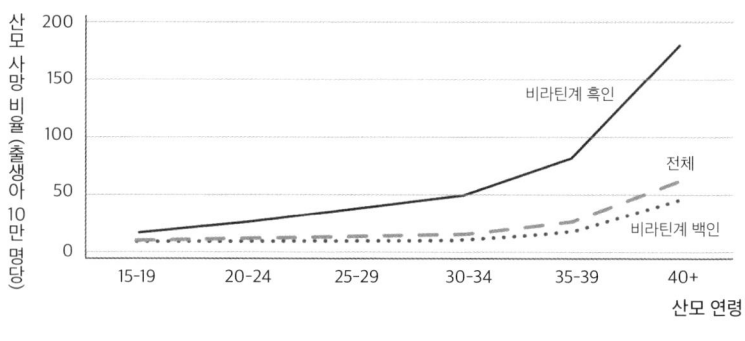

연령에 따른 산모 사망률

하면 이것은 더 나아가 흑인 여성이 이십대 이후로 출산을 미루면 더 큰 위험에 노출된다는 것을 의미한다. 그리고 통계를 봐도 이런 점을 확인할 수 있다. 위의 그래프에서 보여주듯이 임신과 관련된 흑인 산모 사망률은 십대 산모보다 이십대 후반과 삼십대 산모에서 더 높게 나타난다(십대 흑인 산모가 낳은 영아의 사망률과 그보다 더 나이가 많은 흑인 산모가 낳은 영아의 사망률을 비교했을 때 관찰된 양상과 유사하다.)[33]

백인 산모의 연령에 따른 임신 관련 사망 위험은 35세 이상 연령대에 이르기까지는 매우 천천히 점진적으로 증가하는 반면, 흑인 산모의 위험은 십대를 넘어가면 나이가 한 살 증가할 때마다 상당히 큰 폭으로 증가한다. 35~39세 연령대에 이르면 흑인 산모의 사망 위험은 삼십대 초반에 비해 2배, 이십대 중후반에 비해 3배, 이십대 초반에 비해 4배, 십대에 비해 5배가 올라간다. 사십대 흑인 여성의 산모 사망률은 한계를 모르고 치솟는다(그리고 같은 연령대의 백인 여성의 산모 사망률과 비교하면 거의 7배나 더 높다). 삼십대 산모 집단이 십대 산모 집단에 비해 교육을 더 잘 받고, 소득이 더 높고, 결혼을 했을 가능성이 더 높고,

(민간) 의료보험에 가입되어 있을 가능성이 더 높은데도 불구하고 이런 결과가 나온다는 사실에 주목할 필요가 있다. 흑인 여성 집단에서는 나이가 많아지더라도 학력이 고졸 이상으로 급격히 올라가지 않는 반면(이 그래프에는 관련 자료가 나오지 않는다), 사회경제적 지위와 상관없이 미국의 흑인 여성은 누구나 장기간 소외, 낙인, 착취, 멸시당하는 인구집단에 영향을 미치는 스트레스 인자에 노출되어 웨더링을 당한다.

흑인 여성이 감수해야 하는 위험들
― 부자이든 가난하든, 유명하든 유명하지 않든

이십대와 삼십대에 죽는 이 흑인 산모들은 도대체 누구인가? 27세 에리카 가너처럼 대부분 가난한 노동계급 저학력 흑인 여성이라고 짐작할 것이다. 그러나 그렇지 않은 경우가 더 많다. 2016년 미국 질병통제예방센터Centers for Disease Control and Prevention(CDC)의 보고에 따르면 대졸 학력 흑인 산모의 임신 관련 사망률은 여전히 대졸 학력 백인 산모의 임신 관련 사망률에 비해 5배나 높았다. 심지어 대졸 이상 학력 흑인 산모의 산모 사망률은 중졸 학력 백인 산모의 산모 사망률에 비해 60퍼센트나 높았다!

2017년부터 대중은 단순히 "가난해서" "건강하지 않아서" "억울하게"라고 가볍게 넘길 수 없는 흑인 여성의 임신·출산 관련 사망 소식을 전해 듣기 시작했다. 2017년과 2018년에 죽거나 거의 죽을 뻔한, 크게 성공한 이십대 또는 삼십대 흑인 산모의 사례들이 한꺼번에 쏟아져 나오면서 웨더링의 문제가 공론화될 수 있었다. 그들의 이야기는 설명 불가능한 예외처럼 보였다. 그러나 앞의 그래프가 명확하게 보여주듯이 그런 이야기는 예외가 아니었다. 그런 산모의 사례 몇 가지를 살펴보자.

샬론 어빙Shalon Irving 박사는 공공보건 기관 중에서도 권위를 인정받는 미국 CDC의 역학조사부에서 일했다. 어빙의 사망에 얽힌 비극적인 아이러니 중 한 가지는 그녀가 건강 형평성 신장에 헌신하는 공공보건 전문가였다는 사실이다. "어빙은 사람들에게 주어진 건강 선택지가 제한적이면 나쁜 건강이라는 결과가 나올 수밖에 없다는 사실을 밝혀내고 싶어했어요." CDC에서 어빙의 멘토였던 라시드 은자이Rashid Njai 박사가 말했다. "때로 '가난한 사람들은 자기 건강을 돌보지 않으니까'라는 식의 희생자 탓하기의 거짓된 논리를 폭로하고 바로잡고 싶어했죠." 그러나 어빙 자신의 몸이 자신이 폭로하고 바로잡고자 노력했던 바로 그 구조적 폭력에 시달렸던 듯하다. 어빙은 딸을 출산한 지 2~3주밖에 지나지 않았을 때 웨더링 당한 신체가 흔히 겪는 질환인 고혈압으로 인한 합병증으로 사망했다. 사망 당시 어빙은 36세였다.[34]

타메샤 디키Tahmesha Dickey 경사는 근면성실한 베테랑 경찰관이었다. 사람들은 그녀를 "진정한 팀플레이어"라고 묘사했다. 디키 경사는 2002년 경찰에 합류했고, 2018년 1월에 사망하기까지 근속 기간이 16년에서 하루가 모자랐다. 디키 경사와 교류한 사람들은 디키 경사가 언제나 지역사회에서 친절하고 도움을 주는 사람이었다고 말했다. 디키 경사의 남편의 말에 따르면 "직업윤리 정신이 놀랍도록 철저"했고, "가족들에게 매우 자상했고, 가족들을 아낌없이 지지했고, 가정에 헌신했다. (…) 간단히 말해 사랑이 넘치는 따뜻한 사람이었다." 디키 경사의 임신은 순탄했다. 고위험군으로 분류되지 않았고, 산전 검사도 정기적으로 받았다. 그런데 분만 중에 호흡곤란을 겪었다. 몇 분 만에 심장마비가 왔다. 38세라는 나이는 심장마비를 일으키기에는 너무나 젊은 나이였다. 그러나 우리는 심장마비가 웨더링이 야기하는 심혈관질환 중 하나라는 것을 안다.[35]

키라 딕슨 존슨Kira Dixon Johnson은 5개 국어를 구사하는 국제적으로 성공한 사업가이자, 면허를 딴 비행기조종사이자, 마라톤을 꾸준히 하며 스카이다이빙을 즐기는 여성이었다. 유명한 변호사이자 TV 예능프로그램에서 판사로 등장하는 글렌다 해칫Glenda Hatchett의 며느리였으며, 매우 부유한 삶을 살았다. 그런데도 둘째 아이를 제왕절개로 낳았을 때 모든 것이 엉망이 되었다. 제왕절개 시술은 (응급이 아니라) 예정된 것이었지만, 서둘러 진행되었고, 성의 없이 실시되었다고 전해진다. 그리고 그 과정에서 방광이 찢어졌다고 한다. 내부 출혈이 있다(웨더링에 의해 혈관이 약해진 것이 일부 영향을 미쳤을 수 있다)는 징후가 명확한데도 의사들은 존슨을 10시간이나 방치한 후에야 수술실로 보냈다. 심지어 그동안 존슨의 가족들은 계속 조치를 취해달라고 요청하고 있었다. 사망 당시 존슨의 나이는 39세였다.[36]

죽지는 않았지만, 죽음의 문턱까지 간 산모 중 한 명이 세리나 윌리엄스Serena Williams다. 세계적인 테니스 챔피언이자 슈퍼스타 세리나 윌리엄스가 누구인지는 굳이 소개하지 않아도 될 것이다. 윌리엄스가 "세계 최고 여성 운동선수"라고 생각하든, 그녀가 단순히 운동사상 "최고의 운동선수"라고 확신하든, 윌리엄스가 신체적 능력이 뛰어나고 직업윤리 정신이 뛰어난 사람이라는데는 의문의 여지가 없다. 테니스 챔피언이 되기 위해서는 엄청난 투지, 자제력, 회복탄력성, 끈기가 필요하다. 세리나 윌리엄스의 리얼리티쇼 《세리나 되기》Being Serena를 시청한 사람이라면 누구나 그녀가 의지가 대단한 사람이라는 증거를 보았을 뿐 아니라, 그녀가 얼마나 강하고 활력 넘치는지도 보았을 것이다. 당시 그녀는 출산한 지 6개월이 채 되지 않은 상태였다. 그 쇼에서 세리나 윌리엄스는 딸 올림피아에게 모유를 직접 수유하거나 유축해서 수유하고 있었다. 그리고 동시에 최상급 프로테니스 경기에 복귀하기 위해 엄격한 훈련 일정에 돌입했다. 출산 후 9개월이 지났을 때 그랜드슬램 대회 중 하나인 프랑스오픈에 참가했고, 출산 후 10개월이 지났을 때 윔블던오픈에서 차례차례 승리를 거두면서 결승전에 올랐다. 그런데도 아내가 딸을 출산한 지 얼마 안 되어서 36세의 나이에 생과 사를 오간 뒤 회복하는 과정을 전부 지켜본 세리나 윌리엄스의 남편 알렉시스 오해니언 Alexis Ohanian은 세리나 윌리엄스의 몸이 그녀를 거의 죽음으로 몰아갔다고 회상했다. 세리나 윌리엄스의 몸은 운동능력의 최정점에 도달해 있었다. "당신의 몸이 이 지구상 최고의 몸인데, 당신이 그 몸 안에 갇혀 있다고 잠시 생각해보세요."[37]

갇혀 있다니? 세리나 윌리엄스는 중년도 아닌 삼십대 중반에 불과했다. 그러나 오해니언이 옳았다. 세리나는 갇혀 있었다. 미국 흑인 여성의 몸에 갇혀 있었다. 즉 웨더링을 당한 몸에 갇혀 있었을 가능성이 높다. 이런 관점에서 보면 산후에 세리나 윌리엄스의 생명을 위협한 혈전은 웨더링이 발현된 것이었으며, 웨더링은 세리나 윌리엄스가 누리는 다른 모든 유리한 이점들을 무력화시켰다. 그런 유리한 이점에는 뛰어난 체력과 최고의 의료서비스를 받을 수 있는 충분한 재력이 포함된다.

지금까지 병력을 살펴본 흑인 산모 중에 건강 격차에 대한 기존의 상식에 부합하는 사례는 없다. 그들은 고정관념에 들어맞지 않았다. 그중 누구도 가난하거나 사회복지수당에 의지하지 않았고, 십대 산모도 아니었다. 여기서 살펴본 산모들이 얼마나 대표성을 지니는지는 모르겠지만, 그들이 특수한 사례가 아닌 것은 확실하다. 앞서 보았듯이, 대중에 깊이 뿌리박힌 신념과는 대조적으로, 그리고 더 많은 재력과 높은 학력을 지녔고 더 나은 의료 서비스를 받았음에도 불구하고, 이십대와 삼십대 흑인 산모는 십대 흑인 산모에 비해 출산 후 1년 이내에 사망할 확률이 더 높다. 이것은 그들이 출산한 아이도 마찬가지다.

또한 주목할 점은 이렇게 화제가 된 사례에는 다양한 사회경제적 삶이 포함되어 있다는 것이다. 타메샤 디키 경사는 확실하게 중산층이었으며, 공무원이었다. 샬론 어빙과 키라 딕슨 존슨은 경제적으로 부유했으며 대학원을 졸업했다. 세리나 윌리엄스는 노동계급 출신이지만 슈퍼스타가 되었고, 그런 유명세에 자연스럽게 따라오는 큰 부도 얻었다. 2021년에 4,500만 달러를 벌어들였고, 브랜드 가치가 2억 달러로 추정되는 세리나 윌리엄스는 미국에서 소득과 자산을 기준으로 상위 1퍼센트나 상위 0.1퍼센트 정도가 아니라 대략 상위 0.001퍼센트에 속한다.[38]

그러나 이들 산모의 공통된 특징은 그들이 미국에서 삼십대에 임신한 흑인 여성이었다는 점이다. 키라 딕슨 존슨, 타메샤 디키, 샬론 어빙은 모두 눈에 띄는 지병이 없는 상태에서 출산했다. 그들의 비극적인 이야기는 불운, 신의 행위, 인종차별주의적 편견이 관여한 오판과 같은 의료 실수가 작용한 결과로 설명할 수도 있다.[39] 혈전 병력이라는 형태로 지병이 있었던 세리나 윌리엄스의 경우 고위험 임신인 데다가 운이 나빴던 사례로 넘길 수도 있을 것이다. 그러나 정말 그럴까?

이들 사례를 각각 예외로 취급할 수도 있다. 그러나 그들이 그런 비극을 겪은 이유가 단순히 개인의 불운에 의한 것이 아닐 수도 있다. 흑인으로서 살아낸 경험이 그들의 몸에 손상을 입혔고, 그것이 전조 증상으로 작용해 출산 경험을 더 고통스럽게 만들었고, 그 결과 세 사람은 죽음에 이르게 되었다는 인과관계가 이 사례들을 부분적으로 또는 전부 설명할 수 있을 것이다.

세리나 윌리엄스는 임신 전에 혈전 병력이 있었다. 따라서 출산 후 혈전이 생겼다는 사실이 놀라운 일은 아니다. 그러나 그녀에게 혈전 병력이 있었다는 사실 자체가 놀라운 일이라고 봐야 할 것이다. 세리나 윌리엄스처럼 젊고 체력이 좋은 여성이 어째서 임신하기 수년 전인 이십대에 생명을 위협하는 혈전이 생기는 경험을 한 걸까? 임신 외에 혈전의 주된 위험요인은 중년 이상의 나이, 비만, 남성, 극단적으로 정적인 생활방식이다. 그리고 세리나는 이 중 어느 것에도 해당하지 않는다.

그렇다면 도대체 무슨 일이 있었던 걸까? 세리나 윌리엄스의 혈전 문제를 다룬 언론 보도는 그 원인으로 "가족력"이라는 모호한 관념을 언급했다. 요컨대 유전적 소인이 있었다는 것이다. 그러나 보다 구체적인 설명은 없었다. 가족력의 증거가 부재한 상황에서는 그 원인이 웨더링일 가능성이 훨씬 더 높다. 만일 "가족력"이 관여했다면 세리나 윌리엄스와 그녀만큼이나 뛰어난 테니스 선수인 비너스 윌리엄스(이십대에 쇼그렌 증후군이라는 희귀 자가면역질환 진단을 받았다)는 확실하게 공유하는 역사가 있다. 두 사람은 백인 세상이나 마찬가지인 클럽 스포츠에 도전한 흑인 여자 테니스 선수 선구자로서 매우 가시적인 성과를 냈고, 그런 화려한 커리어 내내 성차별적이고 인종차별적인 전형화 공격을 받은 적의의 대상이었던 과거를 공유한다.[40]

실제로 그런 장벽 앞에서 그들이 보인 투지와 굳건한 의지가 아마도 웨더링을 심화한 요인이었을 것이다. 세리나 윌리엄스와 비너스 윌리엄스는 모두 평생을 구조적 인종차별주의가 지배하는 공간에서 살아남아야 했다. 그 공간은 그들이 어린 시절을 보낸 재원이 부족한 인종 분리 지역의 물질적, 환경적, 물리적 환경일 때도 있었고, 프로선수로서 살아간 인종차별주의적인 엘리트 테니스 투어의 현장들일 때도 있었다. 많은 참관인이 세리나 윌리엄스와 비너스 윌리엄스가 언론, 스포츠 진행자, 일부 테니스 팬, 심지어 대회 사무처로부터 비정상적일 정도로 심각한 적개심을 견뎌내야 했다고 논평했다. 이와 관련된 가장 최근의 사례는 2021년 3월에 세리나 윌리엄스가 메건 마클*에게 연대감을 느낀다고 말한 인터뷰 내용에서 찾을 수 있다. 메건 마클이 타블로이드지를 통해 인종차별을 경험하는 것을 보면서 윌리엄스는 자신이 받은 인종차별 경험이 떠오른 듯 이렇게 말했다. "저는 성차별적이고 인종차별적인 제도와 언론이 어떻게 유색인종 여성을 비방하면서 우리를 초라하게 만들고, 무너뜨리고, 악마화하는지 압니다. 제가 몸소 경험했으니까요. (…) 구조적 억압과 희생양 삼기는 정신 건강에 엄청나게 부정적인 영향을 미쳐요. 사람을 고립시키고, 치명적이며, 목숨까지 앗아갈 때가 너무 많아요."[41]

* Meghan Markle(1981~). 전 미국 배우이자 영국 해리 왕자의 배우자(왕자비)이다. 어머니가 아프리카계 미국인이다.

흑인으로서 출산하기: "사람을 고립시키고, 치명적이며, 목숨까지 앗아갈 때가 너무 많아요"

양질의 의료서비스를 받을 수 있다고 해서 흑인 산모가 구조적 인종차별주의가 작동하는 시스템에서 의료진의 암묵적·명시적 편견으로부터 보호받을 수 있는 것은 아니다. 많은 사람이 흑인 산모 사망 사례 중에 인종차별주의가 관여한 경우가 지나치게 많다고 타당한 지적을 한다.[42] 반복해서 들리는 불평은 흑인 산모의 상태가 나빠지기 시작할 때, 때로는 심지어 급격히 악화될 때에도 의료진으로부터 적절한 의료적 돌봄을 받지 못한다는 것이다. 이것이 사실이라는 강력한 증거가 있다.

앞서 소개한 모든 이야기는 그 여성들이 단순히 웨더링의 희생양이었을 뿐 아니라 의료서비스 시스템의 암묵적인 반反흑인 편견의 희생양일 가능성도 있다는 점을 은연중에 보여준다. 샬론 어빙은 의사에게 전화도 걸고 진료소에 방문도 해서 뭔가 이상하다는 걱정을 몇 차례 토로했다. 계속해서 무시당한 어빙은 마지막으로 상담한 의사가 무심하게 "모두 정상"이라는 소견을 낸 지 몇 시간 만에 집에서 쓰러져 죽었다.[43] 키라 딕슨 존스는 최상급 병원에서 의사가 제왕절개 수술을 망친 뒤 10시간 동안 출혈이 멈추지 않아서 마침내 의료적 처치를 받았지만, 목숨을 건지기에는 이미 너무 늦은 뒤였다. 세리나 윌리엄스가 혈전 위험을 언급했을 때 처음에는 그녀의 말이 무시되었다.[44]

많은 사람이 세리나 윌리엄스의 결말(윌리엄스는 살았다)과 죽음으로 끝난 나머지 이야기를 가른 차이점은 세리나 윌리엄스의 경우 혈전의 가능성을 검토해야 한다는 자신의 우려를 해소해

달라는 요청을 최종적으로 관철시킬 수 있었다는 점이라고 지적할 것이다. 그러나 그마저도 쉽지 않았으며, 애초에 윌리엄스가 그렇게 힘들게 요청해야 하는 일도 아니었다. 세리나 윌리엄스는 생명을 위협하는 혈전이 생겼던 병력이 있었고 혈전으로 생기는 증상이 어떤 것인지 알고 있었다. 더 나아가 임신이 신체에 가하는 부담은 병력이 있든 없든 모든 산모에게 혈전이 발생할 가능성을 증폭한다. 그런데도 세리나 윌리엄스는 자신의 우려를 의료진이 진지하게 받아들이게 하기까지 애를 먹었다. 간호사에게 혈전이 생겼는지 CT 스캔을 해야 한다고 말했을 때 간호사는 윌리엄스가 헷갈렸다고 생각했고, 의사는 CT 스캔이 아닌 다리 초음파검사를 요청했다. 다리 초음파검사로는 아무 이상도 발견하지 못했다. 마침내 윌리엄스가 끈질기게 요청한 대로 CT 스캔을 실시하자 의사들은 폐에 박힌 혈전을 발견할 수 있었다.[45] 만약 윌리엄스만큼 자원을 갖추지 못한 사람, 덜 부유하고, 덜 유명하고, 덜 끈질긴 사람이 그런 상황에 처했다면 어떤 일이 일어났을지 궁금하지 않을 수 없다. 아마도 그 사람은 죽었을 것이다.

샬론 어빙, 키라 딕슨 존슨, 세리나 윌리엄스의 사례는 필연적으로 흑인 여성이라는 점이 의료서비스가 그토록 더디게 반응한 것과 관계가 있지는 않은가 하는 의문으로 연결된다. 그들을 진료한 의료 종사자의 무지도 한몫했을 것이고, 이것은 에리카 가너와 타메샤 디키에게 임신 관련 건강 위기가 닥쳤을 때도 마찬가지였을 것이다. 그 의료진 중에 이십대와 삼십대였던 그 흑인 여성들이 재정적 안정과 성공을 확보했음에도 불구하고 중증 모성 질환과 산모 사망의 고위험군에 속한다는 사실을 아는 사람이 한 명이라도 있었을까? 아니면 그 여성들이 중졸이 아니고,

십대나 40세 이상 산모가 아니기 때문에 당연히 저위험군에 속한다고 전제했을까?

분만실의 의사와 간호사는 의료계에 종사하기 훨씬 전부터 흑인 여성이, 심지어 부유하고 교육을 잘 받은 흑인 여성조차도 평생에 걸쳐 신체가 마모된다는 사실에 무지하도록 세뇌당했을 수도 있다. 그런 무지는 인종차별주의적인 사회에서 사람들이 살고 일하기 때문에 생긴 또 다른 부산물이다. 그런 사회에서는 웨더링의 현실이 그냥 무시되거나 아예 보이지 않는다. 그 분만실에서 죽어간 여성들의 입장에서는 자신의 사망원인이 의료진의 치명적인 실수일 수도 있다.

암묵적이든, 명시적이든 인종차별주의가 의료서비스 제공자와 의료서비스 시스템의 반응에 영향을 미친다는 사실은 여전히 지적되고 해결되어야 한다. 의료서비스 제공자는 산전, 분만중, 산후에 흑인 여성을 대하는 태도가 산모와 영아의 생과 사를 가를 수 있다는 사실을 이해해야 한다. 그러나 또한 애초에 웨더링에 의해 너무나 많은 흑인 산모와 아기에게 출산이 생과 사가 걸린 상황이 된다는 사실도 이해해야만 한다.

우리 사회는 흑인 여성의 건강 문제를 진지하게 고민해야 한다. 그들이 산전, 분만중, 산후에 호흡곤란을 겪거나 맥박이 약해지거나 출혈이 있을 때만이 아니라 분만실에서 죽을 고비에 처하기 수십 년 전부터 관심을 가져야 한다. 그렇지 않으면 언제나 그 결과가 "사람을 고립시키고, 치명적이며, 목숨까지 앗아갈" 것이라고 각오해야 할 것이다.

1991년 이후 십대 임신율은 75퍼센트가량 하락했다.[46] 2013년 CDC는 미국의 십대, 즉 15~19세의 출산율이 1946년 이후 최저점을 기록했다고 발표했다.⁴⁷ 그러나 십대 산모의 수가 엄청나게 줄었는데도, 미국에서 가난한 노동계급의 흑인 산모가 이십대 초반 이후로 임신을 미루는 일은 드물다. 이것이 의식적인 선택이든 문화적인 선택이든 그들은 알고 있는 것이다. 문화적으로 그들은 임신을 미루는 것이 위험하며, 자신의 필요나 자신의 가족과 아이의 필요 또는 자신이 속한 공동체의 필요와는 잘 맞지 않는다는 것을 안다. 그런데 그들은 아는데, 그들이 아닌 나머지 미국인은 알지 못하는 것은 과연 무엇일까?

5장　　　　　　　　　집단적으로 웨더링 견뎌내기

미국 외의 다른 선진국에서는 자국 국민에게 사회안전망을 제공하지만, 미국에서 억압받는 집단의 구성원은 정부 안전망이 충분히 넓어서 자신도 보호받을 수 있다거나 정부의 안전망이 자신에게 자비를 베풀 거라고 기대할 수 없다. 따라서 이들이 역경에서 살아남는 비결은 잘 보이는 곳에 숨는 것이다. 여기서 잘 보이는 곳은 자신의 가족, 친족, 친구들을 의미한다. 가족, 친족, 친구들과 함께 상호호혜적이고 상호긍정적인 네트워크를 형성해서 일종의 경제적 안정성을 엮어낸다. 이 네트워크가 가장 악질적인 웨더링이 가하는 충격에 대항하는 완충지대 역할을 한다.

친족 네트워크의 작동 방식을 직접 보여주기 위해 나 자신의 다세대 노동계급 이민자 가족의 이야기를 들려주겠다. 내 외가와 친가 모두 러시아제국의 끔찍한 인종 학살을 피해 미국으로 이민을 왔다. 그런데 이 새로운 조국에서도 맹렬한 반反유대주의와 극심한 빈곤을 견뎌내야 했다. 외할아버지 이저도어Isadore는 20세기 초 16세밖에 되지 않았을 때 우크라이나의 유대인 밀집 거주지인 슈테틀에서 자행된 유대인 집단학살을 피해 달아났다. 외할아버지는 두 번 다시 가족을 보지 못했다. 언니들은 외할아버지 이저도어의 어머니와 누이의 이름을 물려받았다. 그 두 사람은 집단학살에서는 살아남았지만 홀로코스트로 죽었다. 제1차 세계대전 당시 아직 십대 소년이었던 외할아버지는 미군으로 참전했다. 가족 대대로 내려오는 전설에 따르면 외할아버지는 뉴욕시 윗동네에서 바나나 행상을 하면서 어른으로서 생계활동을 시작했고, 수입 바나나가 담긴 나무통에서 구해낸 호랑거미를 반려동물 삼아 키웠다고 전해진다. 그러다 마침내 외할머니 애니와 결혼했는데, 외할머니 역시 집단학살을 피해 우크라이나에서 미국으로 도피한 유대인 이민자 출신이었다. 애니와 이저도어는 결혼했고, 함께 세 명의 이민 1세대 미국인 아이들을 키웠다. 그중 한 명이 내 어머니 미리엄이었고, 나머지 두 명이 어머니의 오빠 헨리, 여동생 리바다.

외할머니 애니는 이디시 문화에서 발라보스타balabosta라고 부르는 사람이었다. 발라보스타는 가족에게, 그리고 그 가족이 속한 공동체에서 존경받는 여자를 일컫는 말이다. 외할머니는 살림을 꾸리고, 자녀를 키우고, 가족의 영적 삶을 지탱하고, 가정의 재정을 관리하고, 공동체에 봉사하는 것에 자부심을 가지고 있었다. 또한 기회가 될 때마다 소득이 나오는 활동에도 참여했다. 그 소득은 노동시장의 임금일 때도 있었고, 가내수공업의 수입일 때도 있었다. 외할머니는 환경이 열악한 공장에서 많은 시간을 보냈다.

가족을 보호하고 자신에게 주어진 여러 임무를 성공적으로 수행하기 위해 노동계급의 발라보스타는 이디시 문화에서 이디시 코프yiddishe kop라고 부르는 것이 필요했다. 이디시 코프는 문자 그대로 이디시 머리Yiddish head라는 뜻이다. 이디시 코프는 잃을 것이 많을 뿐 아니라 진퇴양난인 곤경에 처했을 때 재빨리 머리를 굴리는 정신적 기민함을 갖추고 있다. 외할머니는 매일매일 자신의 이디시 코프를 써서 가족의 생존과 번영을 도모해야 했다. (내 딸은 세 살 때 이런 견해를 피력했다. "남자는 이런저런 일을 할 수 있지만, 여자는 모든 일을 할 수 있어요." 나는 딸이 발라보스타 선조의 영혼을 투영해 이런 관점을 제시했다고 상상해봤다.)

시간이 지나면서 외할아버지는 작은 바나나 수입업체의 사장이 되었다. 외할아버지와 외할머니는 저축을 해서 트럭을 샀고, 브롱크스 터미널 마켓Bronx Terminal Market에 창고를 빌렸다. 슈퍼마켓이 생기기 전인 그 시대에 외할아버지는 자신들이 사는 곳에서 멀지 않은 브롱크스와 할렘의 작은 과일 및 채소 가게에 바나나를 공급했다. 생계는 해결되었지만, 수입이 너무나 적었으므로 집세를 제때 못 낼 때가 자주 있었다. 그래서 끊임없이 이 아파트에서 저 아파트로 이사했다. 그 덕분에 주거비를 아낄 수 있었다. "첫 월세 무료" 혜택을 십분 활용했기 때문이다. 그러나 매년 이사하는 일은 가족 구성원 모두에게 꽤 큰 부담을 줬다.

외할아버지는 마흔두 살에 심장병에 이어 신체 장애를 얻었다. 여전히 트럭은 운전할 수 있었지만, 더 이상 트럭에 나무통을 싣거나 나무통을 들고 고객에게 날라줄 수는 없었다. 외할아버지를 돕기 위해 장남 헨리는 9학년까지 마치고 고등학교를 자퇴했다. 이렇듯 다세대가 모두 참여하는 가족 구성원 총동원 대처법은 노동계급 이민자 가족의 구성원이라면 당연한 해법으로 여겨졌다. 소득이 불안정하고 자산이랄 것이 없는 많은 소외집단에서는 늘 그런 문제해결법에 의지했기 때문이다. 오늘날에도 여전히 그런 문제해결법은 유효하다. 헨리 삼촌이 가장 역할을 물려받지 않았다면 외가는 더 심각한 빈곤 상태에 빠졌을 것이고, 아마도 노숙 생활을 하게 되었을지도 모른다.

헨리 삼촌은 제2차 세계대전에 참전했고, 전쟁이 끝나기 직전에 결혼했다. 헨리 삼촌과 숙모는 한동안 숙모의 부모와 함께 살았고, 이후 독립해서 가정을 꾸렸다. 다세대 가구는 노동계급 가족이 수중에 있는 돈을 최대한 활용하는 한 가지 방법이다(비록 가족이라는 조직의 가치는 단순히 재정적인 것에 머물지 않지만). 처가살이를 하는 동안 헨리 삼촌은 계속해서 아버지가 수입하는 바나나를 배달했고, 그래서 계속해서 원가족의 주 부양자 역할을 했다. 그와 동시에 헨리 삼촌은 자신이 아내와 꾸린 가족의 주 부양자가 되기 위해 노력하고 있었다.

헨리도, 리바도, 직업적으로 노동계급이라는 자신의 뿌리에서 멀리 벗어나지 못했다. 그러나 가족 구성원 중에서도 내 어머니 미리엄은 불가능을 가능으로 만들었고, 전문직종으로 진출했다. 열한 살에 맹장이 터져 서둘러 병원으로 이송된 어머니 미리엄은 자신을 진찰한 의사와 수술을 한 의사에게 감동한 나머지 과일 행상과 공장 노동자의 딸임에도 불구하고 그날 그 자리에서 의사가 되겠다고 마음먹었다. 당시에 여자 의사가 드물었다는 사실은 차치하고라도, 의과대학이 단순히 여성 지원자뿐 아니라 유대인 지원자도 적극적으로 차별했다는 사실은 차치하고라도, 어머니는 발라보스타의 심장을 물려받은 딸답게 자신이 뭐든 할 수 있다고 가슴 깊이 믿었다.

어머니의 가족은 외할아버지가 작은 바나나 수입업체를 잃을 상황에 처했을 때 외할아버지를 지키기 위해 단합했듯이 어머니의 꿈을 현실로 만들기 위해 단합했다. 어머니의 가족은 매일매일 가족의 생계를 해결했을 뿐 아니라 헨리 삼촌과 외할머니는 가족

자산을 축적해 의과대학에 가겠다는 미리엄의 꿈을 지원했다.

당연히 미리엄은 자신이 해야 할 일을 해냈다. 뉴욕시 공립학교의 "월반" 제도를 통해 고등학교를 15세에 졸업했다. 이후 지하철을 타고 통학할 수 있고 학비가 무료인 헌터 칼리지 공립여대 야간과정에 등록했다. 집에서 통학하면서 가족 자산 형성에 직접 기여하기 위해 낮에는 정규직으로 일했다. 야간과정 학사 일정에 따라 졸업하기까지 6년이 걸렸다.

처음에는 여학생을 받는 미국의 의과대학교 두 곳에서 탈락했으므로 스위스로 이주할 계획을 세웠다. 미국과 달리 스위스에는 여의사가 드물지 않았다. 그러나 마지막 순간에, 이미 스위스로 갈 짐을 다 싼 후에, 펜실베이니아주의 여자 의과대학교에서 합격 통지를 받았다. 외할머니는 어머니가 목표를 달성하도록 돕는 일에 전념했다. 그래서 몇 푼 안 되는 공장 임금 일부를 가족 계좌에 넣지 않고 숨겨뒀다가 충분히 돈이 모였을 때 어머니에게 자동차를 사주었다. 어머니가 집에서 살면서 필라델피아에 있는 의과대학교까지 통학할 수 있도록 하기 위해서였다. 편도 두 시간이 걸리는 거리였다. 자동차에 '찬란한'을 뜻하는 고저스Gorgeous라는 이름을 붙인 것이 누구인지는 모르나, 그 이름에는 미리엄이 그 선물을 받은 것에 대해 느끼는 흥분과 감사의 마음이 담겨 있었다. 수십 년이 지난 뒤에 어머니가 그 일에 대해 이야기할 때 목소리에 실린 흥분과 감사의 감정이 여전히 귓가를 맴돈다. 그때는 고저스가 이미 오래전 폐차장에서 은퇴한 뒤였다.

미리엄은 자신의 꿈을 이뤘다. 의과대학을 졸업하고 레지던트 수련을 마친 뒤 협회 면허 병리학자가 되었다. 참전용사 행정 병원의 병리학자로 채용되어 참전용사의 생검 샘플을 분석하고 부검을 실시했다. 미리엄은 남자 동료와 비슷한(또는 민간 병원에서 받았을 만한) 임금을 받은 적이 단 한 번도 없었다. 여자 의사가 그런 일자리를 잡는 것은 어려웠다. 당시 지배 이데올로기에서는 남자가 "가족 임금"을 받아 마땅한 부양자였고, 여자는 만약 일을 하더라도, "꾸밈비"pin money 정도의 돈을 받고 일해야 했다. 의사가 된 여자나 자신의 가정을 부양할 뿐 아니라 부모에게도 계속해서 생활비를 보내는 여자도 예외는 아니었다.

근면성실한 발라보스타 할머니는 58세에 뇌졸중으로 사망했다. 적어도 10년 동안은 당뇨 합병증과 경증 뇌졸중을 앓았다. 애니 인생의 마지막 한 해는 내 인생이 시작한 해였다. 애니는 생전 마지막 며칠 동안 24시간 돌봐줄 간병인이 필요했고, 내 조부모와 가까이에 살던 리바와 헨리와 그들의 가족은 문자 그대로, 그리고 비유적으로, 조부모를 위해 무거운 짐을 대신 들어주었다.

비록 어머니는 보스턴으로 이사한 상태였지만, 뉴욕에서 많은 주말을 보내면서 죽어가는 어머니와 장애가 있는 아버지를 돌보는 일을 헨리, 리바와 돌아가면서 수행했다. 매사추세츠 고속도로가 건설되기 전의 일이었다. 편도로 6시간 동안 가다 서다를 반복하는 지루한 여정은 당시 5세 미만인 자녀 둘을 돌보고 정규직 직장을 다니는 여성에는 꽤 큰 부담이었다. 내 어머니는 45세의 나이에 매우 공격적인 암으로 사망했다. 어머니는 자신의 어머니보다도 더 젊은 나이에 세상을 떠났다. 어머니는 어린 세 자녀, 나와 언니들을 두고 떠났다. 아버지는 아버지와 어머니가 자란 가정의 대표적인 특징인 다세대 가족원의 도움을 전혀 받지 못했다. 당시에 아버지는 핵가족이 원칙인 부유한 근교에서 살고 있었다. 그래서 홀로 우리 세 자매를 키웠다. 그러나 아버지는 우리를 키우는 와중에도 계속해서 당신의 어머니와 누이 한 명에게, 그리고 심지어 장인과 가끔은 처제 리바에게도, 그들이 살아 있는 동안에는 돈을 보냈다. 다세대 친족 네트워크에 대한 책무를 다하는 것이 아버지 자신이 자랄 때 배운 삶의 방식이었고, 그래서 아버지는 당연히 그렇게 해야 한다고 생각했다.

어머니의 이야기를 미국의 아동소설 작가 허레이쇼 앨저Horatio Alger가 즐겨 쓴 자수성가 스토리로 포장하기는 어렵지 않다. 요컨대 미국에서는 보상에서 눈을 떼지 않은 채 열심히 노력만 하면 누구나 성공할 수 있다는 증거로 삼을 수 있을 것이다. 그러나 미국의 개인주의적 문화는 어머니를 그런 관점에서 볼지 몰라도 그런 관점은 틀렸다. 물론 어머니는 열심히 노력했고, 수많은 사회적 장벽이 자신이 세운 직업적 목표에 도달하는 것을 막도록 결코 내버려두지 않았다. 그러나 외할머니와 어머니의 십대 오빠가 어머니가 자신의 야망을 실현할 수 있도록 지원하기 위해 기꺼이 팔을 걷어붙였다는 점이 어머니의 성공 스토리에서 매우 중요한 역할을 차지한다. 어머니의 사회이동은 협력 작업의 산물이었다.

미국의 대중문화는 아마도 헨리 삼촌이 여동생의 성공에 크게 기여했다는 점을 인정하기보다는 헨리 삼촌을 중졸 학력의, 야망과 자기조절력이 부족한 사람으로 낙인찍을 것이다. 결과적으로 여동생은 온갖 역경에도 불구하고 여자 의사가 되었는데, 헨리 삼촌은 도대체 어떤 문제가 있었기에 고등학교도 졸업하지 못했을까? 어머니 미리엄과 헨리 삼촌을 개인주의와 미국적 신조라는 프리즘을 통해 비교하면 헨리 삼촌은 그저 패배자일 뿐이다. 헨리 삼촌이 개인적 책임을 받아들이지 않았기 때문에 더 높이 올라가지 못한 반면 어머니 미리엄은 더 높이 올라가겠다는 외골수 집념 덕분에 성공했다. 그러나 헨리 삼촌의 역할과 어머니의 불가능에 가까운 학문적 여정을 이런 식으로 묘사해서는 두 사람의 삶의 진실을 제대로 포착할 수 없다.

의사가 되겠다는 꿈을 꾼 여동생이 있었든 없었든 헨리 삼촌은 외할아버지가 장애인이 된 순간 재앙을 맞이할 위기에서 가족을 구하기 위해 전업 노동자가 되어야만 했다. 헨리 삼촌이 불가능해 보이는 어머니 미리엄의 의과대학 진학 야망에 보탬이 될 수 있었던 것은 헨리 삼촌의 입장에서는 보너스 같은 것이었다. 그러나 헨리 삼촌의 지원이 없었다면 어머니는 자신의 야망을 실현하기가 더 어려웠을 것이다. 어머니가 혼자 힘으로는 결코 실현할 수 없었을 몽상에 그쳤을 수도 있다. 어머니의 가족은 헨리 삼촌의 그런 기여를 인정했다. 어머니의 가족은 단 한 번도 헨리 삼촌이 내 어머니보다 못났다고 생각하지 않았다. 비록 지배문화는 중졸 학력보다 의과대학교 졸업장을 훨씬 더 높게 쳐줬는지 몰라도, 어머니 가족 중 그 누구도 어머니의 성공이 오로지 삼촌의 희생 덕분에 가능했다는 사실을 결코 잊지 않는 것 같았다.

어머니의 유년기에 어머니 가족은 난관에 부딪혀도 회복탄력성을 발휘했다. 가족 구성원들이 가족 전체의 경제적 안녕을 위해 기꺼이 책임을 나눠서 짊어졌기 때문이다. 그리고 외할아버지가 장애를 얻었을 때와 마찬가지로 필요하다면 역할을 재배정하는 것에 개방적이었기 때문이다. 모든 소외집단의 구성원이 그렇듯 노동계급인 이 유대인 이민자 가족은 구조적 선입견과 극심한 가난이 야기한 부정적인 상황을 적어도 완화할 수 있는 전략, 실질적인 보험정책을 개발하고 유지했다. 그런 전략은 그 전략을 구사하는 다양한 집단 각각의 문화에 뿌리를 깊이 내리고 있으며, 거의 자동적으로 실행된다. 그리고 하버드대학교 인류학자 로버트 르바인Robert A. LeVine이 "민중 지혜를 포용한 검증된 일반상식 공식들"이라고 부른 것이 된다.[1] 이 민중 지혜는 사람들의 삶에서 나온 사실정보들을 엮은 것이다. 따라서 그 집단의 역사와 전통을 토대로 그들에게 주어진 자원과 기회, 그들을 억누르는 제약, 그리고 그들이 고수하는 특정 문화적 가치가 담겨 있다.

입법자와 정책입안자를 포함해 우리 다수는 이런 "일반상식 공식"의 중요성을 간과하거나 아예 인지를 하지 못한다. 왜냐하면 더 많은 기회, 재정 자원, 특권을 누리는 우리에게는 그것이 일반상식처럼 느껴지지 않기 때문이다. 어떤 아들이 9학년까지 다니고는 고등학교를 자퇴하겠는가? 아내와 사별한 남편이 도대체 왜 죽은 아내의 가족을 부양해야 할 의무를 느끼겠는가? 그러나 불안정한 삶을 사는, 그마저도 외할아버지처럼 이른 나이에 장애를 얻어서 삶이 단축되거나 생계가 어려워질 수 있는 사람들에게는 어떤 형태로든 일종의 안정성과 안전성을 유지하기 위해서는 그런 선택을 하는 것이 매우 중요하다. 그러나 그런 전략의 가치를 인정한다고 해서 안심하고 기댈 수 있는 사회안전망, 고용안정성, 생활임금의 부재로 인해 그들이 감내하는 그런 근본적이고 대개 고통스러운 타협과 희생을 과소평가해도 된다는 의미는 아니다.

소외집단 가족 구성원의 조기 사망과 장애의 지속

나는 어머니의 암 발병과 때이른 죽음을 웨더링으로 설명할 수 있는지 판단할 만큼 어머니에 대해 잘 알지는 못한다. 가난 속에서 미래가 불확실한 어린 시절을 보냈다는 것, 자신이 꿈꾸는 직업을 향해 나아가면서 반유대주의와 성차별주의에 맞서야 했다는 것, 그리고 자신의 꿈에 닿기 위해 성실하게 노력하고, 끈질기게 일상적으로 투지를 발휘해야 했다는 것을 생각해보면, 어머니의 삶은 당연하게도 웨더링의 모든 전형적인 특징을 보여준다. 외조부모님의 삶도 마찬가지였다.

외할아버지의 어린 시절은 어려웠고, 심지어 충격적이기까지 했다. 어린 나이에 외할아버지가 느꼈을 상실감은 상상조차 되지 않는다. 외할머니의 어린 시절도 다르지 않았다. 두 사람 모두 자신의 아이들을 먹이고, 입히고, 재우기 위해 초인적인 힘을 발휘해야 했다. 외할아버지는 심장병으로 이른 나이(42세)에 장애를 얻었고, 외할머니는 10여 년간 약한 뇌졸중과 당뇨병을 앓다가 결국 뇌졸중으로 일찍(45세) 사망했는데, 모두 웨더링이 관여했을 법한 건강 이상과 질병이 원인이었다.

지배문화의 구성원이라면 영국 작가 로널드 블라이드Ronald Blythe가 썼듯 죽음이 아마도 그 "예정된 순서"인 길고 건강한 삶의 끝에 닥칠 것이라고 전제해도 문제될 것이 없다.[2] 그러나 문화적으로 억압과 착취를 당하는 인구집단의 구성원은 그렇게 전제할 수가 없다. 내 연구팀은 재정 지원이 끊긴 몇몇 도심과 시골 지역에 거주하는 주민의 연령에 따른 장애 및 사망의 궤적을 계산했다. 그리고 지역에 관계없이 미국의 모든 백인의 연령에 따

른 장애 및 사망의 궤적을 계산했다.³

우리의 계산 결과에 따르면 가장 가난하고 가장 소외받고 문화적으로 억압받는 인구집단에서는 사망 연령과 장애 발생 연령이 미국 백인의 사망 연령과 장애 발생 평균 연령보다 훨씬 더 낮았다. 이것은 그 인구집단이 재정 지원이 끊긴 북부 도심의 흑인이든, 재정 지원이 끊긴 남부의 애팔래치아 시골의 백인이든 마찬가지였다.

우리가 연구한 두 가지 예시 인구집단은 시카고 사우스사이드 극빈곤지역의 거주 분리 지역의 흑인 주민과 켄터키주 애팔래치아 산맥의 오슬리 카운티 등 극빈곤층이 사는 카운티의 백인 주민이었다. 오슬리 카운티는 미국에서 가장 가난한 카운티 중 하나로 꼽힌다. 이 두 집단을 특징짓는 것은 극심한 가난만이 아니라 경제적 착취, 문화적 억압, 정치적 주변화의 역사가 길다는 것이었다. 오늘날, 이 두 인구집단은 이른바 탄광 속 카나리아 역할을 한다. 거시경제 구조조정, 세계화, 자동화, 진화하는 첨단기술, 친환경 경제 등에 의해 그들은 그 어느 때보다 취업이 어렵고, 그 어느 때보다도 건강이 나쁘다.

아래에 나오는 첫 번째 표를 보면 이 두 지역사회에서 65세 이전에 죽을 것으로 예상되는 남성과 여성의 비율과 미국에서 평균적인 백인이 65세 이전에 죽을 것으로 예상되는 비율이 얼마나 크게 차이가 나는지 알 수 있다.

2000년 당시 미국에서 평균적인 16세 백인은 적어도 자신이 살아서 65세 생일을 맞이할 거라고 합리적인 기대를 할 수 있었다(백인 남성 10명 중 8명, 백인 여성 10명 중 9명이 그럴 것이라고 추정되었다). 그러나 켄터키주 애팔래치아에 사는 가난한

	미국 (백인)	켄터키주 애팔래치아 (가난한 백인)	시카고 사우스사이드 (가난한 흑인)
남성	20	29	50
여성	12	18	32

16~65세에 죽을 확률, 2000년 기준 (단위: 퍼센트)

백인의 경우 남성의 거의 3분의 1, 여성의 거의 5분의 1은 그런 기대를 품을 수 없었다. 시카고 사우스사이드에 사는 가난한 흑인 주민의 성별 확률은 그보다 훨씬 더 낮았다. 16세 소녀의 3분의 1, 16세 소년의 거의 절반은 65세 생일을 맞이하기 전에 자신이 죽을 것이라고 각오해야 했다. 이 두 인구집단은 극심한 가난에 시달리는 억압받는 집단이고, 2000년 이후 미국인 전체의 기대수명이 낮아졌다는 사실을 고려하면 이 수치들이 현재는 더욱 더 낮아졌다고 봐도 전혀 무리가 없을 것이다.

언론은 실존적 절망감과 마약성진통제 남용을 애팔래치아 지역의 가난한 노동계급에서 젊은 사망자가 발생하는 주된 원인으로 꼽곤 한다. 또한 시카고 사우스사이드 같은 재정 지원이 끊긴 도심 지구에서 젊은 사망자가 발생하는 주된 원인으로 마약경제에서 자행되는 폭력과 약물 과다복용을 꼽곤 한다. 그러나 1장과 2장에서 봤듯이 그런 주장은 터무니없을 정도로 과장된 것이다. 예를 들어 시카고 사우스사이드 지역에서 16~65세인 흑인 집단에서 살해된 1명당 동일 연령대 4명은 심혈관질환과 암으로 사망한다. 시카고 사우스사이드 지역의 흑인 여성은 살해되어 죽는 경우보다 심혈관질환과 암으로 죽는 경우가 9배나 더 높다. 이런 극단적인 차이는 애팔래치아의 가난한 백인 집단에서 더 두드러지게 나타난다. 살해되어 죽는 사망자 수보다 심혈관질환과 암으로 죽는 사망자 수가 남성의 경우 7배, 여성의 경우 12배로 높아진다. 요컨대 우리의 연구 결과에 따르면 이 두 집단, 그리고 그와 유사한 인구집단에서 사망자가 과도하게 많이 나오는 주된 원인은 웨더링과 관련된 만성질환이었다. (애팔래치아에서는, 특히 광부로 일하고 있다면, 산재도 주요 사망원인 중 하나였다.)

그러나 사망은 빙산의 일각에 불과하다. 질병이나 산재로 죽지 않으면 이른 나이에 장애를 얻을 가능성이 높은 확률로 기다리고 있다. 우리는 앞서 표에서 다룬 세 집단을 대상으로 다양한 연령대에서 건강 이상으로 장애인이 된 비율을 비교했다. 건강 이상으로 인한 장애는 건강 이상 상태가 적어도 6개월 동안 지속되어서 노동, 이동, 자기돌봄과 같은 활동을 할 수 없을 정도로 신체 기능이 제약되는 상태로 정의한다. 외할아버지의 심장병이 외할아버지의 노동 능력을 제한했으므로 이것은 건강 이상으로 인한 장애의 예에 해당한다.

다음 표에서 나오듯이, 우리의 연구 결과는 충격적이었다. 예컨대 시카고 사우스사이드의 35세 흑인 남성의 장애인 비율(26퍼센트)은 그보다 20세 많은(55세) 미국 백인 남성의 평균적인 장애인 비율(24퍼센트)과 비슷하지만, 켄터키주 애팔래치아의 35세 백인 남성의 장애인 비율은 36퍼센트라는 놀랄 정도로 높은 수치를 나타냈다.

이 두 빈곤지역에서 건강 이상으로 인한 기능 상실을 겪는 남성과 여성의 비율이 35세 무렵에는 4분의 1 내지 3분의 1 이상이고, 55세 무렵에는 41~50퍼센트인 상태에서 그 가족은 경제 전망을 암울하게 만드는 일종의 장기적인 장애 상태에 빠지게 되

연령	미국	켄터키주 애팔래치아	시카고 사우스사이드
남성	모든 백인	가난한 백인	가난한 흑인
35	15	36	26
55	24	50	41
75	44	71	57
여성	모든 백인	가난한 백인	가난한 흑인
35	13	28	27
55	21	42	44
75	43	67	64

연령별, 성별, 인종별, 인구집단별 건강 이상으로 인한 장애인 추정 비율, 2000년 기준
(단위: 퍼센트)

고, 그래서 내 어머니의 가족이 했던 것과 같은 적응과 조정을 단행해야 할 것이다. 외할아버지가 타인의 도움 없이 바나나 수입 업체를 계속 운영할 수 없게 되자 아직 어린 삼촌은 결국 자퇴를 해야 했다.

외할머니가 사망 전 몇 년 동안 겪은 그런 더 심각한 건강 이상으로 인한 기능 상실, 즉 단순히 노동 능력을 감소시킬 뿐 아니라 혼자 집을 나서거나 목욕과 옷입기와 같은 자기돌봄 활동을 수행하지 못하게 만드는 그런 장애가 생긴 경우를 들여다보면 격차가 더 크게 벌어졌다. 시카고 사우스사이드와 켄터키주 애팔래치아의 35세 인구집단에서 지속적인 돌봄이 필요한 장애인의 비율은 미국의 평균적인 55세 백인 집단과 비교하더라도 크게 차이가 나지 않는다. 심지어 시카고 사우스사이드와 켄터키주 애팔래치아의 55세 인구집단의 장애인 비율은 미국의 평균적인 75세 백인 집단만큼 높거나 보다 더 높았다. 그리고 두 집단의 75

세 대상군의 데이터에 따르면 그 나이까지 살아남은 사람의 절반 이상이 장애를 지니고 있었고, 약 40퍼센트는 24시간 돌봄이 필요할 정도로 심한 장애를 지니고 있었다. 이것은 미국의 평균적인 75세 백인 집단에서 관찰되는 비율의 2배나 된다. 이런 장애인 비율이 그 가족에게 얼마나 큰 짐이 될지 상상해보라!

두 인구집단 중 한 집단은 흑인, 다른 한 집단은 백인이지만, 두 집단 모두 심각한 웨더링을 당하고 있음을 확인할 수 있다. 내 연구팀이 연구한 다른 유사한 극빈곤 도심 및 시골 인구집단에서도 그랬지만, 이들 인구집단에서 건강 이상의 대부분이 노동연령 및 생식연령인 구성원에게 발생한다. 이십대 중반에서 삼십대 초반에 이미 스트레스와 관련이 있는 만성질환을 앓고 있는 구성원의 비율이 이미 상당히 높다. 그리고 그 비율은 40대와 50대에 들어서면 급격하게 상승한다. 그런 만성질환을 얻은 사람들은 일을 하지 못하거나 할 수 있는 일이 제한적일 것이고, 돌봄이 필요할 수도 있으며, 이른 나이에 죽음을 맞이할 수도 있다.

사망률과 장애 발생률이 그토록 높다 보니 시카고 사우스사이드의 재정 지원이 끊긴 지역에 사는 흑인 청년이나 애팔래치아의 빈곤 고립지역에서 착취당하는 백인 청년 중에서 50세가 될 무렵까지 살아 있거나 신체가 멀쩡할 것이라고 기대할 수 있는 비율은 약 50퍼센트에 불과하다. 두 지역 모두에서 50세까지 살아남은 경우에도 자신의 평생 중 3분의 1은 장애를 지닌 채 살아가게 될 것으로 예상된다.

사망과 장애를 함께 고려하면 웨더링을 당하는 인구집단의 가족들은 가족 중 한 명 이상이 장기적인 장애를 얻게 된다는 것과 주 부양자 중 한 명이 젊은 나이에 죽는다는 것을 지극히 현실적인 시나리오로 상정하고 이에 대비해야 한다. 대중적인 에이지워싱 내러티브는 이런 것들을 전혀 고려하지 않는다. 노동연령 및 생식연령인 사람들은 당연히 모두 신체가 멀쩡할 것이라고 가정하기 때문이다. 가난하고 문화적으로 억압받는 가족들은 자신들이 살아가는 현실에서는 그렇지 않다는 것을 안다.

불규칙적인 수입에 의존해 살아가는 가족에게 웨더링의 잠재적 위협을 예측하는 일은 까다롭다. 왜냐하면 웨더링을 당한다고 해서 가난하고, 문화석으로 억압받고, 정치석으로 주변화되는 지역사회의 모든 구성원이 병에 걸리거나 장애를 얻거나 이른 나이에 죽는 것은 아니기 때문이다. 누구든 그렇게 될 수 있다는 것을 의미하는데, 그것이 누구일지를 예견하기는 어렵다. 내 어머니의 원가족에서는 어머니와 어머니의 여동생이 비교적 젊은 나이(각각 45와 61세)에 죽었다. 반면에 외할아버지는 장애를 지닌 채로 40년(외할아버지 평생의 절반)을 살았고, 삼촌은 90세 생일을 며칠 앞두고서야 사망했다. 헨리 삼촌은 평생 중 마지막 10년 동안만 중증 만성질환과 기능 장애를 겪었다. 수정구슬 없이는 가족의 역할과 책임을 유연하게 배분할 수 있어야만 웨더링의 모든 가능한 시나리오에 대비할 수 있다. 누가 돌봄이 필요할지, 얼마나 돌봄이 필요할지, 언제 필요할지는 알지 못하지만, 언젠가는 누군가 돌봄을 필요로 할 거라는 점만큼은 확실하므로 이 공동체의 구성원들은 그로 인한 결과를 우연에 맡길 수도 없고, 외부인의 친절에 기댈 수 있기를 희망할 수도 없다. 그렇다고 미국의 미약하고 불확실한 사회복지 안전망에 의지할 수도 없다.

지금까지 거듭해서 확인했듯이 웨더링은 노동연령인 성인이 노동연령의 정의상 노동이 가능하도록 신체가 멀쩡할 것이라는 신화에 가려진 진실을 폭로한다. 이 신화는 힐빌리로 낙인찍힌 애팔래치아의 가난한 백인 집단이든 미국 북부 도심 지역에 사는 흑인 집단이든, 지배문화가 억압받는 집단을 멸시하는 논리에서 큰 부분을 차지하는 전제이다. 또한 이 신화는 왜 미국인들이 사회보장제도를 그토록 거부하는지를 어느 정도 설명한다. 마틴 길렌스Martin Gilens가 자신의 저서 『왜 미국인들은 복지를 싫어하는가』Why Americans Hate Welfare에서 밝혔듯이 미국인들은 사회복지를 "신체가 멀쩡한 노동연령의 빈자에게 나눠주는 현금 수당"으로 해석한다.⁴ 앞서 인용한 통계에서 명백하게 드러나듯이 정부의 보조금을 받는(또는 받지 못하고 있지만, 보조금이 절실한) 노동연령의 성인 중 많은 수가 신체가 멀쩡하지 않다. 웨더링을 당하면서 너무나 이른 나이에 웨더링 관련 장애를 얻게 되기 때문이다.

가난하고 소외된 가족들을 재조정하고 보호하는 일반상식 공식들

웨더링은 잔인하고 무자비하다. 가족 구성원이 남편 잃은 여성, 부모 잃은 아이, 장애인이 될 확률을 높이기 때문이다. 웨더링은 한 공동체에서 돌봄 수요의 범위와 규모를 늘릴 뿐 아니라 동시에 돌봄제공자 및 경제적 부양자의 후보군을 대폭 감축시킨다. 이것은 부모가 모두 살아남고 충분히 건강해서 자녀를 돌볼 수 있는 경우가 줄어든다는 것을 의미한다. 또한 많은 노동연령 및 생식연령인 성인이 자녀 돌봄과 부모 돌봄의 이중고를 떠안고,

더 나아가 친척도 돌봐야 할 수 있다는 것을 의미한다. 게다가 그런 성인 중에는 자신도 장애를 지니고 있는 경우가 많다. 이것은 경제적으로 여유가 있을 때에도 감당하기 쉽지 않은 짐이며, 가난하다면 아예 감당하기가 불가능할 수도 있다.

비교적 젊은 나이에 병이나 장애를 얻거나 죽을 가능성을 예측하기 위해 오늘날 가난한 소외집단은 굳이 그 확률을 계산하거나 유용한 통계를 제공하는 표를 참고할 필요가 없다. 주변을 둘러보기만 해도 관련 증거를 얼마든지 찾을 수 있기 때문이다. 흑인 극빈곤층 집단에 대한 초창기 문화기술지 연구에서 버튼Burton은 인터뷰를 실시한 여성 중 91퍼센트가 자신의 기대수명을 60세로 추정했다고 썼다.[5] 연구에서 언급한 한 21세 엄마는 "살면서 내내 사람들이 50세 즈음에 죽는 것을 봤어요. 우리 할머니(62세)가 아직 살아계신 게 놀라워요." 나 또한 재정 지원이 끊긴 도심과 시골에서 십대 엄마들을 인터뷰하면서 그런 증거를 목격했다. 커리다 브라운Karida Brown 박사의 애팔래치아 탄광마을 문화기술지 연구는 나이 불문 사망과 장기 지속 장애의 가능성이 나이가 많은 사람뿐 아니라 모든 사람들의 머릿속을 맴돌고 있다는 사실을 보여준다.[6] 예를 들면 브라운 박사가 인터뷰한 몇몇 아이들은

> 자신의 아버지가 언제든 탄광 사고로 죽을 수 있다는 것을 매우 잘 알고 있었다. (…) 자기 가족이 다음번에 "전화"를 받을 차례일 수 있다는 암묵적인 이해가 탄광 마을의 모든 가족을 하나로 묶는 연결고리였다. 구급차의 사이렌 소리, 부러지고 떨어져나간 신체 부위, 이송용 들것과 영구차에 대한 기억은 지저귀는 빨

간 개똥지빠귀의 노랫소리와 블랙베리의 출현과 사과나무에 열린 꽃만큼이나 일상적인 것이었다.

가난하고 억압받고 소외당하는 21세기의 가족들은 웨더링이 가정경제와 돌봄체계에 가하는 어마어마한 위협에 어떻게 대처하는가? 그런 역경과 돌봄의 난관들은 핵가족, 즉 부부와 그 자녀라는 구획선 밖으로 눈을 돌려서 나이가 많든 적든 피부양자를 경제적으로 지원하고 돌볼 책임을 맡을 수 있는 훨씬 더 광범위한 어른 후보군을 섭외할 때에만 감당할 수 있다. 이런 상황에서 자란 사람들 중 일부가 쓴 회고록뿐 아니라 이런 공동체의 구성원을 대상으로 실시한, 그리고 그 구성원들이 직접 실시한 민족지학 연구와 문헌이 쌓이면서 점점 더 생생한 초상화가 그려지고 있다. 그들의 회복탄력성과 저항의 일반상식 공식에는 지금부터 살펴볼 이야기들에서 다룬 특징들이 포함된다.

친족 네트워크

문화기술지 연구와 설문조사 결과는 아프리카계 미국인과 시골의 가난한 백인이 대개 가족을 다세대 친족 네트워크로 여긴다는 증거를 보여준다. 그런 친족 네트워크의 구성원은 생물학적이나 법적으로 연결되어 있을 수도, 연결되어 있지 않을 수도 있다. 그러나 그들은 상호적 의무로 연결된 가족 네트워크에 속해 있다는 공통이해를 공유한다. 그들은 이런 인식에 부합하게 행동하면서 경제적 역할과 돌봄 기능을 수행한다. 지배문화에서는 그런 역할과 기능이 오로지 핵가족의 부모의 몫이라고 여긴다. 인류학자 캐럴 스택Carol Stack이 자신의 고전 문화기술지 연구『우리의 모든 혈족』*All Our Kin*에서 처음 묘사했듯이, 친족 네트워크는 역동적인 시스템으로 위험을 공동 부담함으로써 구성원들이 가진 희소한 물질과 돌봄 자원을 한데 모아서 그 활용도를 높인다. 오늘 네가 일하러 나간 사이에 내가 네 아픈 어머니와 네 아이들을 돌볼게. 너는 내가 내일 강제 퇴거를 당하면 우리 가족을 재워 줘.7 가정의 경계와 관행은 스택의 용어를 빌리자면 "탄력적"이다. 식구가 2배로 늘어야 하건, 자녀나 거동이 불편한 노인을 돌봐줄 다른 사람에게 보내야 하건, 근처에서 구할 수 있는 것보다 더 나은 일자리를 찾아 가족 구성원을 다른 지역으로 떠나보내야 하건, 네트워크의 구성원들이 서로를 네트워크의 핵심 구성원으로 받아들이는 것이 중요하다. 그 구성원은 혈연관계에 있을 수도 있고 없을 수도 있고, 자신의 식구일 수도 있고 아닐 수도 있고, 실제로는 굉장히 먼 지역에 살고 있는 사람일 수도 있다.

필요 앞에서 유연성을 극대화하기 위해 친족 네트워크는 미국의 지배적인 (그리고 논쟁의 대상이 되고 있는) 이상적인 상과 비교하면 노동 분업에 있어서 상대적으로 유동적인 성역할 규범에 따라 운영되며, 능력 및 책임과 연결되는 청소년과 청년의 발달 단계도 덜 엄격하게 적용한다.8 전체적으로 이런 친족 네트워크의 일반상식 공식은 "일손을 보태는" 후보의 숫자를 늘리며, 가용 자원의 양도 늘린다. 스택이 설명했듯이 "필요한 시기에 가용 가능하면서 유일하게 예측 가능한 자원은 자신의 아이와 부모, 그리고 혈족과 친구들이 그들에게 빚진 자금뿐이다."

다세대 친족 네트워크 시스템이 그 구성원에게 가치가 있는 조직이라는 것은 명백하지만, 그렇다고 해서 그 시스템이 참가자 모두에게 동일하게 긍정적이거나 동일한 희생을 요구한다는 것은 아니다. 구성원이 치러야 하는 비용은 실제로 매우 높을 수 있다. 개인의 목표를 미루거나 포기할 각오가 되어 있어야 하고, 그에 따라 상당한 희생을 치러야 할 수도 있다. 물론 이것은 핵가족을 포함해 어떤 가족 구조에도 마찬가지로 적용되는 법칙이다. 2020년 『더 애틀랜틱』The Atlantic에 게재된 논평에서 데이비드 브룩스David Brooks는 헤드라인 기사의 부제에서도 밝혔듯이 이런 주장을 펼쳤다. "우리가 지난 반백 년 동안 문화적 이상으로 떠받든 [핵가족이라는] 가족 구조는 많은 사람에게는 재앙이었다."[9] 2022년 퓨 재단Pew Foundation의 보고서는 미국에서 다세대 가구에 속한 인구수가 1971년 이후 4배 증가했다고 밝혔다. 이것은 1950년대의 핵가족 규범의 힘이 약화되었다는 것을 보여주며, 이것은 백인 가구에서도 관찰되는 현상이다.[10] 특정 맥락에서 다양한 가족 구성방식의 가치를 평가할 때 기준이 되는 중요한 질문은 단 하나, 그 구성방식이 제대로 작동하는가 하는 것이다. 전체적으로 따져봤을 때 그 구성방식이, 다른 현실적인 대안이 전혀 없을 때 돌봄과 부양이 필요한 가족 구성원들의 필요라는 측면에서 현재 주어진 대안들보다 더 유리한가, 더 불리한가?

집단주의

서로 다른 집단과 사회들은 인간의 독립에 대한 갈망과 상호의존적 필요를 각기 다른 방식으로 엮는다. 그러나 문화적으로 억압받는 집단에게 그 집단의 고유한 관습은 생존, 회복탄력성, 저항을 떠받치는 필수 기둥이다. 자녀 양육의 목표와 사회적 기대 및 제재가 협력, 상호의존, 공동 책임, 집단을 위한 개인적 목표 유보의 중심이 되어야 한다. 집단주의는 확장된 다세대 교차 가구로 이루어진 친족 네트워크의 구성원으로서 의무를 이행하는 것이 가능하도록 하는 접착제이자 자부심의 원천이다. 심리학자이자 교수인 제이니 워드Janie Ward가 자신의 어린 시절을 떠올리면서 말했듯이 "우리집은 여름만 되면 마치 흑인을 위한 여름캠프가 되었다. 우리 가족은 비공식적으로 혈족과 친구들을 입양했고, 모두 우리 집단의 생존을 꾸리는 데 집중하면서 서로에 대한 협력정신, 상호의존성, 책임감을 키워나갔다."[11]

물질적 자원과 기회 외에 추가로 이런 집단주의와 공동체 정신은 삶에 목적과 의미를 부여하는 문화적 가치, 관행, 정동적 유대감, 신념에 대한 긍정 확인을 제공한다. 또한 지배문화가 그 공동체에 씌운, 도덕적으로 타락했다거나 문화적으로 열등하다는 이미지를 대체하는 대안 내러티브를 공동체 구성원에게 제공한다. 이런 심리사회적 자원은 특히 웨더링이 야기하는 스트레스 관련 질환을 막아내는 데 특히 중요한 역할을 한다.

일찌감치 임신하기

4장에서 살펴보았듯이 내 연구는 웨더링을 당하는 인구집단에서는 산모의 연령이 높아질수록 임신 관련 후유증이 생길 가능성이 오히려 올라간다는 사실을 밝혀냈다. 앞서 제시한 장애 통계 또한 그 집단의 어떤 성인이든 앞으로 계속 자신이 돌봄과 지원을 받기보다는 제공할 수 있는 능력을 지니고 있을 것이라고 확신할 수 없다는 점을 시사한다. 친족 네트워크의 집단적 기능을 유지하기 위해 웨더링은 적어도 일정 수의 여성이 만성질환이 발병하거나 만성질환이 어느 정도 진행되기 전에 임신을 하는 것의 이점을 부각시킨다. 린다 버튼이 중소도시의 극빈곤층 흑인 공동체를 대상으로 실시한 문화기술지 연구에서 58세였던 한 참가자는 이렇게 말했다. "가족의 필요를 충족할 수 있는 신체가 멀쩡한 사람을 확실하게 확보하는 최선의 방법은 여자들이 가임기에 들어서자마자 아이를 갖기 시작하는 거예요."[12]

이런 말이 놀랍거나 충격적으로 들릴 수 있겠지만, 웨더링이 생식력, 출산 예후, 장기 지속 장애 조기 발생과 조기 사망에 미치는 영향을 고려해 일부 산모는(전부는 아니더라도 많은 산모가) 16~22세에 첫 아이를 가지려고 할 것이다(그중 대다수는 18세 이상이다). 그렇게 하는 것이 문화적으로 억압과 착취를 당하는 가난한 공동체의 삶의 현실에 맞춰 잘 적응하는 선택일 수 있다. 이것은 무조건적으로 따라야 하는 원칙 같은 것은 아니다. 같은 가족인 자매들 간에도 젊은 여성이 아이를 갖는 나이는 천차만별일 수 있다. 각 자매는 갈라진 삶의 길이 자신에게 제공하는 여건에 따라 네트워크에 기여하면 가족 내에서 그런 행동에 대해 지지를 받고 공로를 인정받을 수 있다. 젊은 구성원의 개인적 목표 목록에는 어린 나이에 임신과 출산을 하는 것은 포함되지 않을 수도 있다. 게다가 경제적 부양자로서 전도가 유망하거나 구조적 장벽을 극복하고 사회이동을 할 기회를 얻을 수 있는 다른 재능이 있는 청년이라면 오히려 어린 나이에 임신과 출산을 하는 것을 다른 구성원들이 말릴 수도 있다.[13] 사회이동의 가능성이 거의 없는 또래 청년과 노인들은 그런 비범한 청년을 지원하기 위해 단합하고 그 청년에게 투자할 수도 있다. 우리 외할머니와 삼촌이 내 어머니를 위해 그렇게 했듯, 그 청년이 최종적으로 사회적 내지 경제적 성공을 거둘 수 있도록 조력하기 위해 최선을 다할 것이다.

여성중심 네트워크

발라보스타라는 개념이 오늘날 지배문화의 구성원들에게는 구태의연하고 설화적이고 성차별적으로 들릴 수도 있다. 성차별적인 개념인 것은 사실이지만, 그것은 구조적으로 강제된 성차별주의이다. 미국에서 노동계급과 문화적으로 억압받는 인구집단의 여성에게 부여된 중요한 임무는 집단적 생존을 확보하는 것이라는 관념은 발라보스타가 미국으로 이민 오기 전에 이미 존재했다. 그리고 오늘날까지도 저소득층 내지 중소득층인 소외집단 구성원의 삶의 특징으로 남아 있다. 어떤 네트워크를 여성중심 네트워크라고 부른다고 해서 남성의 기여를 부정하는 것도 아니고, 여기서 말하는 여성이 남성성을 무력화하는 여자 가장matriarch이라는 고정관념을 체화한 것도 아니다. 오히려 여성중심 네트워크라는 용어는 그 네트워크가 계급, 인종, 민족, 성의 교차점에 놓여 있다 보니 여성이 친족 네트워크에서 매우 중요한 방식으로 독특한 지위를 가지게 된다는 것을 의미한다.

흑인이나 애팔래치아 백인이나 기타 억압받는 집단의 가족에서 여성의 노력과 희생을 기리는 제단을 마련하는 일은 없다. 그러나 우리 외할머니처럼 이들 여성은 그 네트워크의 필수 기여자이다. 가족과 공동체의 생존 가능성을 높이기 위해 엄청난 의무를 받아들이고 수행한다. 고인이 된 인류학자 레이스 멀링스 Leith Mullings는 대대로 그런 의무를 이행한 흑인 여성의 역사를 가리켜 "소저너 증후군"Sojourner syndrome을 흔하게 볼 수 있다고 묘사했다. 소저너 증후군이라는 명칭의 기원인 소저너 트루스 Sojourner Truth는 노예제 폐지론자이자 여성 인권 운동가였고, 인종차별과 경제적 어려움 앞에서도 무너지지 않는 회복탄력성

과 투지를 상징하는 대표적인 인물이었다.¹⁴

데이먼 영Damon Young이 자신의 어머니에게 바친 헌사가 그런 흑인 여성 중 한 사람을 대변한다. 데이먼 영은 피츠버그의 흑인 노동계급 가정에서 태어나 큰 성공을 거둔 작가이자 공공 지식인이다. 어머니의 사망원인이 "흑인으로 살아가기"였다고 말한 그는 아버지가 인종차별주의에 의해 장기 실업 상태에 놓이자 어머니가 얼마나 희생해야 했는지, 가족을 부양하기 위해 어떤 힘든 일들을 감내해야 했는지를 묘사한다. 영은 이렇게 회상했다. "엄마는 통근하기 위해 자주 버스를 갈아타야 했고, (…) (터질 듯이 가득 채운) 작업 가방과 (…) 손가방을 짊어지고 다녔고, 각 짐의 무게로 인해 어머니의 어깨는 바람에 맞서서 영원히 구부러진 나무처럼 휘어져 있었다." 영의 어머니는 문자 그대로 가족을 부양해야 하는 무게감에 짓눌렸다. 자신이 살아낸 경험을 토대로 영은 자신의 책 『당신을 죽이지 않는 것이 당신을 더 흑인으로 만든다』What Doesn't Kill You Makes You Blacker에 이렇게 썼다. "흑인 여성은 인내하고, 흔들리지 않고, 용서하고, 주고 주고 주고, 남는 것이 먼지밖에 없을 때까지 퍼주도록 사회화된다."¹⁵

웨더링 당하고 제대로 된 의료서비스를 받지 못한 너무나 많은 흑인 여성처럼 영의 어머니는 중년 후반에 4기 암 선고를 받고 사망했다. 영은 이렇게 돌아본다. "10년 동안 우리 가족의 유일한 안정적인 소득원으로 살아가는 데서 오는 스트레스와 압박감이 엄마를 움켜쥐고, 소진시키고, 무너뜨린 것 아닌가 생각한다." 또한 영은 어린 시절 아버지와 가까웠다고 말하면서, 당시에는 어머니보다 아버지와 보내는 시간이 더 많았다고 말했다. 왜냐하면 "그때 아버지는 일을 하고 있지 않았다. [내] 아버지에게만 느끼는 향수는 엄마가 쌓은 벽돌 없이는 그런 식으로 존재하지 못했을 것이다."

현재 아이비리그 출신 변호사인 캐시 체임버스Cassie Chambers는 켄터키주 아울슬리 카운티에서 자랐다. 체임버스의 다세대 가족은 백인 소작농으로, 너무나 가난한 나머지 일요일에 예배를 드리고 오는 길에 동네 맥도날드에서 해피밀을 딱 한 세트 사서 온 가족이 나눠먹는 것이 체임버스의 가족에게는 엄청난 사치를 부리는 것이었다. 체임버스는 자신의 대가족 안에서는 강인한 여성들이 가족의 생존활동에서 중심적이고 핵심적인 역할을 했다고 설명한다. 회고록 『힐 우먼』Hill Women에서 체임버스는 이렇게 썼다. 이 여성들은 "독립성, 근면성실함, 인내의 모범적인 표상이었다. 그녀들은 나를 돌봤고, 서로를 돌봤고, 자신이 속한 공동체를 돌봤다. 그들을 에워싼 산맥과도 같은 힘과 든든함을 체화해 몸소 실천했다."16

캐시 체임버스와 데이먼 영 둘 다 자신이 이뤄낸 사회경제적 지위 상승이 자신의 어머니와 가족의 나이 많은 여성들 덕분이었다고 말한다. 내 어머니처럼 그 두 사람도 단순히 혼자 힘으로 스스로를 채찍질하며 자수성가한 것이 아니라 가족 구성원들의 투자와 지원 덕분에 인생에서 앞서 나아갈 수 있었다. 그리고 데이먼 영과 마찬가지로 캐시 체임버스도 그 여성들이 그렇게 애써가면서 자신의 몸으로 대가를 치르는 것을 봤다. 어린 캐시 체임버스가 의지한 '힐 우먼'들은 체임버스의 어머니 윌마와 이모 루스였다. 윌마 체임버스는 노동연령일 때 치명적인 자가면역질환에 걸렸다. 아마도 웨더링의 결과였을 것이다. 그래서 자신의 면역체계에게 공격받고 신경이 손상되면서 남은 평생 동안 신체 기능이 제한되었고, 끔찍하고 기력을 소진시키는 통증에 시달렸다.

루스 이모는 체임버스의 조부모가 나이가 들어 더 이상 가족의 담배 소작지를 관리할 수 없게 되자 그 소작지를 이어받아서 계속 관리했다. 체임버스는 루스 이모가 평생을 "자신의 몸을 부숴가며 가족을 위해 헌신했다"고 묘사했다. 루스는 젊은 나이에 류머티스 관절염이 생겼고 양측성 유방암에 걸렸다. 체임버스는 루스 이모가 삼십대 중반에는 다발성 피부암에도 걸렸다고 말했다. 루스 이모는 "직접 주머니칼로 그 부위를 도려냈다. 의료보험이 없었기 때문이다."

체임버스가 보기에 애팔래치아의 남자와 여자 모두가 탄광에서든, 논밭에서든 감내해야 하는 등골이 휘게 만드는 육체노동이 마약성진통제 대유행의 선행조건이었다. 체임버스는 마약성진통제 대유행이 특히 켄터키주 애팔래치아에서 기승을 부리는 이유는 그 사람들이 유독 나약하거나 절망에 빠져서가 아니라, 바로 "그곳에 육체적 통증이 너무나 만연"하기 때문이라고 결론 내렸다.

완다와 도니

문화기술지 연구자이자 시카고대학교의 사회학자인 샤론 힉스-바틀릿Sharon Hicks-Bartlett은 자신이 관찰한 흑인 도심 극빈곤층 공동체의 구성원인 완다와 도니의 이야기를 들려준다.[17] 두 사람의 이야기는 회복탄력성과 저항성을 위한 일반상식 공식의 네 가지 특징인 친족 네트워크 의존성, 집단주의, 조기 임신, 경제적 부양과 돌봄 지원에서 여성의 중심적 역할을 아주 잘 보여준다.

또한 가난과 문화적 억압의 웨더링 효과를 압축적으로 보여준다.

완다와 도니는 같은 부모 밑에서 자란 남매다. 두 사람 외에도 여자 형제 두 명이 더 있었고, 부모를 잃고 완다와 도니 집으로 온 사촌형제 두 명도 있었다. 완다와 도니의 어머니는 중년에 들어서자 심각한 웨더링을 겪었고 지속적인 돌봄이 필요한 상태가 되었다. 아버지는 일자리를 찾아 집을 떠나 있었다. 그 무렵 완다 자신도 어린 엄마였다. 그래서 부양 아동 가족 지원제도Aid to Families with Dependent Children(AFDC) [보통 복지수당으로 불리는 현재의 빈곤 가족 임시 지원책Temporary Assistance for Needy Families(TANF)의 전신이다] 대상자였다. 다른 자매들은 각각 공장과 사무실에서 일하는 노동자였다. 완다는 보조금 덕분에 집에 머물 수 있었으므로 거동을 하지 못하는 어머니를 돌보면서 자신의 어린아이와 때로는 자매들의 아이들도 돌봤다. 감당할 수 있는 비용으로 믿고 맡길 수 있는 아동돌봄이나 노인돌봄 서비스가 없었으므로 완다 가족이 임기응변으로 마련한 자구책의 일환이었다. 완다가 이렇게 다세대 돌봄 필요를 충족할 수 있었기 때문에 아버지와 두 자매는 일자리를 유지하면서 가족의 생계비를 벌 수 있었다. 발라보스타처럼, 또는 문화적으로 더 적절한 용어인 소저녀처럼 완다 또한 집에서 할 수 있는 소득 활동으로 이웃에게 간식을 팔았다.

완다의 오빠인 도니와 사촌형제들은 안정적인 일자리를 구할 수 없었다. 그래서 완다는 그들이 돈이 없어서 머물 곳을 구하지 못할 때는 언제든지 자신의 집을 내주었다. 도니가 일자리를 찾아 남쪽으로 갈 준비를 하는데, 완다가 심각하고 치명적인 뇌동맥류로 쓰러졌다. 일자리를 찾아 떠나는 대신 도니는 완다의 집에 들어가 완다와 완다의 아이들을 돌봤다. 도니는 남쪽의 일자리를 포기해야 하는 상황에 크게 실망했겠지만, "여동생은 대체 불가능하다"는 것을 이해했다. 그리고 아무런 대가 없이 완다를 돌봤다. 완다는 완전히 회복된 뒤에 보조교사가 되기 위해 학교로 돌아갔다. 완다가 학교를 다니는 동안 도니는 계속해서 완다의 어린아이들을 돌봤다. 보조교사 자격증을 딴 완다는 소득이 괜찮은 일자리를 구할 수 있었다.

인종차별주의, 가난, 웨더링은 이 이야기 내내 지워지지 않는 자국을 남긴다. 완다와 도니의 이모와 삼촌은 자녀들이 아직 어릴 때 일찍 죽었다. 두 사람의 아버지는 일자리를 찾아 멀리 떠났다. 어머니는 젊은 나이에 장애인이 되었고, 완다가 어머니를 돌봤다. 완다는 갑자기 뇌동맥류가 생겼다. 도니는 자신의 취업 기회를 포기하고 완다와 완다의 아이들을 돌봐야 했다. 처음에는 완다가 회복되는 동안, 그리고 이후에는 완다가 취업에 도움이 되는 직업 훈련을 받는 동안.

웨더링이 가하는 제약에 무지한 지배문화 집단의 구성원 중에는 집단주의적인 네트워크가 아닌 자족적인 핵가족에 초점을 맞춰서 이 대가족이 "체계가 없다"거나 혼란스럽다고 쉽게 결론 내릴지도 모른다. 너무나 많은 사람이 타협을 해야 하고 여러 구성원의 필요에 따라 가구가 끊임없이 확대되거나 축소되기 때문이다. 개인주의, 가족 부양, 무엇이 노동으로 인정되는가와 같은 지배문화의 관념을 프리즘 삼아 들여다보면 완다의 대가족에서 고부담 대응책을 실천하고, 최선을 다하고, 긍정적인 기여를 하는 가족 구성원이 많다는 사실을 놓치기 쉽다. 여기에 나태함과 사회복지 의존성이라는 인종차별주의적인 고정관념이 더해지면 더 신랄한 평가가 이어질 것이다. 일자리를 찾아 먼 곳으로 떠난 아버지에게는 "부재중인 아빠"라는 꼬리표가 붙을 것이다. 마찬가지로 완다는 일단 젊은 미혼모가 되어 보조금을 수령하기 시작한 순간 복지의 여왕welfare queen 취급을 받았을 것이다. 그런데, 그보다 더 최악인 상황은 그녀가 집에서 소득활동을 한다는 사실이 알려졌다면 복지 사기꾼으로 규정되었을 것이라는 점이다. 완다 아이들의 아빠는 부재중인 것으로 보인다. 그 사람이 어디에 있는지, 일을 하는지, 어떤 금전직·현물직 기여를 하는지에 대해서는 아무런 정보가 제공되지 않는다. 도니는 실업자로, 여동생의 집에 들어가 살면서 여동생의 등골을 빼먹는 백수 취급을 받을 것이다. 완다가 건강을 회복한 뒤 직업 훈련을 받고 소득이 보장되는 일자리에 취직했다는 사실은 완다가 마침내 정신을 차리고 제대로 된 길로 나아가는 것으로 묘사될지도 모른다. 힘든 배경을 극복하고, 그녀를 옭아맨 다세대 가족의 구속으로부터 탈출했다고. 그러나 실제로 그것은 도니가 있었기 때문에, 그리고 자신의 개인적인 목표를 기꺼이 무기한 유보하고 동생이 보조교사 자격증을 딸 수 있도록 도왔기 때문에 가능한 일이었다.

반면에 노동자로 일한 두 여동생은 "자격이 있는" 빈자로 여겨질 것이다. 그동안 완다는 어머니를 온종일 돌봤고 필요할 때마다 두 사람의 아이들을 돌봤다. 처음에는 완다가, 나중에는 도니가 기여한 부분은 인정받지 못할 것이다. 그들 덕분에 아버지와 여동생들이 일을 할 수 있었는데도 말이다. 힉스-바틀릿이 관찰했듯이 많은 가족에서 가난한 노동자가 일자리를 유지할 수 있는 이유는 오로지 일하지 않는 가족 구성원이 아이들을 돌봐주기 때문이다. 힉스-바틀릿은 이렇게 결론 내린다. "일하면서 복지

혜택을 받는 엄마와 '일하지 않으면서' 복지 혜택을 받는 엄마들은 공생관계에 있기 때문에 그 두 집단을 도덕적 윤리적 잣대로 구분할 수는 없다."

오늘날 웨더링은 인종차별주의, 계급주의, 문화적 억압, 거시경제 구조조정, 신자유주의, 도심 긴축재정, 이 모든 것이 닥쳐도 버티기 위한 자치적 노력이 내는 시너지 효과의 부산물로서 위세를 떨치고 있다. 웨더링은 확고부동한 불공평이라는 퍼즐에서 너무나 오랫동안 간과되고 잊힌 조각이다. 우리는 마땅히 발라보스타, 소저너, 힐 우먼들의 헌신을 더 명확하게 이해하고 그들을 존경해야 하지만, 그들의 회복탄력성과 저항성이 어떤 식으로든 형평성을 만들어낸다는 식으로 그럴듯하게 포장해서는 안 될 것이다. 그들의 굳센 의지와 노력은 그들의 아버지, 형제, 배우자, 사촌, 삼촌들의 재정적·현물적 기여와 더불어 그 가족이 익사하지 않기 위해 수면 위로 머리를 내놓을 수 있게 도왔다. 그러나 구조적 인종차별주의와 계급주의라는 저류는 그들이 헤엄쳐서 해안가로 올라가지 못하도록 막는다. 팬데믹 기간에 우리가 쓴 마스크처럼, 그들의 노력은 어느 정도까지는 보호막이 되어주지만, 백신만큼 효과적이지도 않고 바이러스를 박멸하기 위한 사회적 노력을 대체할 수는 없다. 그런데 8장에서 더 구체적으로 서술하듯이, 오해에 기반하고 충분한 재정 지원이 뒷받침되지 않아서 어느 모로 보나 불충분한, 그리고 여러 면에서 파괴적인 일련의 사회 정책 프로그램이 1990년대 내내 실행되었다.

6장 **우리를
은밀하게 죽인다**

: 인종화된 사회적 정체성의
웨더링 효과

2008년 5월 12일, 헬리콥터가 상공을 돌다가 착륙하기 시작했을 때 로사는 애그리프로세서Agriprocessors에서 그날의 첫 근무 조로 일을 시작한 지 10분밖에 되지 않았다.[1] 감독관은 직원들에게 도망치라고 했지만, 이민세관단속국Immigration and Customs Enforcement(ICE) 요원들은 도망치면 발포하겠다고 경고했다. 한 직원은 자신이 체포되면 아이들을 뺏기게 될까 봐 두려운 마음에 도축된 닭들이 있는 냉동고에 몰래 숨어서 요원들에게 발각되지 않기만을 기도했다.[2]

그날 아침 군사작전용 무기로 무장한 ICE 요원 900명이 UH-60 블랙호크 헬리콥터 부대의 지원을 받아 사전 통지 없이 애그리프로세서를 급습했다. 애그리프로세서는 아이오와주의 작은 시골마을 포스트빌에 있는 도축 및 육가공 공장이었다. ICE 요원들은 쓸데없이 무력을 과시하느라 미국 국민이 납부한 세금 500만 달러 이상을 투입해 그 자리에서 공장 직원 389명을 체포했다.

직원 중 일부, 아마도 많은 수가 불법체류자라고 믿을 만한 충분한 근거가 있었지만, ICE가 그날 체포한 389명의 노동자 중 단 한 명도 체포 당시 신원이 밝혀졌거나 특별히 불법체류자라는 사실이 확인된 상태가 아니었다. 불법체류자를 포함해 체포된 직원 중 그 누구도 이후 기소될 범죄의 용의자로 특정되어 있지도 않았다. 그러나 당시에 누구를 체포할 것인가를 판단할 때 요원들은 다음 두 가지를 전제로 삼았다. 첫째, 눈으로 봐서 누가 라틴계인지 식별할 수 있다. 둘째, 라틴계는 모두 불법체류자다. "그렇게 쳐들어온 게 옳다고 생각하지 않습니다." 애그리프로세서의 유지보수 관리자가 말했다. "라틴계란 라틴계는 모조리 수갑을 채워서 데려갔어요. 미국 시민이라는 걸 증명하기 전까지는요."³ 미국 시민인 라틴계라도 모두가 그 자리에서 미국 시민임을 입증할 수 있는 서류를 가지고 있지는 않았다. 그렇다면 최초의 체포는 개인의 신원을 근거로 집행된 것이 아니라 라틴계로 추정된다는 것을 근거로 집행되었다. 라틴계를 불법체류자로 인종화했고, 라틴계 중 불법체류자를 범죄자로 인종화했다. 현재 널리 퍼진 라틴계에 대한 고정관념은 그들이 미국 시민이 정당하게 누려야 할 일자리 기회를 훔쳐간 범죄자라는 것이다. 요컨대 개인에 대한 체포가 인종 프로파일링*을 근거로 이루어진 것이다.

그날 포스트빌에서 라틴계 불법체류자로 추정되어 체포된 389명 중 대다수는 과테말라나 멕시코 출신이었다. 마찬가지로 미국 시민인지, 취업 허가증이 있는지 확인되지 않은 상태로 체포된 나머지 노동자는 이스라엘과 우크라이나 출신이었다. 체포한 모든 직원은 수갑을 채웠고, 허리춤을 줄줄이 묶었다. 체포된 여자들은 카운티 유치장에 갇혔다. 어린아이를 둔 엄마들은 발목 추적 장치를 달고서 포스트빌로 돌아갈 수 있었지만, 일은 할 수 없었다. 체포된 남자들은 창문을 검게 칠한 버스에 실려 아이오

---

*   피부색, 인종 등을 기반으로 용의자를 추적하는 수사 기법.

와주 워털루에 있는 전미 목축 회의장 안으로 몰아넣어졌다. 그곳은 포스트빌에서 약 130킬로미터 떨어진 곳으로, 한 목격자의 증언에 따르면 "일종의 강제수용소로 변신했다."[4]

그곳에서 남자들은 10명 단위로 묶여 형사상 특수신원도용죄로 기소 인정 절차에 회부되었다. 이후 유효한 사회보장번호를 고의로 훔쳤다는 증거가 없는 한 불법체류자에게 특수신원도용죄 혐의를 적용할 수 없다는 대법원 판결이 나왔다. 도축장에서 체포된 노동자 중에 그런 경우에 해당하는 사람은 단 한 명도 없었다. (대다수는 사회보장번호가 무엇인지도 몰랐고, 사회보장번호가 기재된 그들의 취업 서류는 고용주가 작성했다.) 그럼에도 불구하고 체포된 노동자들은 집단으로 유죄를 인정하도록 강요당했다. 당시에 체포한 불법체류자를 즉시 추방하는 것이 관례였지만, 이때 체포한 대다수 노동자들은 연방교도소에서 5개월간 복역한 후에 추방하는 것으로 결정되었다. 가족의 주 부양자인 경우가 많았고, 개인으로는 단 한 번도 기소 인정 절차에 회부된 적이 없는 사람들이었다. 불필요하고, 비용이 많이 드는 군사 수단을 동원해 그들을 혹독하게 처벌한 이유는 오로지 사회적 정체성을 근거로 추정된 범죄성이었다.

이 사건으로 포스트빌의 모든 사람이 영향을 받았다. 포스트빌은 인구가 많지 않은 작은 마을이었고, 마을 경제는 애그리프로세서에 크게 의존하고 있었다. 그 사건에 어떻게 반응했는지 물었을 때 세인트 브리짓 가톨릭 성당의 메리 맥컬리 수녀는 이렇게 답했다. 많은 체포된 도축장 노동자의 가족들이 세인트 브리짓 가톨릭 성당 신자였다. "신자들의 얼굴에 드러난 고통을 보세요. 얼마나 괴로운지가 느껴집니다." 과테말라 출신인 아나라

201

는 여성은 남편이 자신이 체포되었다고 알리는 음성 메일을 들었을 때 울음을 터뜨렸다. "저보고 스스로를 잘 돌보라고 말했어요." 아나가 말했다. 친구들과 친척들로부터 끊임없이 전화를 받았다. 과테말라에서 걸려온 전화도 있었다.⁵

실제로 처음에 체포된 노동자들 중에서 어떤 죄목으로든 범죄 이력이 있는 사람은 5명뿐이었다. 범죄 이력이 있는 5명 중에서도 강력 범죄를 저지른 사람은 한 명도 없었다. 그들은 그 누구에게도 위협이 되는 인물이 아니었다. ICE가 불시 단속 후 기소 인정 절차를 회부한 연방법원에서 스페인어 통역 업무를 맡은 에릭 카마이드-프레익사스Erik Camayd-Freixas의 증언을 살펴보자.

> 10명이 한 줄로 서서 손목과 발목에 수갑을 찬 채로 끌려 들어오자 천천히 걷는 발걸음에 맞춰 사슬이 질질 끌리는 소리가 났다. 도축장 노동자들이 기소 인정 절차에 회부되기 위해 입장했다. (…) 다시 한 줄로 나가서 버스를 타고 다른 카운티의 유치장으로 이송되었고, 또 다시 10명이 한 줄로 들어와 그 자리를 채웠다. 하나같이 키가 150센티미터를 넘지 않았고, 대다수는 마야 계열 성을 지닌 과테말라 농부들로 문맹이었다. 이들은 서로 친척인 경우도 있었고, 눈물을 흘리는 이들도 있었다. 나머지 사람들의 얼굴에도 걱정, 두려움, 수치심이 가득했다. 그들은 모두 스페인어를 했고, 몇몇은 그마저도 잘 못했다. (…) 우리 나머지 사람들과는 인종적으로 극명하게 대비되어 유독 눈에 띄는 그들은 마치 느릿느릿 행진하는 펭귄처럼 임시 법정을 가로질러 앞으로 나아가기 시작했다.⁶

현실을 다시 짚어보자면, 그 이민자들은 위험한 노동 환경에서 끔찍한 작업을 수행했고, 미국 시민이라면 그런 노동 환경과 작업을 결코 받아들이지 않았을 것이다. 이것은 체포된 이민자들을 대신해 고용한 미국인 임시 노동자들이 1주일을 못 채우고 그만두었을 때 도축장 감독관들이 깨달은 사실이기도 했다. 미국 시민들의 일자리를 "훔쳤다"는 비난에 대해서 한마디하자면, 사실 사회보장번호가 일치하지 않는 불법체류자의 임금에 대한 급여공제는 사회보장국의 소득 보류 파일에 올라갔다가 이후 그 돈은 일반 사회보장국 신탁기금에 입금된다. 불법체류자들이 미국 시민과 합법적 거주자들의 은퇴자금을 불려주고 있는 셈이다. 반면에 이 제도에 돈을 지불하고 있는 불법체류자는 사회복지수당을 단 한 푼도 받지 못한다. 사회보장국의 소득 보류 파일에는 약 2조 달러가 축적된 것으로 추정되며, 그렇게 마련된 재원 덕분에 이른바 테러와의 전쟁 이후 ICE는 포스트빌에서 실시했던 것과 같은 불시 단속 작전을 실시할 수 있었다.[7]

    ICE 요원들은 사실정보나 증거보다는 현재 미국 라틴계 이민자들에 대해 널리 화제가 되고 받아들여지고 있는 "사회적 정체성"을 근거로 작전을 실시했다. 그리고 그 사회적 정체성은 범죄자로 인종화되었다. 불법체류는 범칙금 부과 대상인 행정법 위반인데도 말이다. 더 나아가 하원의회가 수십 년 동안 포괄적인 이민법 개정을 막지만 않았어도 개정된 법에는 당연하게도 애그리프로세서 직원과 같은 부류의 노동자들에게 임시 취업 허가증을 발급하는 법규가 포함되었을 것이다. 그런 법규는 불법체류자와 미국 경제 모두에 이로웠을 것이기 때문이다. 범죄성 내러티브에 불법체류자 상태를 포함하도록 조작하는 과정에서 라틴계

이민자는 위험인물로 인종화되었다.[8]

우리가 각자 자신의 개인적 정체성에 대해 생각할 때 지극히 개인적인 것을 독립적으로 만들어냈다고 생각한다. 그런 개인적 정체성은 우리가 어디서, 언제, 누구와 함께 자랐는지에 의해 영향을 받는다는 것도 안다. 물론 그 정체성은 우리가 믿는 종교(또는 무교無教), 우리의 민족적 혈통 등도 반영한다. 그러나 본질적으로 그 정체성은 온전히 우리 자신의 것이다. 우리의 의사나 의지와 무관하게 외부에서 부여된 것이 아니다.

사회적 정체성은 다르다. 우리의 의사나 의지와 무관하게 외부에서 우리에게 부여된 것이다. 우리가 구성원인 것으로 인식되는 사회적으로 규정된 특정 집단을 기준으로 정해지며, 실상은 그 집단이 우리에게는 아무런 의미가 없을 수도 있다. 지배문화가 우리가 배정된 집단을 얼마나 가치 있게 평가하고, 어떻게 낙인찍거나 착취하는가에 따라 사회적 정체성은 우리의 건강(그리고 우리 삶의 거의 모든 측면)에 상당한 영향을 미칠 수 있다.

사회적 정체성 범주는 현재 또는 역사적으로 인종화와 사회계층 분류에서 중요하다고 여겨지는 분기점, 예컨대 인종, 계급, 민족, 성, 종교, 조상, 언어, 성적 지향, 이민자로서 거주 자격 유무, 거주지와 같은 사회의 구성물과 대응관계에 있을 수 있다. 이런 다양한 범주는 사람들을, 그것도 매우 다른 유형의 사람들을 하나로 묶고 그들의 운명을 결정할 수도 있다. 그런 범주화가 먼저 이루어지고 그다음에는 다른 출신배경을 지닌 사람들에 대해 사회 집단이 아는 것 내지는 안다고 생각하는 것에 의해 강화된다. 그런 지식은 대개 고정관념이나 정치 선전에 근거를 두고 있으며, 직접 얻은 지식을 대체한다.

예를 들어 2022년 3월 많은 미국인이 자정 뉴스에서 우크라이나 할머니들이 러시아 군인들에게 화염병을 던지는 장면을 보면서 환호를 보냈다. 만약 부르카를 쓴 할머니들이 똑같은 행위를 하는 장면이 TV 전파를 탔다면 그 이미지는 환호가 아닌 비난, 공포, 두려움을 샀을 가능성이 더 높다. 그러나 두 경우 모두 미국인들은 화염병을 던진 할머니들의 성격, 처지, 동기에 대해 직접적으로 아는 것은 아무것도 없다. 그 할머니들은 각기 다른 인종화된 사회적 정체성 집단에 속한다고 상정되었을 때 그것만으로도 지배문화로부터 상반된 반응을 불러일으킨다. 불가리아 총리 키릴 페트코프Kiril Petkov는 우크라이나 난민이 불가리아 국경으로 밀려드는 광경만을 목격하고서 한 기자에게 이렇게 단언했다. "이들은 똑똑하고 교육을 잘 받은 사람들입니다. (…) 이 사람들은 우리에게 익숙한 [시리아] 난민 무리가 아니에요. 우리는 그들의 신원을 확신할 수도 없었고, 과거도 알 수 없었죠. 테러리스트일 수도 있는 사람들이었어요."9

사람들이 서로를 어떻게 경험하고 대우하고 바라보는가, 그리고 서로와의 관계에서 그들이 어떤 권력과 특권을 지니는가 하는 것은 모두 인종화된 사회적 정체성 범주에 의해 결정된다. 어떤 사람에 대해 개인적으로 아는 지식이 아니라 외모, 언어, 이름을 근거로 또는 그들이 무엇을 입고, 어디에서 사는지, 언론에서 그들을 어떻게 묘사하는지를 기준으로 삼는 이런 프로파일링 결과에 의해 특정 집단의 사람들은 희생양이 되거나 의심의 눈초리를 받게 될 수 있다. 혹은 포스트빌 불시 단속 사건에서도 볼 수 있듯이 체포되고, 추방되고, 건강에도 큰 타격을 받을 수 있다. 이 마지막 부분에 대해서는 앞으로 더 구체적으로 논의할 것이다. 법학과 교수 세사르 가르시아 에르난데스Cesar García Hernández가 논평했듯이 이런 프로파일링의 성격은 이민자들을 "일자리를 찾아, 그리고 아마도 가족과 다시 만나기 위해 미국으로 온 도덕적으로 올바르며 안전한 항구가 필요하고 이곳에 있을 자격이 충분한 개인들 또는 이와 달리 법을 준수하는 대중을 위험에 빠뜨리는 범죄자들" 중 어느 쪽으로 공적으로 묘사할지를 결정하는 권한이 누구에게 있는가에 따라 달라진다.[10]

사회적 정체성에 따라 달라지는 출산 결과

스트레스와 웨더링이 임신에 미치는 영향에 대해 우리가 아는 사실들에 비춰 예상할 수 있듯이 포스트빌에서 체포되었거나 사랑하는 사람이 체포된 임산부는 조산, 저체중아 출산 등 출산 결과가 더 나쁠 가능성이 높아졌다. 앞서 살펴보았듯이 이것은 결코 가볍게 넘길 수 있는 결과가 아니다. 당사자도 그에 따른 대가를 치르게 되지만, 우리 모두 그에 수반되는 엄청난 의료비를 공동 부담하게 된다.

애그리프로세서 공장의 라틴계 임산부에게 미친 영향 자체만으로도 사회적 정체성이 건강에 어떤 식으로 영향을 미치는지를 알 수 있다. 그러나 불시 단속의 건강 결과는 그 자리에서 직접적으로 영향을 받은 여성에서 멈추지 않는다. 그리고 그런 결과는 아마도 당신이 예상하지 못했을 형태로 나타났다.

포스트빌의 불시 단속이 임산부에 미친 영향을 연구한 니콜 노박Nicole Novak, 아레샤 마르티네스-카르도소Aresha Martinez-

Cardoso와 나는 그 사건이 아이오와주 전역의 라틴계 임산부에게도 영향을 미쳤다는 사실을 발견했다. 불시 단속 이후 출산 및 산후 후유증을 경험한 라틴계 산모의 수가 늘었기 때문이다.[11] 2003년부터 2013년 사이에 5월부터 1월까지 9개월(정상분만 임신 기간)이라는 기간들 중에서 유독 2008년 5월과 2009년 1월 사이에 아이오와주에서는 라틴계 산모에게서 태어난 저체중아 또는 조산아 비율이 증가했다. 아이오와주의 라틴계 산모가 실제로 출산한 곳이 미국이었든 해외였든 불시 단속 직후 9개월 사이에는 저체중아의 출생 비율이 급격히 치솟았다.

해외에서 태어난 아이의 일부는 불법체류자가 낳은 아이일 것이다. 나머지는 미국 시민권자이거나 영주권자이거나 정식 비자를 받은 산모였다. (미국 시민권자의 정의상 미국에서 태어난 라틴계 산모 중에는 불법체류자가 없었다.) "합법체류자"인 아이오와주 산모들에게서 태어난 아이와 미국에서 태어난 아이는 법적으로 미국에서 체류할 권리를 보장받으며 추방되지 않는다. 그런데도 포스트빌 불시 단속 사건 이후 아이오와주의 라틴계 산모가 받은 스트레스는 태아의 발달을 지연시키거나 조산을 유발할 정도로 컸던 것이다. 이와 대조적으로 아이오와주의 비라틴계 백인 산모의 저체중아 출산 비율은 2006년 이래 하락하는 추세였고, 불시 단속 이후 9개월 동안에도 계속 하락했다. 주목할 점은 해외에서 태어난 라틴계 산모는 2006년과 2007년 두 해 모두 비라틴계 백인 산모보다 저체중아와 조산아 출생 비율이 낮았는데, 불시 단속 이후 38주 동안은 그 비율이 급격하게 치솟았다는 것이다.

우리는 이를 설명할 수 있는 대안 논리들을 검토했고, 라틴계 산모의 저체중아 및 조산아 출산 비율이 증가한 것이 흡연이나 산전 건강관리 부족 등 다른 위험요인과 무관하고, 그 기간에 아이오와주 라틴계 주민을 둘러싼 사회적·경제적 요소들에서 변화가 일어났기 때문이 아니라는 사실을 확인했다. 더 나아가 같은 기간에 아이오와주의 비라틴계 산모의 저체중아 및 조산아 출산 비율은 변하지 않았다. 오로지 라틴계 산모의 저체중아 및 조산아 출산 비율만 변했다. 불시 단속 사건이 발생하자, 그 사건 이진에는 영향을 미치지 않은 무언가가 라딘게 신모의 출신에 영향을 미쳤다. 그리고 그 무언가가 무엇이건 간에 백인 산모에게는 전혀 영향을 미치지 않았다.

어떻게 이런 일이 일어나게 된 것일까? 포스트빌 불시 단속은 애그리프로세서 공장만을 대상으로 이루어졌지만 그 소식은 아이오와주 전체로 빠르게 퍼져나갔다. 스페인어 매체를 통해서도 전해졌고, 그 결과 아이오와주의 다른 도시에 사는 라틴계 사이에서도 공황상태를 유발했다. "단속 직후 한창 라디오 방송을 진행 중이었는데, 전화를 125통이나 받았어요." 세인트 암브로스 대학교가 운영하는 KALA 라디오방송의 스페인어 프로그램의 진행자인 올가 산체스Olga Sanchez가 말했다. "그렇게 전화가 많이 왔다는 건 사람들이 그만큼 두려움에 떨고 있었다는 거죠. 전화를 건 많은 사람이 포스트빌을 돕기 위해 무엇을 해야 하는지 물었어요. 그리고 많은 사람이 ICE가 여기에도 올 것인지도 정말 알고 싶어했어요."[12] 아이오와주 전역에서 인터뷰를 실시했을 때, 라틴계가 불시 단속 소식을 들었을 경우 받은 심한 스트레스가 홍수나 지진을 겪었을 경우 느끼는 스트레스와 같았다고 답했다. 많은 인터뷰 참가자가 홍수나 지진을 직접 경험했거나 본국의 친척이 그런 경험을 했다. 사회역학자들은 홍수나 지진이 임산부의 출산에 악영향을 미친다고 보고한다.

불시 단속 소식에, 아무리 수백 킬로미터 떨어진 곳에서 벌어진 일이기는 해도 그 후로 몇 주, 심지어 몇 달 동안 라틴계는 신경이 곤두설 수밖에 없었다. 아이오와주 전역의 도시와 마을에서 성당과 인권운동 단체에 도움이 절실히 필요한 이민자들이 몰려들었다. 그중에는 합법체류자들도 있었다. 서류를 제대로 갖춰서 제출하기 전에 구금될 수도 있다는 생각에 자신과 아이들의 안위를 걱정했다.[13]

공공 담론이 ICE 요원들과 동일한 전제들을 고수할 때가 많기 때문에 아이오와주의 라틴계는 차별과 인종화된 배척을 더 많이 경험했다. 그런 전제들은 겉으로 드러나는 라틴계라는 정체성을 불법체류자 신분과 동일시하고, 불법체류자 신분을 위험한 범죄자와 동일시하기 때문이다. 아이오와주 전역에서 라틴계는 자신의 사회적 정체성이 위협적인 "타자"로 취급된다는 사실을 이해했고, 그래서 자신의 안전이 위기에 처했다고 느꼈다. 더 나아가 불시 단속으로 인해 고용주들이 라틴계 노동자의 고용을 꺼리게 되었다는 측면에서 아이오와주 전역의 라틴계는 생계 또한 위태로워졌다.

아이오와주 전역의 사업자들은 지역사회의 분위기에 대해 "공황 상태에 빠졌다", "충격을 받았다"고 묘사했으며, 사람들이 구금될까 봐 두려운 마음에 집 밖으로 나오지 않고 있으며, 최악의 시나리오가 현실이 되는 비상사태에 대비하기 위해 돈을 쓰지 않는다고 전했다.[14] 불시 단속이 있은 뒤에 아이오와주의 라틴계 주민과 가족을 인터뷰한 기자들과 연구자들은 많은 사람이 공공장소에 가는 것을 피했고, 필요하면 언제든 떠날 수 있도록 소비를 최소화하면서 이민자에 대한 비난과 공격이 거세질 가능성에 대비했다고 보고했다. 포스트빌의 초등학생과 중학생 중 거의 3분의 1이 학교에 나오지 않았고, 그래서 비라틴계 백인 부모들조차 "너무나 많은 학교 친구들이 갑자기 사라지는 바람에 아이들이 부모가 끌려가는 악몽을 꾼다"고 불만을 토로했다.[15]

4장에서 살펴보았듯이 복잡한 면역, 염증, 호르몬 경로로 산모의 심리사회적 스트레스가 태아의 건강과 연결된다. 라틴계 임산부에게는 불시 단속으로 체포된 사람들과 자신이 낙인찍힌 사회적 정체성을 공유한다는 사실을 아는 것만으로도 생리학적 스트레스 반응이 활성화되었고, 그로 인해 태아 발달에서 중요한 시기에 태아도 영향을 받았다.

여기서 또 다른 가설이 도출된다. 아이오와주 전역의 라틴계 임산부가 불시 단속으로 직접적인 피해를 입은 당사자가 아니었음에도 불구하고 스트레스 반응이 활성화되었다는 명백한 증거가 발견되었다. 따라서 임산부가 아닌 아이오와주의 나머지 라틴계, 즉 남녀노소를 불문하고 모든 라틴계가 불시 단속 소식을 들었을 때 생리학적 스트레스 반응이 나타나고, 웨더링을 당했을 것이라고 추정할 수 있다. 다만 우리 연구에서는 그런 효과를 측정할 방법이 없었다.

포스트빌 불시 단속 사건과 그 여파는 미국 전역의 라틴계가 자신의 사회적 정체성의 부수적 산물로 맞닥뜨리게 되는 웨더링 스트레스 인자의 극단적인 예시다. 게다가 당시에는 미국의 45대 대통령을 비롯해 많은 정치인의 행동으로 인해 라틴계 이민자가 비방당하고 범죄자 취급을 당하고 있었다. 미국의 이민 정책과 그런 정책의 무력 집행은 미국의 라틴계에 대한 선입견의 효과를 증폭한다. 라틴계의 이동의 자유와 자신이 속한 사회에 완전하게 참여할 수 있는 가능성을 제한하며, 안전하다고 느낄 수 없게 된다. 그 결과 라틴계 이민자와 미국에서 태어난 라틴계 모두의 건강에 가해지는 부담이 누적될 수 있다.

물론 라틴계가 사회적 정체성으로 인해 여러 방면으로 위기에 빠지는 유일한 민족 집단이나 인종 집단은 아니다. 역학자 다이앤 로더데일Diane Lauderdale은 2001년 9·11사태 후 6개월 동안 캘리포니아주에서 아랍 이름을 가진 여성의 출산 결과를 들여다봤다. 그런 여성이 조산아 및 저체중아를 출산할 위험은 9·11사태 이전 동일 집단에 비해, 그리고 동일 기간 연구 대상이었던 다른 모든 인종/민족 집단에 비해 상당히 높았다. 아랍 이름을 가진 사람은 무슬림 사회적 정체성을 가졌을 가능성이 높다는 것을 의미했고, 무슬림이 적으로 지목되는 시기에는 그 여성이 실제로 무슬림인지는 중요하지 않았다. 그 여성들은 자신이 무슬림으로 분류될 것이라는 점을 이해했고, 그래서 비록 테러 공격이 자행된 곳에서 멀리 떨어진 지역에 살았지만 그 테러 공격으로 인해 스트레스 반응이 한껏 고조되었고, 그런 스트레스가 태아에게도 영향을 미쳤다.[16]

대리 스트레스 경험조차도 출산 결과에 부정적인 영향을 미칠 수 있다는 점을 보여주는 또 다른 예는 사회역학자 데이비드 커티스David Curtis와 동료들의 연구다. 2022년, 커티스 연구팀은 반反흑인 폭력 사건이 언론을 통해 한창 보도되고 있을 때 임신 초기였던 흑인 여성이 그렇지 않은 흑인 여성에 비해 계급을 불문하고 조산할 가능성이 더 높았다고 보고했다. 이 연구에서도 연구 대상 임산부는 폭력 행위의 직접적인 피해자는 아니었다. 단지 언론을 통해 그런 사건에 대해 들었을 뿐이다.[17] 반흑인 폭력 사건으로 여론이 들썩이는 시기에 그들은 흑인으로 살아가는 것에 대해 불안, 두려움, 복수심, 분노, 공포, 슬픔을 느꼈을 것이고, 그것이 웨더링을 촉발하는 또 하나의 생심리사회적 요인이 되었을 수 있다.[18]

앞서 소개한 사례들은 인종차별주의와 인종화가 사회적으로 라틴계, 무슬림, 흑인으로 분류되는 여성에게 미치는(그리고 남성과 아이들에게도 미쳤을 것이라고 추정되는) 생리학적 영향을 측정해서 보여준다. 지배문화에 의해 어떤 사회적 정체성이 열등하고, 위협적이고, 타자화되고, 어떤 식으로든 바람직하지 않은 것으로 낙인찍히면 그 사회적 정체성으로 규정되는 각 개인이 살아내는 현실과 그 개인의 건강에 영향을 미치게 된다.

사회적 정체성: 집단 프로젝트

그런데 도대체 사회적 정체성이란 무엇인가? 각 개인은 복수의, 교차하는 사회적 정체성을 지닌다. 사회적 정체성의 생심리사회적 중요성은 상황과 조건에 의해 달라진다. 예를 들어 내 젠더 정체성이 여성임을 아는 것은 내가 어디에 있고 누구와 있는지에 따라 중요할 수도 중요하지 않을 수도 있다. 어떤 상황에서는 내 의식에 등록조차 되지 않는다. 다른 상황에서는, 이를테면 남자 동료들만 북적거리는 회의실에서는 그것이 나를 규정하는 결정적인 정체성이 되기도 한다.

어떤 순간에 여러 사회적 정체성 중에 어느 것이 중요한지는 그 순간, 그곳에 함께 있는 사람들과 공유하는 문화적 전제와 그 사람들이 나를 바라보는 관점, 그리고 그 상황에서 작동하는 권력 관계에 따라 달라진다. 스탠퍼드대학교 사회심리학자 클로드 스틸Claude Steele은 이렇게 설명한다.

> 당신이 어떤 시공간에 있는데, 당신이 여자라서, 흑인이라서, 나이가 많아서, 스페인어 억양이 있어서 기타 등등의 이유로 특별히 신경 써야 하는 것이 없다면 그런 특징은 그 환경에서는 당신에게 중요한 사회적 정체성이 아닐 것이다. 당신이 어떻게 상황을 바라보는지, 누구와 동일시하는지 내지는 누구에게 쉽게 공감하는지, 어떤 사건이 발생했을 때 그 사건에 어떤 감정 반응을 보일지 등에 그다지 영향을 미치지 않을 것이다. 그 순간, 그 자리에서 당신이 누구인지를 결정하는 핵심 요소가 아닐 것이다.[19]

그런데 같은 날 당신이 완전히 다른 시공간에 있게 되었을 때 당신의 사회적 정체성의 특정 측면을 예리하게 자각하게 되기도 한다. 그 자각의 정도가 당신이 얼마나 안전하게 느끼는지 또는 얼마나 위험하다고 느끼는지에 영향을 미칠 수 있고, 그 결과 당신 몸에서 생리학적 스트레스 반응이 활성화되는지 안 되는지에 영향을 미칠 수 있다. 당신이 위협적인 존재로, 열등한 존재로, 어떤 식으로든 외부인으로 분류되었다고 걱정하게 되는 시공간에 있다면, 그런 걱정이 활성화한 스트레스 반응에 의해 웨더링이 일어날 수 있다.

예를 들어보겠다. 한 흑인 청년이 집에서 가족이나 친구와 있을 때 경험하는 자신의 흑인성과 사소한 교통법규 위반을 이유로 경찰이 차를 세우게 했을 때 그 청년이 경험하는 자신의 흑인성을 비교해보자. 두 상황에서 그 청년의 피부색이 달라지는 것은 아니지만, 흑인이라는 그 청년의 사회적 정체성이 미치는 영향은 확실하게 달라진다.

이 예시에서 그 청년은 가족이나 친구들과 있을 때는 자신이 흑인이라는 사실을 의식조차 하지 않을 수도 있다. 흑인이라는 자신의 사회적 정체성에 대해 긍정적인 감정을 느낄 수도 있다. 반면에 경찰과의 대면은 자신의 흑인성, 그리고 그에 수반되는 위험을 예리하게 자각하도록 만들 수 있다. 그래서 심리사회적 불안과 경계심을 유발하고, 경찰과 말 한마디 나누기도 전에 이미 생리학적 스트레스 반응이 활성화될 수 있다. 이 스트레스 반응은 최소한 경찰과의 대면이 끝날 때까지, 그리고 아마도 그 이후에도 지속될 것이다. 경찰이 아무리 자신의 공무를 전문적으로 처리한다 해도, 어떤 적대감이나 인종차별주의나 악의 없이 공무를 수행한다고 해도, 흑인에 대한 경찰의 과잉 대응, 인종 프로파일링, 경찰의 폭력성이라는 미국의 역사에 비추어볼 때 청년이 느끼는 두려움은 비이성적이라고 할 수 없으며, 생리학적으로 치명적이다.

분명 잠재적 포식자가 근처에 있을 때는 진짜 경종을 놓치기보다는 가짜 경종에 반응하는 것이 낫다. 그러나 그렇다고 해서 가짜 경종에 반응할 때 아무런 생리학적 대가를 치르지 않는 것이 아니다. 흑인 남성이 자동적으로 느끼는 투쟁 또는 도피 충동을 전략적으로 억누르는 법을 배우고, 늘 예의 바르게 행동하고 위협적으로 보이지 않으려고 노력하는 것이 흑인 남성의 경험이

야기하는 생리학적 부담을 가중한다.

어떤 사람이 전형화, 낙인찍기, 평가하기의 대상이 되는 이유는 그 사람의 사회적 정체성과 연계된 인종화된 특징에 대한 사회 전체의 이해에서 기인한다. 특정한 방향으로 인식된 사회적 정체성은 널리 공유된 고정관념에 의해 강화된다. 사회집단들이 서로를 대할 때 직접 얻은 지식 대신 그런 고정관념을 활용하기 때문이다. 예를 들어 라틴계 사람을 불법체류자라고 의심한다. 아랍 이름을 가진 사람은 무슬림 테러리스트일 수도 있다고 의심한다. 흑인 남성은 위험한 존재로 인식한다. 십대 산모는 무책임하고 헤프다고 단정 짓는다. 흑인이든 백인이든, 부자이든 빈자이든, 이민자이든 미국에서 태어난 시민권자이든 개인적으로 자신의 사회적 정체성이 무엇이라고 선포하거나 완벽하게 규정할 수 있는 사람은 없다. 그것은 타인이 하는 것이기 때문이다. 우리가 자신에게 부여된 사회적 정체성을 독립적으로 만들어낼 수 없듯이, 우리는 사회적 정체성의 부산물을 피하거나 사회적 정체성에 수반되는 특권을 거부할 수도 없다.

내 딸이 아직 갓난쟁이였을 때에도 빨간색 옷을 입혔는지 핑크색 옷을 입혔는지에 따라 공공장소에서 마주치는 사람들의 태도가 달라졌다는 것이 기억난다. 빨간색 옷을 입혔을 때는 사람들이 똘똘이나 장군slugger or buddy이라고 불렀고, 심지어 유독 외향적이었던 한 남자는 주먹으로 딸의 배를 치면서 자신이 남자들끼리 연대감을 표시하는 인사를 하고 있다는 사실을 강조했다. 핑크색 옷을 입혔을 때는 공주님sweetheart이라고 부르면서 조심스럽게 대하고 부드럽게 말했다. 딸에게 남성 또는 여성이라는 사회적 정체성을 부여하는 결정은 딸의 행동이나 생물학적 특징이나 딸이 "주장한" 젠더 정체성이 아니라 온전히 딸이 입은 옷 색깔을 근거로 이루어졌다. 딸은 당연히 이 문제에 대한 발언권이 없었다(내가 어떤 옷을 입히는지에 대해서도 발언권이 없었다).

소설『스톤 부치 블루스』Stone Butch Blues[20]의 주인공 레슬리 파인버그는 1970년대 뉴욕 위쪽 구역의 경찰이 게이 바를 대상으로 단속을 실시하면서 폭력을 휘두른 일을 회상한다. 단속 현장에서 경찰은 부치 레즈비언이나 트렌스젠더 남성을 체포할시 말지를 결정할 때 출생 당시에 여자로 성별이 표기된 사람이 경찰이 보기에 "여자" 옷을 적어도 세 점 입고 있는지를 기준으로 삼았다. 그렇지 않으면 체포되어 경찰에게 폭력을 당했고, 그것은 오직 입고 있는 옷에 의해서만 결정되었다.

웨더링은 하루를 보내는 동안 맞닥뜨리게 되는 사회적 정체성 위기상황들의 특징과 정도의 산물이다. 이것이 매일매일, 한 해 두 해 계속해서 쌓인다. 그런 위기상황들은 구조적으로 확정되어 있으며, 건강에 해롭다. 단기적, 장기적으로 영향을 미치는 생리학적 스트레스 반응을 활성화할 뿐 아니라 위험한 존재로 여겨지는 사회적 정체성 집단이 거주하는 지역사회는 재정 지원을 받지 못할 가능성이 높고 고용 기회도 제한적일 가능성이 높기 때문이다. 더 직접적으로는 사회적 정체성으로 인해 명치에 주먹이 꽂힐 수도 있다. 유치장에 구금되거나 미국에서 추방될 수도 있다. 체포될 수도 있고, 경찰이 쏜 총에 맞아 죽을 수도 있다.

인종화된 집단의 구성원은 그런 위협을 늘 경계하고 있다. 사회심리학 연구는 낙인찍힌 집단의 구성원은 새로운 상황에 합류할 때 그 상황에서 자신이 교류하게 될 사람들이 자신을 사회적 정체성에 수반되는 고정관념을 근거로 자신을 평가할 것인지 확실하게 알지 못한다. 자신이 낙인찍힌 집단의 구성원이라는 것(또는 그런 집단의 구성원으로 보일 수 있다는 것, 또는 그런 집단의 구성원임을 "폭로"당할 수 있다는 것)을 아는 사람들은 자동적으로 자신이 그곳에서 내부인으로 여겨지는지, 다른 사람을 신뢰해도 되는지, 자신의 진짜 모습을 보여줘도 되는지, 공정한 대우를 받을 수 있는지를 알려주는 신호를 민감하게 탐지하게 된다. 이런 예를 아서 애시Arthur Ashe에게서 찾을 수 있다. 아서 애시는 그랜드슬램 챔피언이 된 최초의 아프리카계 미국인이다. 그는 회고록에 이렇게 썼다.

> 나는 거의 언제나 내가 흑인이라는 사실을 자각하고 있다. 인종이라는 관념이 지닌 힘에 늘 기민하게 반응하면서 세상에서 인종이 지니는 미묘한 의미들을 민감하게 포착한다. 다른 많은 흑인처럼 나는 새로운 공적인 상황에 놓이게 되면 수를 센다. 언제나 수를 센다. 그 자리에 있는 흑인과 유색인종의 수를 센다. 특히, 아예 없을 때도 있지만, 주최자가 얼마나 많은 흑인과 유색인종을 고용했는지를 파악하기 위해서 수를 센다.[21]

주변화된 사람들은 자신의 환경이 보내는 상황적 신호를 늘 탐지한다. 그 신호는 실제로 자신이 어떻게 평가되고 대우받을지를 예상하는 데 도움이 되는 신호다. 애시의 경우 주변의 흑인과 유색인종의 수와 그 사람들의 지위를, 자신과 함께 있는 사람들에게 흑인이 어떤 의미로 해석되는지, 자신이 그 자리에 있어도 되는 사람인지를 알려주는 신호로 삼았다.

애시는 심장마비가 와서 뉴욕병원 응급실에 실려갔을 때의 이야기도 들려준다. 당시 그는 서른여섯 살에 불과했다! (애시의 심혈관 계통의 이상도 웨더링이 작용한 결과라고 볼 여지가 있다.) 심각한 심장마비로 최상급 병원으로 실려 가는 중에 당신은 어떤 생각을 하고 있을 것 같은가? 통증이 너무 심해서 딴생각을 할 수 없을 것 같은가? 죽을까 봐 겁이 날까? 잘 돌봐줄 병원에 도착했다는 것에 잠시나마 안도감을 느낄까? 아서 애시는 수를 셌다. 그는 응급실에 있는 흑인과 유색인종의 수를 셌다. 필리핀 간호사가 두세 명 눈에 띄었고, 심지어 흑인 간호사도 몇 명 있었고, 온통 백인뿐인 무리에서 흑인 전문의도 한 명 보였다. 애시는 병원에서 자신이 본 대다수 흑인 남자가 병원 바닥을 청소하고 있었다고 언급했다. 이런 경계 행동은 너무나 자동적인 반응이어서 심각한 심장마비로 즉시 병원에 실려가 4중 관상동맥 우회술을 받는 순간에도 그는 그렇게 수를 셌던 것이다. 존재론적 위기가 한창 진행 중일 때 그는 자신의 의사를 신뢰할 수 있는지 없는지를 알려줄 신호를 찾았다. 내 목숨을 저들의 손에 맡겨도 안전할까? 저들은 나를 중요하게 여길까?

세리나 윌리엄스와 마찬가지로 애시도 자기조절력, 강인한 체력, 챔피언의 길로 이끈 근성의 모범 사례와도 같았다는 점을 지적해야겠다. 그런데도 애시 또한 백인이 장악한 엘리트 스포츠에서 순위를 높이는 과정에서 인종차별주의적인 반감의 희생양이 되었다. 그리고 애시 또한 삼십대에 심각한 건강 위기에 맞닥뜨렸다.

학교, 직장, 상점과 같은 일상의 시공간에서 낙인찍힌 사회적 정체성은 인지와 감정에 영향을 미치고 자기확신을 약화시키고 수행능력을 저하시켜서 사회이동을 할 수 있는 기회가 줄어든다. 반면에 실제로 "불가능을 해낸" 사람들은 적극적으로 노력한 대가를 치른다. 특정 인구집단에 대해 무엇을 기대할 수 있고, 그 집단이 어떤 것을 누릴 자격이 있는지에 관한 선입견에 의해 삶의 경험이 달라지고, 이로 인해 사회적 불평등이 건강 격차로 변환된다.

타자화

어떤 집단에게는 지배집단이라는 지위를 주고, 나머지 집단은 문화적으로 억압하면서 주변화하는 구조적 인종차별주의가 작동하는 사회에서는 지배문화가 위험한 사회적 정체성 집단의 구성원으로 분류한 사람들을 "타자화"한다. 타자화를 통해 그 집단을 차별하려는 지배문화의 의도에 의해 소외집단은 재화, 취업 기회, 건강한 주거 및 노동 환경, 영양이 풍부한 음식, 양질의 교육에 대한 접근권이 제한된다. 그리고 이 모든 것이 그들의 건강에 부정적인 영향 미칠 수 있다. 소외집단에 속하지만 물질적으로 전혀 부족하지 않은 삶을 사는 구성원조차도, 예컨대 아서 애시나 세리나 윌리엄스와 같은 사람조차도 웨더링에 의해 건강 이상을 경험할 수 있다.

소외집단의 구성원은 아무도 타자화 경험에서 완벽하게 자유로울 수 없다. 그런 경험이 얼마나 해로운지는 사람마다, 환경마다 다를 것이다. 또한 타자화를 직접적으로, 공개적으로 당할 수도 있고, 타자화가 권력층에 의해 심지어 법적 시스템에 의해 사회 전반에 스며들어 있을 수도 있다.

사회적 정체성 때문에 학교에서 괴롭힘을 당할 수도 있고, 편향된 프로파일링에 의해 상점에서 장을 볼 때 미행당하고 감시를 당할 수도 있다. 타자화가 무해하게 보일 수도 있다. 백인 소녀가 "검은 머리는 어떤 느낌인지 알고 싶어서" 흑인 학우의 머리를 만졌을 때처럼. 이것은 일상에서 소외집단이 경험하는 구별 짓기와 미세공격이 어떤 것인지를 환기시키는 예다. 또한 타자화는 노골적이고 악의적일 수도 있다. 미국의 현직 대통령이 당신이 속한 사회적 정체성 집단을 불량배, 범죄자, 야만인, 테러리스트, "쓰레기 같은 나라"의 국민이라고 표현하는 것이 그런 예다.[22]

타자화는 법과 정책을 통해 실행될 수도 있다. 성소수자가 기본적인 인권을 누리지 못하게 막는 반反동성결혼법, 특정 사회적 정체성 집단이 투표하기 어렵게 만드는 투표자 신원 확인법, 트랜스젠더와 이분법적인 젠더 분류를 거부하는 사람들nonbinary의 사회적 정체성을 부정하거나 그런 사람들을 소아성애자와 같은 부류로 엮는 반反트랜스젠더 화장실 정책. 그런 법과 정책의 목록은 끝이 없다. 이것은 그런 법과 정책의 규제 대상인 사람들에게 그들이 타자, 열등 시민, 무시당하고 심지어 멸시와 공격을 당해 마땅한 사람들이라는 신호를 보내는 많은 방법 중 일부에 불과하다.

타자화는 미디어에 의해 자행될 수도 있다. 예를 들어 영화의 "영웅"은 지배집단의 구성원을 연상시키는 반면, 소외집단의 구성원처럼 보이는 인물은 열등하게 그려진다. 도덕과 법에 어긋난 일을 하고, 말이 서툴고, 재능이 부족하고, 덜 매력적이고, 보호할 가치가 없고, 자격이 없는 인물로 나온다. 영웅은 당연히 그 모든 것을 갖추고 있다. 그러나 타자화는 생략이라는 형태로도 나타날 수 있다. 즉 당신의 사회적 정체성 집단이 아예 등장하지 않을 수도 있다. 존재조차 하지 않는 집단 취급을 받는 것이다.

이런 대표성 부재는 뉴스 매체부터 과학 연구에 이르기까지 여러 맥락에서 은밀하게 발생하는 타자화의 한 형태다. 수십 년간 의료기관은 심장병과 같은 심각하고 치명적인 질병을 어떻게 진단하고 치료해야 하는지에 관한 권위적인 지침을 발표했다. 그런 지침서가 근거로 삼은 연구의 대상은 모두 백인 남성이었다. 현재 미국 국립보건연구원National Institutes of Health(NIH)은 그런 연구 대상자에 여성을 포함시키려고 적극적으로 노력하고 있고, 그 결과 여성 심장병 환자는 남성 심장병 환자와는 다른 위험 요인을 지니고 있고, 다른 징후를 보이고, 다른 치료법 또는 다른 처방용량을 적용해야 한다는 사실이 명백해지고 있다.

내 연구 분야에서도 듀크대학교 종신교수인 내 제자이자 현 동료인 제이 피어슨Jay Pearson이 유사한 주장을 펼치고 있다. 공공보건 분야에서 사회경제적 지위와 건강 간 직접적이고 강력한 상관관계가 있으며, 높은 사회경제적 지위는 건강에 이롭고 낮은 사회경제적 지위는 건강에 해롭다는 것이 학계 정설이었지만, 피어슨은 지난 100년간 이 논지를 뒷받침한 연구는 주로, 때로는 전적으로 백인, 그것도 북유럽 남성을 모집단으로 삼았기 때문에 이를 결정적인 증거로 삼기에는 충분히 포괄적이지 않다는 타당한 지적을 했다.[23] 현재 인종, 민족, 젠더, 거주지, 기타 사회경제적 변수도 고려한 연구 결과들이 발표되기 시작하면서 사회경제적 지위와 건강 간 상관관계는 기존에 이해되었던 것보다 훨씬 더 다양한 양상을 보이며, 젠더 사회적 정체성 또는 인종화된 사회적 정체성이 중요하다는 사실이 밝혀지고 있다.

물론 타자화에 의해 생심리사회적으로 영향을 받기 위해서는 타자화의 대상이 자신이 타자화를 당하고 있다는 사실 내지는 자신이 현재 있는 시공간에서 타자화의 대상이 될 수 있다는 사실을 무의식적으로라도 느끼고 있어야 한다. 소외집단의 대다수 구성원에게는 그것이 어려운 일은 아니다. 본인이 자신을 둘러싼 문화에서 "타자"로 규정하는 사회적 정체성을 지니고 있다는 사실을 아주 잘 알고 있기 때문이나. 그러나 이따금 타자화된 당사자가 그 사실을 자각하지 못할 때도 있다. 지배문화의 인종화나 그에 수반되는 고정관념이나 평가에 대한 유창성이 부족하다면 자신이 타자화 당하고 있다는 사실을 깨닫기까지 다소 시간이 걸릴 수 있다.

미국 TV시트콤 《사인펠드》Seinfeld의 한 에피소드 "대역"The Understudy[24]의 보조플롯을 살펴보자. 이 에피소드에서 일레인은 손톱관리를 받는다. 손톱관리사는 일레인에게 웃는 얼굴로 한국어로 욕을 한다. 한국어를 모르는 일레인은 상황을 전혀 파악하지 못한 채 아주 편안하게 서비스를 받는다. 그러나 나중에 다른 고객의 개에게 자신에게 한 말로 인사하는 것을 보면서 그때 상황을 돌아보기 시작한다. 마침내 손톱관리사가 자신을 조롱하고 있다는 데 생각이 미치자 큰 고민에 빠졌고 그 생각이 머리를 떠나지 않게 된다. 결국 일레인은 친구 조지 코스탄자의 아버지 프랭크를 데리고 가서 손톱관리사를 "감시"하게 한다. 프랭크는 백인이지만 한국어를 유창하게 구사한다. 그는 손톱관리사가 실제로 일레인에게 욕을 하면서 놀리고 있다고 확인해준다. 그후 일레인은 에피소드가 끝날 때까지 손톱관리사들에게 자신이 좋은 사람이라고 설득하기 위해 노력한다. 별별 시도를 다하지만 모두 실패하고 그 과정에서 일레인은 불면증에 시달린다. 이로 인한 스트레스는 겉으로도 드러날 정도로 엄청나고 일레인의 표정과 몸짓에서도 뚜렷하게 드러난다.

만약 일레인이 실제로 이 세상에서 살아 숨쉬는 사람이었다고 해도 그 경험은 장기적으로는 웨더링 효과를 발휘하지 못할 것이다. 백인이고, 고학력이고, 이분법적 잣대에 따르면 여성인 일레인은 손톱관리 숍 밖에서는, 그리고 그녀가 머무는 거의 모든 시공간에서 타자로 취급되지 않을 것이기 때문이다. 영구적으로 타자로 취급받는 사람에게는 자신에 대해 어떤 말이 오가는지를 민감하게 탐지하는 것이 본능적이며 전략적인 반응일 수도 있으며, 그렇기 때문에 심각한 영향을 미칠 수 있는 것이다.

타자화가 건강에 미치는 영향

그러나 때로는 타자화를 일상적으로 경험하는 사람들조차 그 사실을 알아차리기까지 시간이 걸릴 수 있다. 막 미국에 온 멕시코 이민자가 그런 예일 수 있다. 미국에 온 모든 이민자는 빠르든 늦든 언젠가는 자신이 태어나 사회화 과정의 대부분이 진행된 본국에서는 접하지 못했을 인종화된 계층화 범주에 밀어넣어진다.[25] 이런 분류체계는 사회적으로 구성된 것이어서 새로 합류한 신참이 알아보기에는 쉽지 않다. 미국적 인종/민족 내지 계급 암호를 해독하기 전까지는 최근에 들어온 이민자들은 한동안 타자화의 생심리사회적 타격을 온전하게 느끼지는 않을 수도 있다. 왜냐하면 그들을 겨냥한 미세공격 다수를 판독할 수 없기 때문이다. 당신이 영어를 잘 못한다면 미국 대통령이 당신의 본국을 "쓰레기 같은 나라"라고 말한다고 해서 자극을 받을 일은 없을 것이다. 새로 온 멕시코 이민자들은 흔히 민족 집단거주지역에서 산다. 그곳에서는 모든 사람이 문화적 관점을 공유하고 스페인어를 사용하며, 영어를 (아직까지는) 유창하게 구사하지 못하는 사람도 많다. 그들이 타자화되고 있다는 신호는 그들에게는 자신이 해석할 수 없는 그리스어(또는 한국어)일 뿐이다.

시간이 지나면서 이것이 바뀌게 된다. 멕시코 출신 이민자들이 미국에 산 지 어느 정도 시간이 지나면, 미국에서는 그들과 그들의 자손이 타자로 여겨지고, 그래서 낙인찍힌다는 사실을 알게 된다. 내 동료들과 나는 그렇게 타자화에 대한 감각이 예리해지면서 멕시코 이민자들이 미국에 사는 기간에 건강과 관련된 뭔가 흥미로운 일이 발생하지 않을까 궁금해졌다.

수많은 연구가 미국에 온 멕시코 이민자들의 건강 상태가 미국에 온 지 10년 이상 되었을 때보다 처음 미국에 도착했을 때 더 좋았고, 심지어 미국에서 태어난 자녀들보다도 더 좋았다는 사실을 발견했다. 이것이 특히 주목을 끄는 이유는 미국에서 오래 산 이민자들과 미국에서 태어난 그들의 자녀들은 갓 이민 온 사람들보다 미국에 더 많이 동화되었을 것이고, 학력과 소득이 더 높을 것이기 때문이다.

이민자 집단의 건강이 악화되는 이유는 이민자들과 그들의 자녀가 미국에 동화되면서 패스트푸드 음식을 먹고, 담배를 피고, 정적인 생활을 하는 등 건강에 나쁜 식습관과 생활방식을 수용했기 때문이라고들 설명한다. 그러나 정말 그래서일까? 증거는 뭐라고 말하는가?

이 질문에 답하기 위해 나와 내 동료들은 미국 국립 보건 및 영양 진단 설문조사National Health and Nutrition Examination Survey(NHANES) 데이터를 분석해 과학에서 생체적응 부하 점수라고 부르는 것을 측정했다. 이 점수의 명칭은 만성 스트레스가 신체적 웰빙에 가하는 부담을 측정 가능한 지표로 나타낸 것이라는 점을 복잡한 전문 용어로 표시했다. 이 지표에는 혈액이나 침을 가지고 측정한 스트레스 호르몬과 염증 수치, 허리둘레로 측정한 신체 지방분포도(복부 지방은 건강에도 해롭지만, 스트레스와도 관련이 있다), 고혈압과 같은 스트레스 관련 신체 이상과 질병 유무 등이 포함된다. 앞으로 나는 생체적응 부하 점수를 스트레스 영향 척도Stress Impact Scale라고 부를 것이다. 이 지표가 측정하는 모든 인자가 스트레스와 관련이 있기 때문이다. 스트레스 영향 척도 점수가 높으면 웨더링을 당하고 있다는 것을 의미한다.

미국의 멕시코 이민자 집단과 같은 연령대의 비라틴계 백인 집단의 표본을 대상으로 수집된 미국 국립 보건 및 영양 진단 설문조사NHANES의 생물학적 데이터를 활용해 나와 내 동료들은 스트레스 영향 척도에서 점수를 기준으로 표본 구성원을 분류했다. 점수가 높다는 것은 실제 나이에 비해 신체 계통이 큰 스트레스를 받아서 전반적으로 마모를 많이 당했다는 것, 즉 웨더링을 당했다는 것을 의미한다. 그런 다음 NHANES 표본에서 두 집단, 즉 멕시코 이민자 집단과 같은 연령대의 비라틴계 백인 집단의 구성원들의 데이터를 비교하면서 멕시코 이민자가 미국에 거주한 기간이 길어질수록 점수가 높을 가능성이 커지는지, 누가 더 점수가 높을 가능성이 큰지 살펴보았다.

45~60세인 구성원들에 초점을 맞췄을 때, 다음과 같은 사실을 발견했다.[26]

- 미국에서 10년 미만으로 산 멕시코 이민자들은 같은 연령대의 비라틴계 백인에 비해 특별히 점수가 더 높지 않았다.
- 미국에서 11~20년 산 멕시코 이민자들은 같은 연령대의 비라틴계 백인에 비해 점수가 더 높을 확률이 2배 이상 높았다.
- 미국에서 21년 이상 산 멕시코 이민자들은 같은 연령대의 비라틴계 백인에 비해 점수가 더 높을 확률이 거의 4배 이상 높았다.

달리 말하면, 미국에서 오래 살수록 멕시코 이민자가 같은 연령대의 비라틴계 백인보다 스트레스 영향 척도에서 높은 점수를 기록할 가능성이 커졌다. 그런데 그 이유는 무엇일까?

이 질문에 답하기 위해 우리는 흡연, 과일 및 채소 섭취 부족, 의료보험 부재, 신체활동 부족처럼 건강에 부정적인 영향을 미치는 변수를 통제했다. 건강에 해로운 미국적인 행동양식에 동화되는 것이 미국에서 더 오래 산 이민자들이 최근에 미국에 온 이민자들보다 건강이 나쁜 이유라면, 흡연, 식습관, 운동, 의료서비스의 영향을 통제했을 때 건강 상태의 차이가 줄어들거나 사라져야 할 것이다.

그러나 우리의 분석 결과는 다르게 나왔다. 건강에 해로운 행동이 건강에 미치는 부정적인 영향을 통제하자 다음과 같은 결과가 나왔다.

- 미국에서 10년 미만으로 산 멕시코 이민자들이 같은 연령대의 비라틴계 백인에 비해 스트레스 영향 척도에서 더 높은 점수를 받을 확률은 크게 달라지지 않았다.
- 미국에서 11~20년 산 멕시코 이민자들이 같은 연령대의 비라틴계 백인에 비해 점수가 더 높을 확률이 2배 높았다.
- 미국에서 21년 이상 산 멕시코 이민자들이 같은 연령대의 비라틴계 백인에 비해 점수가 더 높을 확률은 오히려 더 상승해서, 5.5배 높았다.

건강 관련 행동 변수를 통제해도 멕시코 이민자와 같은 연령대의 비라틴계 백인의 스트레스 영향 척도 점수 차이를 설명할 수 없었다. 건강에 해로운 식습관과 생활방식으로 미국에 산 기간이 길어질수록 이민자의 점수가 더 높아지는 현상을 설명할 수 없다면, 무엇이 그런 현상을 설명할 수 있을까? 답은 바로 웨더링이다.

또한 기억해둘 점은, 앞서 지적했듯이 미국에서 산 기간이 긴 이민자의 소득과 학력이 갓 미국에 온 이민자보다 더 높았다는 점이다. 그런데도 다른 맥락에서 살펴봤듯이, 그리고 제이 피어슨의 분석에서 드러났듯이, 높은 학력과 소득이 모든 집단에서 웨더링 작용의 효과를 막아내는 방어막 역할을 하는 것은 아니다. 내 연구팀이 발견한 사실은 학력과 소득을 높이기 위해 살아내야 하는 경험이 너무나 큰 스트레스를 가하기 때문에 실제로는 오히려 그런 사람들을 심각한 웨더링에 노출시켰을 가능성이 있다는 가설에 부합한다. 나는 4장에서 이런 가능성을 제기했으며 7장에서 이 가설을 더 상세히 검토할 것이다. 자신을 타자로 취급하는 지배집단의 구성원과 더 오랜 시간 상호작용을 할수록, 자신과 같은 사람들 사이에서 지내거나 일하는 시간이 줄어들수록 그런 일이 일어날 수 있다. 후자는 자신과 같은 사람들이 나의 존재가치를 부정하기보다는 긍정해주는 집단이기 때문이다.

디트로이트의 웨더링

나와 내 동료들이 디트로이트에 사는 흑인, 백인, 멕시코 이민자 출신 거주민을 대상으로 사회경제적 지위 상승이 건강에 미치는 영향을 비교한 연구 결과는 멕시코 이민자에서 사회경제적 지위 상승이 건강에 악영향을 미친다는 가설을 뒷받침한다. 앞으로 보겠지만, 백인 집단에서는 이와 정반대 현상이 발견된다.

디트로이트에서의 삶은 1970년대 이후, 특히 2008년 금융위기 직후에 급격히 어려워지고 인종화되었다. 지난 50년간 디트로이트의 주민과 자본이 주변 지역으로 대규모 유출되면서 디트로이트의 세금원이 급격히 줄었고, 1950년에 185만 명이었던 인구는 2020년에 64만 명으로 줄었다.[27] 특히 백인의 탈출이 두드러졌으며, 그 결과 1960년에는 디트로이트 전체 인구의 30퍼센트를 차지하던 흑인이 2010년에는 85퍼센트를 차지하게 되었다.[28] 1940년대부터 디트로이트 사우스사이드에는 멕시코 이민자 집단이 큰 비중을 차지하고 있으며, 그 비중은 1950년대와 2010년 사이에 약 45퍼센트 증가했다. 이것은 1965년 이후, 특히 1990년대에 미국으로의 이민이 폭발적으로 증가한 것의 연장선상에 있다고 볼 수 있다.[29]

디트로이트의 자원은 급격히 고갈되었고, 한때는 디트로이트가 미국에서 가장 부유한 흑인 집단의 보금자리였지만, 현재 디트로이트에 남은 대다수 흑인은 저소득층 내지 중소득층이다. 디트로이트 주민과 디트로이트 주민이 선출한 공무원들이 이런 상황을 타개하기에는 너무나 심각한 장벽에 직면하고 있다. 2008년 경제위기 이후 만성적인 재정 적자는 시정부가 할 수 있는 일을 제약하고 있으며, 시정부가 기본적인 공공서비스를 제공하는 것조차 어렵게 만들고 있다. 1990년과 2013년 사이에 디트로이트는 거의 절반 가까운 지방정부 인력을 잃었다.[30] 특정 인종을 겨냥한 서브프라임 모기지 상품이 1990년대와 2000년대 초반 디트로이트의 주택시장을 강타했고, 2005년과 2014년 사이에 디트로이트에서 주택 담보 대출 대상 부동산의 28퍼센트가 강제 압류되었다. 그로 인해 부동산 가치가 가파르게 하락했고, 강제 퇴거가 거침없이 진행된 탓에 그 직후 약 7만 8,000채의 건물이 비어 있는 채로 방치되었다.[31] 2014년에는 디트로이트 아동 인구의 약 60퍼센트가 빈곤선에도 못 미치는 삶을 살고 있었다. 이것은 미국의 다른 대도시보다 훨씬 더 높은 비율이었다.[32] 이 모든 문제가 쌓이면서 2013년 디트로이트 정부는 파산 신청을 하기에 이르렀고, 이는 미국 역사상 가장 큰 규모의 지방정부 파산 사태였다. 그 이후 공공서비스에 대한 재정 지원은 더 줄었고, 이는 주거지역에 제대로 작동하는 가로등이 점점 사라지고 수도 공급이 중단된 지역이 더 늘어난 것으로 입증되었다.[33]

이 모든 불운이 디트로이트의 백인, 흑인, 멕시코 이민자들의 몸에 동일한 영향을 미쳤을까? 그렇지 않다면 빈곤 상태로 살아가는 것이 이 세 공동체의 구성원들의 건강에 각각 어떤 영향을 미쳤을까? 빈곤 상태에 빠진 이들이 언제나 생리학적으로 가장 큰 손상을 입었을까?

나는 이 질문들에 답하기 위해서 건강한 환경 파트너십 Healthy Environments Partnership(HEP)과 협력해 두 차례 연구를 지휘했다. 두 연구에 학계 연구자들뿐 아니라 디트로이트 지역사회의 이해관계자들을 참여시켰다. 우리는 2008년 말과 2011년 사이에 실시된 HEP 설문조사 결과와 같은 기간에 실험 참가자로부터 수집한 혈액과 침 샘플을 비롯해 고혈압, 키, 몸무게 데이터를 통합해 정리했다. 스트레스 영향 척도 점수를 산정하는 데 필요한 폭넓은 실험실 검사와 측정을 의뢰했다. 또한 혈액 샘플에서 DNA를 추출해서 앞에서 설명했듯이 생물학적 나이를 평가하는 지표 중 하나인 텔로미어 길이를 측정했다.[34]

이 자료들을 통계적으로 분석하면서 디트로이트 모집단을 인종 및 민족으로 나누고 각 인종/민족 집단을 다시 공식적인 빈곤선을 기준으로 그보다 높은 생활수준으로 사는지, 그보다 낮은 생활수준으로 사는지에 따라 두 집단으로 나눴다. 디트로이트 모집단의 가난한 구성원들만을 대상으로 웨더링 지표를 살펴보았을 때는 세 인종/민족 집단 중에서 백인이 스트레스 영향 척도에서 가장 높은 점수를 기록했고 텔로미어가 짧은 편에 속했다. 빈곤선을 기준으로 상대적으로 부유한 집단에서는 백인의 스트레스 영향 척도 점수는 낮은 편이었고 텔로미어는 가장 길었다. 즉 세 인종/민족 집단 중에서 가장 웨더링을 덜 겪었다. 상대적으로 잘 사는 편에 속하는 백인에 비해 빈곤한 백인의 스트레스 영향 척도 점수가 더 높고 텔로미어가 더 짧은 것은 대다수의 예상과 일치하는 결과였다. 디트로이트의 흑인 집단은 가난한 흑인과 상대적으로 잘 사는 흑인 간 스트레스 영향 척도 점수가 크게 차이 나지 않았고, 텔로미어 길이도 통계적으로 유의미한 차이는 보이지 않았다. 달리 말하면, 웨더링을 텔로미어 길이로 측정했을 때 경제적 자원이 더 많다고 해서 디트로이트에 사는 흑인이 웨더링을 더 잘 피할 수 있었던 것은 아니었다. 또한 백인과는 달리 흑인의 경우에는 빈곤선을 기준으로 경제적 상류층과 하류층 간 스트레스 영향 척도 점수 차이도 거의 없었다.

디트로이트의 멕시코 이민자 집단에서는 빈곤선 아래 집단과 비교해 빈곤선 위 집단이 스트레스 영향 척도 점수가 살짝 더 높았다. 또한 디트로이트에 거주하는 가난한 멕시코 이민자들은 상대적으로 형편이 더 나은 멕시코 이민자보다 텔로미어가 더 길었다. 요컨대 디트로이트에서는 빈곤선 아래에 있는 멕시코 이민자들보다 빈곤선 위에 있는 멕시코 이민자들이 생물학적으로는 노화가 더 진행되었고, 웨더링을 더 많이 겪었다.

가난한 멕시코 이민자들이 경제적으로 더 여유 있는 멕시코 이민자보다 건강 상태가 오히려 양호하다는 결과는 대다수 사람들의 예상과는 달랐다. 그리고 전통적인 에이지워싱 상식에서 제시하는 것과 달리 흡연, 비만 둘 다 그런 차이를 설명하지 못했다.

우리 연구가 밝혀낸 결과들은 하나로 연결해서 검토했을 때에도 놀라운 시사점이 있다. 디트로이트 백인 집단에서는 소득이 증가하면 건강이 좋아진다. 디트로이트 흑인 집단에서는 소득이 증가해도 건강 상태가 그대로이거나 건강 상태에 차이가 생겨도 그 차이가 크지 않았다. 디트로이트 멕시코 이민자 집단에서는 오히려 소득 증가가 건강에 부정적인 영향을 미쳤다. 왜 이런 일이 생기는 걸까?

이런 결과를 두고 역설이라는 표현을 쓰기도 한다.

잃어버린 역설

겉으로 드러난 이런 역설은 타자화가 촉발하는 생심리사회적 스트레스 반응의 영향력을 진지하게 고려하면 이해할 수 있다. 소득이 증가하는 가구는 특정 특권과 서비스를 누릴 수 있는 기회가 많아지지만, 다른 한편으로 흑인 또는 멕시코 이민자가 상당히 많은 시간을 백인의 공간에 머물면서 신호를 예민하게 탐지해야 한다는 것을 의미한다. 요컨대 더 많은 시간을 실질적인 타자화 또는 타자화의 가능성에 촉각을 곤두세우면서 보내야 한다. 직접 관찰 결과를 토대로 실시한 연구에 대해 논의할 때 우리가 실시한 양적 연구도 함께 살펴보면 그런 논지가 훨씬 더 강화된다. 다행히 라틴계 분야 연구자 고故 에드나 비루엘-푸엔테스 Edna Viruell-Fuentes가 실시한 문화기술지 연구를 통해 우리는 디트로이트에서 타자화가 건강에 미치는 영향에 대한 질적 연구 증거를 찾을 수 있다. 멕시코 출신 이민자로 우리 학과에서 박사학위를 받은 비루엘-푸엔테스는 디트로이트에 거주하는 멕시코계 미국인을 대상으로 "참여 관찰" 연구를 실시했다. 그녀가 연구한 멕시코계 미국인들 중에는 이민자도 있었고, 미국에서 태어난 미국 시민권자도 있었다. 참여 관찰은 연구자가 일정 기간 지역사회에 들어가서 실시하는 연구 방법이다. 그동안 연구자는 지역사회의 신뢰를 얻고 그 집단의 일상활동과 관행을 밀접하게 관찰하고 그 활동과 관행에 참여하면서 친숙해진다.

디트로이트에 사는 멕시코 출신 이민자들과 이민 2세 여자들을 대상으로 인터뷰를 진행하면서 비루엘-푸엔테스는 이민 2세가 이민 1세인 부모보다 차별과 타자화 경험을 더 많이 했다는 일관된 증거를 찾았다. 비루엘-푸엔테스는 그 이유로 이민 1세대가 민족 집단 거주지역에 살면서 방어막 효과를 누린 반면, 이민 2세는 "'타자화'에 노출되는 경험에 더 자주, 지속적으로 노출되면서 그 경험이 누적"[35]되었기 때문이라고 설명했다. 그녀는 이민 2세가 "미국인 되기"에 미국의 인종 역학관계에 대해 배우고 해석하는 작업과 미국 사회의 위계질서에서 자신의 위치, 대개 낙인찍힌 낮은 지위를 파악하는 작업이 어떤 식으로 관여하는지 설명하는 것을 들었고, 그 과정을 직접 목격했다.

비루엘-푸엔테스는 디트로이트의 이민 2세가 이민 1세에 비해 주류 기관 및 제도와 더 정기적으로 접촉할 가능성이 높으며, 따라서 더 침습적이고 반복적인 타자화 경험에 노출된다는 사실을 발견했다. 디트로이트에 사는 이민 2세인 다이애나는 그런 경험을 이렇게 묘사한다.

고등학교와 대학교에 다닐 때, 그때가 제가 더 잘 느끼게 된 때에요. 그러니까 인종차별주의, 선입견 같은 거를요. (…) 제가 자격이 있다는 걸 입증해야 한다는 걸 늘 알고 있었어요. [그러나] [대학교에] 가서 [스페인어로] 말했을 때 어떤 사람들은 언짢아했어요. 그러니까, 한번은 친구와 이야기를 하고 있는데, 누가 저한테 와서, 그러니까 이렇게 말하는 거예요. "당신 말을 하나도 못 알아듣겠어요. 그렇게 스페인어로 말하는 거 정말 무례한 행동이에요." 그래서 저는 돌아보면서 그 사람에게 말했어요. "저를 아세요?" 그리고 그 사람은 이렇게 말했어요. "아니요." 그래서 말했죠. "저기, 미안하긴 한데, 저는 친구랑 이야기하고 있었거든요. 당신이 아니라. 당신에 대해 말한 것도 아니고, 그러니까 당신이 기분 나빠할 일이 아닌데요." (…) 아시겠지만, 저는 화가 났어요. 그래서 물었죠. "제가 왜 이런 걸 당신에게 설명하고 양해를 구해야 하는 거죠?"

더 나아가 이민 2세는 부모보다 낙인을 더 깊이 느끼면서 자랐다. 부모와는 달리 그들은 아주 어릴 때부터 그야말로 "미국인처럼 영어를 구사하는 법"을 배웠기 때문이다. 이런 조기 노출로 인해 이민 2세의 타자성에 대한 감각이 그들의 사회적 정체성의 핵심 요소가 된다. 많은 이민 2세가 학교가 자신들이 외부인이라는 사실을 매일 상기시키는 장소였다고 말했다. 디트로이트에서 나고 자란 멕시코계 미국인 록새나는 이렇게 말했다.

어느 시점까지는, 아시다시피, 당신 가족이 당신이 아는 사람의 전부예요. 당신의 집, 당신의 부모, 끝. 작은 세상이죠. 그리고 모든 것이 완벽하거나 괜찮아 보여요. 그러다 당신의 세상이 바깥 세상과 만날 때, 그때 충돌과 문제가 발생하죠. 우리[오빠들과 저] 세 명이 있었어요. 우리 세 명이 같이 학교에 갈 때면, 음, 마치 삼총사가 된 것 같았어요. 우리 셋이 나머지 사람들과 맞서 싸우는 거였으니까요.

이와 대조적으로 이민 1세는 두 세계가 충돌하는 공간에서 보내는 시간이 이민 2세만큼 많지 않았다. 비루엘-푸엔테스가 설명하듯이 디트로이트의 이민 1세는 이민 2세만큼 자주 자기의 사회적 정체성을 방어하거나 주장하지 않아도 되었다. 왜냐하면 "자신의 작은 친목 모임과 동네 안에서 멕시코에서 살던 삶의 많은 측면을 복제하고 재현할 수 있"었기 때문이다. 이민 1세대인 에르네스티나는 이렇게 설명했다.

> 여기는 모든 게 [멕시코와] 똑같아요. 여기 [이 동네에서는] 우리가 모두 멕시코에서 왔기 때문이라고 생각해요. 거기서 하던 걸 여기서도 똑같이 할 수 있어요. 파티를 하는 방법도, 음식도, 여가 시간을 보내는 것도 똑같아요. 모든 게, 모든 게 똑같아요.

비루엘-푸엔테스의 질적 연구의 관찰 결과들을 디트로이트에 사는 멕시코 이민자 후손의 건강에 관한 우리의 양적 연구 데이터 결과와 함께 검토하면 다음과 같은 그림이 그려진다. 이민자들이 미국에서 산 기간이 길어질수록, 그들은 이 새로운 맥락에서 자신의 사회적 정체성에 적용되는 인종화된 위계질서와 이데올로기를 더 잘 지각하게 된다. 이민자들의 아이들도 마찬가지다. 다만 그들은 훨씬 더 어린 나이부터 그에 대한 지각이 생긴다. 그런 사회화 과정을 통해 부모와 자녀 모두, 이를테면 그들이 불법체류자일 것이라는 의심 같은 그들을 겨냥한 프로파일링과 선입견의 생리학적 영향에 더 취약해진다. 통합 공간에서 이루어지는 일상적인 상호작용에서 그런 선입견과 고정관념을 헤쳐나가는 경험이 그들의 생리학적 스트레스 반응을 만성적으로 활성화할 수 있다. 비루엘-푸엔테스의 질적 연구 결과가 제시하듯이 그들이 자신이 타자화되고 있다는 것을 더 예리하게 자각할수록 그런 타자화가 건강에 미치는 부정적인 생심리사회적 영향이 더 커진다.

스트레스 영향 척도와 텔로미어 길이에 대해 우리 연구가 밝혀낸 바에 따르면 멕시코 이민자와 그들의 자녀는 교육을 더 많이 받고 소득이 더 증가해도 웨더링을 피할 수 없을 뿐 아니라 오히려 그로 인해 웨더링을 더 많이 당할 수도 있다. 스스로 더 "잘난" 사람이 되려고 노력하기 때문에, 그리고 그들의 학력과 소득이 높아지면서 들어갈 수 있게 된(들어가야만 하는) 공간에서 시간을 보내기 때문에 느끼는 스트레스는 사회경제적인 타격을 가한다.

내가 이것을 처음 직접 목격한 것은 내 아버지를 통해서였다.

7장　　　　　성공을 위해 애쓰다가
　　　　　　　　웨더링 당하기

───────────────

: 시스템에 맞서다가 노화되기

어린 시절 나와 언니들은 아버지가 퇴근하고 집에 돌아왔을 때 말을 걸면 안 된다고 배웠다. 아버지의 설명에 따르면 아버지는 "갑옷을 벗고" 나서야 우리와 대면할 준비가 되었다. 갑옷이라고? 나는 늘 의아했다. 아버지는 책상 앞에서, 실험대 앞에서 일했다. 실험 기술자를 감독하고, 세균을 배양하고, 현미경으로 들여다보면서 어떤 감염 항원이 환자를 아프게 만들고 어떤 항생제가 감염원을 물리치는지를 파악하고, 서류를 작성하고, 의사와 병원 행정 직원과 교류했다. 업무량이 많았고, 일부 환자에게는 생과 사가 걸린 문제이기도 했지만, 직접 몸으로 부딪치며 싸울 일은 없었다.

시간이 많이 지난 뒤에야 나는 수십 년에 걸친 트라우마가 지속적인 타자화와 중첩되어 정교한 방식으로 매일매일 아버지를 조금씩 갉아먹었다는 것을 이해할 수 있었다.

1800년대부터 1900년대 중반까지 이탈리아와 아일랜드 이민자들도 겪었듯이 동유럽 유대인이 처음 미국에 이민을 왔을 때는 비백인으로 분류되었다.[1] (앞서 당뇨병에 대해 살펴봤을 때 동유럽 유대인 이민자 집단이 아시아계나 몽골계로 취급되었다는 내용이 기억날 것이다. 때로는 지배문화에서 백인 권력층 집단 구성원에 의해 검둥이Negro로 취급받기도 했다.) 오늘날 모든 유대인을 교육을 많이 받은 부유층으로 인식하는 경향이 있는 많은 미국인으로서는 내 아버지와 조부모가 겪은 문화적 억압이 얼마나 심하고 위협적이었는지 이해하기 힘들 것이다. 유대계 미국인이 백인성이라고 알려진 특권 공간으로 초대받은 것은 20세기 후반에 들어서야 일어난 일이다. 그래서 현재는 유대계 미국인이라고 사람들이 말할 때 유대계 흑인과 노동계급 유대계 미국인은 삭제되거나 소외되었다고 느낄 정도가 되었다. 그러나 노동계급 동유럽 이민자였던 내 아버지 세대가 경험한 현실은 지금과 달랐다. 내 부모는 모두 유대계 미국인 역사에서 전환기에 해당하는 시대를 살았다. 당시에 동유럽 유대인은 평생에 걸쳐 자신이 속한 집단에 대한 인종화가 변하는 것을 지켜봤다. 그러나 그런 전환기에 부모가 겪은 반反유대주의와 타자화 경험은 두 사람 모두에게 영향을 미쳤다.

아버지는 제1차 세계대전이 발발하기 전, 이디시어를 쓰는 브루클린의 이민자 밀집지역에서 자랐다. 아버지의 부모는 자신의 가족과 지역사회가 입에도 담을 수 없을 정도로 끔찍하게 학살당하는 것을 목격한 뒤 러시아의 끔찍한 집단학살을 피해 도피했다. 러시아의 반유대주의 압제자의 손에 많은 이들이 잔인하고, 고통스럽게 살해당했다. 아이들을 줄줄이 매달고 아슬아슬하게 총격을 피한 내 아버지의 20대 부모는 1900년대 초에 미국에 도착했다. 조부모가 러시아에서 어떤 일을 겪었는지 나는 구체적인 내용은 잘 모른다. 그러나 버비bubby(할머니)가 내게 들려준 이야기들조차 끔찍했다.

아버지는 1918년 스페인 독감이 창궐하던 시기에 태어났다. 아버지는 8남매 중 막내였다. 8남매 중 한 명은 태어나자마자 죽었고, 또 다른 한 명도 아주 어릴 때 죽었다. 아버지는 어린 두 아들의 죽음과 러시아에 남았던 할머니 부모가 끝내 학살당한 사건이 할머니에게 얼마나 깊은 상처를 남겼는지 우리에게 알려주었다. 할머니는 부모의 사망 소식을 편지로 전해들었다. 겨우 걸음마를 시작한 아버지는 편지를 읽은 자신의 엄마가 우는 소리를 너무 자주 들은 나머지 편지를 배달하는 우편배달부를 깨물기도 했다. 아버지는 할머니가 자신의 유년기 내내 과도한 보호본능을 보인 것이 아버지도 잃을지 모른다는 절박한 불안감에서 비롯되었다고 생각했다. 할머니가 아주 근거 없이 불안에 떨었던 것도 아니었다. 아버지는 어릴 때 디프테리아에 걸려 심하게 아픈 적이 있다. 감염병인 디프테리아에 걸린 환자는 종종 죽기도 하고, 증상이 워낙 심해서 "아이들을 질식사시키는 천사"라는 별칭이 붙을 정도였다. 당시에는 디프테리아를 예방하는 백신이나 치료하는 항생제가 없었다.

아버지의 사회경제적 지위의 "상향 사회이동"은 대학에 진학하면서 시작되었다. 동유럽 유대인 이민자 집단에서 대학에 진학한 첫 세대인 아버지는 자신이 사는 브루클린의 다세대주택에서 맨해튼 업타운에 있는 뉴욕시립대학교까지 편도 90분이 걸리는 거리를 지하철을 타고 통학했다. 제2차 세계대전에 참전한 뒤에 대학원에 진학했고, 고학력 전문직 무리에 합류했다. 최종적으로는 보스턴에 있는 하버드의학대학원 연계 병원의 세균학 실험실 부장직에 임명되었다. 자신의 부모에 비하면 사회이동에 성공했고, 백인 특권을 획득했다. 의문의 여지가 없다. (아버지가 대학 교육을 받을 수 있었던 이유는 뉴욕시립대학교가 있었기 때문이라는 점에 주목할 필요가 있다. 뉴욕시립대학교는 미국에서 무상 교육을 제공한 첫 공립학교이며, 아버지는 제대군인 호원법이 규정한 금전적 지원을 받으면서 대학원 학위를 땄다. 제대군인 호원법은 일종의 정부 지원금에 관한 법으로 아버지의 형들은 이 법의 혜택을 받지 못했다. 형들은 아버지보다 나이가 각각 열여섯 살, 열네 살 더 많았기 때문에 제2차 세계대전이 터졌을 때 징집 대상이 아니었다. 또한 많은 여성과 흑인은 참전을 했다 하더라도 지원 대상이 아니었다.) 따라서 아버지는 동유럽 유대인 이민자 집단에서 "백인이 된" 첫 세대 중 한 명이었다. 그러나 고학력 전문직 백인 남성으로 살아가는 것만으로는 노동계급 동유럽 유대인 이민자 가족 출신이라는 낙인을 지우기에 충분하지 않았다. 아버지의 대학교 동기 줄리어스 로젠버그Julius Rosenberg가 1953년 간첩혐의로 기소되고 교수형을 당하면서 공산주의 학교로 낙인이 찍힌, 기숙사가 없는 공립 통학 대학교 출신이라는 점도 불리하게 작용했다(아버지는 줄리어스 로젠버그와 일면식도 없는 사이였다). 매카시 시대에 오로지 로젠버그와 같은 해에 뉴욕시립대학교를 졸업했다는 이유로 아버지를 포함해 4,000명 이상의 뉴욕시립대학교 졸업생이 고용시장 블랙리스트에 올랐다.

 대학원을 졸업한 뒤 아버지는 전문직 지위를 얻은 덕분에 중상층 소득과 생활방식을 누릴 수 있었지만, 어린 시절 인격형성기에 경험한 억압받는 사회적 정체성 관련 부정적인 경험들을 떨쳐낼 수는 없었다. 아버지는 주중에는 "피부색이 옅은" 유대계 미국인뿐 아니라 보스턴 브라민*과도 섞여 지냈다. "피부색이 옅은" 유대계 미국인은 서유럽에서 와서 백인에 동화된 중산층 내

---

* Boston Brahmins. 최상위 백인 특권층을 말한다.

지 부유층 가문 출신을 가리켰다. 이 가문들은 아버지의 가족보다 약 50~100년 전에 미국으로 왔고, 러시아 유대인 마을에서 폭력과 박해를 견디다 못해 미국으로 망명한 아버지의 가족과 달리 미국이 자신들의 부를 증식시킬 수 있는 기회의 땅이라는 이유로 이주했다.

이것은 조금 다른 이야기지만, 많은 사람이 20세기 초반에 유대인 이민자 사이에서도 이민 시기와 출신 지역에 따른 "색차별주의"colorism가 존재했다는 사실을 미처 모르고 있을 수도 있다. 그러나 그런 차별이 존재했고, 매우 노골적이기도 했다. 특히 내 아버지 세대에서 그런 차별이 심했다. 당시는 아일랜드와 남유럽 출신 가톨릭교도 이민 1세대와 더불어 동유럽 출신 노동계급 유대인 아이들이 중상층에 합류하기 위해 여전히 고군분투하던 시절이었다. 앞서 서유럽인들의 이민 물결을 타고 미국으로 온 유대인들은 이미 중상층이었다. 노동계급 동유럽 출신 유대인 이민자들은 상향 사회이동을 이루기 전까지는 아시아계 또는 동양계로 인종화되었다. 중국 이민자들이 규탄당하고 중국인배척법Chinese Exclusion Act으로 차별당하던 시절이었다. 일부 지역에서는 동유럽 유대인들에 대해 "관습, 신체 특징, 성향으로 보면 본질적으로 검둥이Negro나 마찬가지"라고 묘사하기도 했다.² 반면 더 많이 동화된 부유한 유대인들은 서구인 내지 유럽인으로 분류되었고, 심지어 동유럽 유대인 이민 물결이 시작되기 전인 1800년대 중반에는 아주 잠시나마 게르만계 아리아인으로 분류되기도 했다. 게르만계 아리아인은 우생학 운동기에 인종 계급 분류체계에서 최상위 계층으로 알려진 집단이었다.³

현재는 간단하게 유대계, 때로는 백인이라고도 불리는 여러 집단 중에서 이렇듯 명백하고 부당하게 낙인찍힌 사회적 정체성이 20세기 초반에는 특히 청교도 엘리트층에서 널리 받아들여지고 있었다. 예를 들어 하버드대학교에 입학하는 유대인의 비율을 제한하려고 노력한 하버드대학교 학장 로웰Lowell(1909~1933년 학장 역임)은 "더 나은 유대인 집단"(독일 출신)과 "천한 유대인"(동유럽 출신)을 뚜렷하게 구별했다. 또한 청교도 엘리트층 사이에서 자신들의 지위를 유지하기 위해 더 많이 동화된 부유한 유대계 미국인은 종종 최선을 다해 농유럽 유대인 망명자들과 거리를 뒀다. 예를 들어 엘리트 대학교 입학처에서 반유대주의적인 태도를 보이는 것을 다룬 책에서 저자 제롬 캐러벨Jerome Karabel은 로웰 학장이 하버드대학교의 "유대인 문제"를 해결하려고 애쓰던 바로 그 시기에 다트머스대학교 유대계 동창회는 다트머스대학교가 "브루클린이나 플랫부시 무리가 아니라 오직 더 나은 유대인들만" 입학시키는 것에 (집단 이기주의적) 만족감을 표했다.[4]

내 어린 시절로 돌아가서. 내가 자란 매사추세츠주 근교 마을에서는 이디시어가 모국어이고 브루클린에서 자란 고학력 아버지가 말 그대로 집에 있을 때조차 집에 온 것 같은 편안함을 느낄 수 없었다. 아버지는 화이트칼라로 일하는 동안 인지적·정서적으로 자신의 사회적 정체성을 적극적으로 관리했다. "이디시어로 생각하면서 영국 신사처럼 행동했다." 동유럽 유대인의 상황에 따른 언어 바꾸기였다. 아버지는 자신이 노동계급 동유럽 유대인 이민자 출신이라는 사실 또는 뉴욕시립대학교 출신이라는 사실이 드러나서 낙인찍히거나 명예가 훼손되거나 모욕당할 가능성을 늘 경계했다. 다른 전문직 남성들은 아이비리그 출신이었고, 브룩스 브라더스Brooks Brothers 양복을 입었고, 청교도 엘리트층 출신 정치인 엔디콧 피보디Endicott Peabody처럼 말했지만, 아버지는 노동계급 동유럽 유대인 이민자 출신 정치인 버니 샌더스Bernie Sanders처럼 말했고, 버니 샌더스와 헤어스타일도 똑같았다. 이런 사회적 정체성 차이로 인해 아버지는 매일 심리사회적 전투를 각오하고 일터로 나갔다. 아버지는 영화《사랑의 블랙홀》Groundhog Day의 시나리오처럼 자신의 존재가치를 매일매일 새롭게 반복해서 증명해야 한다고 느꼈다. 아버지는 단 한순간도 경계 태세를 늦추지 않았다.

이제 나는 어린 시절 아버지가 말한 "갑옷"이 무엇인지 이해한다. 그것은 일터에서 자신의 사회적 정체성을 관리하면서, 의사나 병원 상급 행정직원과 교류할 때 위험인물로 낙인찍힐까 봐 늘 스스로를 방어하면서 느끼는 무거운 심리적 압박감이었다. 미국 특권층의 일원으로 사회경제적 지위가 상승했음에도 아버지는 자신의 노동 환경에서 타자화되지 않도록 끊임없이 촉각을 곤두세운 채 업무를 수행해야만 했다. 아버지가 남의 시선을 의식하면서 쉬지 않고 자신의 사회경제적 지위에 걸맞은 겉모습을 유지하기 위해 애썼다는 사실은 아버지가 만성적인 생리학적 스트레스 반응에 장기적으로 노출되었다는 것을 암시한다.

아버지는 육십대에 유육종증sarcoidosis으로 죽었다. 유육종증은 염증질환으로 폐와 심장을 비롯해 여러 신체 장기에 영향을 미친다. 아버지의 부검을 진행한 의사는 내게 아버지의 폐, 심장, 췌장, 뇌의 손상 정도가 매우 심해서 아마도 수십 년 동안 진단받지 못한 채로 지내서 제때 치료받지 못한 것 같다고 설명했다. 또한 아버지의 필수 장기들이 그토록 크게 손상된 것으로 볼 때 아버지가 마지막까지 똑바로 서서 걸어다닐 수 있었다는 것이 놀랍다고 말했다. 아버지의 몸은 죽기 몇 년 전부터 이미 한 피스만 빼면 와르르 무너질 젠가 탑과도 같았던 것이다.

이런 내용은 아버지의 공식적인 사인에는 전혀 나오지 않지만, 아버지의 이른 죽음이 어린 시절의 트라우마와 더불어 끊임없이 사회적 압박을 받은 결과, 즉 웨더링의 결과라고 어렵지 않게 추론할 수 있다. 또한 아버지는 자신의 웨더링뿐 아니라 웨더링의 세대 대물림도 견뎌내야 했다. 웨더링은 아버지의 가족에서 아버지로 대물림되었고, 그 지난한 싸움은 러시아의 유대인 마을에서 시작되어 아버지의 가족이 러시아의 집단학살을 피해 미국으로 도피해 가난한 이민자로 도심 빈민가 노동계급의 고된 삶에 정착한 뒤에도 계속되었다. 인종 학살의 대상이 되고, 어린 두 아들을 잃고, 부모가 학살당하는 경험이 아버지의 엄마를 우울증으로 몰아넣었고, 막내아들의 건강에 대한 깊은 불안에 시달리게 했다.

현대적인 표현으로는 아버지가 불우한 아동기 경험adverse childhood experience(ACE)에 영향을 받았다고 추론할 것이다. ACE는 아동기 이후 성인기 건강 악화와 관련이 있는 트라우마다.[5] ACE의 예시로는 가족과의 사별이나 가족의 수감, 우울증, 주 보호자의 우울증, 장기간 지속된 기아 상태, 방치나 학대 등이 있다. 오늘날 과학자들은 뇌 발달에 중요한 시기에 ACE에 노출되면 뇌 구조가 영향을 받아서 생리학적 스트레스 반응의 한계점이 영원히 낮아진다(즉 스트레스 반응이 더 쉽게 촉발된다)는 증거를 발견했다.[6] 이와 유사한 불우한 상황 속에서 살아가야 하는 한 이런 낮아진 한계점 논리를 적용할 수 있다. 그러나 당신이 실제로 직면한 역경이 당신이 태어난 상황과는 완전히 다른 것이라면 어떤 일이 벌어질까?

당신의 뇌 구조가 ACE가 난무하는 세계에 맞춰 조정되어 있다고 상상해보라. 그런데 점점 자라면서 당신의 뇌가 대비한 위협이나 스트레스 인자가 전무한 환경에 들어서게 되었다고 해보자. 특권과 안전함이 보장되는 삶에 의해 형성된 스트레스 반응의 신경학적 한계점을 지닌 공동체의 구성원들과 같은 학교를 다니거나 함께 일하거나 옆집에 산다고 해보자. 위협으로 느껴지는 자극에 대해 날카롭게 반응하면 무례하다거나 예민하다거나 성질머리가 더럽다거나 문제아라거나 나약하다는 평가를 받을 것이다. 특권층인 반 친구들이나 직장동료들이나 이웃들은 예의 바르게 침착함을 유지한 스스로를 칭찬하면서 우월감을 느낄 것이다. 도발적인 말을 내뱉었다는 사실은 없었던 일이 되고, 더 나쁘게는 자신의 예의 바른 대화의 내용이 실제로는 인종을 의식하는 사람의 귀에는 도발로 들릴 수 있다는 사실을 깨닫지 못한 채 그 상황을 만족스럽게 넘길 것이다. 그들은 당신의 뇌와 몸이 위협으로 가득한 세상에 반응하도록 적응했다는 것, 당신이 끊임없는 경계 태세를 유지하도록 단련되었다는 것을 이해하지 못할 것이다. 특권층이 예의 바르게 행동할 때, 그것만으로는 그들이 인종차별주의적인 관념을 표출하지 않았다고 말할 수 없다는 것을 당신이 알고 있다는 사실도 모를 것이다. 이것이 내 아버지가 성인이 되어 경험한 삶인 것으로 보인다. 아버지는 아마도 생리학적 스트레스 반응이 영원히 지속되는 또는 쉽게 고조되는 상태로 살았을 것이고, 그런 스트레스 반응은 웨더링 작용을 통해 서서히 아버지의 몸을 마모시켰을 것이다.

아버지는 고등교육을 받음으로써 실질적인 물질적 혜택과 특권을 부여받았다. 그것은 중요한 보상이었고, 그 덕분에 나와 언니들은 어느 정도 경제적 안정성과 어린 시절의 아버지에게는 주어지지 않았던 기회를 받았다. 그러나 이것만으로는 아버지의 어린 시절 그리고 대물림된 트라우마를 치유하거나 아버지의 이른 죽음으로 이어진 생리학적 손상을 막기에는 역부족이었다.

나의 갑옷: 이민 2세가 겪은 타자화

아버지의 말을 있는 그대로 받아들이기는 했지만, 아버지가 왜 일터에서 갑옷을 입는다는 은유를 선택했는지 그 이유는 개인적으로 잘 다가오지 않았다. 나 자신의 사회적 정체성의 부산물로 타자화되는 경험을 몸소 겪기 전까지는 그랬다. 내 사회적 정체성은 피부색 구분선에서 백인 쪽에 속할 수 있도록 태어난 유대계 미국인 1세대 여자 구성원이다. 그런 정체성 덕분에 나는 아버지가 내 나이일 때는 접근권이 없었던 특권층 공간에 대한 더 큰 접근권을 부여받았다. 그러나 그 접근권으로 인해 나는 아버지가 직장에서 느꼈던 것과 유사한 압박감에 노출되었다. 나는 문화적 다양성을 늘리기 위한 의식적인 노력의 일환으로 프린스턴대학교가 여학생도 받기 시작한 초창기에 입학했다. 공립학교를 졸업한 소외집단 출신 여학생인 나는 고고한 와스프WASP* 전통과 부를 물려받았고 수 세기 동안 테스토스테론에 절여진 왕국

---

* White Anglo-Saxon Protestant. 백인 앵글로-색슨 개신교도를 말한다.

에서 살아남기 위해 애써야 했다. 나는 공부를 잘했고, 성실했고, 심지어 대물림된 생활의 지혜도 한 방울 있었다. 그러나 당시 프린스턴대학교에서 통하는 화폐는 오로지 전통 있는 부유한 엘리트 가문의 지혜였다.

프린스턴대학교에 입학할 때 나는 순진하게도 프린스턴대학교의 명성이 전적으로 학문적 우수성에 근거한 것이라고 믿었다. 다행히 프린스턴대학교는 학문적으로 충분히 우수해서 내 주의를 분산시켰고, 또한 나는 어느 정도 학문적으로 인정도 받을 수 있었다. 내 학자로서의 커리어의 상당 부분은 프린스턴대학교에서의 학술 경험에서 비롯되었다고 해도 과언이 아니다. 그러나 나는 또한 입학 첫날부터 APE, 즉 불우한 프린스턴 경험adverse Princeton experiences으로 고통받았다.

분명히 말해두지만, 프린스턴대학교에서 내가 겪은 불편한 경험들이 결코 미국사에서 유색인종이 경험한 인종차별주의 또는 계급주의에 비견할 만하다고 말하는 게 아니다. 여기서 내 경험을 이야기하는 이유는 오직 그 경험이 내게 문화적으로 억압받는 집단의 구성원들이 자신들을 염두에 두고 만들어진 것이 아닌 세계에 들어설 때 저절로 의지하게 되는 고부담 심리사회적 대응 기제에 대한 개인적인 통찰을 어느 정도 제공했기 때문이다. 근본적으로 백인우월주의적, 인종차별주의적 사회에 있는 흑인에게는 그런 경험이 첫날부터 일상의 많은 측면에 스며든다. 내 시대에 프린스턴대학교는 분명히 나 또는 나와 같은 사람들을 위해 만들어진 세계가 아니었지만, 내가 헤쳐나간 다른 많은 장소들도 크게 다르지 않았고, 내가 영구적인 경계 상태로 매일매일을 살아나간 것도 결코 아니었다.

그럼에도 불구하고 경각심이 높아질 때가 많았고, 그런 경각심은 프린스턴대학교에서의 시간이 시작된 그때, 기숙사의 다른 여학생 중 한 명의 부모를 만났을 때 시동이 걸렸다. 그 여학생은 부모 세대도 프린스턴대학교 출신이었고, 그들이 자신들의 딸이 (다윗의 별 목걸이를 한) 나 같은 사람과 기숙사에서 함께 살게 될 거라는 사실을 깨달은 순간 경악하는 표정을 짓는 것을 보았다. 나는 그들이 나를 가리켜 "그 유대인 소녀"라고 말하는 것을 엿들었다. 나는 입학처에서 합격 편지를 받았다고 해서 프린스턴 공동체로부터도 합격을 보장받는 건 아니라는 사실을 이해하기 시작했다. 또 다른 룸메이트는 맨해튼 어퍼이스트사이드 출신으로, 유서 깊은 부호 가문 출신이었다. 그녀는 자신이 뛰어난 사회의식을 지니고 있고 검소한 사람이라는 것을 알리고자 우리가 나눈 첫 대화에서 자신은 부모가 자신의 사교계 데뷔 파티 드레스에 1,000달러(2022년 가치로 환산하면 약 6,000달러 정도) 이상은 쓰지 못하게 했다고 자랑하면서 "한 번밖에 입지 않을 드레스에 그 이상 쓰는 꼴은 두고 볼 수 없었"기 때문이라고 덧붙였다. 나는 사교계 데뷔 파티가 뭔지 몰랐다. 내 옷장에서 가장 좋은 옷은 그 전해에 아울렛 파일린스 베이스먼트에서 5달러(2022년 가치로 환산하면 약 25달러 정도)를 주고 산 드레스였다. 또 다른 비교 대상을 제시하자면, 당시 1,000달러는 프린스턴대학교 1년 등록금의 3분의 1에 해당하는 금액이었다. 나는 나만 모르는 감춰진 사교 교과과정이 있는 것 같다는 불안감에 늘 시달렸다. 프린스턴의 지배문화가 규정하는 행동양식이나 사교 검열을 통과하는 법에 관한 메모를 나만 받지 못한 건 아닌지 걱정이 되었다. 예를 들어 학교 식당은 오후 5시에 문을 열었다. 그러나 저녁 7시

이전에 식사를 하면 그것은 교양이 없다는 확실한 증거였기 때문에 조롱거리가 되었다.

우리는 누구나 『오즈의 마법사』Wizard of Oz의 도로시가 그랬듯이 자신만의 "토토, 우리 더 이상 캔자스에 있는 게 아닌 거 같아" 순간을 경험한다. 때로는 무지개 너머로 날아가 처음으로 총천연색을 보게 된다. 때로는 전장에 뚝 떨어진다. 때로는 홀로그램 안에서 새로운 광경이 펼쳐진 것에 숨이 멎을 정도로 흥분하면서도 동시에 절벽에서 떨어질 것 같은 불안감에 시달린다. 내게는 프린스턴대학교가 그런 홀로그램이었다.

나는 여학생, 유색인종 학생, 공립학교 졸업생을 환영하는 곳이라는 프린스턴대학교의 입학 설명 자료집의 홍보 문구가 일종의 지향점이라는 사실을 곧 알게 되었다. 프린스턴대학교에서 나보다 이삼 년 전에 입학한 첫 남녀공학 학번의 여학생 한 명 한 명에게 재봉틀을 지급했다는 이야기를 들었을 때, 의도는 아마도 선했겠지만 방향성이 잘못된 그런 환영의 의사 표시를 했다는 사실에 내 불안감은 전혀 해소되지 않았다. 다만 대학 측에서 여성을 어떻게 바라보는지는 확실히 알 수 있었다(그리고 재봉공장 노동자의 손녀인 내게는 재봉틀을 지급한 것이 특히 이상하게 느껴졌다).

실제로 1970년대 프린스턴대학교에서는 남녀공학으로 전환한 것에 적극적으로 반기를 든 목소리도 있었다. 한 열성적인 동창 모임은 학교가 다양성을 늘리는 것에 대한 시위의 일종으로 '우려하는 프린스턴 동창회'Concerned Alumni of Princeton(CAP)를 결성했다. CAP의 공동 설립자이자 이사, 그리고 CAP가 발행한 잡지 『프로스펙트』Prospect의 편집자 T. 하딩 존스T. Harding

Jones(72년도 졸업생)는 내가 프린스턴대학교에 입학한 그해에 『뉴욕타임스』 논평에서 "남녀공학은 지금까지 지켜온 신비주의와 동지애를 망쳤다. 지금 프린스턴은 일시적인 유행의 유혹에 넘어갔다. 나는 이것이 매우 불행한 선택이었음이 곧 밝혀질 것이라고 믿는다"라는 의견을 피력했다.[7] 내가 보기에 T. 하딩 존스도 자신이 더 이상 캔자스에 있는 게 아닌 것 같다는 생각에 불안해졌던 것 같다. 프린스턴대학교는 더 이상 그에게 "안전한 공간"이 아니었다. T. 하딩 존스의 눈에는 프린스턴이 무지개 연합이 아니라 전장이 되었다.

그 상징적인 전장에서 나는 기숙사를 나와 강의실로, 학교 식당으로, 연례 트라이앵글 쇼 연습공연 장소로 걸어갈 때 종종 나도 모르게 내 "갑옷"을 입었다. 트라이앵글 클럽은 1880년대에 결성된 학부생 뮤지컬 코미디 극단이다. 잔디밭에서 프리스비를 던지며 노는 동료 학생들이 CAP 모자, CAP 티셔츠, 심지어 "프린스턴대학교를 예전으로 돌려놔라"라고 적힌 CAP 배지 등 CAP 용품을 지니고 있는 것만 봐도 곧장 경각심이 발동되었다. 나는 남의 눈치를 보지 않고 내가 프린스턴대학교에 내 자리를 정당하게 주장할 자격이 있다는 생각을 해도 괜찮다고 판단되는 상황에서만 갑옷을 벗을 수 있었다. 내가 제임스 맥퍼슨James MacPherson과 같은 교수에게 영감을 받아서 수업에 아주 적극적으로 참여하는 미국사 강의실이나 흥미진진하고 정교한 강의가 내 뇌를 새로운 차원의 사고를 하도록 자극하는 셸든 월린 교수님의 정치이론 강의실, 내가 내 의지로 나와 같은 외부인과 함께 앉을 수 있는 학교 식당이 그런 공간이었다. 자격 없는 불청객, 타자라는 내 사회적 정체성이 우선적으로 고려되는 상황에서는 다시 갑옷을 입고 있었다.

트라이앵글 클럽에 들어가서 무대에 서는 것은 즐거운 과외 활동이어야 했다. 내게는 그런 활동이었다. 가끔은. 그러나 그곳에서 나는 자동적으로 경계 태세로 돌입한 채 대부분의 시간을 보냈다. 내게 엘리트층의 지혜가 있었다면 트라이앵글 클럽이 실은 연극 모임이 아니며, 클럽이라는 명칭을 쓴다는 자체가 사교적 측면이 중요한 모임이라는 사실을 알아차렸을지도 모른다. 나는 트라이앵글 클럽의 이사회가 부유한 백인 남성 동문으로 구성되어 있다는 것을 잘 알고 있었다. 그들은 프린스턴대학교가 흑인이나 여자를 학생으로 받아들이기 전, 1년에 유대계에 할당되는 11명의 합격생은 내 조부모와 같은 동유럽 정치 망명 난민이 아니라 오로지 독일 사업가 이민자의 후손인 "더 나은 유대인" 중에서 선발되던 시절에 프린스턴대학교를 다녔던 사람들이었다. 그 남자들 중에 CAP 회원이 있는지 없는지는 알 수 없었지만, 그중 몇몇은 CAP 회원일 거라고 생각하는 게 당연히 합리적인 추론이었다. 따라서 나는 이사회와 한 공간에 있게 될 때마다 자동적으로 나의 갑옷 속으로 깊이 숨어들었다. 내가 극단에 들어갔을 때는 당연히 남녀 모두를 회원으로 받았지만, 여전히 부유한 프린스턴 백인 남학생 전통이 깊이 뿌리내리고 있었다. F. 스콧 피츠제럴드F. Scott Fitzgerald와 지미 스튜어트Jimmy Stewart와 같이 트라이앵글 클럽 출신 유명인들이 활동하던 "좋았던 옛 시절"의 쇼를 답습하느라 모든 쇼의 대표곡에는 여장을 한 남자 배우들로 이루어진 코러스 라인을 등장시켰다. 나로서는 내가 그들과 어떻게 어울려야 할지, 또는 내가 그곳에 어울리는 사람인지 고민하지 않을 수 없었다.

젊은 나이에 죽은 아이비리그 대학교 흑인 졸업생

2020년 여름, 나는 프린스턴대학교 동기들 중 11명이 그 전해에 사망했다는 소식을 들었다. 그중 3명은 흑인 남성이었다. 내가 입학했을 때 전체 입학생 중 흑인 남학생의 비중은 3.4퍼센트에 불과했다. 죽은 3명의 이름은 각각 로널드 섀퍼슨Ronald Shepperson, 스탠리 리브스Stanley Reeves, 크리슈나 싱고Krishna Singho다. 그때까지 동기 1,124명 중 약 6퍼센트에 해당하는 73명만이 죽었다. 그런데 동기 중에서 흑인 남성은 32퍼센트가 이미 사망했다. 3명 중 1명 이상이 죽었다는 얘기다. 백인 남자 동기들에 비해 사망자 비율이 5배 이상 높다. 흑인 여자 동기는 현재까지 12퍼센트가 사망했고, 이것은 백인 여자 동기의 사망자 비율보다 4배 더 높다. 백인 남자 동기 중에 사망한 이들은 주로 갑작스럽게 사고를 당해 죽었고, 서너 명은 에이즈에 걸려 죽었다. (우리 세대는 HIV의 기습공격을 받은 세대다. 마땅한 치료제가 없는 상태에서 에이즈는 누구에게나 치명적인 병이었다.) 이와 극명하게 대비되는 것은 유색인종인 여자와 남자 동기 중에 사망한 이들은 압도적인 비율로 웨더링이 관여하는 심혈관질환, 자가면역질환, 암으로 죽었다는 점이다. 과연 이것이 단순한 우연이라고 할 수 있을까?

그해 죽은 흑인 동기 세 명의 사망원인은 다음과 같다고 했다. 스탠리는 "암에 맞서 용감하게 싸우다" 죽었다. 론은 "대장암과 기나긴 싸움에서 졌다." 크리슈나는 다발성골수종으로 죽었다. 다발성골수종은 면역체계를 망가뜨리는 혈액암의 일종이다. 미국에서 흑인 남성은 백인 남성에 비해 대장암에 걸리는 비율이 더 높고, 더 이른 나이에 대장암으로 죽는다. 오스카상을 수상한 배우 채드윅 보즈먼Chadwick Boseman은 2020년 43세의 나이에 대장암으로 사망했다. 반인종차별주의 공공지식인 이브럼 X. 켄디Ibram X. Kendi는 36세에 4기 대장암 진단을 받았다. 최신 연구는 흑인 청년에서 대장암 발병 비율이 지나치게 높은 이유는 대장 오른편 내벽 세포의 후성유전적 조기 노화와 관련이 있는 것으로 보고 있다. 백인 남성의 동일 부위 세포는 그렇게 빨리 노화하지 않는다.[8] 흑인 남성은 또한 백인 남성에 비해 다발성골수종 발병률이 2배 더 높고, 더 이른 나이에 발병한다.[9] 내 동기 크리슈나 싱고는 50세에 다발성골수종 진단을 받았는데, 이 암을 진단받는 것은 주로 노인이다.

이 세 명은 프린스턴대학교 졸업생이었을 뿐 아니라 세 명 모두 크게 성공한 전문가였다. 로널드 섀퍼슨은 의학대학원에 진학해 한 의료센터의 마취과 과장이 되었다. 스탠리 리브스는 하버드 법학대학원을 졸업한 뒤 맨해튼의 엘리트 로펌에서 수년간 일했다. 크리슈나 싱고는 법무부에서 일했고, 수많은 상과 훈장을 받았다. 세 사람은 인생 후반에 투지, 특권, 영향력을 지녔을 것이라고 짐작할 수 있다. 세 사람의 부고 기사는 하나같이 그들이 훌륭한 사람이었다고 묘사했다.

이 남자들은 왜 60대 초반에 세상을 떠났을까? 같은 사회적 계급, 같은 연령대 백인 남성의 기대수명은 92세다. 학력과 소득 수준을 고려하지 않았을 때 같은 연령대의 미국 흑인 남성의 평균 기대수명은 70대 후반이다. 이것은 물론 우연일 수는 있다. 그러나 우리 동기 중에서 조기 사망한 사람 중에 흑인 남성의 비율이 과도하게 높다는 사실은, 우리와 같은 또래 예일대학교 졸업생에게서도 이와 유사한 비율로 나타난다는 사실을 고려하면 우연이 아니라고 봐야 할 것이다.[10] 그들이 심한 웨더링을 당했기 때문에 조기 사망했다는 설명이 더 설득력 있다. 그들은 내 아버지와 마찬가지로 성인기의 대부분을 심리사회적 갑옷을 입은 채로 보냈다.

특히 크리슈나는 아주 잘 동화되었고, 대학을 다닐 때에도 우리 동기 중에 특히 눈에 띄는 학생이었다. 나는 크리슈나의 따뜻한 미소와 그가 아름다운 목소리로 노래하던 모습을 기억한다. 당시 다른 흑인 학부생에 비해 크리슈나는 프린스턴 캠퍼스의 "상류층 사교계"에 더 자주 머물렀다. 크리슈나는 프린스턴대학교를 대표하는 유명한 동아리 타이거톤스의 입단 테스트를 받았고 합격했다. 타이거톤스는 남학생으로만 이루어진 프레피족* 아카펠라 그룹이었다. 또한 크리슈나는 유색인종은 거의 초대하지 않는 상류 식사 모임의 지목을 받아 그 모임의 일원이 되었다. 그런데 크리슈나는 평생 프린스턴대학교에서 가까운 곳에 살았음에도 불구하고 (졸업 후 40번 열린) 동창 모임에는 단 한 번 참석했다. 크리슈나와 같은 사교계에 속해 있으면서 가까운 곳에 사는 다른 동문들은 매년 참석했다. 크리슈나의 사망 소식을 전한 동문 위원들조차도 그가 "의외로 동문 모임이나 다른 학교 행사에 거의 나타나질 않았다"고 지적했다. 자연히 궁금해진다. 크리슈나는 뭔가를 피하고 있었던 걸까? 누가 봐도 성공적인 대학

---

* preppies. 미국 북동부 아이비리그 대학교에 많은 학생들을 보내는 대입 예비학교 preparatory school를 줄여서 보통 프렙스쿨prep school이라 부르고, 이들 학교를 다니는 학생 또는 졸업생을 프레피족이라고 한다. 프렙스쿨은 대부분 학비가 비싼 명문 사립고등학교이므로 프레피족은 상류층 집안의 자제를 의미하기도 한다.

생활을 한 그에게도 프린스턴에서 시간을 보내는 것이 스트레스였던 걸까? 프린스턴대학교의 최상류층에 동화된 것이 그를 너무나 많은 타자화 경험에 노출시켜서 오히려 대학교 졸업 이후에는 그런 경험을 피하기로 한 걸까?

맨해튼 엘리트 로펌 변호사였던 스탠리 리브스의 부고 기사를 읽으면서 나는 다음과 같은 묘사가 뇌리에 박혔다. "근무 시간에는 다정하고 친절했고, 퇴근 후에는 집으로 조용히 물러났다. 와인 한 잔과 C-Span 방송만 있으면 충분했다."[11] 나는 궁금해졌다. 그 시간이 스탠리가 갑옷을 벗을 수 있는 유일한 시간이었던 걸까?

물론 이것은 모두 내 추측에 불과하지만, 추측이 아닌 것은 이 세 명의 남자들이 모두 비교적 젊은 나이에 죽었고, 사망원인이 웨더링과 관련이 있었다는 비극적인 사실이다.

통합의 웨더링 효과와 상향 사회이동

역사적으로 우리는 소외집단이 재정이 부족한 학교 시스템과 투자가 중단된 지역에 격리되면서 타격을 받는다는 점을 우려했다. 우리는 1954년 대법원이 브라운 대 교육위원회 사건Brown v. Board of Education에 대해 내린 판결에서 손을 들어준 진실, 분리는 평등하지 않다는 사실을 알며, 적극 지지한다. 그러나 내 아버지의 이야기, 내 프린스턴대학교 흑인 동기들의 이야기, 그리고 심지어 내가 프린스턴대학교에서 직접 경험한 일들은 통합 역시 평등하지 않다는 것을 시사한다. 내집단과 타자화된 집단이 같은 탁자에 앉으면 후자의 구성원은 같은 집단의 구성원들끼리만 시간을 보낼 때에 비해 웨더링을 촉발하는 생심리사회적 스트레스 반응에 노출될 가능성이 더 높아진다.

내 제자 신시아 콜른Cynthia Colen이 오하이오주립대학교의 동료들과 실시한 새로운 연구는 이 사실을 선명하게 보여준다.[12] 콜른의 연구팀은 건강 더하기 연구Add Health study 데이터를 분석했다. 건강 더하기 연구는 1994/1995학년에 미국 전체 인구 집단을 대변하도록 7학년부터 12학년까지 청소년 2만 명 이상의 표본집단을 구성했고, 연구대상들은 30대 후반까지 연구에 참여했다. 연구팀은 미국의 두 흑인 집단에서 30대 초반에 대사증후군이 발병할 위험을 비교했다. 한 집단은 역사적으로 흑인 대학교로 분류되는 대학교에 다녔다(HBCU). 다른 한 집단은 주로 백인들이 많이 다니는 대학교에 다녔다(PWI). 대사증후군은 함께 나타나는 여러 증상의 집합이다. 대사증후군이 있으면 심장병, 뇌졸중, 2형 당뇨병에 걸릴 위험이 높아진다. 대사증후군으로 묶이는 증상으로는 고혈압, 고혈당, 허리 부위 체지방 과다, 정상 범위를 벗어난 콜레스테롤 또는 중성지방 수치 등이 있으며, 이런 증상은 모두 웨더링이 작동하고 있다는 것을 암시하는 인자들이다. 콜른과 동료들의 연구에 따르면 HBCU 집단의 대졸 흑인들의 30대 초반 대사증후군 유병률이 PWI 집단의 대졸 흑인들보다 35퍼센트 낮았다. HBCU 집단이 청년기에 웨더링에 덜 노출되었을 것이라고 추정할 수 있다.

이런 연구 결과는 곤란한 질문을 낳는다. 우리가 통합을 너무 피상적으로 접근한 건 아닐까? 통합에 대한 우리의 기대에 백인 교육기관이 본질적으로 더 우월하므로 흑인에게 백인 교육기관에 대한 접근권을 허용하면 그들에게 더 이로울 것이라는 인종차별주의, 백인우월주의 관념이 주입되어 있지는 않은가? 흑인은 지능과 성품이 평균에 못 미친다는 인종차별주의 관념에 물들어서 흑인 교육기관이 필연적으로 "열등하다"고 믿게 된 것은 아닐까? 성공의 정점에 오른 아프리카계 미국인 중에는 HBCU 졸업생도 있다. 미국 부통령이 된 최초의 유색인종 여성 카멀라 해리스Kamala Harris도 HBCU 졸업생이다. 콜른의 연구에 따르면 HBCU는 학생들이 사회경제적으로 성공할 수 있는 역량을 키워 줄 뿐 아니라 학생들의 신체 건강 증진에도 더 유리하다. 유색인종 학생이 PWI에 다니면 인종화된 사회적 정체성이 그들에게 중요한 요소가 된다는 주장은 1928년까지 거슬러 올라간다. 당시에 조라 닐 허스턴Zora Neale Hurston은 이렇게 썼다.

> 나는 내가 흑인이 된 그날을 기억한다. 열세 살이 될 때까지 나는 플로리다주 이튼빌에 있는 작은 검둥이Negro 마을에서 살았다. 오직 흑인만으로 구성된 마을이다. (…) 그러나 내가 열세 살이 되었을 때 우리 가족은 변화를 겪었고, 나는 잭슨빌에 있는 학교에 다녀야만 했다. 이튼빌, 협죽도가 무성한 마을을 떠날 때 나는 조라였다. 잭슨빌에 도착해 배에서 내렸을 때 나는 더 이상 오렌지카운티의 조라가 아니었다. 나는 이제 어린 흑인 소녀였다. (…)
>
> 내가 늘 흑인처럼 느껴지는 것은 아니다. (…) 선명한 하얀색 바탕 위, 이를테면 바나드[칼리지] 같은 곳에 던져졌을 때 내가 가장 흑인 같다고 느낀다. "허드슨강 옆"에서 나는 내 인종을 느낀다. 수천 명의 백인들 사이에서 나는 불쑥 솟아오르, 휘감긴 검

은 바위다.[13]

현재의 인종화된 환경에서는 학업성취도가 높은 흑인 학생들이 프린스턴대학교 같은 최상위 PWI에 진학할 수 있어도 HBCU에 진학하는 걸 진지하게 고려해야 한다는 주장이 설득력을 얻는다. 그러나 장기적으로 봤을 때 그런 조언의 근거가 되는 문제를 해결하려면 문화적으로 억압받는 공동체의 학업성취도가 높은 학생이 PWI에 진학했을 때 그 학생의 신체에 어떤 일이 일어나는지를 우리 모두가 이해하는 것이 중요하다. 그런 이해를 바탕으로 PWI에서 소외집단의 구성원이 환영받는다고 느끼고 자신의 건강을 크게 해치지 않고도 학업을 잘 수행할 수 있으려면 어떤 변화가 필요한지 조사해야 한다. HBCU는 언제나 흑인 공동체에서 소중한 장소일 것이다. 그러나 학생들이 자신의 교육 선택지를 검토하면서 어느 학교로 진학할지 결정할 때 자신의 신체 건강이나 기대수명을 고려해야 한다면, 그것은 옳지 않다.

고정관념 위협

사바나 초원에서든 학교 교실에서든 어떤 위협이 인식되면 생리학적 스트레스 반응이 작동하기 시작된다. 그 위협은 사납게 달려드는 괴물이라는 형태를 띠지 않을 수도 있다. 교육학 문헌을 살펴보면, 저명한 사회심리학자 클로드 스틸Claude Steele과 동료들은 반복해서 인종차별주의 전형화가 너무나 강력한 위협으로 작용해서, 사회적 정체성이 "어떤 사람의 기능에서 중심을 차지하며, 적어도 위협이 존속하는 동안에는 그 사람의 다른 모든 정체성보다 훨씬 더 중요해진다"는 것을 보여준다.[14] 이것은 다시 스트레스 반응이 신경내분비계를 통해 우리 몸에 영향을 미쳐서 고부담 학교 시험에서 그 사람의 수행능력을 제약할 수 있다.

사회적 정체성 고정관념이 인종·민족·계급·젠더를 의식하고 에이지워싱 내러티브가 지배하는 미국 사회에 널리 퍼져 있다 보니, 자신이 부정적인 고정관념을 확인시켜주는 것처럼 보일까 봐 걱정해야 하는 것이 소외집단 구성원에게는 좀처럼 떨쳐낼 수 없는 문제다. 그러나 꽤 많은 연구가 고정관념 신호를 조작해서 낙인찍힌 집단의 구성원에게 고정관념이 위협이 되지 않도록 중화시키는 방법들을 제안한다. 실험을 통해 이런 전략이 흑인 학생의 전반적인 학업 수행능력뿐 아니라 여학생의 수학, 과학, 공학 과목의 수행능력과 심지어 백인 청년들의 운동 수행능력도 향상시킬 수 있다는 사실이 밝혀졌다.

예를 들어 미국의 흑인 대학생이 시험을 치기에 앞서 표준화 시험의 수행 결과로 그들의 지적 능력을 진단할 것이라고 말하면 이 신호를 받은 흑인은 흑인의 타고난 지적 능력이 백인에 비해 떨어진다는 고정관념을 경계하게 된다. 결과는? 그런 말을 들은 흑인 학생들은 그런 말을 듣지 **않은** 학생보다 시험 성적이 확연히 나빴다.[15] 과학과 수학 수업시간에 여성이 겪는 경험 또한 그들이 받는 사회적 정체성에 관한 신호에 의해 크게 달라진다.[16] 연구자들은 인종차별적인 고정관념과 성차별적인 고정관념을 조사하면서 아시아계 미국인 여학생이 자신이 아시아계(이와 관련된 고정관념은 아시아계가 수학을 잘한다는 것이다)라는 점을 환기하는 신호를 받으면 수학 성취도 시험에서 더 높은 점수를 받는다는 사실을 발견했다. 자신이 여자라는 사실을 환기하는 신호를 받은 아시아계 미국인 여학생은 동일한 수학 시험에서 더 나쁜 점수를 받았다.[17] 실험을 통해 이런 효과가 무려 5세 아시아계 여자아이에게서도 나타난다는 사실이 관찰되었다!

운동 수행능력과 관련해서는 골프를 치는 백인 남자 대학생에게 골프를 치기에 앞서 "타고난 운동능력"을 측정할 거라고 말했을 때는 그런 말을 듣지 않은 대조군에 비해 결과가 좋지 않았다. 골프를 치는 흑인 남자 대학생에게 그들의 "스포츠 전략 지능"을 측정하는 과제를 수행할 거라고 말했을 때 그들은 대조군에 비해 수행능력이 떨어졌다. 이와 대조적으로 동일한 실험에서 "타고난 운동능력"을 시험하는 것이라고 말했을 때는 수행능력이 떨어지지 않았다는 사실을 발견했다. 여기에 관여하는 고정관념은 흑인은 운동능력을 타고난다는 것이다. 마찬가지로 백인 남자 대학생의 수행능력은 "전략 지능" 신호를 받았을 때는 떨어지지 않았다. 여기에 관여하는 고정관념은 백인이 영리하다는 것이기 때문이다.[18] 또 다른 고정관념 위협 실험은 노인들을 대상으로 실시되었는데, 나이가 들면 기억이 고장난다는 신호를 준 뒤에 기억 수행능력 과제를 수행하게 했다. 연령차별주의적 고정관념을 상기시키지 않은 또래 집단에 비해 그들의 기억능력이 눈에 띄게 떨어졌다는 얘기를 들어도 당신은 놀라지 않을 것이다.[19]

당신의 사회적 정체성 또는 특권이 무엇이든 간에 자신과 관련이 있는 여러 다채로운 고정관념을 이미 받아들였을 것이다. 그중에는 긍정적인 고정관념(나는 아시아계니까 분명히 수학을 잘할 거야. 나는 흑인이니까 분명히 운동을 잘할 거야)도 있을 것이고, 부정적인 고정관념(나는 여자니까 분명히 수학을 못할 거야. 나는 나이가 많으니까 기억을 잘 못할 거야)도 있을 것이다. 그리고 그런 고정관념은 당신의 수행능력에 영향을 미칠 가능성이 있다.

이 문제를 해결하려고 노력하는 연구자들은 신중하게 설계한 특정 부류의 신호를 교실 등 수행 환경에서 사용하면 다양한 주변화된 사회적 정체성 집단에 속한 학생들의 참여, 목적의식, 인내, 수행능력을 향상시킬 수 있을 것으로 기대하고 있다.[20] 다른 고정관념 위협을 연구하는 연구자들은 교실에서 아주 작은, 겉포장만 바꾸는 것처럼 보이는 변화로도 소외집단 구성원들이 교과 내용에 대해 느끼는 흥미를 크게 높일 수 있다는 사실을 발견했다. 예를 들어 실험을 통해 밝혀진 바에 따르면 대학교에서 컴퓨터과학 강의를 듣는 여학생들은 강의실에 《스타트렉》 포스터가 걸려 있을 때보다 자연을 담은 포스터가 걸려 있을 때 수업 내용에 더 흥미를 보이고 집중했다. 자연을 담은 포스터가 걸린 강의실에 있다는 것만으로 컴퓨터과학에 대한 여학생의 수업 내용에 대한 관심도가 남학생의 관심도만큼이나 올라간 것이다. 남학생들의 관심도는 강의실에 어떤 포스터가 걸려 있든 달라지지 않았다.[21]

아서 애시가 자신의 인종 정체성이 중요한 인자가 될 것이라고 느끼는 상황에 놓일 때마다 흑인 또는 유색인종의 수를 세면서 그 수에서 안전함을 느낄 수 있기를 바랐던 것처럼, 강의실에서 시험을 치르는 남학생의 수를 조작한 한 연구는 여학생의 수학 시험점수가 시험 장소에서 함께 시험을 보는 남학생의 수와 직접적으로 관련이 있다는 사실을 발견했다. 남학생이 더 많을수록 여학생의 시험점수가 낮아졌다. 그러나 남학생의 경우 강의실에서 함께 시험을 보는 여학생의 수를 조작해도 남학생의 시험점수에서 유의미한 변화는 관찰되지 않았다.[22] 점점 더 축적되는 뇌 영상 연구가 내놓는 증거들도 고정관념 위협을 받았을 때 수행능력이 제한되는 과정을 이해하는 데 도움이 된다. 고정관념 위협을 받으면 뇌가 인지를 담당하는 부위의 신경 기전을 중단시킨 뒤 정서를 담당하는 부위의 신경 기전을 지원하는 데 사용한다. 이런 과정은 시간이 지나면서 웨더링을 촉발하게 될 생리학적 과성의 복잡한 망을 이루는 수많은 줄기 중 하나에 불과하나.

예를 들어 한 연구는 아프리카계 미국인이 고정관념 위협이 표출된 상황에서 시험을 완료하면 혈압이 상승하고, 같은 시험을 위협이 없는 환경에서 완료했을 때보다 성적이 더 나빴다고 보고했다. 실험 대상자들의 혈압은 쉬는 기간에도 높은 상태를 유지했고 최소한 2차 시험을 마칠 때까지 그 상태가 유지되었다. 함께 시험을 친 백인 참가자에게서는 그런 현상이 관찰되지 않았다.[23]

사회심리학자 메리 머피Mary Murphy와 동료들이 실시한 또 다른 연구에서는 실험군과 대조군을 여성으로만 구성한 뒤에 실험군에게는 등장하는 남자의 수가 압도적으로 많은 수학, 과학, 공학 학생들을 위한 리더십 학회의 홍보 영상을 보여주고, 대조군에게는 등장인물들의 성비가 균형 잡힌 홍보 영상을 보여줬다. 대조군 참가자들과 비교했을 때 실험군 참가자들의 심박수는 더 빨라졌고, 피부 열전도율이 더 높아졌고, 심혈관 계통의 교감신경이 더 활성화되었다(모두 생리학적 스트레스 반응의 징후들이다). 또한 남자의 수가 압도적으로 많은 강의실에서 홍보 영상을 시청한 여성은 여자의 수가 압도적으로 많은 강의실에서 홍보 영상을 시청한 여성에 비해 그 학회에 참가하고 싶다고 답한 경우가 더 적었다.[24] 그런 경험을 가끔 하는 것만으로는 건강에 영구적인 손상을 일으키지 않을 것이다. 그러나 그런 경험을 장기간, 심지어 평생 반복해서 하면, 엄청난 손상을 일으킬 수 있다.

고정관념 위협은 특히 그런 위협을 일상에서 반복해서 맞닥뜨리는 사람들에게 치명적이다. 수행능력을 평가받거나 생계가 걸린 상황에서 그런 일이 반복된다면 더욱더 그러할 것이다. 예를 들어 남성의 비율이 압도적으로 높은 산업공학 기업에 취업한 여자, 25세의 젊은 CEO가 이끄는 테크 스타트업에서 업무를 처리해야 하는 중년 직원, 백인 학생이 주로 가는 대학교에 다니는 흑인 학생을 떠올려보자. 사회적 정체성이 상황변수가 되는 이런 모든 고부담 환경은 유해한 생리학적 스트레스 반응을 활성화하고 그 결과 수행능력을 제한할 수 있다.

야망과 근성의 대가

고정관념 연구 문헌을 통해 우리가 알 수 있는 것은 모든 것이 동일한 환경이라도 사회적 정체성 집단의 구성원에 따라 다르게 경험을 할 수 있다는 것이다. 이것이 열심히 노력해서 특권층을 위한 탁자에 자신의 자리를 확보하면 이후에는 모든 일이 순조롭게 풀릴 것이라는 전통적인 상향 사회이동 내러티브를 모든 사람에게 적용할 수 없는 이유다. 똑같은 탁자에 앉아 있어도 사람마다 다른 경험을 한다. 지배문화 집단의 구성원이라면 특권층의 공간에서 아주 편안하다고 느낄 것이다. 그러나 소외된 집단의 구성원이라면 아마도 그런 공간에서 타자화를 경험할 것이다. 실제로 소외된 집단의 구성원이 그런 특권층 공간에 머무는 것은 지속적인 스트레스 유발 요인이 될 수 있다. 내 아버지의 경우처럼 말이다.

앞서 소개했듯이 사회경제적 지위와 건강의 관계를 연구하는 동료 제이 피어슨Jay Pearson은 여러 면에서 현대적 성공 신화의 대표 인물처럼 보인다. 피어슨이 20~30대였을 때 나는 그가 박사과정과 박사과정후 커리어를 거쳐 일찌감치 학문적 성공의 정점에 오르는 것을 지켜봤다. 인생의 첫 10년간 수도 시설이 없는 집에서 고된 농장 일을 하면서 어린 시절을 보내고, 십대 때는 육가공 공장에서 일하다가 학년 평균 학력 수준을 충족하는 학생이 4명 중 1명도 되지 않는 공립학교를 다닌 사람이 그런 성과를 내는 것은 거의 불가능에 가깝다. 그의 끈기와 지적 능력은 언제나 감탄을 자아낸다. 그러나 그렇게 혜성처럼 급부상한 시기에 나는 그가 일반적으로 자신보다 몇십 년은 더 늙은 사람에게서 나타날 법한 일련의 만성 및 급성 건강 이상을 겪으면서 극도로 건강이 나빠지는 것도 지켜봤다. 그의 의욕만큼은 그렇게 빠른 속도로 약해지지 않았지만.

2017년 초, 제이는 읽기 고통스러운 이메일을 보냈다. 그즈음 제이는 사십대에 들어섰고, 막 심각한 심장 이상 증세를 겪은 참이었다. 그 시점에는 그것이 내가 그를 알고 지낸 기간에 그가 견뎌낸 모든 심각한 건강 문제를 통틀어 최종판에 해당하는 것처럼 보였다. 그러나 그는 여전히 형세를 뒤집기 위해 자신이 무엇을 할 수 있을지 고심하고 있었다. 다음은 그가 내게 보낸 이메일의 내용이다.

지금 나는 상태가 별로 좋지 않습니다. 실은 꽤 나빠요. 그렇지만 나를 긍정적인 방향으로 이끌어줄 수도 있을 것 같은 근본적인 변화를 꾀할 통찰을 얻었어요. 간단히 말하면 고민을 줄이고 잠을 늘릴 방법을 찾아야 합니다. 그 두 가지가 얼마나 중요한지 진심으로 깨닫지는 못했던 것 같아요. 전반적으로 건강한 내 생활방식이 나를 보호해줄 거라고 믿었던 거죠. 당신도 아시다시피 나는 술을 한 방울도 입에 대지 않았고, 마약도, 흡연도 하지 않아요. 건강하게 먹고, 규칙적으로 운동하고, 감정 소모가 많은 인간관계는 피하려고 엄청나게 노력합니다.

내 야심찬 여정에는 대가가 따랐어요. 나는 최선을 다했지만, 그 대가로 내 웰빙이 영향을 받기 시작했어요. 그 대부분은 당신에게 배운 그대로이고, 이제 내 학생들에게도 그에 대해 가르치고 싶어요. 내가 연구하고 가르치는 바로 그 현상이 지금 내게 영향을 미치고 있다는 사실을 깨달은 것이 가장 당혹스러운 일이기는 해요.

멀리서 바라보면 제이 피어슨의 인생 이야기는 아메리칸 드림의 전형, 흡사 동화 같은 이야기다. 흑인과 미국 원주민(할리와-사포니 부족)의 혼혈로 외진 미국 남부 시골의 가난 속에서 태어난 남자가 강력한 맞바람을 뚫고서 결국 듀크대학교의 종신교수가 되었다. 그의 성공은 그냥 달려들어서 열심히 노력하면 무엇이든 해낼 수 있다고 생각하게 만드는 그런 부류의 성공이다. 제이는 물론 엄청나게 열심히 노력했다. 그러나 더 가까이 다가가서 들여다볼수록 우리는 제이의 이야기가 내 아버지의 이야기, 이른 나이에 죽음을 맞이한 내 프린스턴 흑인 동기들의 이야기와 얼마나 닮아 있는지를 보게 된다.

자, 제이의 이야기의 처음으로 돌아가보자.

노스캐롤라이나 시골에서 태어난 제이는 열 살이 되어서야 수도 시설을 갖춘 집에서 살게 되었다. 오직 그의 가족이 이전까지 살던 시골집을 떠나 마을과 가까운 이동식 주택단지로 이사했기 때문에 가능해진 일이었다. 그해에 제이는 수박 농장에서 일을 하기 시작했다. 제이가 열두 살이 되었을 때, 제이, 제이의 형과 사촌들, 이웃 친구들은 오이 농장에서 일하지 않겠느냐는 제안을 받았다. 매일 수확한 오이 바구니 수에 따라 수당을 시급하겠다는 말에 그들은 고된 육체노동을 해야 하는 농장 일을 하기로 약속했다. 그러나 첫날 하루 종일 오이를 수확한 뒤에 돈을 한 푼도 받지 못했다. 이런 착취에 대한 반응으로 다른 소년들은 농장주에 대한 신뢰가 사라져서 다음날 농장에 나타나지 않았다.

그러나 제이는 다시 나타났다. 그리고 한 주 내내 일했다. 매일매일 한 푼도 받지 못했다. 매일매일 다음날 돈을 주겠다는 말을 들었다... 다음날이 되면, 그다음날에... 그는 5일 내내 한 푼도 받지 못하고 일했다. 그런데도 이글거리는 태양 아래에서 고된 노동을 하며 버텼다. 가능한 한 많은 바구니를 채우려고 애쓰면서.

마침내 한 주의 끝에 돈을 받았을 때 제이는 사기를 당했다. 17달러를 지급하는 수표를 받았는데, 처음에 농장주가 약속한 바구니당 수당을 적용하면 그 금액은 92달러여야 했다. 닷새를 일하고도 하루치 노동값도 안 되는 돈을 받았다.

아무도 그가 수확한 오이의 바구니 수에 이의를 제기하지 않았다. 그리고 수당은 순전히 그 바구니 수에 의해 정해져야 했다. 농장주가 실수한 것이길 바라면서 제이는 농장주 파슨스 씨를 찾아가서 수당을 제대로 지급해달라고 요청했다. 그전까지 제이는 백인인 파슨스 씨를 만난 적이 없었다. 시원한 에어컨 바람이 나오는 컨테이너 안에 놓인 책상에 앉아서 파슨스 씨는 이렇게 답했다.

"돈을 더 받고 싶으면 더 열심히 일해. 이건 너 같은 사람들에게는 좋은 노동이고, 난 너한테 돈을 더 줄 생각이 없어. 이게 왜 좋은 노동인 줄 알아? 여기 내 농장에서 일하지 않으면 네 엄마랑 집에서 빈둥거리면서 복지수당이나 타 먹으면서 내가 낸 세금을 축내기나 할 거 아냐."

파슨스 씨의 눈에 제이의 가치는 실제로 제이가 한 노동이 아니라 가난한 흑인 소년이라는 사회적 정체성에서 나왔다. 비슷한 고정관념을 토대로 파슨스 씨는 제이의 엄마가 복지수당을 받고 있다고 넘겨짚었다. 실제로 제이 엄마가 복지수당을 받고 있는지 안 받고 있는지는 알지 못했는데도 말이다. 제이의 엄마는 복지수당을 받고 있지 않았다. 제이의 말대로 "파슨스 씨가 내 시장가치를 결정했고 나는 그가 정한 금액을 지급받을 수밖에 없었다. 내가 얼마나 열심히 일했는지와는 완벽하게 분리된 결정이었다. 파슨스 씨가 내가 속한 공동체와 맺은 관계에서 파슨스 씨의 지위가 그에게 부여하는 권력으로 인해 일반상식의 테두리 내에서 내가 나를 보호하기 위해 할 수 있는 일은 아무것도 없었다."

제이는 분노가 치밀어 올랐고, 처음 든 생각은 파슨스 씨한테 달려들어야겠다는 것이었다고 한다. 그러나 제이는 그렇게 하지 않았다. 대신 제이는 그 일을 교훈을 주는 일종의 학습경험으로 받아들이기로 했다.

나는 그 교훈을 마음에 새기고 내내 명심했다. 학교에서 열심히 공부하겠다고 다짐하게 된 이유이고, 솔직히 말해 내가 연구하고, 가르치고, 인권운동을 할 때에도 영향을 미친다. 인간 가치에 위계질서가 있으며 누군가 열등한 지위에 있는 사람이 자신의 지위에 걸맞지 않은 수행능력을 발휘할 때 부당한 일을 당한다는 관념을 내게 심었다.

제이는 이 결정적인 경험에 대해 내게 여러 번 이야기했다. 수십 년도 더 전에 일어난 일이지만 제이가 그 이야기를 들려줄 때마다 제이의 목소리와 몸짓에 절박함이 묻어나서 마치 어제 일어난 일처럼 느껴진다. 제이는 하반신을 의자 끝까지 끌어내고 눈을 크게 뜬다. 목이 멘다. 수십 년이 지나고 그 이야기를 수없이 입 밖으로 뱉어냈는데도 그날의 기억이 여전히 그의 신체에 생리학적 스트레스 반응을 활성화하는 힘을 지니고 있는 것이다. 제이는 이따금 그 이야기의 가장 경악스러운 지점에서 히죽거린다. 누가 봐도 고통스러웠을 그 순간이 그렇게까지 고통스럽지 않았다고 나를 안심시키려는 듯이.

많은 사람이 제이의 사회적 성공과 그런 성공에 뒤따르는 모든 보상, 즉 소득, 명예, 인맥, 부유한 동네의 주택, 통달했다는 감각이 오이 농장에서 보낸 그 길었던 한 주의 기억을 흐릿하게 만들고, 그런 성공과 보상을 얻었기 때문에 계속 가난한 시골에 남아서 자신의 엄마처럼 닭 공장에서 일하거나 형처럼 트럭을 몰면서 사는 것보다는 더 건강하게 살 거라고 짐작할 것이다. 그런데 실상은 그렇지 않다. 오히려 성공으로 가는 길에서 그가 경험한 수많은 적대적 전형화 경험으로 인해 파슨스 씨가 그에게 던진 고정관념이 더 아프게 새겨졌을 수도 있다. 그리고 이 모든 트라우마 경험이 쌓인 결과 일련의 만성적인 스트레스 반응 과정이 발동되었을 것이다.

지금 나는 가난한 가정 출신의 흑인 남성이 특권층 백인이 지배하는 시공간을 헤쳐나가는 난관에 대해서만 이야기하고 있는 것이 아니다. 제이는 자신의 가족 중에서는 최초로 고등학교를 졸업했고, 그의 가족 중에 대학교와 대학원을 졸업한 사람은 제이가 유일하다. 나는 제이가 모든 역경에도 불구하고 그런 성공을 거두기 위해 그가 갖췄어야 하는 특징들에 대해서도 이야기하고 있는 것이다. 그래서 한 주 동안 고된 노동을 견뎌낸 뒤에 사기를 당한 그의 일화를 여기서 다시 들려주는 것이다. 다른 아이들은 하루치 노동값을 받지 못하자 곧장 그 일을 그만두었다. 제이는 그다음날 다시 농장으로 가서 일했고, 그때마다 돈을 받지 못했는데도 그다음날도 다시 갔다. 이것은 그가 난관에 부딪혀도 포기하지 않는 근성을 지니고 있다는 증거였다.

자기조절력, 충동 억제력, 높은 실행 기능과 더불어 근성과 회복탄력성은 만족 지연의 충분조건이며, 우리 문화에서는 매우 칭송받는 특성이다. 부모와 학교 교육과정은 아이들의 만족 지연을 개발하거나 향상시키려고 노력한다. 특히 유색인종 아이들의 문제가 기본적으로 만족 지연 능력의 부족에서 기인한다는 인종차별주의적인 관념이 널리 퍼져 있기 때문에 유색인종 아이들의 경우 이 능력이 더 중시된다. 이것이 이른바 마시멜로 실험이 아이의 성공 잠재력의 예측 지표가 된 이유, 부모들이 자녀들에게 그 실험을 하는 동영상을 인스타그램에 자주 올리는 이유이다.

널리고 널린 그런 동영상을 당신이 어떻게든 보지 않는데 성공한 사람이라는 가정하에 이 실험에 대해 잠깐 설명하자면, 아이를 마시멜로(나 다른 간식거리) 하나와 함께 방에 두고 나온다. 방을 나오기 전에 아이에게 15분 동안 그 간식을 먹지 않고 잘 기다리면 두 개를 주겠다고 말한다. 마시멜로 실험의 핵심은 아이들이 15분 동안 참는 자신만의 방법을 고민하는 너무나도 귀여운 모습이 담긴 동영상이 만들어진다는 것 외에, 실험 대상이 된 아이가 자기조절력과 높은 실행 기능을 갖추고 있는지를 보는 것이다. 마시멜로 두 개를 얻기 위해 참는 아이는 참지 못하는 아이보다 충동 억제력, 인지적 유연성, 작업 기억이 더 뛰어나다고 알려져 있다.[25]

첫 마시멜로 실험은 스탠퍼드대학교 협력 기관인 빙 유치원 아이들을 대상으로 실시되었다. 아이들은 대부분 학력이 높고 부유한 백인 부부의 아이들이었다. 빙의 교육과정은 그때나 지금이나 유아 발달에 관한 최신 전문 지식을 토대로 설계된다. 후속 연구는 첫 실험 대상자 중에 잘 참았던 아이들이 그렇지 않았던 아이들보다 고등학교에서 학업 성취도가 더 뛰어났고, SAT 점수도 더 높았다고 보고했다.

첫 마시멜로 실험에서는 이 실험이 소외집단 아이들의 미래 학업 성취도를 얼마나 잘 예측할 수 있는지는 검증하지 않았다. 그러나 더 다양한 사회경제적 집단을 포함시킨 더 큰 표본집단을 대상으로 이 실험을 실시한 최근 연구에서는 아이들의 사회경제적 계층 차이라는 변수를 통제했는데, 이 실험이 청소년기의 학업 성취도를 정확하게 예측한다는 증거를 찾지 못했다.[26] 이 연구를 진행한 연구자들은 두 번째 마시멜로를 받기 위해 참는 능력은 대체로 아이의 사회경제적 배경에 의해 달라진다고 결론 내렸다. 더 나아가 만족 지연 능력보다는 특권층 출신이라는 배경이 성공 가능성을 더 잘 예측하는 지표라고 지적했다. 달리 말하면 상류층 "집단 내"에서는 두 번째 마시멜로를 받기 위해 참는 아이와 참지 못하는 아이 간 미래의 성취에 차이가 나타날 수는 있지만 거시적인 관점에서 이것은 반올림 오차rounding error에 해당한다. 장기적인 사회경제적 성공의 가장 좋은 예측 지표는 아이가 얼마나 많은 특권을 타고났는가 하는 것이다.

매우 불우한 배경을 지닌 대다수 학생들에게 두 번째 마시멜로를 기다려야 하는 상황에서 충동을 억제할 수 있는지 여부는 최종적인 사회경제적 성공에 거의 영향을 미치지 못한다. 이것은 사회경제적 지위 이동을 위해 그들이 노력하는 것을 방해하는 구조적 장벽이 존재한다는 것을 확인시켜주는 증거이기도 하다. 흥미롭게도 마시멜로 실험의 여러 변형 실험들에서 아이가 마시멜로를 추가로 얻기 위해 기다릴 수 있는지 여부에 각 아이의 기질도 영향을 미쳤지만, 실험 설정상 기다리면 간식거리를 하나 더 주겠다고 한 약속을 실험자가 지킬 거라고 아이가 신뢰할 만한 근거가 있는지도 중요하게 작용했다. 한 변형 실험에서는 아이들을 무작위로 두 집단으로 나눴다. 한 집단에서는 마시멜로 실험을 시작하기 전에 실험자가 아이들에게 한 약속을 지키지 않았다. 다른 집단에서는 약속을 지켰다. 신뢰를 얻은(약속을 지킨) 실험자 집단의 아이들은 신뢰를 잃은(약속을 어긴) 실험자 집단의 아이들에 비해 두 번째 마시멜로를 받을 때까지 최대 4배나 더 오래 기다렸다.[27]

따라서 딱 한 개가 주어진 마시멜로를 먹는 가난한 가정의 아이들은 결코 실행 기능이 부족한 것이 아니라, 실제로 지금까지 약속이 지켜지지 않는 경험의 기억을 토대로 상황에 대한 현실적인 평가를 내리고 있는 것이다. 두 번째 마시멜로를 받는다는 보장이 없다면 기다릴 필요가 없으니까. 우리는 열두 살 제이 피어슨의 근성에 감탄한다. 그러나 또한 제이의 형과 사촌과 친구들이 첫날 약속된 일당을 받지 못하자 둘째 날 고된 육체노동의 현장으로 돌아가지 않기로 결정한 것을 이해할 수 있다. "한 번 속은 걸로 충분하지"라고 우리는 말할 것이다. 한 주 동안 형벌과도 같은 노동을 끝낸 뒤에 단 17달러만을 손에 넣은 제이를 향해 (제이 본인을 비롯한) 많은 이들이 그가 얼간이였다고 말할 것이다.

이쯤되면 마시멜로 실험에서 가난한 가정 출신 또는 소외된 인종 집단 출신이면서도 잘 참았던 아이들이, 즉 제이 같은 아이들이 특권층 아이들에 비해 스트레스에 대처하기 위해 더 큰 에너지를 쓰지 않을까 추측하게 된다. 첫 마시멜로 실험 구조가 은연중에 펼치는 자기통제 역량이 미덕이라는 주장은 영양이 결핍된 아이나 끼니가 보장되지 않는 가정에서 자라는 아이라는 점이 실험 결과에 어떤 영향을 미치는지를 고려하지 않기 때문에 할 수 있는 주장이다. 그러나 미국의 교사 대다수가 자신이 가르치는 아이 중에 늘 굶은 채로 등교하는 아이가 한 명은 있다고 말한다. 미국 정부는 약 5,000만 명의 미국인이 끼니를 보장받지 못하고 있으며, 그중 1,700만 명은 아동이라고 추정한다. 허기진 아이가 마시멜로를 허겁지겁 먹어치운다고 해도 우리는 이해할 것이고, 그런 행동이 실행 기능 부족을 의미한다고 결론 내리지는 않을 것이다.

배고픈 아이는 두 번째 마시멜로를 받기를 기다리는 동안 어떤 대가를 치르고 있을까? 제이는 매일매일 약속이 깨지는 상황에서조차 최종 보상을 받을 수 있다는 믿음을 포기하지 않기 위해 어떤 대가를 치러야 했을까? 일상생활에서 대단한 근성과 끈기를 보여주는 소외집단의 아동과 청소년이 자신의 노력이 언젠가는 보상으로 돌아올 것이라는 믿음을 굳게 지키면서 놀라운 인내심을 발휘하느라 그들의 건강이 어떤 대가를 치르고 있다고 추정할 수 있을까? 최근 들어 빠르게 축적되고 있는 관련 과학 문헌은 그 질문에 '엄청난 대가를 치르고 있다'고 답하고 있다.

시스템과 싸워 이기기: 존 헨리이즘 적극적 대응 척도

존 헨리이즘 적극적 대응 척도The John Henryism Scale of Active Coping(JHAC12)는 아래에 나열한 열두 가지 항목으로 이루어진 간단한 심리 검사다. 응답자는 각 항목의 진술에 얼마나 동의하는지를 "매우 그렇지 않다"부터 "매우 그렇다"까지 1~5점으로 표시된 척도에 따라 답한다. 항목의 내용을 읽으면서 금세 깨닫겠지만 이 검사에서 높은 점수를 받는 사람일수록 개인의 책임성을 무겁게 느끼고, 근성이 있고, 회복탄력성이 크고, 역경 앞에서도 성공에 대한 의지가 흔들리지 않는 심리적 성향을 지녔다는 것을 의미한다. 즉 이 성향들은 모두 미국적 신조가 표방하는 핵심 가치를 담고 있다.

존 헨리이즘 적극적 대응 척도

- 나는 내 인생이 내가 바라는 대로 풀렸다고 늘 느껴왔다.

- 일단 뭔가를 하겠다고 마음먹으면 그 일을 완수할 때까지 포기하지 않는다.
- 나는 다른 사람들은 불가능하다고 생각하는 일들을 해내는 게 좋다.
- 일이 내가 기대한 대로 풀리지 않으면 나는 그냥 더 열심히 노력한다.
- 때로는 일을 제대로 처리하려면 내가 직접 해야 한다고 느낀다.
- 그렇게 하기가 언제나 쉬운 것은 아니지만, 나는 정말로 해야 하는 일이라면 어떻게든 해낼 방법을 찾아낸다.
- 내가 열심히 노력한 결과에 대해 실망하는 일은 거의 없다.
- 나는 결과에 상관없이 내가 스스로 믿는 것을 위해 기꺼이 앞장서는 사람이라고 생각한다.
- 과거에 아주 힘든 상황에 빠졌을 때에도 나는 결코 내 목표가 무엇인지 잊은 적이 없다.
- 다른 사람이 내게 기대하는 방식이 아니라 내가 원하는 방식으로 하는 것이 내게는 아주 중요하다.
- 나는 개인적인 감정이 업무를 수행하는 것을 방해하도록 내버려 두지 않는다.
- 열심히 노력한 덕분에 나는 남들보다 앞서나갈 수 있었다.

널리 인정받는 이 심리 검사 척도는 미국 역학연구협회 Society for Epidemiologic Research 회장을 역임한 사회역학자 서먼 A. 제임스Sherman A. James의 과학적 발상의 산물이다. 역학자로서 활동한 초창기에 제임스는 존 헨리 마틴John Henry Martin의 이야기에서 영감을 얻었다. 존 헨리 마틴은 노스캐롤라이나주에 사는 흑인 고혈압 환자였고, 제임스는 왜 흑인 노동계급 남성이 평균적으로 고혈압 유병률이 가장 높은지 그 이유를 탐색하는 연구의 일환으로 그를 인터뷰했다. 제임스는 마틴이 전설적인 인물 존 헨리John Henry와 이름이 같다는 사실을 놓치지 않았다. 민담에 따르면 존 헨리는 증기기관을 상대로 자신의 신체적·정신적 능력의 한계를 시험했고, 증기기관을 상대로 승리를 거뒀지만 승리를 확정한 순간 기력을 전부 소진한 나머지 곧 죽음을 맞이했다. 제임스는 이 전설 같은 이야기가 인종차별주의적인 사회에서 흑인 남성의 자조와 의지가 엄청난 신체적 대가를 치르게 만든다는 사실을 보여주는, 누가 봐도 아프리카계 미국인을 위한 우화라고 생각했다.

제임스가 전하는 존 헨리 마틴의 이야기는 다음과 같다. 존 헨리 마틴은 찢어지게 가난한 소작농 가정에서 태어나 2학년 때 자퇴하고 가족이 임대한 작은 땅에서 농사일을 도왔다.[28] 어린 시절 "그는 영구적으로 백인 땅주인에게 빚을 지는 노동 시스템에 갇혀 있지 않겠다고 맹세했다." 자신의 명의로 30만 제곱미터의 농지를 구매하면서 40년 상환기간으로 은행 대출을 받았는데, 단 5년 만에 전부 갚았다. 그렇게 하기 위해 "그는 밤낮으로 일했다." 존 헨리 마틴이라면 마시멜로 실험을 너무나 쉽게 통과했을 거라고 짐작할 수 있다. 그는 현실 세계에서 그보다 훨씬, 훨씬 더 많은 것이 걸린 과제를 성공적으로 완수했으니까 말이다.

제임스는 두 명의 존 헨리 모두 근성이 있고, 자조적이고, 낙관적이고, 둘 다 "시스템"을 상대로 승리를 거뒀다고 평가했다. 그리고 두 사람 모두 그런 승리를 얻기 위해 자신의 건강이라는 값비싼 대가를 치렀다. 전설적인 존 헨리는 기력이 소진해서 죽었다. 제임스는 존 헨리 마틴이 만성 고혈압 질환과 신체활동을 제한하는 골관절염을 앓고 있으며, 중년기 후반에 상당히 심각한 중증 소화성궤양을 진단받고 위의 40퍼센트를 절제했다고 밝혔다. 셔먼 제임스에게 속마음을 드러낸 마틴은 이렇게 말했다. "제 다리가 관절염으로 엉망이 된 이유는 제가 스스로를 너무 몰아붙여서라고 생각해요."[29]

누가 봐도 제이 피어슨 또한 현대판 존 헨리이다.

제임스는 연구를 통해 존 헨리이즘 척도에서 높은 점수를 받은(즉 내면의 중심을 잘 통제하고 성공하겠다는 의지가 강한) 반면, 너무나 많은 흑인 남성과 마찬가지로 성공을 가로막는 구조적 장애물에 맞서야 하는 아프리카계 미국인 남성이 고혈압 발병 위험이 더 크다는 사실을 밝혀냈다. 똑같이 불리하고 보잘것없는 배경을 지녔지만, JHAC12 점수가 낮은 경우에는 그렇지 않았다. 존 헨리이즘 척도 점수가 높은 사람들의 경우에 흑인성이나 노동계급이라는 지위 그 자체가 고혈압을 유발하는 것이 아니다. 그 세 가지가 상호작용해서 고혈압을 유발하는 것이다. 고혈압 유전자, 건강에 해로운 습관, 경제적 자원 부족이 흑인 남성의 높은 고혈압 발병률의 원인이라는 뿌리 깊은 믿음과는 정반대로, 제임스는 가난한 노동계급 흑인 남성 중에서 가장 근성이 좋은 것으로 확인된 사람이 근성이 덜 좋은 사람보다 고혈압이 생길 가능성이 더 높았다고 기록했다.[30]

그 후로 많은 추가 연구가 흑인 노동계급 집단에서 존 헨리이즘 척도 점수가 높은 것이 높은 혈압 중앙값, 비만, 기타 심혈관 질환 및 암의 위험인자를 예측한다는 증거를 발견했다.[31] 달리 말하면 구조적 역경 앞에서 인내하고 자력으로 극복하려고 분투하는 노동계급 흑인이 다른 사람들보다 웨더링을 당할 가능성이 더 높다.

지난 10년 동안 유색인종과 소외집단의 구성원이 회복탄력성이 높을 때 생리학적 타격도 더 많이 받는다는 사실을 확인한 연구가 상당히 많이 나왔다. 시골과 도심 환경 모두에서 표본을 추출한 한 연구는 의학 진단과 실험실 검사 결과에 나타난 다양한 신체 건강의 객관적 측정치를 근거로 그런 결론을 내렸다. 그 연구의 결과는 천식부터 고혈압, 당뇨병에 이르기까지 광범위한 건강 결과를 다룬다. 연구자들은 또한 혈류를 순환하는 스트레스 호르몬 수치와 염증 수치, 대사증후군 유무, 기타 만성질환의 조기 발병 가능성을 나타내는 실험실 검사항목을 측정했다.

한 무리의 연구는 조지아주 시골에 사는 아프리카계 미국인의 대표 표본 489명을 선별해서 추적 관찰했다. 그들 중 많은 이가 제이 피어슨과 비슷한 사회경제적 배경을 지니고 있었다. 표본을 청소년기까지 추적 관찰한 결과 연구자들은 다음과 같은 사실을 발견했다.

> 불우한 환경에서 자란 관찰 대상자 중에 자기통제력이 더 뛰어났던 청년이 더 충동적이고 사회이동에 대한 기대가 없는 또래 청년에 비해 혈압이 더 높고, 체지방이 더 많았고, 스트레스 호르몬 코르티솔 수치가 더 높았다. 또한 대학교에 진학한 청년이 비슷한 불우한 환경에서 자랐는데 대학에 진학하지 않은 또래보다 신체 건강 상태가 더 나빴다.[32]

끝없는 가난 속에서 자랐고, 11세일 때 교사로부터 "계획적이고 자기통제력"이 높다고 평가받은 아동은 이후 대학 진학률이 더 높았고, 27세에 인슐린 저항성과 대사증후군을 진단받았을 가능성 또한 더 높았다. 달리 말하면 그들은 30세가 되기 전에 웨더링을 당하고 있다는 징후가 나타날 가능성이 더 높았다.[33]

표본의 질병 위협과 부정적인 건강 결과를 추적하는 것 외에 연구팀은 세포 차원에서 웨더링이 어떻게 다르게 작용하는지를 살펴보았다. 후성학적 연령을 측정하기 위해 약 300명의 표본에게서 그들이 22세가 되었을 때 분자 정보를 수집했다. 후성학적 연령은 한 사람의 실제 나이와 생물학적 나이 간 차이를 보여주는 바이오마커이며, 따라서 웨더링의 정도를 나타내는 분자 지표다. 다음은 연구팀이 발견한 사실들이다.

22세가 된 저소득 가구 출신 청년 중에서 여전히 자기통제를 잘 하고, 유혹에 강하고, 장기적인 학업 목표를 달성한 청년은 같은 처지의 또래에 비해 공격성을 표현하거나 마약을 사용할 가능성이 낮았다. 그럼에도 불구하고 그들은 회복탄력성이 더 낮고 자기통제가 잘 안 되는 또래에 비해 면역세포가 더 빠르게 노화하고 있었다.[34]

다른 연구들은 이 사실과 상호보완적인 결론에 도달했다.

시카고에 살면서 천식을 앓는 흑인, 백인 라틴계 청소년을 대상으로 실시된 연구에서 높은 학업 스트레스를 느끼고 그런 스트레스에도 불구하고 뛰어난 자기통제력을 보여주는 소수집단 청소년은 1년간 진행된 후속 연구에서 자기통제력이 떨어지는 소외집단 청소년에 비해 더 심한 염증성 천식을 앓은 이력이 있었고 더 자주 의사를 찾아갔다. 이런 패턴은 천식을 앓는 백인 청소

년에게서는 관찰되지 않았다.³⁵

미국에서 실시된 대표 연구(미국 중년기 연구)는 25~75세인 미국인의 데이터를 수집했고, 대학을 졸업했을 때 백인 성인은 청년층부터 중년층까지는 대사증후군에 걸릴 확률이 낮아졌지만, 흑인과 라틴계는 오히려 내사증후군에 걸릴 확률이 높아졌다는 사실을 발견했다.³⁶

건강 더하기 연구Add Health study 데이터를 검토한 한 연구는 불우한 어린 시절을 보낸 백인 대학 졸업자는 불우한 어린 시절을 보낸 라틴계 및 흑인 대학 졸업자보다 대사증후군이 생길 확률이 더 낮았고 정신 건강이 좋다는 사실을 발견했다.³⁷

건강 더하기 연구 데이터를 검토한 또 다른 연구는 청소년기에 성취 욕구가 큰 흑인 참가자는 예상대로 그렇지 않은 흑인 참가자에 비해 대학교를 졸업한 비율이 더 높았고, 소득이 더 높았다. 그러나 성취 욕구가 큰 흑인 참가자가 매우 불우한 가정에서 자란 경우에는 같은 환경에서 자랐으면서 성취 욕구가 크지 않았던 흑인 참가자에 비해 30세 전에 2형 당뇨병을 진단받을 확률이 더 높았다. 백인 참가자 집단에서는 그런 패턴이 관찰되지 않았다.³⁸

건강과 은퇴 연구Health and Retirement Study 데이터를 분석한 한 연구는 생물학적 가속 노화의 실험실 측정치가 흑인/백인의 건강한 기대수명과 사망률 격차의 95퍼센트를 설명한다는 사실을 발견했다.³⁹ 건강과 은퇴 연구의 표본은 오로지 50세를 넘긴 흑인과 백인만을 포함했다(웨더링을 가장 심하게 당했을 미국인, 즉 50세 이전에 사망한 미국인은 포함되지 않았다는 의미다).

이 모든 연구가 전달하는 급박한 메시지는 가난한 가정이나 노동계급 가정에서 자란, 문화적으로 억압받는 유색인종 아동이 온갖 역경에도 불구하고 희망을 잃지 않고, 열심히 노력하고 버티면 이른 나이에 웨더링을 당하고 신체의 많은 계통이 손상을 입는다는 것이다. 이런 웨더링 작용의 증거는 아동, 청년, 중장년, 노인에게서 한결같이 발견된다. 이 결론을 뒷받침하는 방대한 증거를 무시해서는 안 된다.

다음 장으로 넘어가기 전에, 잠시 멈추고 이 연구 결과들을 곱씹어보자.

이 연구 결과들을 찬찬히 돌아보면서 완벽하게 이해하자. 아무리 직관에 반하는 것처럼 보여도 이런 사실들은 사회로부터 존재가치를 인정받지 못하는 환경에서 성공하기 위해 가장 치열하게 노력하는 사람들에게 성공이 유독 높은 건강 비용을 청구한다는 것을 알려주고 있다.

이제 우리는 피츠버그대학교 사회복지대학원 원장 래리 데이비스Larry Davis처럼 이런 질문을 던져야 한다. "우리가 회복탄력성에 과도하게 몰입하고 있는 것은 아닐까?"[40] 이 질문이 곧 제목인 도발적인 에세이에서 그는 회복탄력성을 나쁜 일이 벌어져도 버티면서 예상된 치명적인 결과는 비껴가는 능력으로 해석했다. 데이비스는 자신처럼 남을 돕는 직종에서 일하는 사람들이 "개인, 가정, 집단이 사회적 폭력, 역경, 불공평을 효과적으로 유지시키는 능력을 분석하고 칭찬하는 데 너무 많은 에너지를 쓰고" 있지는 않은지 큰 소리로 묻는다.

역경과 학대로 고통받는 이들이 조금이라도 성공할 가능성을 얻기 위해서는 초인적인 회복탄력성을 지녀야 한다는 사실이 우리 사회의 폐단을 적나라하게 보여준다. 우리 사회는 억압받는 많은 사람을 실패할 수밖에 없는 상황에 밀어넣을 뿐 아니라 그 모든 장애물에도 불구하고 성공한 소수의 사람도 평생 건강 이상에 시달릴 수밖에 없게 만든다. 타자화, 고정관념 위협, 존 헨리이즘의 웨더링 작용은 회복탄력성이 높은 사람들이 결코 멀쩡하게 탈출할 수는 없다는 사실을 상기시킨다. 그들의 신체 건강은 사회가 그들에게 던지는 고난을 다 견뎌낼 수 없다. 분리된 환경이든 통합된 환경이든, 어느 경우에나 그것은 불가능하다.

    소외, 억압, 착취를 당하는 사람들이 이 시스템에서 살아남고 잘 살기 위해 왜 초인이 되어야 하는가? 그리고 시스템 차원의 불공평과 문화적 억압을 목격하면서도 왜 우리는 모든 역경에도 불구하고 인종차별주의적인 시스템의 필연적인 결과를 피하는 데 성공한 희생자들을 칭찬하는 일에만 그토록 몰두하는가? 그 시스템 자체를 무너뜨릴 방법을 찾아야 하지 않을까?

8장

사회 정책과
흑인 가족생활에 대한 공격

미국에서 지난 30년간 주목받은 법안 몇 가지는 (모두 겉으로 보기에는 삶의 질, 소득, 교육 여건을 향상시키고, 지역사회를 안전하게 만들고, 가난한 아동·청소년 및 가족들의 미래 전망을 전반적으로 더 밝게 만들기 위한 의도로 제정되었지만) 살아남고 싸워 이기기 위한 소외 인구집단의 노력을 오히려 가로막는 새로운 장벽을 세웠다. 사회복지제도 개혁, 제 기능을 못하는 학교의 학생들을 위한 학비 지원 정책, 인종적으로 분리된 도시에서 빈곤의 "탈집중화"를 목표로 한 주거 정책 등이 그런 법들이었다.

더 나쁜 것은 이런 정책들이 저숙련 일자리 축소, 블루칼라 노동자의 실질 임금 하락, 치솟는 주거비 및 의료비, 경쟁적 의료 돌봄 시스템으로의 전환과 같은 웨더링을 심화하는 다른 사회 흐름과 겹쳐졌다는 것이다. 경쟁적 의료 돌봄 시스템으로의 전환은 다른 결과도 낳았지만 무엇보다 투자가 끊긴 도심과 시골의 병원이 폐쇄되고, 웨더링에 가장 취약한 인구집단의 의료서비스에 대한 접근권이 과도하게 축소되는 결과를 낳았다. 앞으로 더 구체적으로 살펴보겠지만 웨더링 효과를 내는 특정 정책들이 마약과의 전쟁과 나란히 집행되었고, 그 결과 많은 수의 흑인이 한꺼번에 투옥되었다. 그렇게 많은 남자와 여자가 투옥되면서 그들이 속한 친족 네트워크가 타격을 입었고, 투옥된 사람들은 이후 석방되어도 취업하기가 더 어려워졌다. 또한 남은 가족들이 부담해야 하는 경제적, 실질적, 생심리사회적 부담이 더 커졌고, 그들은 또다시 상실감과 억울함이라는 감정을 삼키면서 가족을 지켜내야 했다. 이런 정책과 세상의 흐름이 합쳐져 개인과 친족 네트워크에게 더 큰 짐을 지운 것이다. 모든 것을 잃고 막막해진 구성원을 지원하기는 더 힘들어졌고, 결과적으로 네트워크의 구성원들이 그렇게 모든 것을 잃고 막막해질 가능성 또한 높아졌다.

이런 정책이 입안되게 된 동기 중에는 악의적인 것도 있었다. 예를 들면 이른바 복지 여왕welfare queen을 처단해야 한다는 목소리가 있었다. 또한 의도는 좋았지만, 널리 받아들여지고 있는 에이지워싱 내러티브와 인종차별주의적인 관념이 주입된 정책도 있었다. 무엇보다 한정적인 공적 자원을 분배하는 최선의 방법을 검토하면서 사회적 형평성을 우선순위에 두지 않는 정치인과 정책 입안자들이 정책을 설계하는 경우가 많았다. 그들은 비용과 희소성 문제를 재무 회계라는 측면에서 접근하는 경향이 있었고, 따라서 그런 문제를 해결하는 방법은 불가피한 예산 축소, 즉 긴축 정책이라고 여겼다. 또한 긴축 재정을 정당화하기 위해 가난한 사람들에게 개인적 책임의 중요성을 강조하기 위한 것이라고 주장할 때가 많다. 그러나 그들이 말하는 책임 있는 행동이라는 개념은 기득권층의 좁은 시야로 보는 세계관에서 나왔다. 그들이 내세우는 내러티브는 소외집단의 실질적인 필요와 실제 경험을 무시하고 폄하하며, 인종차별주의적인 결과를 낳는다. 그것이 그들의 의도가 아닐 때에도 말이다. 우리 연구팀의 연구는 이들 정책이 도입된 이후 억압받는 인구집단의 웨더링이 심화되었으며, 건강 격차가 전반적으로 더 고착화되었다는 증거를 제시한다.[1]

일반적으로 공공정책과 법이 웨더링을 얼마나 심화하는지를 평가할 때 적용하는 세 가지 기준이 있다.

- 주변화된 지역사회와 그 주민들에 관한 모욕적이거나 치명적인 고정관념을 확산시키는가?
- 소득 또는 구매력을 떨어뜨리거나 주거환경 또는 환경 조건 또는 지역 조건의 질이 저하되는가?
- 소외집단의 구성원이 그들이 감내해야 해야 하는 짐을 덜기 위해 의지하는 친족 네트워크를 해체하거나 친족 네트워크에 새로운 부담을 지우는가?[2]

오늘날까지도 어떤 형태로든 유지되고 있는 1980년대와 1990년대의 핵심 사회 정책들에 이 세 가지 기준을 적용하면 어떤 평가를 받을까?

1996년 '개인의 책임과 근로 기회 조정법'

1996년에 발의되고 당시 미국 대통령 빌 클린턴이 서명한 '개인의 책임과 근로 기회 조정법'The Personal Responsibility and Work Opportunity Reconciliation Act(PRWORA)은 사회복지제도 개혁 사례로 가장 자주 언급되는 법이다.[3] 그러나 많은 이가 이 법을 더 정확하게 묘사하는 표현은 사회복지제도 폐기라고 주장할 것이다. '개인의 책임과 근로 기회 조정법'은 부양 아동 가족 지원제도Aid to Families with Dependent Children(AFDC)이라고 불린 사회복지 혜택 프로그램을 종료시켰다. 부양 아동 가족 지원제도는 소득이 보수적인 연방 빈곤선에 못 미치는 미혼모에게 매달 현금 수당을 지급했고, 그 가족은 자동적으로 공공의료보험인 메디케이드 수혜자로 등록되었다. 이 지원책도 완벽하지는 않았고 그 자체로 웨더링을 유발하기도 했다. 그러나 이 지원책을 대체한 지원책인 빈곤 가족 임시 지원책Temporary Assistance to Needy Families(TANF)은 훨씬 더 문제가 많았다.

1996년 '개인의 책임과 근로 기회 조정법'을 근거로 빈곤 가정 임시 지원책이 도입되었다. 이 지원책의 많은 문제가 메디케이드 수혜자 자동 등록 제도를 중단한 데서 기인한다. 최빈곤층 가정이 건강보험 혜택을 받기가 더욱 어려워졌기 때문이다. 또한 미취학 연령의 자녀, 주에 따라서는 심지어 영유아를 둔 미혼모에게도 근로조건을 채우도록 요구했다.

빈곤 가정 임시 지원책은 사회보장제도가 아니다. 즉, 저소득 자격요건을 충족하는 모든 미혼모에게 혜택을 보장하지 않는다. 미국 연방정부의 경제적 지원은 주 정부에 정액 보조금으로 지급되고, 주정부가 이 자금으로 지원책을 실행한다. 연방정부의 정액 보조금에는 5년의 유효기간이라는 조건이 붙어 있다. 수령자의 필요는 고려되지 않는다. 주정부는 이 유효기간을 더 짧게 줄이거나 다른 조건을 덧붙일 수 있다. TANF 수당을 받는 가구는 자녀가 새로 태어나도 그 자녀에 대해서는 추가로 수당을 받을 수 없다는 "가구당 아동 수당 제한"family cap이 그런 조건의 예다. 현재 절반 정도의 주가 가구당 아동 수당 제한 조건을 도입했고, 많은 주가 연방정부 정액 보조금의 유효기간을 5년 미만으로 줄였다. 유효기간은 TANF 수혜자를 수혜자의 의사에 반해서 지원책 대상에서 배제할 수 있게 해주는 TANF의 여러 조항 중 하나에 불과하다. 수당 수령이 보장되는 권리는 아니므로 주 정부는 어떤 가정에 대해서든, 어떤 이유로든 수당 지급을 거부할 수 있다.

실제로 주정부는 대상 가정에 대한 현금 수당을 직접 지급하는 것 외에도 다양한 용도로 정액 보조금을 사용할 수 있는 폭넓은 재량권을 지닌다. 연방정부가 재정 긴축으로 전환하면서 주정부에 배분하는 자원이 줄었고, 주정부는 이에 대처하기 위해 TANF 정액 보조금을 자금이 부족한 다른 필요와 서비스로 더 많이 돌리고 있다. 역설적이게도, 사회학자 캐스린 J. 에딘Kathryn J. Edin과 H. 루크 섀퍼H. Luke Shaefer가 기록했듯이 TANF로의 전환은 아동 빈곤을 심화했고, 현재 많은 미국인이 기본적으로 "하루에 1인당 2달러"로 살아가고 있다.⁴ AFDC에서 TANF 소관으로 넘어간 많은 가족이 미미한 금액이지만 한때 의지했던 경제적 보호장치 대부분을 잃어버렸다.

'개인의 책임과 근로 기회 조정법'은 개념적 측면과 실행적 측면 모두에서 웨더링을 강화하는 세 가지 기준을 충족한다. 이 법을 더 구체적으로 심사해보자.

개인의 책임과 근로 기회 조정법(PRWORA)과 인종차별주의적 전형화: 십대 산모에 대한 비방

개인적 책임 내러티브는 사회복지제도 개혁을 인종화하면서 모욕적이고 의욕을 꺾는 고정관념을 생성한 것은 확실하다. 실제로 개인적 책임 내러티브의 논리적 토대는 도심 붕괴의 원인이 흑인 가정의 도덕적 부패이며, 흑인의 빈곤은 그들의 행동이 야기한 불가피한 결과에 불과하다는 새빨간 거짓말이 전부다. 역사적으로 경제적 어려움, 문화적 억압, 심각한 건강 문제가 닥쳐도 유연하게 대처하면서 버틴 흑인 가족 구조의 강점을 무시하는 주류 내러티브는 십대에 엄마가 되는 것이 도덕적으로 타락했다는 증거이며, 그것이 가난에 대응하는 방법이 아니라 가난의 원인이라고 주장했다. 또한 가구의 경계가 탄력적인 친족 네트워크를 무질서하고 병적인 것으로 재규정했다. 일자리를 찾아 가정을 떠나야 했던 남자들, 아이의 엄마와 법적으로 혼인관계에 있지 않은 남자들, 젊은 나이에 장애를 얻거나 죽거나 수감된 남자들은 무책임한 "부재중인 아빠들"로 재규정다. 구조적 이유로 영구적인 실업 상태에 놓인 흑인 청년들은 위협적인 존재로 그려졌다. 성범죄자, 강도, 잔인무도한 마약 거래상이라는 이미지, UCLA의 역사학자 로빈 D. G. 켈리Robin D. G. Kelley의 표현에 따르면 "우리 모두에게 공포감을 불러일으키는 바로 그런 인종 표상"을 대중에게 유포했다.[5]

이 내러티브는 모든 흑인 가정을, 그리고 특히 이른바 십대 엄마와 부재중인 아빠를 도심 빈곤, 영아의 나쁜 건강 상태의 핵심 원인으로 내세웠다. 인종 분리와 주민 대부분이 흑인인 도심에 대한 투자 중단이 야기하는 실질적이고 가시적인 영향은 무시했다. 기본적으로 이 내러티브는 인과관계의 방향을 뒤집어버렸다.

이 인종차별주의적인 내러티브의 중심에는 검증을 거치지 않은 양식화된 전제가 있다. 그 전제는 1960년대 말 즈음 흑인 가정이 한때는 강했는지 몰라도 "병리 뭉치"tangle of pathology가 되었다는 것이다.[6] 대니얼 패트릭 모이니핸Daniel Patrick Moynihan은 현재 신랄하게 비판받는 1965년 미국 노동부 제출

보고서 「검둥이 가족: 국가적 행동 옹호론」The Negro Family: The Case for National Action에서 흑인 가족 구조의 약점은 그것이 "가장 일탈적이고, 부적절하고, 반사회적인 행동의 주된 원천"이며, 흑인 지역사회에 "빈곤과 결핍의 순환을 구축하지는 않았지만, 현재 그 순환을 영속시키는 역할을 한다"고 주장했다. 모이니핸과 그 추종자들에 따르면 이와 더불어 문제의 주범은 부양 아동 가족 지원제도(AFDC)이었다. AFDC는 원래 어린 자녀를 둔 남편을 잃고 혼자 사는 백인 여성을 지원하는 프로그램으로 시작했지만, 1960년대에 흑인 미혼모도 적용 대상으로 편입되었다. 그 전까지는 흑인 미혼모는 실질적으로 그런 복지수당의 수혜 대상에서 제외되어 있었다. 새로운 흑인 수혜자는 복지수당을 받으면 성격적 나약함으로 인해 그 복지수당에 전적으로 의존할 사람들로 전형화되었다. AFDC를 TANF로 대체한 새 사회복지 정책의 목표는 이제 모든 가족에게 일정 수준 이상의 생활을 보장하는 것이 아니었다. 자신들이 "취하는 자"라는 흑인 성인들의 망상 중독을 치료하는 것이었다.

이 미신의 기본 골자는 다음과 같다. 미혼모에게 AFDC 수당이 지급되면서 아이들의 아빠인 흑인 남성들이 가족 부양의 책임에서 벗어날 수 있었다. 이것은 한편으로는 그 흑인 남성들은 굳이 취업할 필요가 없어졌다는 것을, 다른 한편으로는 젊은 흑인 여성들은 아동 수당을 받기 위해 임신을 할 인센티브가 생겼다는 것을 의미했다. 인종차별주의적인 발상으로 가득한 개인적 책임 내러티브는 "증거 기반"이라고 선전된다. 그러나 이 내러티브를 과학적으로 꼼꼼하게 들여다보면 이른바 증거라고 제시되는 것들이 기본 전제부터 인종차별주의적일 뿐 아니라 증거로서도 유효하지 않다는 것을 알 수 있다.

이 내러티브가 제시한 통계 "증거"는 인구조사와 미국 전국 단위 설문조사 결과를 인용했는데, 그 내용은 다음과 같다. 미국에서 흑인 아빠는 백인 아빠보다 아이들의 엄마와 함께 살거나 법적으로 혼인관계에 있을 가능성이 더 낮다. 흑인 여성은 백인 여성에 비해 십대 중후반에 임신하기 시작할 가능성이 압도적으로 높다. 젊은 흑인 남성은 젊은 백인 남성에 비해 실업률이 높았다. 이런 묘사적 통계에서 그 통계에 대한 구체적인 해석을 노출하기까지 많은 개념 비약이 있었고, 특히 인구조사의 경우 많은 흑인 남성의 데이터가 누락되었는데도 온갖 언론, 학자, 시민 단체, 정치인, 다양한 싱크탱크가 그 데이터를 흑인 청소년 및 성인의 무지와 도덕적 결함을 보여주는 반박불가한 과학적 증거로 받아들였다. "여성 가장 가구" "아이가 아이를 낳는다" "부재중인 아빠들" "복지 여왕"과 같은 개념으로 압축된 이 왜곡된 오류투성이 통계는 인종차별주의적 시스템의 연금술을 통해 과학적 증거로 탈바꿈했다.

현실에서는 이런 통계자료를, 어떤 통계자료라도 각기 다르게 해석해서 서로 다른 이론을 뒷받침하는 근거로 사용할 수 있다. 실제로 위 통계에 대해 면밀한 양적·질적 조사를 실시하면 문제는 흑인 가정의 도덕성이 아니라 내러티브에 있음이 드러난다. "부재중인 아빠들"에 관한 인구조사 데이터의 초기 분석은 다양한 요인을 고려하지 않았다. 예컨대 인구조사관이 방문했을 때 아빠들이 "부재중인" 이유가 사망, 장애, 취업 관련 이사, 대규모 투옥, 복지수당 수령 자격요건 때문일 수 있다. 정부와 인구조사관에 대한 깊은 불신 때문일 수도 있다. 또한 미혼 여성이 아이를 낳았다고 해서 그 여성이 무조건 아이를 혼자 키우는 것은 아니라는 점도 간과하고 있다. 현실에서는 대개 조부모, 아이의 생물학적 아빠, 기타 친척이 육아 현장에 함께하면서 아이를 키우는 데 적극적으로 참여한다. 실제로 "여자가 가장인 가구"라는 표현 자체가 오해를 불러일으킨다. 친족 네트워크의 도움을 완전히 무시하기 때문이다. 예를 들어 완다와 도니의 가정을 방문한 인구조사관은 이 가정이 "여자가 가장인 가구"라고 표시할 것이다. 도니는 완다 아이들의 생물학적 아빠가 아니기 때문이다. 그러나 도니는 아이들과 함께 살면서 주 양육자 역할을 하고 있었다.

4장에서 지적했듯이 널리 대중화된 "아이가 아이를 낳는다"는 표현 또한 통계를 크게 왜곡한 것이다. 13세부터 19세까지 모두 한 범주로 넣고는 그런 십대 엄마 중 대다수가 18세 또는 19세라는 점은 밝히지 않았다. 18세와 19세 여성은 투표권이 있고, 법적 계약의 당사자가 될 수 있고, 자원입대도 할 수 있다. 십대 엄마 중 16세 미만은 2퍼센트도 채 되지 않았다. 이런 사실을 덮어버린 탓에 "십대 엄마들"은 아주 미성숙하고 무책임하고 도덕성이 결여되고 양육기술이 부족해서 그 자녀들이 도덕적 진공 상태에서 자랄 수밖에 없으며, 그로 인해 다음 세대가 영속적인 가난과 타락에서 벗어날 희망이 없다는 주장이 가능해졌다.

또한 이른 나이에 임신을 하면 십대가 교육을 받거나 사회경제적 지위를 향상할 수 있는 다른 기회들을 전부 놓치게 된다는 주장도 있었다. 이 내러티브는 처음에 백인 십대 소녀들에 대한 우려에서 비롯되었기 때문에 널리 퍼졌다. 부유한 백인 십대에게 적용된 내러티브를 일반화해서 가난한 흑인 십대에게도 적용하려면 기회의 운동장이 평평하며 자원이 모두에게 충분히 주어진다는 전제가 성립해야 한다. 실제로는 그렇지 않다. 앞서 살펴보았듯이 모든 젊은 여성이 임신을 미루는 것이 절대적으로 더 나은 선택이라는 이 내러티브의 함의는 거짓이다. 이 전제를 뒷받침하는 증거가 있을까? 십대에 임신했을 때의 결과를 검토한 초기 연구는 미국에서 십대 임산부의 대다수를 차지하는 여러 인구집단이 각각 매우 다른 삶의 경험들을 하고, 매우 다른 기회들이 주어지고, 매우 다른 제약에 직면하고, 건강 위험 목록이 매우 다르다는 점을 고려하지 않았다.

오늘날 이런 차이를 반영하기 위해 최신 방법론을 사용하는 (전부는 아니지만) 대다수 연구자들은 십대 임신 자체가 장기적으로는 경제적 결과에 악영향을 미치지 않으며, 미치더라도 그 영향이 크지 않다고 결론 내렸다. 사회과학자들 사이에는 가장 엄밀한 연구 방법론을 사용하면 일찍 엄마가 되는 것과 장기간 복지수당에 의존하는 것 사이에는 인과관계가 존재한 적이 없다는 데 폭넓은 합의가 형성되어 있다.[7] (슈퍼 범죄자가 되는 것과도,[8] 신생아가 코카인에 중독된 채로 태어나는 것과도[9] 인과관계는 발견되지 않았다.)

그러나 정치적인 이유로 클린턴 대통령은 1996년 8월 새 복지법안에 서명했다. 십대에 아이 엄마가 되는 것은 그 여성과 그녀의 자녀에게 해가 될 뿐 아니라 사회도 높은 비용을 부담하게 된다는 주장이 무비판적으로 수용된 탓도 크다. 빌 클린턴의 진술은 새 복지법이 개인적 책임을 강조하는 에이지워싱 이데올로기의 영향을 받았다는 사실을 명시적으로 보여준다. "궁극적으로 십대의 임신을 막기 위해 필요한 것은 마음의 혁명입니다. 우리는 모두 어린 여성과 남성에게 개인적 책임감을 심어주기 위해 노력해야 합니다. 아이를 가지는 것은 누구에게든 그 사람이 질 수 있는 가장 큰 책임입니다. 십대에게는 옳은 선택이 될 수 없습니다."[10]

'개인적 책임과 근로 기회 조정법'(PRWORA)은 십대 부모가 복지수당을 받기 훨씬 더 어렵게 만들었다. 특정 부류에 속하는 십대 엄마들은 복지수당 지급 대상자 목록에서 아예 삭제되었다. 또한 정당한 근거도 없이 오롯이 생물학적 부모만이 자녀를 금전적으로 지원할 책임을 진다는 전제하에 자녀의 생물학적 아빠를 밝히지 않은 십대들에 대한 수당을 최소 25퍼센트 삭감했다.[11] 고등학교를 다니거나 고졸 학력 인증General Educational Development(GED) 프로그램에 참가하면 근로 요건을 채울 수 있었지만, 대학교를 다니면 근로 요건을 채울 수 없었다. 사회이동을 장려한다고 주장하는 법치고는 아주 이상한 조항이다. 미시건대학교 교수로 학생들을 가르치는 나는 이 조항의 영향을 직접 목격했다. 교단에 선 첫 10년 동안 내 강의를 듣는 학생들 중에는 AFDC 수당을 받는 젊은 엄마들도 몇 명 있었다. TANF가 도입된 후로는 단 한 명도 없었다.

또한 '개인적 책임과 근로 기회 조정법'은 미국 보건복지부 장관과 법무부 장관이 십대 임신의 예방을 목적으로 하는 프로그램을 도입하고 적어도 미국 지역사회의 25퍼센트가 1년 내에 십대 임신 예방 프로그램을 실시하게 해야 한다고 규정했다. 십대 임신을 줄이는 일은 도덕적 필요성에 부응하는 조치로 묘사되었다. 복지수당 지급 중단과 같은 징벌적 조치와 종교, 문화, 문화적 가치를 주제로 한 미국 전국 단위 대담도 해결 방안에 포함되었다.[12] PRWORA는 십대를 위한 성교 금지 교육 프로그램에 예산 4억 달러를 배정했지만, 가족계획을 통해 복지수당을 받을 수 있다는 조문은 삭제했다. 이것 또한 착오적이고 비생산적인 법규의 또 다른 예다.

개인적 책임을 개인의 행동 및 임신 연령과 억지로 엮지 않았다면, 웨더링의 함의를 고려했다면 이런 질문을 던졌을 것이다. 아기가 건강하게 태어나고 생후 1년을 무사히 넘길 확률을 극대화하는 것이 과연 무책임한 결정일까? 그 아이가 부모 잃은 아이로 자라지 않을 확률을 극대화하는 것은? 그 아이가 엄마가 일터에 가 있는 동안 또는 부모가 돌아가시고 난 뒤에 비교적 건강하고 그 아이를 돌볼 수 있는 친족이 있을 확률을 극대화하는 것은? 임신 연령에 관한 규범은 삶에 목적과 의미를 부여하는 가치뿐 아니라 주어진 기회들도 반영한다.[13] 우리가 십대 산모가 가장 많은 비중을 차지하는 인구집단의 웨더링 경험을 외면하고 지워버리지 않았다면 이해할 수 있었을지도 모른다.

PRWORA의 모든 논리와 조항이 흑인 엄마, 흑인 아빠, 흑인 지역사회를 폄하하는 고정관념을 강화했다. 따라서 물질적인 경로를 통해 이루어지는 웨더링뿐 아니라 생심리사회적으로 이루어지는 웨더링도 한층 심화되었다.

개인적 책임과 근로 기회 조정법(PRWORA)과 경제적 어려움

PRWORA가 경제적 어려움을 가중했다는 점에는 논란의 여지가 없다. PRWORA가 AFDC를 TANF로 대체했을 때 가난한 가족에 대한 금전적 지원 금액이 크게 삭감되었고, 지급 유효기한도 최대 5년으로 제한되었다. 새로운 근로조건도 이미 빠듯한 가정 살림에 사실상 돌봄 비용, 통근 비용, 출근 복장 구매 비용을 더했다. 소득 빈곤을 완화하기는커녕 악화했고, 친족 네트워크가 헤쳐나가야 하는 새로운 불확실성과 난관을 만들어냈다. 두 가지 모두 웨더링을 심화할 수 있다.[14]

사회학자 캐스린 에딘Kathryn Edin과 H. 루크 섀퍼H. Luke Shaefer는 PRWORA의 경제적 영향을 광범위하게 연구했다. 두 사람은 딥사우스 지역과 일부 서부 지역에 사는 엄마들이 TANF에 대한 접근권이 거의 없으며, 그 지역의 아동 빈곤이 최근 들어 급격히 증가했다는 사실을 발견했다. 몇몇 정부 데이터를 분석한 뒤, 에딘과 섀퍼는 "미국에서 약 300만 명의 아동이 최소한 1년 중 3개월을 돈이 거의 없는 상태로 살아간다"는 결론에 도달했다.[15] 또한 TANF가 도입된 이래 여전히 TANF를 통해 복지 수당을 받을 수 있는 가난한 모녀의 숫자가 75퍼센트 줄어들었다는 사실도 발견했다. 그 여성들이 (법이 제시한 목표처럼) 경제적 독립이 가능해졌기 때문이 아니라 단순히 지급 유효기간이 만료했기 때문이었다. 반면에 안전망에 대한 수요는 늘어만 갔다. PRWORA가 입법된 뒤로 미국은 두 번의 큰 불황을 겪었고, 그때마다 이미 자동화와 세계화의 교전에 갇혀 있던 저임금 노동자들이 특히 큰 타격을 받았다. 게다가 2020년 초부터 미국은 글로벌 팬데믹이라는 형태로 닥친 대규모 경제 붕괴로 고통받았다.

실업 상태이거나 경제적 자원이 충분하지 않은 사람들이 어떻게 살아남았는가에 대해 에딘과 섀퍼는 다음과 같은 사실을 발견했다.

거의 모든 사람이 이따금, 어떤 이들은 정기적으로 혈장을 팔았다. 2014년에 이른바 "헌혈"이 유례없이 크게 늘어 3,250만 명이라는 최고점을 기록했다. 10년 전과 비교하면 3배 늘어난 숫자다. 또한 그들은 통조림 캔을 모았고, 이 활동은 1시간 당 평균 1달러를 벌어다주었다. 푸드스탬프* 쿠폰을 돈을 받고 팔았다. 당시 시세로 액면가 1달러짜리 쿠폰 1장을 팔면 50~60센트를 받을 수 있었다. 현금을 벌고자, 아니면 더 흔하게는 핸드폰 요금 대불, 잘 곳, 끼니, 기타 도움을 받기 위해 몸을 팔았다. 한 열다섯 살짜리는 먹을 것을 약속하는 교사와 성관계를 가졌다.[16]

이런 이유, 그리고 여기서 지면의 한계상 다 다룰 수 없는 많은 이유로 사실상 PRWORA로 인해 이미 가난하고 점점 더 가난해지는 가정들에게 주어지는 돈이 더 줄어들었다. 경제적 어려움은 다방면에서 웨더링을 일으킨다. 스트레스와 불안을 야기해서, 허기와 영양실조가 신체에 가하는 타격을 통해, 낡고 비좁은 주거환경에서 살기 때문에 노출되는 환경적 위기와 독성물질을 통해, 그리고 최종 종착지로 예상되는, 그리고 때로는 현실이 되는 노숙 생활로 웨더링이 심화된다.

개인적 책임과 근로 기회 조정법(PRWORA)과 네트워크의 붕괴

사회 정책의 웨더링 효과를 평가하는 세 번째 기준은 억압받는 집단의 구성원들이 의지하는 친족 네트워크 및 다른 도움을 받을 수 있는 자원에 새로운 부담을 가중하는가를 검토한다. TANF가 요구하는 자격요건들은 명백히 이 기준을 충족한다. 친족 네트워

---

* 저소득층 등 취약계층에 식품 구입용 바우처(쿠폰)나 전자카드 형태로 식비를 제공하는 지원제도.

크에서 핵심 역할을 하는 너무나 많은 가족과 친구가 취업하도록 강제함으로써 TANF는 취업을 한 사람과 그들에게 의지했던 부모 및 돌봄제공자 모두에게 상황을 더 힘들게 만들었다. TANF 수혜자가 취업할 수 있는 일자리 대다수는 최저임금만 겨우 지급했으므로 금전적 부담을 덜어주는 효과도 크지 않았다.

사회학자 린다 버튼의 기념비적인 연구는 TANF 수혜자인 노동계급 가정의 주 돌봄제공자를 대상으로 진행되었는데, 그 여성들이 일자리를 찾아야 한다는 압박과 자녀를 돌봐줄 사람을 찾아야 한다(그리고 그 사람에게 지불할 돈을 구해야 한다)는 압박이 끊임없이 교차하면서 만성적인 생심리사회적 스트레스를 겪는다는 사실을 발견했다.[17] 많은 TANF 수령자가 "홀로 초인적인 일정"을 소화해야 했다. 어떻게든 먹고살기 위해 저임금 시간제 일자리 두세 개를 뛰었고, 그중에는 야간 근무가 포함되어 있을 때가 많았다. 다른 한편으로는 안심하고 자녀를 맡길 곳이 없는 상태에서도 하루를 무사히 넘기기 위해 고군분투했다. 또 다른 학자가 인터뷰한 여성의 말대로 "지금은 너나할 것 없이 다 일을 하고 있으니까요."[18] 앞서 살펴보았듯이 역사적으로 가난한 사람들은 확장된 다세대 친족 네트워크로부터 지원을 받았다. 그 네트워크 안에서는 가족을 돌보는 책임을 분담할 수 있었다. 단 한번도 쉬운 적은 없었다. 다만 TANF가 더 힘들게 만들었을 뿐이다.

한 아이도 낙오되지 않도록 한다고?
학교 선택을 장려하고 실패한 학교는 폐교한다

지난 30년 동안 웨더링에 대한 이해 없이 가난한 노동계급이 살아내는 현실을 무시한 정책 변화는 사회복지제도 개혁만이 아니었다. 또 다른 예가 미국의 공교육 개선 방안이다.

미국 공립학교의 질은 천차만별이다. 대개 학구學區의 인구분포에 따라 달라지는데, 가난한 노동계급 가정 출신 유색인종 학생들은 질이 낮고 위생법 위반 이력이 있는 "실패한" 학교들을 다닐 가능성이 높다. 주로 근교의 백인 거주 지역의 학생들은 최상급 공립학교에 다닌다.

내가 몸소 목격한 학교들 간 자원 격차는 엄청나다. 한 예가 가난한 지역의 학교는 교과서가 없거나 개정판이 아니거나 제본이 불량한 교과서를 쓰거나 교과서 수가 너무 적어서 여러 명이 교과서 한 권을 함께 써야 하는 경우가 많았다. 반면에 최상류층 지역의 학교는 학생들에게 과목마다 새 교과서를 최대 두 권씩 배부했다. 한 권은 집에 두고, 한 권은 학교에 두고 사용할 수 있게 한 것이다. 이렇게 하면 아이들의 약한 어깨가 무거운 책가방에 짓눌리지 않아도 된다. 목과 허리가 무리를 하지 않아도 되고, 자세가 나빠지거나 미래에 근골격계 이상이 생길 가능성도 줄어든다.

아주 부유한 학구가 아이들의 근골격계 건강에까지 세심한 관심을 가진다는 사실은 환영할 만한 일이지만, 검은곰팡이, 납 페인트와 납관, 불충분한 냉난방 등 가난한 아이들이 학교에서 대면하는 건강 위해들은 훨씬 더 나빠지고 있다. 디트로이트의 학교 문제를 다룬 다음 두 신문기사의 발췌문을 살펴보자. 먼저 『디트로이트 프리 프레스』에 실린 기사다.

> 디트로이트시는 교사들이 대규모로 병가를 낸 것에 대한 대응책의 일환으로 학구 전체를 대상으로 감사를 실시했다. 공립학교 11곳을 시찰한 결과 다수의 학교에서 쥐나 곰팡이가 발견되었고, 지붕과 창문이 파손되어 있는 등 광범위한 위생법 위반 사례가 적발되었다.[19]

다음은 『워싱턴포스트』에 실린 기사다.

> 교사들은 자신과 학생들에게 적합하지 않은 학교에서 일하는 데 지쳤다고 말한다. 교실은 쥐, 바퀴벌레, 곰팡이에 점령당했고, 천장은 구멍투성이에 난방도 제대로 공급되지 않고 있다. 수업에 필요한 교과서와 기타 물품도 부족하며, 지난 10년간 교사의 연봉도 제자리걸음을 하고 있다.[20]

1980년대 후반 "실패한" 공립학교 시스템을 교정하려는 노력이 시작되었고, 이를 위해 학교 선택 프로그램이 도입되었다. 학교 선택 프로그램은 다양한 "자유시장" 선택지들의 근거를 마련했고, 그런 선택지들은 오늘날에도 여전히 제공되고 있다. 그런 선택지에는 지역 공립학교, 특성화교육 학교, 자립형 공립학교, 지방정부가 공립학교 학생에게 사립학교를 다닐 수 있도록 금전적으로 지원하는 바우처 프로그램 등이 있으며, 이런 "자유시장" 접근법의 목표는 저소득 가정이 속한 학구의 재정 지원이 중단된 고장난 공립학교 대신 선택할 수 있는 대안을 제공하는 것이었다.

학교 선택권을 주는 것에 찬성하는 사람들은 이 프로그램이 역사적으로 취약한 계층의 학생들에게 더 많은 기회와 권리를 줌으로써 더 나은 교육 결과를 기대할 수 있다고 주장한다. 그러나 이 프로그램을 실시해서 얻은 결과는 너그러운 잣대로도 좋지도 나쁘지도 않았다고 봐야 할 것이다. 지역 학교가 폐교된 학생들 중에 그보다 더 나은 학교를 다니게 되는 경우는 절반에도 훨씬 못 미친다는 사실이 그 증거다. 더 나아가 관련 연구에 따르면 학교를 재배정받은 학생들의 시험성적과 졸업률이 오히려 나빠졌다. 심리적으로도 부정적인 영향을 미쳤을 것으로 추정된다. 재배정된 학생들이 새로 들어간 학교에서 "멍청이"와 "실패자"로 낙인찍힌 느낌이 든다고 보고했기 때문이다.[21]

학교 선택 프로그램이 약속한 내용들이 지켜지지 않았다는 점, 그리고 일부 학생들, 특히 흑인 남학생들의 경우에 학업성취도 하락으로 이어졌다는 점과 관련된 증거는 잘 기록되어 있다. 그러나 웨더링 관련 스트레스 인자, 그리고 여학생과 친족 네트워크에 미친 영향은 간과되었다. 최신 연구들이 밝혀냈듯이 웨더링 관련 스트레스 인자는 실재하며, 종종 견디기 힘들 만큼 강력하다. 그런 연구 중 하나가 리니아 에번스Linnea Evans가 진행한 연구로 나와 미시건대학교 사회학과 학과장인 클레오파트라 하워드 캘드웰Cleopatra Howard Caldwell이 공동저자로 참여했다.[22] 에번스는 내 제자로 현재 매사추세츠주립대학교 앰허스트캠퍼스에 교수로 재직 중이다.

에번스는 교육 문제에 대한 이런 "자유시장" 접근법의 잠재적인 웨더링 효과를 탐구하고 싶었다. 에번스는 연구의 일부로 디트로이트의 흑인 여학생 표본집단을 대상으로 그들의 고등학교 생활에 대한 개방형 면접을 실시했다. 그 여학생들은 자신의 교육에 노력과 시간을 투자해서 대학에 진학하기를 원했다. 그러나 그들이 대학에 진학할 수 있는 기회를 열어주겠다고 약속한 개혁이 오히려 스트레스 인자를 만들어냈고 학업 성공에 중요하다고 알려진 활동에 써야 할 시간을 오히려 빼앗아갔다.

도심에 있는 집 가까이에 고등학교가 두 곳이나 있는데도 불구하고 "최고의 공교육을 받기 위해" 근교의 학교에 다니기로 한 면접대상자를 포함해, 근교의 학교를 다니기로 한 많은 여학생들은 새벽같이 일어나서 고된 등굣길에 나섰다. 먼 거리를 통학하느라 너무 지친 나머지 집에 돌아오면 잠시 눈을 붙여야 하는 학생도 있었다. 때로는 저녁 식사시간까지 몇 시간을 곯아떨어지기도 했다. 한 여학생은 엄마와 함께 새벽 6시에 집을 나설 수 있도록 새벽 5시에 일어난다고 전했다. 학교 일과는 오전 8시에 시작되었지만, 오전 7시에는 학교에 도착했는데, 엄마가 다른 식구들도 일터에 데려다줘야 했기 때문에 다른 사람들의 일정에 맞추기 위해서는 그 시간에 학교로 나올 수밖에 없었다.

또 다른 여학생은 새벽 4시 30분에 일어나야 했다. 근무 시간이 일찍 시작하는 엄마가 출근 전에 그녀를 아빠 집에 맡겨야 했기 때문이다. 엄마는 집에 딸을 두고 가는 것이 안전하지 않다고 생각했고, 아빠가 사는 동네가 버스정류장까지 걸어가기에 더 안전한 동네였기 때문이었다. 그곳에서 그녀는 7시 30분 버스를 탔고, 학교에는 8시에 도착했다.

한 여학생은 공공버스를 타고 학교를 오가기 위해서는 인내심과 전략이 필요하다고 설명했다.

면담자: 버스정류장에는 대체로 몇 시에 도착해요?
학생: 6시 50분이요. [버스는] 6시 55분에 타고, [학교까지는] 10분 정도 걸려요. 교실에 들어가서 [학교가 시작하는] 7시 45분이 될 때까지 기다려요. 보통 제가 일찍 온 축에 속해요. 저랑 스무 명 정도가 있어요.
면담자: 6시 55분 버스를 놓치면 다음 버스는 언제 와요?
학생: 7시 15분이요. 하지만 7시 15분 버스는 보통 다 차서 그다음에 오는 7시 30분 버스를 기다려야 해요.

학교 정문의 보안 검색대를 통과하는 데 최대 10분이 걸리기 때문에 7시 30분 버스를 타면 지각으로 기록될 위험이 있다. 그래서 힘들어도 더 일찍 일어났고, 시간을 버리더라도 학교에 40분 일찍 나갔다.

또 다른 여학생의 등굣길은 몇 블록을 걸어 나가서 약 30분 동안 버스를 타고, 버스에서 내려서 다시 학교까지 여덟 블록을 걸어야 했다. 그런데 버스가 자주 늦게 왔기 때문에("언제 오는지는 버스 마음이에요") 남자친구를 동원한 전략을 짰다. 남자친구는 그녀보다 버스가 더 먼저 들르는 버스정류장 근처에서 살았고, 버스가 오면 그녀에게 문자를 보내 그녀가 있는 버스정류장에 버스가 도착할 것으로 예상되는 시간을 알렸다. 집으로 돌아오는 길은 1시간 30분이 걸리는 날도 있었다.

통학길의 안전성에 대한 우려, 나머지 식구들의 직장, 학교, 돌봄 일정을 고려해서 통학 시간표를 짜야 하는 어려움, 대중교통의 불안정한 서비스가 이런 면담에서 자주 언급되는 불만이었다. 학교 선택 프로그램이 기획되었을 때는 이런 것들이 거의 검토되지 않았다.

통학 문제는 흑인 여학생이 이런 프로그램에 참여하면서 맞닥뜨리는 수많은 장애물 중 하나에 불과하다. 교사들은 집에서 멀리 떨어진 학교를 다니면서 통학에 어려움을 겪는 학생들의 사정을 참작해주지 않는다. 교사 자신들도 적은 연봉을 받으면서 과도한 업무량에 시달리고 있다. 그런데 새로운 학생들을 이미 과밀인 학급에 통합시켜야 하는 불가능한 과제를 받은 처지이다. 선의를 품은 교사조차도 새로운 학생에 대해 알아갈 시간이 부족하고 교사와 학생 간 유대감은 약하다. 그 결과 학생들은 더 혹독한 학습 환경에 놓일 수 있고, 그러면 그런 학생이 정학이나 퇴학을 당할 가능성은 더 높아진다. 우리 연구에서 발굴한 이야기와 데이터는 또한 이 여학생들 중 많은 수가 새로운 학교에서 사회적 고립감을 느꼈다는 것을 보여준다. 새로운 학교에서 (그럴 가능성이 크지는 않지만) 더 나은 교육을 받을 수 있다 하더라도 이런 모든 난관과 장애물로 인해 흑인 여학생들의 스트레스 반응 시스템이 만성적으로 활성화될 수 있다. 성인이 될 무렵에는 이미 웨더링의 효과가 상당히 축적될 가능성이 높아지는 것이다.

또한 학교 선택 프로그램은 부모의 부담도 가중시킨다. 여러 학교를 평가하고, 프로그램에서 요구하는 행정적 절차와 조건들에 대해 알아보고, 추첨에 참여하고, 자녀를 등록시키기 위해 복잡한 서류 작성을 하고, 자녀가 학교에 안전하게, 늦지 않게 갈 수 있도록 전략을 짜야 한다. 이 모든 것을 자신의 일과 가정 살림을 모두 해내면서 추가로 해야 하는 것이다.[23] 이것은 모두 부모의 웨더링도 심화할 것이다.

　미래의 교육 개혁 정책은 더 나은 교육 결과의 책임을 학교에 지워야 할 뿐 아니라 정책 설계를 할 때 그 정책으로 더 나은 미래를 주겠다고 약속받는 집단이 겪는 웨더링을 심화할 수도, 완화할 수도 있을 가능성에 대해서도 검토해만 한다.

모든 미국인을 위한 주거 기회(HOPE VI)

모든 미국인을 위한 주거 기회Housing Opportunities for People Everywhere(HOPE VI) 프로그램은 1992년 하원에서 발의했다. 학교 선택 프로그램과 마찬가지로 HOPE VI의 목표는 "빈곤의 탈집중화"였다. 그러나 다른 프로그램과 마찬가지로 그런 의도가 대단히 잘못된 결과를 낳은 또 하나의 예가 되었다.

　현재 예일대학교 교수인 데니아 킨Danya Keene은 내 제자로 있을 때 HOPE VI에 대한 심층 연구를 시작했다. 킨은 나도 공동 연구자로 참여한 HOPE VI 프로그램으로 철거된 거의 9,000호에 달하는 공공주택에서 거주하던 주민이 겪은 웨더링 효과에 관한 몇몇 연구를 지휘했다.

　1990년대에 이르러 수십 년에 걸친 재정 지원 단절로 공공주택단지의 물리적 환경과 그 주변 지역이 쇠락했고, 그래서 많은 사람이 건강에 해로운 주거지에서 살아가고 있었다는 데에는 의문의 여지가 없다. 그러나 그 상황을 타개하기 위한 정책에는 모욕적이고 검증되지 않은 인종차별주의적 고정관념과 전제가 가득했다. 2부에서 다루겠지만, HOPE VI 대신 고려할 만한 대안 관점과 정책적 접근법도 있었다. 1990년대에 시행된 실제 정책들은 대체로 가난한 (그중에서도 가난한 흑인) 주민이 지리적으로 집중되어 있는 것이 불가피하게 "사회적 병리"를 야기한다는 주장을 전제로 삼았다. 이 표현에는 그들이 그 공간에서 형성한 공동체가 사회적 강점도, 문화적 강점도 없다는 의미가 함축되어 있다. 요컨대 그런 거주지가 사라진다고 한들 뭔가 가치가 있는 것을 잃게 되지는 않는다. 삭제.

HOPE VI는 공공주택단지를 철거한 뒤에 그 자리에 공공 민간 협력으로 재정을 조달해 소득층 혼합 주택단지를 세우는 사업을 구상했다. 새 주택단지가 지어지길 기다리는 동안 철거된 주택에 살던 기존 주민들은 이주를 해야 했다. 그러나 자신이 한때 살았던 곳에 세워지는 소득층 혼합 단지 주택에 들어갈 수 있다는 보장은 없었다. 실제로 기존 주민 중 많은 사람이 새로 지어진 주택에 입주할 수가 없었는데, 철거된 공공주택의 수에 비해 새 주택단지에서 계획한 저렴한 주택의 수가 더 적었기 때문이다. 일반적으로 공공주택의 주민은 인종적으로 다양하지만, HOPE VI는 주로 공공주택단지에 살았던 흑인 주민에게 영향을 미쳤다. 빈곤층의 지리적 집중화를 해소하려고 시작된 보완 정책이 제8항 주택 증서 Section 8 housing certificate와 바우처 프로그램이었다. 이 프로그램의 목표는 철거된 단지의 입주민을 포함해 미국의 최저소득층이 민간 주택을 임대하거나 구매할 수 있도록 돕는 것이었다.

일부 분석가는 처음부터 비판적이었다. 그들은 HOPE VI와 부속 프로그램이 자본가와 개발자의 이익을 위해 도심 지역을 재생하는 수단이라고 주장했다. 그러나 많은 진보 성향의 사회과학자와 정책입안자들은 공공주택의 철거와 가난한 주민의 이주가 저소득층 가정의 건강 및 경제적 안녕에 여러모로 이로울 것이라는 믿음이 있었다. 그들은 이주한 주민이 주거의 질, 지역 자원(예컨대 학교, 식료품점, 대중교통), 기타 다양한 환경적 요인이라는 측면에서 더 나은 곳에 정착하게 되기를 기대했다. 또한 그런 곳에는 취업 기회도 더 많을 것이다.

정책이 도입되었을 때 이런 전제들에 대한 실증적 근거는 빈약했고, 정책이 시행된 이후 실시된 평가 보고에도 강제 이주된 주민들에게 그런 이주가 상당한(또는 하다못해 작은) 이점이 있었다는 증거는 찾아볼 수 없다. 애초에 흑인이 좋은 일자리에 취직하거나 괜찮은 주택에 사는 것을 막는 구조적 인종차별주의를 고려하지 않은 정책이 실패했다는 것이 놀랍지는 않다. 그들은 역사적으로 열등한 취급을 받은 집단이 바우처를 사용해 더 나은 주택을 구하는 것이 쉽지 않을 가능성이 높다는 점을 간과했다. 일단 근교의 많은 집주인이 제8항 프로그램에 참여하기를 거부했다. 자가주택 소유 프로그램의 경우 기존에 공공주택에 살던 주민들이 대개 이 프로그램을 통해 부동산 거품기의 약탈적 대출 관행의 희생자가 되었으므로 거품이 꺼졌을 때 많은 주민이 큰 손실을 입으면서 구입한 지 얼마 되지 않은 주택이 강제 압류되는 것을 지켜봐야 했다. 이미 의료서비스를 받기 어려웠던 이들은 새로 이주한 지역사회에서 더더욱 의료서비스를 받기 어려워졌다. 그런 지역에는 메디케이드를 받아주는 의사나 괜찮은 보건소가 없을 가능성이 높았기 때문이다.

이런 정책들에 관한 논쟁이 벌어지는 동안 공공주택 주민들의 목소리는 거의 묵살되었다. 공공주택단지 주민들이 여러 방면으로 저항에 나섰지만 말 그대로 불도저가 나타나 집에서 밀려났다. 세입자 단체를 비롯한 지역 단체가 적극적으로 (그리고 때로는 성공적으로) HOPE VI 재개발 계획에 저항했지만 대개 그들의 걱정과 우려는 무시당했다. 아무도 HOPE VI가 흑인 공공주택 입주민이 경제적 어려움과 억압을 완화하기 위해 형성한 가족 및 친구 네트워크를 붕괴할 수도 있다는 점을 지적하지 않았다. 그런 지역사회 내에서 자라난 협력 역량과 단단한 사회적 유대관계는 간과되거나, 더 나쁘게는 폄하되었다.

킨이 인류학자 마크 파딜라Mark Padilla와 나를 공동연구자로 삼아서 진행한 한 연구에서 우리는 시카고에서 기존에 공공주택에 살다가 철거로 인해 이주한 주민이 "더 건강한" 지역으로 이주하거나 어떤 식으로든 사회경제적 이동에 성공한 경우는 거의 없다는 사실을 발견했다.[24] 많은 주민이 기존 지역만큼이나 사회적 혜택이 부족한 지역으로 이사했고 그곳에서 똑같이 가난에 시달려야 했다. 다만 이번에는 공공주택에서 살 때 기댈 수 있었던 네트워크가 없었다. 연구에서 면담한 많은 응답자가 이전에 살았던 지역의 공동체를 혈연관계에 있지 않은 경우에도 "가족"이라고 불렀고, 네트워크를 잃은 데서 느끼는 상실감도 분명 깊어 보였다. 예컨대 한 응답자는 이렇게 말했다. "[그 사람들은] 사랑하게 된 사람들이에요. 가족 같은 거예요. 철거됐을 때 가슴이 찢어졌어요. 사람을 알게 되잖아요. 그리고 가족이 돼요. 가족은 아니지만, 가족처럼 사랑하게 돼요. 그런데 말도 안 되는 이유로 뺏기니까 당연히 아프죠."

또 다른 응답자는 사람들을 한곳에 모은 "큰 건물" 없이는 예전 같지 않다고 지적했다. "마음속으로는 비극이라고 생각해요.

아마도 그 사람들을 다시는 보지 못할 테니까요. 여기에 있고, 여기에 있고, 그래서 그곳에서는 모두가 늘 가족 같았어요. 그런데 지금은 큰 건물에 함께 있을 수 없으니까, 버터랑 우유를 가지러 이 집에서 저 집으로 뛰어다녀야 해요."

킨과 동료들의 연구는 또한 이주한 주민이 새로운 거주지에서 사회적 통합 과정에서 많은 난관에 부딪혔다고 말한다.[25] 클램펫-룬드퀴스트는 필라델피아 한 주택단지에서 이주해온 사람 대다수가 이주한 지 2년이 지난 뒤에도 새로운 지역사회에 네트워크를 형성하지 못했다고 말하면서 새로운 지역에서 경험한 광범위한 낙인찍기가 그 이유 중 하나라고 설명했다. 기존의 관계는 잃은 반면 그 관계를 대체할 새로운 관계는 얻지 못한 탓에 HOPE VI 이주민들은 지원 네트워크의 부재 속에 매일 새로운 난관에 부딪히면서 그들이 느끼는 사회적 고립감은 점점 더 커졌다.

이런 사실들은 공공주택에서 사는 것보다 나쁜 것은 없다거나 가난한 사람들이 밀집되어 사는 것은 해롭기만 하다는 널리 퍼진 신념을 정면으로 반박한다. 공공주택 공동체는 주민들의 심리적·신체적 안녕에 중요한 사회적 자원을 지니고 있다. 비록 그 자원이 그 주민들의 필요를 무시하는 의사결정을 하는 정책입안자들의 눈에는 보이지 않더라도 말이다.

공공주택 철거는 사회적 지원 네트워크의 엄청난 손실로 이어졌다. 연구에 따르면 이 네트워크를 유지하고 싶은 욕구가 주민들이 자신들의 집을 철거하는 것에 반대한 주된 이유 중 하나였다.[26] 또한 많은 이주민이 기존 거주지에서 물리적으로 가까운 곳에 머물기로 한 이유로 짐작된다. HOPE VI 이주민에 대한 국가 단위 연구에 따르면 바우처를 받은 주민들이 바우처를 사용해 새로 구한 주택과 기존 거주지 간 거리의 중앙값이 4.7킬로미터에 불과했다.[27] 그러나 몇 킬로미터 떨어진 곳으로 이사하는 것만으로도, 특히 이동수단이 충분하지 않은 경우에는 사회적 유대관계가 단절되었다.[28] 이런 정책의 설계자들은 도심 주민을 위한 대중교통 선택지를 개선해야 한다는 생각은 거의 하지 않았다.

HOPE VI 철거는 또한 다양한 입주민 단체와 지역사회 단체가 지닌 정치적 힘과 집단적 실행력을 단절하거나 파괴했다. 그 단체들은 쓰레기 수거부터 엘리베이터 수리, 자신의 집에서 위험을 느끼는 입주민의 안전 문제 해결에 이르기까지 공공주택단지 주민들의 요구가 받아들여지도록 그들의 권리를 옹호했다. 그런 단체가 다시 구성될 수 있기까지는 오랜 시간이 걸리며, 그런 단체가 구성될 때까지 입주민은 자신들이 공통으로 겪는 문제를 처리하도록 도와주는 대변인 없이 지내야 할 것이다.[29]

웨더링 렌즈로 들여다보면 HOPE VI와 제8항 프로그램의 설계자와 지지자는 자신들의 계획이 미국의 저소득층 흑인의 건강에 해로운 스트레스 인자를 줄이는 데 당연히 도움이 될 것이라고 생각하지 말았어야 했다. 이런 정책이 가난한 흑인을 위한 승리 전략이 될 것이라고 기대한 사람들은 이주/탈락이 야기할 깊은 슬픔과 상실을 지나치게 과소평가했다. 또한 이주한 사람들에게 돌아갈 혜택을 지나치게 과대평가했다. 자신들이 파괴할 지역사회에 보존해야 할 가치가 있는 것은 아무것도 없다는 오만한 확신에 찬 그들은 그곳에 사는 사람들에게는 실제로 많은 이점이 있었을 수도 있다는 점을 전혀 고려하지 않았다.[30]

현재 인종적으로 또는 민족적으로 밀집된 환경에서 사는 주로 소수집단에 속하는 사람들이 겪는 웨더링 작용을 완화하는 것이 가능하다는 증거가 분자 단위에서도 발견되었다. 이제 친족과 가까이 사는 것이 건강을 지켜줄 수 있다는 사실을 보여주는 두 가지 연구를 소개하겠다. 하나는 유독 악질적인 유형의 유방암의 높은 발병률과 관련이 있고, 다른 하나는 텔로미어 길이의 단축과 관련이 있다.

생물학적 증거

현재 세인트루이스에 있는 워싱턴주립대학교 의학대학원에 교수로 있는 제자 에린 린넨브링어Erin Linnenbringer는 나와 진행한 공동연구에서 분리된 지역도 중요한 건강 보호장치를 제공한다는 가설을 뒷받침하는 생물학적 증거를 발견했다. 재정 지원이 끊긴 지역에서조차 그런 증거는 유효했다. 실질적인 대응기제와 심리적 긍정작용에 친족 네트워크가 중요한 역할을 하기 때문일 것이다.[31]

우리는 1996년과 2014년 사이에 캘리포니아주에서 유방암 진단을 받은 모든 여성의 데이터를 분석했다. 여기에는 3중 음성 유방암triple negative breast cancer(TNBC)과 에스트로겐 수용 양성 유방암Estrogen Receptor Positive breast cancer(ER+) 환자도 모두 포함되었다. 더 흔하게 발견되는 TNBC는 ER+와 매우 다르다. ER+는 덜 공격적이고 완치 가능성도 더 높다. 미국에서 진행된 많은 인구집단 기반 연구에 따르면 흑인 여성이 백인 여성에 비해 TNBC에 걸릴 확률이 2배 내지 3배 더 높다.

유방암 환자에서 이런 인종 격차가 발생하는 이유를 밝혀내기 위해 진행된 기존 연구의 대부분은 아프리카계의 혈통에 TNBC와 관련이 있는 유전적 소인이 있을 가능성에 초점을 맞쳤다. 이와 대조적으로 우리가 진행한 연구는 웨더링 이론을 길잡이로 삼았으므로 환경적 요인과 사회적 요인이 관여했을 가능성을 평가하는 데 초점을 맞췄다. 우리는 캘리포니아주 여성들의 데이터를 가지고 동네별로 TNBC 발병 사례를 비교하면서 TNBC를 진단받은 여성이 사는 동네의 인종 분포가 더 악질적인 유방암에 걸릴 확률과 상관관계가 있는지 알아보았다.

기존의 상식으로는 매우 분리된 흑인 거주 지역의 특징인 "빈곤의 집중화"가 여성들의 TNBC 발병 위험을 높인다고 예상할 것이다. 그러나 웨더링에 대해 우리가 밝혀낸 바에 따라 우리는 소수민족 집단거주지와 마찬가지로 소수인종 거주지역의 분리화가 그 지역 주민들에게는 보호 자원도 제공했을 것이라고 상정했다. 우리는 이런 동네에서 살아가는 것에는 많은 사회경제적인 불리함이 있지만, 그럼에도 불구하고 이런 동네 수준의 자원이 건강 증진에 기여해서 유방암 위험을 줄이고/줄이거나 유방암의 경과가 더 나아질지 궁금했다. 사회적 지원 네트워크에 대한 접근성이 더 좋은 것도 동네 수준의 자원에 포함된다.

우리는 유방암 진단을 받은 흑인 여성의 경우 흑인 거주 비율이 높은 동네에서 사는 것이 TNBC 발병 위험이 낮아지는 것과 관련이 있다는 것을 발견했다. 흑인 여성의 TNBC 유병률이 아프리카계 혈통과 유전에서 기인한다고 전제하는 사람도, 빈곤의 집중화가 사회적 병리의 온상이라고 생각하는 사람도 우리가 그런 사실을 발견할 거라고는 예상하지 못했을 것이다.

내가 연구책임자로서 건강한 환경 협력단Healthy Environments Partnership과 진행한 공동연구는 디트로이트에서 실시되었는데, 우리 연구팀은 디트로이트에서 빈곤선에 못 미치는 삶을 살기 때문에 발생하는 스트레스 인자가 백인과 흑인 모두의 텔로미어 길이를 미국인 평균에 비해 더 단축시킨다는 사실을 발견했다.[32] 이런 결과는 어떤 인구집단이든 재정 지원이 중단된 도심 지역에서 사는 가난한 흑인이 가장 많이 경험하는 생활조건과 스트레스 인자에 시달리면 웨더링이 작용한다는 사실을 확인시켜준다. 그러나 우리의 연구 결과에서 특히 주목할 점은 이런 조건이 가난한 흑인보다 가난한 백인에게 훨씬 더 부정적인 영향을 미쳤다는 사실이다. 즉 디트로이트의 가난한 백인이 실제로 나이가 같은 가난한 흑인보다 (텔로미어 길이를 측정했을 때) 생물학적 나이가 더 많았다. 이것은 더 일반적인 상황이 역전된 것과 관련이 있을 것이다. 디트로이트에 사는 저소득층 백인은 그 지역에서는 소수 집단이므로 타자화를 경험할 가능성이 가장 높고, 그 결과 스트레스 반응도 더 활성화된다. 또 다른 이유로는 디트로이트의 가난한 백인 주민은 저소득층 흑인 주민에 비해 그 수가 더 적고 지리적으로도 더 분산되어 있다 보니 경제적 결핍과 낙인이 건강에 미치는 부정적인 영향을 막아줄 사회적·집단적 네트워크 전략을 개발하지 못했다는 점을 꼽을 수 있다. 이런 추론은 백인 주민에 비해 흑인 주민이 자신이 사는 동네에 대해 더 긍정적인 평가를 한다는 연구 결과에 의해서도 뒷받침된다. 흑인 주민이 자신의 지역사회에서 형성한 사회적 유대관계는 그들이 억압 및 경제적 곤경에 대응할 수 있도록 도왔다. 백인 주민은 그 지역을 떠나기를 열망했으며, 그 지역에서 사회적 유대관계를 형성하기 위해 노력하지 않았다.

디트로이트의 흑인 주민은 우리가 살펴본 모든 인종/민족 집단 중에서 가장 오랜 빈곤과 주변화 역사를 지녔지만, 자신들이

다수집단인 동네에 거주하는 것이 어떤 면에서는 유리했을 것이다. 그런 인종 밀집은 타자화를 당할 가능성을 최소화하고, 정체성 안전성을 높이고, 공동체가 자신들에게 닥친 난제를 공동으로 부담하게 만드는 일종의 공존의식을 함양한다. 그런 보호 네트워크를 개발하지 않은 인구집단에게는 빈곤 상태가 건강에 더 해로운 영향을 미칠 것이다.

이런 유방암 연구와 텔로미어 길이 연구를 종합적으로 고려하면 가난하고 문화적으로 억압받는 집단에게 친족 네트워크와 사회적 유대관계가 중요하다는 사실이 부각된다. 정책입안자들은 이런 적응적이고 깊은 의미를 지닌 전략들을 무력하게 만드는 프로그램을 기획하지 않도록 유념해야 한다. 항상 웨더링 작용을 심화하거나 완화할 수 있는 요인들을 검토해야 하고, 사회적 지원 네트워크의 유무는 당연히 그런 검토 대상에 포함되어야 한다.

수십 년 동안 에이지워싱 내러티브의 개인적 책임 논리를 정부 정책에 엮어 넣은 결과 미국의 흑인은 그 어느 때보다도 더 심각한 웨더링을 겪고 있다. 정부 정책이 건강 격차를 해소하겠다는 목표를 공공연하게 내세웠지만, 그런 웨더링 작용이 흑인 집단에서 산모와 영아의 건강에 미치는 악영향은 점점 더 커지고 있다. 우리는 왜 웨더링 지표의 유해성이 가장 건강하고 가장 활력이 넘쳐야 하는 노동 및 생식연령에 속하는 20대, 30대, 40대의 흑인 여성집단에서 가장 많이 증가했는지 자문해야 한다. 20세기 후반에 도입된 사회 정책들로 인해 점점 더 유지하기가 힘들어진 자신의 친족 네트워크에서 중심 역할을 담당하는 집단이기 때문이라고 추정할 근거가 충분하다.

단순히 여기서 집중적으로 다룬 같은 시기에 도입된 정책들이 효과가 없었다는 것이 문제가 아니다. 그 정책들은 확실하게 해로웠고, 여전히 해롭다. 웨더링에 노출된 공동체에 그들이 감내하고 극복하기 위해 분투해야 하는 또 다른 일련의 난관들을 던졌다. 흑인 가족, "십대 엄마", 고밀집 흑인 동네의 병리성에 관한 인종차별주의적 내러티브를 바탕으로 만들어진 이런 정책들은 연방정부가 이미 최소한으로만 제공하는 안전망을 더욱 축소하는 동시에 지역사회와 친속 기반 안전망을 부럭화했다.

흑인 가족 병리성 내러티브에 대한 반론

지금까지 수십 년간 흑인 가족의 병리성 내러티브의 가장 가혹한 버전 외에 거의 모든 버전이 공공의 비판에도 전혀 타격을 받지 않은 채 존속되었다. 아직 확신하기에는 다소 이르지만, 이제 마침내 그런 분위기가 변화할 조짐이 보인다. 흑인 가족에 대한 오해를 부르는 이 확고부동한 이미지에 금이 가고 있다는 첫 증거는 2021년 3월에 등장했다. 당시 미국 대통령 바이든이 코로나19 종합 구제책을 통과시키는 것을 막기 위한 최후의 방편으로 위스콘신주 공화당 하원의원 글렌 그로스먼Glenn Grothman은 지난 50년을 통틀어 가장 명백한 인종차별주의적 비유를 들어가면서 반대 의사를 표명했다. "[이 법안에 반대하는] 이유는 흑인의 목숨도 소중하다Black Lives Matter 운동이 지난 선거에 얼마나 강력한 영향을 미쳤는지 알기 때문입니다. 그들은 전통적인 가족상을 못마땅하게 여기는 집단이라는 것을 저는 잘 압니다."[33]

이렇게 믿는 사람은 그로스먼 외에도 많지만, 한때는 정부가 사회안전망을 제공해야 한다는 제안을 확실하게 반박하는 논리로 여겨졌던 주장이 오히려 그에게 반격의 화살로 돌아왔다. 그의 주장은 어떤 지지도 이끌어내지 못했을 뿐 아니라 또한 하원의원 스테이시 플래스킷Stacy Plaskett에 의해 즉시, 맹렬하게 차단되었다. "어떻게 감히?" 하원의회에서 플래스킷은 강력하게 반발했다.

어떻게 감히 흑인의 목숨도 소중하다 운동이, 흑인이 전통적인 가족상을 이해하지 못한다고 말할 수 있죠? (…) 우리는 400년 이상 우리 가족들이 살아남을 수 있게 지켜왔어요. (…) 어떻게 감히 흑인 공동체가 가족을 돌보지 않는다고 말할 수 있죠? 터무니없는 주장입니다. 회의 기록에서 삭제해주세요.

플래스킷은 최소한 1970년대부터 민주당과 공화당, 보수주의자와 자유주의자 모두가 지탱한 인종차별주의적 관념이 거짓임을 폭로하고 있었다. 그들은 사회복지, 공공주택, 의료서비스, 교육과 관련된 사회 정책의 극단적인 인색함을 그 관념으로 합리화했고, 그중 대다수가 여전히 유지되고 있다.

많은 사람이 여전히 이 정책의 밑바탕에 깔린 내러티브에 의문을 제기하지 않는다. 몇몇은 그로스먼처럼 그 내러티브를 영속시키기 위해 적극적으로 노력한다. 상원의원 릭 스콧Rick Scott처럼 그 내러티브에 새 생명을 불어넣기 위해 쟁점의 중심을 미국 흑인 집단에 내재된 위협에서 정치적 좌파의 위협으로 전환해 노력하는 이들도 있다. 스콧은 미국을 구하기 위한 11단계 계획을 제안하면서 이렇게 말한다. "좌파 광신도들이 부모의 권위를 약화시키고 정부 프로그램으로 부모를 대체하려고 시도하면서 전통적인 가족상을 평가절하하고 재규정하려고 애쓰고 있다. 우리는 사회주의가 국가의 필요를 가족의 필요보다 우선시하도록 내버려두지 않을 것이다."[34]

그러나 이런 인종차별주의적인 빈껍데기 내러티브에 대한 플래스킷의 신랄한 해부로 인해 이 내러티브가 남부 연합군 동상과 함께, 석기 시대와 마찬가지로 과거의 유물이 될 것이라는 희망을 품을 여지가 생겼다. 만약 그로스먼을 비롯해 너무나 많은 사람과 마찬가지로 우리가 그 내러티브의 결함을 보지 못한다면, 그리고 계속해서 그 내러티브를 바탕으로 정책을 세운다면, 우리는 거의 한계점에 내몰릴 정도로 시달리고 있는 소외집단의 웨더링 부담을 한층 더 가중시키기만 할 것이다.

우리는 변화를 도모할 준비가 되었는가? 만약 그렇다면 먼저 소외집단이 개발한 가족 지원 시스템의 가치를 인정하고 존중해야 한다. 그런 다음에 그런 가족 지원 시스템의 효과를 극대화할 수 있는 정책이 무엇인지 검토해야 한다. 현재의 정책과 프로그램과는 정반대 방향으로 나아가야 한다. 사회운동과 정책조치의 지침과 목표를 재상상해야 한다. 형평성을 중심에 두고 웨더링 작용을 고려하는 규정을 마련해야 한다.

2부 앞으로 나아가는 길

원탁에 당신의 자리가 마련되어 있지 않다면, 접이식 의자를 들고 가자.

— 셜리 치점Shirley Chisholm[1]

지금까지 우리는 모든 미국인이 건강한 삶과 장수를 누릴 권한이 동등하게 주어진다고 전제하기 때문에 어떤 심각한 결과들이 발생하는지 살펴봤다. 개인적 책임을 내세우는 에이지워싱 내러티브는 어떤 집단이 가족을 부양하고 지원하기 위해 쉬지 않고 노력할 때 사회 시스템에서 맞닥뜨리는 구조적 장애물도, 그들이 매일매일 매시간마다 직면해야 하는 해로운 스트레스 인자가 누적되면서 겪게 되는 웨더링도 고려하지 않는다. 그 결과 건강 격차를 줄이기는커녕 오히려 심화하는 정책들이 만들어지고 집행된다. 그런 정책의 의도는 선할지(또는 선하지 않을지도) 모르나 그런 정책이 낳은 결과는 최선의 경우에도 웨더링을 근절하기에는 한참 부족하고 최악의 경우에는 치명적이다.

팬데믹은 그 어느 때보다도 지배집단과 소수집단 간, 그리고 가난한 노동계급과 나머지 사람들 간 건강 격차를 명확하게 드러냈다. 경찰이 무장하지 않은 흑인 남자, 여자, 아이들에게 발포한 사건들이 언론을 통해 큰 주목을 끌면서 미국 사회에 구조적인 인종차별이 만연하다는 사실을 더 이상 부정할 수 없게 되었다. 물론 건강 형평성을 신장하기 위한 중요한 실천을 법제화·제도화하고 이를 위한 정치동력을 얻으려면 광범위한 사회운동이 필요하다. 2부에서 다루는 내용은 사회운동 활동을 보완하고 지원하는 것에 초점을 맞춰서 썼다. 때로는 사회 변화가 한순간에 일어나는 것처럼 보이지만, 실제로는 대개 수십 년 동안 막후에서 끊임없이 조직화하는 노력이 쌓여서 그 "순간"이 다수의 시야에 들어오는 것이다.[2] 그런 순간들에는 마찬가지로 하룻밤 사이에 생겨나지 않는 관념, 증거, 틀도 등장한다. 이 책의 2부가 사회운동가들이 오늘날 우리가 직면한 그 순간을 준비할 때 활용할 수 있는 증거와 공유된 이해의 은행에 쌓인 자원을 키우는 데 보탬이 되었으면 한다.

변화가 너무나 시급하다 보니 점점 더 많은 활동가, 정책입안자, 정치가, 싱크탱크, 정부기관이 인종 정의를 위한 투쟁에 합류하고 있다. 몇몇 도시(시애틀, 워싱턴 DC, 메릴랜드주 타코마파크 등)와 몇몇 주(캘리포니아, 코네티컷, 플로리다, 아이오와, 뉴저지, 오리건 등)는 정책안을 통과시키기 전에 그 정책의 인종 영향 평가 보고서도 함께 제출하는 것을 의무사항으로 정하는 법을 제정했다. 연방정부 차원에서는 2021년에 바이든 대통령이 연방기관의 장에게 그 기관의 프로그램과 정책에 대해 인종, 민족, 종교, 소득, 지리, 젠더 정체성, 성적 취향, 장애와 관련해 형평성 평가를 실시하도록 요구하는 행정명령을 발동했다.

그런데 인종 영향을 정의하거나 평가하는 권한을 누구에게, 그리고 그 인종 영향 평가가 형식적인 것이 되거나 더 나아가 일상에서 우리를 에워싼 웨더링 스트레스 인자들이 더 늘어나지 않도록 감독하는 권한을 누구에게 부여할 것인가? 영향 평가를 요구하는 그런 발전적인 시도가 필요한 것은 사실이지만, "형평성 영향"equity impacts 평가가 유효하기 위해서는 웨더링을 포함해 인구집단 간 격차의 근본적인 원인에 대한 전체론적인 이해가 선행되어야 하고 원탁에 모든 이해관계자의 자리가 마련되어야 한다.

이 책 전반에 걸쳐 정의했듯이 웨더링은 수년, 수십 년에 걸쳐 만성적으로 또는 반복적으로 생리학적 스트레스 반응이 활성화되어 발생한 결과이다. 이것은 한 개인의 건강과 기대수명이 그 사람이 인종화된 사회적 정체성 집단의 구성원으로서 겪는 경험들이 누적된 총합을 반영하면서 그 개인의 평생에 걸쳐 상태가 드러나고 변한다는 것을 의미한다. 그런 경험은 각 행위자의 인종화된 사회적 정체성에 따라 그들이 타인에게 어떤 대우를 받는가에 의해 형성된다. 또한 사회 시스템이 그 행위자에게 배정한 사회적 정체성 집단의 물질적·정치적·지리적 제약하에 그 행위자가 어떤 환경에 노출되는가에 의해 형성된다. 그 개인의 DNA나 생활방식보다는 그런 것들이 더 중요하게 작용한다. 나는 우리가 나이와 건강 간 관계가, 최소한 자궁 안에서 태아일 때부터 중년이 될 때까지 변할 수 있다는 사실을 먼저 이해해야 한다고 생각한다. 그리고 그 관계가 우리 사회 전체의 의지와 우리 사회가 함께 들이는 노력에 의해 변할 수 있다고 생각한다. 그런 노력은 사회가 변화할 수 있는 기회의 문을 연다. 그 변화가 크든 작든 그런 변화는 웨더링이 야기한 불평등을 완화하고 궁극적으로는 제거할 수 있다.

착취와 억압을 당하는 이들의 일상생활을 개선하는 방향으로 의미 있는 발걸음을 옮기는 모든 조치는 그들이 당하는 웨더링 작용을 중단시킬 것이다. 더 공평한 사회를 만드는 모든 조치는 그 목표만으로도 가치가 있으며, 또한 웨더링 작용을 중단시킬 것이다. 웨더링 작용을 중단시키는 것은 그 자체만으로도 공평한 사회로 나아가는 중요한 발걸음이 된다. 일부 집단이 다른 집단에 비해 건강한 기대수명이 훨씬 더 짧은 사회는 진정한 의미에서 공평한 사회가 될 수 없다. 그 집단이 경제적 자원이 가장 부족하고 정치권력이 가장 약한 집단이며, 혐오나 두려움이나 분노를 수반하는 고정관념의 대상일 때는 공평한 사회로부터 더더욱 멀어질 수밖에 없다. 소외집단의 구성원이 장애물에 맞닥뜨려도, 착취와 모욕을 당해도 포기하지 않고 그에 맞서 계속 살아가기 위해 노력하고 자신의 가족과 사회에 보탬이 되려고 노력하는 과정에서 그들의 몸이 손상된다. 우리가 웨더링이 실재한다는 것을 순순히 인정할 때에만 착취, 소외, 비방을 당하는 이들이 처한 어려움을 이해할 수 있는 가능성이 생긴다. 그런 이해로 무장할 때에만 진정한 변화와 공평한 변화를 기대할 수 있게 된다.

  20세기 말 우리는 미국의 정책과 법안이 억압받는 집단, 노동계급, 인종화된 집단이 살아내는 경험을 지우거나 무시하는 것을 목격했다. 그런 정책과 법안은 지배 특권층에게 효과적인 해결책을 기본 줄기로 삼았고, 지배집단과 소외집단의 운명이 "만드는 자와 취하는 자"makers and takers라는 틀 밖에서도 역동적으로 연결되어 있다는 사실을 고려하지 않았다. 1990년대에 권력자들이 건강 형평성을 도모하겠다는 목표 달성에 얼마나 처참하게 실패했는지를 목격했으므로 21세기의 중요한 사회적 난제를 해결하기 위해서는 더 잘 투쟁해야 한다. 기후변화와 같이 오늘날 정책 어젠다에서 최우선과제로 삼아야 한다고 많은 사람이 인식하는 사회 문제는 모든 사람의 실존에 관한 문제이다.

새로운 사회 정책 기획안이 웨더링에 대해 지니는 함의를 검토할 때 우리는 언제나 이런 질문을 던져야 한다. 건강 증진 대상인 집단의 일상이라는 현실적인 맥락 안에서 그 정책안은 그 집단의 실질적인 필요를 어떤 측면에서, 얼마나 잘 충족할 수 있을까? 8장에서 논의했듯이 그런 프로젝트의 다수가 소외집단의 삶을 실질적으로 개선하지는 못하면서 오히려 스트레스만 가중할 가능성이 있다는 점을 유념해야 한다. 또한 7장에서 논의했듯이 우리는 인종차별주의적이고 계급주의적인 사회 시스템에서 돈을 벌거나 진학하기 위해 필요한 대응기제들이 때로는 만성적인 생물학적 웨더링 과정을 촉발한다는 사실을 인지해야 한다.

어떤 정책, 프로그램, 실천, 정치행동이 모든 미국인에게 운동장을 평평하게 만들 수 있는지를 고민할 때 웨더링의 원인과 가능한 해결책을 진지하게 검토하면 필연적으로 사회 변화에 관한 대화가 풍성해질 수밖에 없다. 그러나 그것이 묘책이나 만병통치약은 아니다. 권한이 있거나 투표권이 있거나 시민운동가이거나 지지자인 우리 한 사람 한 사람이 자신이 직접 경험한 삶에서 한발 물러나 우리가 상식이라고 생각하는 것이 다른 모든 사람의 입장에서도 충분히 타당한지 자문해야 한다. 그런 상식에는 가족 구조, 자녀양육 방식, 이상적인 인생 경로와 같은 것에 대한 가장 근본적인 신념까지도 포함된다. 그리고 그 질문에 대한 답은 아마도 '아니다'일 것이다. 이 세상에 선한 의도를 지닌 사람이 아무리 많아도 우리는 각자의 경험과 역사가 다르고, 권력과 경제적 자원에 대한 접근성이 다르고, 즐거움, 의미, 목적의 원천이 다르다는 사실을 놓치고 있다. 그런 차이로 인해 어떤 집단에게는 효과가 있는 것이 다른 집단에게는 적용 불가능할 수 있는데도 말이다.

사회적, 인종적, 계급적 구분선에서 서로 다른 쪽에 속한 사람들의 단기적인 필요와 기대는 매우 다르다. 그러나 지배문화 집단에 속한 사람들이 사회적 불평등이 야기하는 최악의 결과들을 직접 경험하지 않거나 그런 결과를 무시한다고 해서 그런 사람들이 아무런 영향을 받지 않는 것은 아니다. 숲속에서 젠가 탑이 부너질 때 권력과 부를 쥔 사람늘은 아마도 그 소리를 듣지 못할 것이다. 그러나 그런 탑이 존재했고, 중요했고, 무너졌다는 사실은 변하지 않는다. 그리고 그 탑의 붕괴가 우리 모두에게 손해라는 사실도.

사회 시스템의 문제를 해결하기 위해서는 사회 시스템이 변해야 한다. 다만 구조적, 더 나아가 혁명적 변화는 고전적인 의미의 혁명 없이도 일어날 수 있다. 웨더링을 당하는 대다수가 정치 혁명이 일어나기를 기다려야만 하는 것은 아니다. 그 사람들이 새로운 정부가, 만약 그것이 변화의 전부라면, 자신들의 필요를 더 잘 또는 더 영구적으로 충족해줄 것이라는 확신을 가져야 하는 것은 더더욱 아니다. 그런 목적을 달성하기 위해서는 가장 영향을 많이 받는 공동체의 목소리가 존중받는 협력 절차가 필요하다. 그런 절차가 없다면 우리는 더 좋은 결과를 만들어내기보다는 오히려 해를 가할 가능성이 크다. 일상생활을 개선하는 것을 목표로 하는 사회 정책 결정은 언제나 그 정책의 수혜자로 지목된 사람들이 실제로 살아가는 현실을 반영해야만 하기 때문이다. 우리에게 필요한 혁명은 가장 심각한 사회 문제를 어떻게 포착하고, 가능한 대응책을 규정하는 틀을 어떻게 넓히고, 그런 문제를 해결할 권한이 누구에게 있고, 그 과정에 참여할 수 있는 사람이 누구라고 생각하는지와 관련해 우리의 사고를 변화시키는 혁명이다.

형평성 형평성 형평성을 우선순위에 두기

인종화된 불공평과 그것이 야기하는 웨더링을 해소하기 위해 우리는 형평성을 우선순위에 두어야 한다.

현재 정치, 정책, 프로그램 개발의 기본 설정은 특권층에 초점을 맞추고 있다. 그러나 우리는 "주변부를 중심에 두기" 위해 노력할 수 있다. 건강을 마모시키는 억압을 경험하는 집단의 입장에 서서, 그 집단이 맞닥뜨리게 되는 사회적인 맥락 속 도전과 제들을 지워버리는 대신 중심에 둬야 한다.[3]

웨더링을 근절하려면 어떤 정책안이나 프로그램 기획안을 평가할 때 우리 사회에서 가장 무시당하는 이해관계자들을 위한 형평성을 구현하는 데 기여할지 못할지를 기준으로 삼아야 한다. 웨더링을 근절하는 것을 목표로 하는 공공 정책안이 모든 이해관계자에게 유익하다면 그것이 가장 이상적일 것이다. 그러나 이해관계자들의 필요와 우선순위가 충돌한다면, 웨더링으로 인해 가장 큰 고통을 받는 사람들, 웨더링으로부터 스스로를 보호할 수 있는 선택지가 가장 적은 사람들에게 가장 큰 혜택이 돌아가야 한다. 형평성을 확보하려면 이해관계자들이 경쟁관계가 아닌 협력관계로, 상호 연대 속에서 함께 노력해야 한다.

이런 변화의 하나로, 상호 존중 및 연대의식과 더불어 공감대를 형성하는 것이 정의로운 행동이고, 서로를 배려하는 방법이다. 또한 전략적인 행위이기도 하다. 공감대는 "만드는 자와 취하는 자"라는 이분법적인 관점이 아니라, 사회 정의라는 관점에서 정책을 집행하는 데 필요한 동기와 정치적 의지의 원동력이 되기 때문이다. 안타깝게도 미국에서 특권층의 일상 경험은 그와는 너무나 다른 착취, 억압을 당하는 소외집단의 일상 경험과는 완전히 단절되어 있어서 그런 집단이 살아내는 삶이 얼마나 힘든지 상상조차 할 수 없고, 우리가 그들의 삶을 힘들게 만든다는 사실에 완벽하게 무지하다. 이런 무지로 인해 공감이 아닌 경멸로 이어지는 편견에 따라 판단한다. 우리 사회가 정책입안자들이 소외집단에 대한 재정 지원을 자격이 없는 사람들에게 뿌리는 헛돈으로 규정하도록 내버려뒀다면, 그것은 우리가 그런 공동체의 구성원들을 그들의 진짜 모습 그대로 또는 이상적으로는 의견을 구하고 함께 협력해야 하는 존재로 바라보는 데 실패했기 때문이다. 그렇기 때문에 미국 정부가 다른 모든 사람을 희생시키는, 특권층에만 유익한 기존의 편의주의적인 예산안을 자동적으로 집행하는 것이 가능해진다. 지배문화의 권력자들이 오만한 태도를 버리고 겸손해지는 것이 문제 해결의 핵심이다.

웨더링을 근절하고 건강 형평성을 증진하는 새로운 접근법을 위한 지침들

형평성을 추구하고 웨더링이 작용하는 현실을 반영하는 사회 변화와 정책을 이끌어내기 위해 다음에 제시한 다섯 가지 원칙을 실천하기를 권한다. 숙의, 건강 영향 분석, 실천을 염두에 두고 작성한 지침이다.

- 생심리사회적으로 생각한다: 우리 주변에서 벌어지는 은밀한 불평등에 대처하기
- 전체론적으로, 생태학적으로 생각한다.
- 억압받는 이해관계자를 지워버리지 않는다: "우리 없이는 우리에 대해 아무것도 하지 말라."
- 노동연령 및 생식연령 성인의 필요에 주의를 기울인다.
- 우리 모두의 운명이 연결되어 있다는 사실을 깨닫고 받아들인다.

이 책의 후반부에서는 각 장에서 이 지침들을 상세하게 다룰 예정이다. 간단하고 이해하기 쉬운 변화의 예시를 먼저 살펴볼 것이다. 그 변화들은 일상적인 시공간에서 소외집단의 생리학적 스트레스 반응을 촉발할 수 있는 소외집단 폄하 신호를 중화하는 것을 목표로 한다. 이후에 나오는 장들에서는 시스템과 구조에 영향을 미치는 더 큰 변화를 유도하는 배려를 바탕으로 한 공정하고 효과적인 접근법으로 나아가는 경로를 제시한다. 그 과정에서 선한 의도로 시작했지만, 잘못된 길로 빠지거나 노력을 중단한 사례도 다룰 것이다. 이 책 전반에 걸쳐 살펴보았듯이 웨더링과 형평성을 고려하지 않는 정책은 비생산적일 때가 많다. 현시대의 나쁜 정책의 사례들을 다루는 이유는 당신의 의욕을 꺾기 위해서가 아니라 오히려 위에서 제시한 다섯 가지 지침을 우선순위에 두는 것이 중요하다는 점을 강조하기 위해서다. 또한 성공 사례도 나오는데, 그런 사례는 내가 제안하는 접근법의 효과와 가능성을 보여준다. 여기에 나온 성공 사례가 전부는 결코 아니며, 그 사례들은 각각의 맥락 안에서 여전히 현재 진행 중이기도

하다. 그런 성공 사례를 소개하는 이유는 웨더링, 그리고 기존 및 현재의 정책적 실책과 선한 의도로 저지른 실수에 대해 알게 되었다고 해서 우리가 마비 상태에 빠지거나 에이지워싱의 개인적 책임 내러티브를 기본 행동지침으로 삼아야 하는 것이 아니라는 점을 보여주기 위해서다. 여기서 소개하는 사례들이 범위와 내용에서 다양한 이유는 일단 당신이 웨더링이라는 렌즈를 통해 건강 격차, 그리고 그와 관련된 사회적 불평등을 들여다보면 당신의 사회적 지위, 전문성, 자원, 관심사가 어떠하든 간에 즉각적으로, 단기적으로, 장기적으로 당신이 지지하거나 실천할 수 있는 성공 가능성이 높은 행동이 있다는 것을 당신이 인정하게 만들기 위해서다.

9장　　　　　　　　**생심리사회적으로 생각하기**

: 우리 주변의
　은밀한 불평등에 대처하기

웨더링이 해결하기에는 너무 어렵고 불가능한 문제처럼 보일 수 있다. 그렇기 때문에 미국 전역에서 건강 형평성에 대한 요구를 이끌어내기 위해 풀뿌리 인권운동가들이 대규모 사회운동에 나서야만 했다. 먼저 당장 오늘 우리가 실천해서 긍정적인 효과를 낼 수 있는 즉각적이고 쉬운 변화들이 있다. 인종화되고 낙인찍힌 가난한 노동계급이 매일 접하는 "공기 속" 생심리사회적 스트레스 인자 전부에 포괄적으로 대처하는 접근법이다.

앞서 논의했듯이 지배집단의 구성원들은 자신의 가치관과 삶의 경험이 사회 전체에서 정상규범으로 여겨지고, 그 규범에 맞춰서 제도적 구조가 형성되고 우선순위가 정해진다는 점에서 혜택을 받는다. 지배집단의 구성원은 자신의 사회적 정체성으로 인해 위해에 노출되었다는 신호를 탐지하기 위해 신경을 곤두세울 필요도 없고, 부정적인 고정관념에서 벗어나려고 노력하기 위해 에너지를 낭비할 필요도 없다. 소외집단의 구성원은 그런 사치를 누리지 못한다. 오히려 그들은 자신의 사회적 정체성에 낙인이 찍혔다는 사실을 늘 자각하면서 끊임없이 경계하고 대응해야 하는 조건에서 매일매일을 살아내야 한다. "십대 임산부" 또는 "복지 여왕" 또는 "슈퍼 범죄자" 또는 "쓰레기" 나라에서 온 "불법 이방인"으로 낙인이 찍히든, 인종화되든, 열등한 성이나 위협적인 존재로 취급받든 그들은 모두 부정적으로 왜곡된 자신의 사회적 정체성으로 인해 고통받는다.

이런 사회적 정체성 왜곡이 지배문화가 자신의 사회적 정체성에 의미를 부여하는 방식이다. 그런 의미 부여를 위한 신호들 때문에 낙인찍힌 자들은 절대로 경계를 늦출 수 없고, 언제나 갑옷을 두르고 있어야 한다. 예를 들어 남부연합군 군인의 동상이나 누군가의 탈의실 옷장에 놓인 올가미 등 명백하게 드러나 있는 편견의 상징 일부에 대해서는 그것을 해체하고 금지하는 것이 중요하다는 사실을 이해할 수도 있다. 그러나 우리 문화에 스며들어 있는 더 미묘한 인종차별주의적인 상징이나 신호는 무의식적으로 받아들이고 있을지도 모른다. 그런 것들은 그냥 "공기 속"에 있으며, 웨더링을 야기하는 부정적인 생리학적 과정을 자동적으로 촉발한다. 그런 것들은 전염병이다. 미생물처럼 우리 눈에는 보이지 않아도 우리의 몸과 마음을 식민지로 삼고 우리 중 몇몇을 아주 심하게 아프게 만들 수도 있다.

이 장에서는 우리가 그런 신호를 더 잘 알아보기 위해 무엇을 해야 하는지, 무엇을 바꿔야 하는지에 대해 알아본다. 우리가 개인적으로 적용할 수 있는 전략들이 있다. 일상의 시공간에서 우리는 사회적 정체성 신호가 만들어내는 왜곡과 건강에 대한 위해를 최소화하는 방향으로 그 신호를 바꿀 수 있다. 이런 것들은 사회 전체가 변화하기 전에, 또는 그런 사회 변화가 없어도 할 수 있는 것들이다. 이런 전략과 변화만으로는 웨더링을 근절할 수 없다. 그러나 그것은 현재 위해-감축 전략의 일환으로 우리 힘으로 할 수 있는 것들이다. 규모를 조절할 수 있고, 여러 시공간에 적용할 수 있으며, 형평성을 도모하는 데 측정가능한 긍정적인 효과를 발휘한다. 이 장에서는 즉각적인 효과가 있는 뭔가를 오늘부터 시작하고 싶은 사람이 실행에 옮길 만한 것 몇 가지를 소개하겠다. 이것이 종점은 아니며, 다만 좋은 출발점이라고 생각하면 될 것이다.

나는 형평성을 신장하는 다음과 같은 접근법을 제다이 공공보건Jedi public health(JPH)이라고 부른다.[1] 《스타워즈》 시리즈 중 한 편이라도 봤다면 제다이 마스터는 현명한 개인들의 연합이라는 사실을 기억할 것이다. 그들은 스승이자 전사이다. 제다이는 선한 포스에 대한 충성심으로 서로 연결되어 있다. 우리도 그래야 한다. 제다이는 우주 시대의 기술을 편안하게 사용하지만 가장 접근이 용이한 기술인 자신의 정신을 선을 위한 포스로 주로 사용한다. 따라서 누구나 제다이가 될 수 있다. JPH 철학은 우리 모두가 우리 공동체에서 가장 소외되고 취약한 구성원이 겪는 생리학적 스트레스를 단절하는 것을 목표로 환경을 바꾸기 위해 협력하면 웨더링을 물리치는 데 도움이 된다고 주장한다. 정체성 안전성 문화를 논증적으로, 상징적으로, 물질적으로, 정치적으로, 디지털적으로, 실질적으로 공동 조성할 수 있다. 지역사회에서, 학교에서, 온라인 소셜네트워크에서, 일터에서, 진료실에서, 병원에서, 요컨대 우리가 살고, 생각하고, 상상하고, 행동하는 모든 곳에서.[2]

JPH는 일부 정체성과 존재방식에 특권을 부여하는 반면 다른 정체성과 존재방식은 주변화하고 폄하하는 널리 통용되는 핵심 문화적 신념으로 인해 건강 격차가 발생한다는 점을 인지하고 있다. 그래서 시민에게 봉사해야 하는 정책, 관행, 지역사회의 제도 및 기관(학교, 정부, 경제 시스템, 법 시스템, 의료 시스템)의 태도가 그런 시스템 안에서 살아가야 하는 소외집단에게는 적합하지 않을 수도 있다는 점도 인지하고 있다.[3] 자신에게 적합하지 않은 제도와 기관을 상대해야 하는 상황 자체가 생리학적 스트레스 반응을 촉발하고 건강 취약성을 심화할 수 있다.[4] 이런 상황을 바꿀 수 있는 많은 통합 환경들이 있다. 우리가 반복해서 목격하듯이 전형화가 위험한 이유는 단순히 감정을 상하게 하기 때문이 아니다. 부정적으로 전형화된 사람은 자신의 정체성의 내용들이 자신에게 위해를 가하는 근거가 되고, 자신의 성공 가능성, 취업 경쟁력, 경제적 안녕, 건강, 심지어 목숨을 위협할 수 있다고 걱정할 수 있고, 그런 걱정은 기우가 아니기 때문이다.

JPH의 목표는 일상에서 사회적 정체성에 낙인을 찍는 신호들이 소외집단의 정신에서 중심을 차지하지 않도록 하는 것이다. 특히 취업이나 진학이나 다양한 지역사회 기관과의 상호작용에 영향을 미치는 시험과 인터뷰같이 많은 것이 걸린 수행 상황이나 출산이나 의료적 응급 상황 등 생사가 걸린 상황에서 그런 신호들이 그들의 정신 상태를 좌우하는 일이 없어야 한다.

JPH 목표는 모든 시공간에서 운동장을 평평하게 만드는 것이다. 그래서 사회적 정체성이 사람들이 받아들여지고, 대우받고, 가치를 평가받을 때 더 이상 핵심적인 역할을 하지 못하게 되고, 더 나아가 제도적으로 그리고 일상적인 상황에서 자신의 정체성으로 지내는 것에 대해 언제나 안전하다고 느낄 수 있도록 말이다. 이런 접근법은 사회가 사회적 정체성에서 찍힌 낙인을 지워야 한다는 더 큰 명제로 가는 구체적인 첫발을 내딛을 방향을 제시한다. 고정관념이 지닌 힘을 뺏음으로써 JPH는 다양한 배경의 사람들이 성공하고 건강하게 살 수 있게 해주는 절차에 시동을 건다.

몇몇 영역에서 해로운 환경 신호를 제거하는 것만으로도 생리학적 스트레스 반응을 최소화하고 건강을 비롯한 여러 분야에서 형평성을 구현하는 선순환이 시작되어서 삶을 정말로 변화시킨다는 증거들이 있다. 흑인 산모의 출산 합병증 위험을 줄여준다는 산모와 영아 건강 연구 문헌에서 그런 증거를 찾을 수 있다. 흑인과 백인 학생 간 학업 성취 격차를 줄이고, STEM* 과목에서 남학생과 여학생 간 학업 성취 격차를 줄이는 전략을 소개하는 교육학 자료에서 그런 증거를 찾을 수 있다. 우리가 TV, 영화, 비디오게임에서 보는 캐릭터가 미와 힘에 대한 젠더화되고 인종화된 고정관념을 강화하는 메시지를 주입한다는 사실에서 그런 증거를 찾을 수 있다. 컴퓨터 코딩과 머신러닝 알고리즘이 편향을 고착화할 수 있다는 것과 그 편향을 반대 방향으로 뒤집을 수도 있다는 것에서 그런 증거를 찾을 수 있다. 이제부터 나는 앞서 언급한 맥락에서 효과적인 증거 기반 전략들의 예시 몇 가지를 소개할 것이다.

분만 상황에서 위협적인 신호 분산시키기

출산의 초질병화hypermedicalization가 분만실을 안전한 공간으로 경험하지 않는 산모들이 감수해야 하는 위험을 키운다. 출산

---

* science, technology, engineering, mathematics의 앞글자를 딴 표기로, 과학, 기술, 공학, 수학을 일컫는다.

의 초질병화는 분만 과정을 감독하는 의사들이 출산을 자연적인 과정이 아니라 의료 문제로 보는 경향으로 인해 생겨난 현상이다. 최근 몇 년간 언론이 대대적으로 다루면서 세간의 이목을 끈 몇몇 흑인 산모의 사망 사례가 출산의 초질병화가 야기하는 위험을 명확하게 보여준다. 다른 무엇보다 이로 인해 흑인 여성이 분만 중에 자신에게 무슨 일이 벌어질지도 모른다는 생각에 걱정하게 만들었다. 공포에 사로잡힌 이들도 있다. 나는 일면식도 없는 여성들로부터 미국에서 흑인 여성이 출산하는 것이 안전한지 묻는 질문과 이메일을 많이 받았다. 그 내용은 한 흑인 여성이 임신한 딸을 대신해 내게 보낸 다음 이메일과 같았다.

> 흑인 산모의 사망을 다루는 언론 보도를 접한 내 딸은 흑인 여성이 미국에서 아기를 낳는 건 "안전하지 않다"고 결론 내렸어요. [유럽에서] 낳는 게 더 안전할 거라고요. 그리고 [유럽에] 갈 수 있는 흑인 여성은 절대로 미국에서 아이를 낳아서는 안 된다고요. 그 기사들은 딸이 여기서 아이를 낳는 것에 대해 "공포감"을 느끼게 했어요.

병원에서 분만하는 것이 얼마나 낯설고 정체성을 위협받고 심지어 끔찍한 경험일 수 있는지를 의료서비스 기관의 임상의, 정책입안자, 의사결정자가 이해할 수 있도록 도와야 한다. 분만실은 여러 가지 면에서 살균 소독된 환경이다. 그 점이 좋을 수도 있고, 나쁠 수도 있다. 분만을 보조하는 의료진이 자신의 걱정 어린 목소리에 귀를 기울이지 않는다고, 자신의 말을 진지하게 들어주지 않는다고 느끼는 산모에게는 위협적일 수도 있다. 예민하게 구는 것이 아니다. 우리는 산모와 의사 간 이런 역학관계가 부정적인 영향, 심지어 때로는 치명적인 영향을 미친 여러 사례를 이미 살펴봤다. 산모 관리 서비스 제공자의 구성비, 그리고 분만실에서 산과/부인과 전문의와 나머지 의료진 간 권력관계를 조금만 바꿔도 산모의 경험이 크게 달라질 수 있다.

조산사는 의사에 비해 분만하는 산모의 목소리에 더 잘 반응할 것이다. 또한 산모의 입장에서 덜 위협적으로 느껴질 수 있다. 많은 여성이 출산과정에서 의사와 간호사는 하지 않는 지속적인 돌봄과 관심을 제공하는 개별 산모 전담 산파가 함께하면 더 좋다고 말한다. 산파가 제공하는 지원에는 교육하고, 안심시키고, 격려하는 것 외에도 손을 잡아주고 눈을 맞추는 것이 포함된다. 또한 단순히 말 그대로, 그리고 비유적으로도 늘 함께해주는 것만으로도 산모를 안심시키고 산모에게 자신감을 불어넣는다. 개별 산모 전담 산파의 존재와 행동은 생리학적 스트레스 반응을 막거나 중단시킬 수 있고 분만 중인 산모에게 그녀가 중요한 존재이며, 그녀의 걱정이 쓸데없는 것이 아니며, 누군가가 그녀의 편에서 그녀를 지켜주고 있다는 사실을 환기한다. 보살펴주는 산파가 곁에 있으면 산모는 환경이 보내는 위협적인 신호를 예민하게 탐지하는 대신 경계심을 버리고 분만에 집중할 수 있다. 안전하다고 느끼기 때문이다.

흑인 산모 사망을 다룬 획기적인 『뉴욕타임스 매거진』 기고문에서 린다 빌라로사Linda Villarosa는 다나-아인 데이비스Dána-Ain Davis와 대화를 나눈다. 다나-아인 데이비스는 산파이자 뉴욕시립대학교 여성과 사회 연구 센터Center for the Study of Women and Society 소장이다.[5] 데이비스가 설명한 대로 산파는 스트레스와 취약성이 한껏 고조되는 분만 중에 "잠재적으로 트라우마를 남길 수도 있는 의사결정을 해낼 수 있도록 돕는 또 하나의 귀와 목소리" 역할을 한다. 자신의 경험을 바탕으로 데이비스는 산파가 "흑인 여성의 산모 사망과 조산아 출생이라는 위기를 해결할 중요한 퍼즐조각"이라고 결론 내린다.

빌라로사는 흑인 산모 랜드럼의 분만 과정에서 랜드럼과 그녀의 산파 기와의 상호작용 장면을 예시로 제공한다. 랜드럼은 마취과 의사가 마취를 하는 동안 산파 기와를 포함해 모든 방문객을 분만실에서 나가게 한 뒤에 원래 주입했어야 하는 마취제와는 다른 마취제를 주입한 사실을 알게 되어 불안한 상태였다. 빌라로사는 기와가 마침내 분만실에 들어갈 수 있게 되었을 때 랜드럼과 기와가 대화를 나눈 장면을 다음과 같이 전했다.

랜드럼이 그런 일이 벌어진 것에 대해 큰소리로 불만을 제기하자 혈압이 급격히 치솟았고, 태아의 심박수는 급락했다. 기와는 긴장하면서 모니터를 바라봤다. 깜빡이는 불빛이 기와의 얼굴에 반사되었다. "당신은 부당한 일을 당했어요." 기와가 랜드럼에게 목소리를 낮춰 속삭이듯 말했다. "그렇지만 아기를 위해서라도 제발 지금은 그 일을 잊어야 해요."
기와는 랜드럼에게 눈을 감고 지금 느끼는 스트레스가 무슨 색일지 상상해보라고 했다.
"빨강이요." 랜드럼이 쏘아붙였다. 그리고 마침내 베개에 머리를 내려놓았다.
"마음을 위로하고 아주 편안하게 하는 색은 뭔가요?" 기와가 랜드럼의 손에 로션을 발라주면서 물었다.

"라벤더요." 랜드럼이 답하면서 크게 숨을 들이마셨다. 그 후로 10분 안에 랜드럼의 혈압이 정상 범위로 돌아왔고, 태아의 심박 수도 안정되었다.

랜드럼의 혈압과 태아가 받는 스트레스를 낮추기 위해 기와는 실질적으로 JPH 원칙을 따랐다. 자신이 받은 교육, 정서지능, 연민, 의지 외에 다른 기술은 동원하지 않았다. 제다이가 사용한 정신 조종술, 즉 "이들은 당신들이 찾는 드로이드가 아닙니다. 통과하세요, 계속 가세요"를 적용했고, 그것이 통했다.

무작위 대조 임상실험 결과 갓 출산을 한 산모는 산파가 함께 했을 때 제왕절개 시술을 하게 되는 경우가 급격히 줄어들었고, 마취제 사용도 줄었으며, 전반적인 출산 경험에 대해 더 긍정적으로 기억했다고 보고했다.[6] 분만실에 산파와 함께 들어가는 것이 아마도 흑인 여성에게 출산의 생심리사회적 위험을 줄이는 가장 유망한 모델일 것이다. 그러나 이것을 더 널리 보급하기 위해 넘어야 할 장애물이 몇 가지 있다.

많은 부유하고 혜택이 좋은 보험에 가입한 여성들은 이미 산파를 고용하고 있지만, 여유 소득이 거의 없는 여성은 그런 서비스에 지불할 돈이 없을 것이다. 산파 비용을 보장하는 보험은 거의 없고, 대개 개인이 자비로 산파를 고용한다. 현재 저소득층을 위한 공공 의료보험 메디케이드로 산파 비용을 처리하는 것을 허용하는 주는 단 세 곳(뉴욕, 미네소타, 오리건)뿐이다. 그마저도 배상 비율이 낮다. 산파 서비스를 확대하는 데 있어 또 하나의 걸림돌은 현재 미국에서 산파 서비스를 확대했을 때 현재 교육받은 산파의 수가 그 수요를 감당할 만큼 충분하지 않다는 점이다. 산파 교육을 받는 사람들에게 인센티브를 주고, 교육 기회를 늘림으로써 이 문제를 다소 해소할 수 있을 것이다. 점점 더 많은 사람이 특정 지역에서 이런 필요에 부응하고 있다. 그런 사람 중 한 명이 샤피아 먼로Shafia Monroe다. 조산사인 먼로는 오리건 산파협회Oregon Doula Association와 전통적인 출산을 위한 국제 센터International Center for Traditional Childbearing(ICTC)를 설립했고, 현재 포틀랜드주립대학교와 협연을 맺고 조산사 교육 프로그램을 제공하고 있다. ICTC는 아프리카계 미국인 중심 비영리 단체로 조산사가 되기를 원하는 흑인 여성을 교육하고 있다.7

학교 환경에서 상황 신호 바꾸기

학교 환경에서 고정관념 위협을 연구하는 학자들은 상황 신호를 바꾸는 데 초점을 맞춘 간단한 방법을 통해 STEM 수업에서 유색인종 여학생의 시험점수를 높일 수 있다는 것을 입증했다.8 그런 방법에는 다음과 같은 것들이 있다.

- 중요한 시험을 실시할 때 인구조사 질문(예: 젠더, 인종, 민족, 소득 등)을 시험지의 맨 처음이 아니라 맨 마지막에 배치해 학생들이 자신의 정체성이 위협당한다고 느낄 수 있는 상황에서 시험을 치르는 일이 없도록 한다. 그런 질문을 시험지 맨 처음에 두면 학생들은 낙인찍힌 자신의 사회적 정체성을 의식하게 되고 그로 인해 촉발된 생리학적 스트레스 반응이 정동 뇌 부위를 자극하는 한편 시험을 잘 치기 위해 필요

한 뇌의 인지 부위와의 연결을 끊어서 시험 수행 능력에 부정적인 영향을 미친다.
- 젠더화되거나 인종화된 소속 또는 배제 신호를 담은 포스터 같은 것들을 교실이나 직장에서 치운다. 그런 장식물은 그 환경에서 낙인찍힌 집단 구성원의 전형화된 정체성을 지속적으로 위협한다.
- 통합 환경에서 소외집단의 대표성을 높인다. 이렇게 하면 그들이 "타자"라는 것, 즉 그들이 소속되지 않았다는 전제가 약화되고, 그들에게 사회적 지지를 제공할 수 있다.
- 대학교 교수진을 포함해 교사를 교육해서 그들이 자신의 강의, 강의계획서, 학생 피드백 관행 전반에 걸쳐 고정 관점이 아니라 성장 관점을 장려하게 한다. 이런 접근법은 열등하거나 지능이 낮은 것으로 전형화된 집단 구성원의 불안감과 열등감을 완화시킨다.

이 중 몇 가지는 매우 간단해서 즉시 실행에 옮길 수 있다. 비용도 거의 들지 않는다. 사회적 정체성을 환기시키는 인구조사 질문을 시험지의 맨 처음이 아닌 맨 마지막에 배치하는 것이 바로 그런 예다.

또 다른 비용과 노력이 적게 드는 개입은 과학실 벽에 걸린 《스타트렉》 포스터를 자연 포스트로 바꾸는 것일 수 있다. 6장에서 살펴보았듯이 이렇게 했을 때 컴퓨터과학 수업 시간에 여학생들의 참여도가 높아졌다.

어떤 전략은, 예를 들어 교실에 반드시 다양한 배경의 학생들이 골고루 섞여 있도록 하는 것은 조직화와 행정적인 유인책과 노력을 요한다. 다른 전략, 예를 들어 학생들에게 "성장 관점"을 키워주는 법을 교사에게 가르치는 것은 훈련, 헌신, 자원을 요한다.

이 목록의 일부 항목은 다른 항목에 비해 더 많은 자원과 시간을 요구한다. 모든 목록이 요구조건이 비교적 무난하고, 학교 전체에서 실행할 수 있고, 영구적인 효력을 발휘할 가능성이 크다. 예를 들어 교사가 학생들에게 성장 관점을 키워줄 수 있는 방법을 생각해보자. 성장 관점은 능력이 타고난 것이거나 고정된 것이 아니며 올바른 방식으로 노력하면 얼마든지 능력을 키우고 강화할 수 있다는 믿음이다.

2학년 때 나는 학구를 돌아다니면서 "평균"적인 학생이 당시 뉴매스New Math라고 부르는 새로운 수학 교육과정을 얼마나 잘 받아들이는지를 보여줘야 했다. 나는 수학을 좋아했고 잘했다. 수학 과목에서는 거의 언제나 1등을 차지했다. 그러나 초등학교 교육과정에서 뉴매스를 고정 과목으로 채택하도록 로비 활동을 하는 교사와 행정직원은 여전히 나를 평균적인 수준의 학생이라고 소개할 수 있었고, 아무도 의문을 제기하지 않았다. 내가 여학생이었기 때문이다. 오늘날까지도 나는 이것이 학교 측의 의도적인 전략이었는지 아니면 그들도 성차별주의에 휩쓸려 여학생이 뉴매스에서 그토록 뛰어난 성과를 올릴 수 있다면 모든 학생이 뛰어난 성과를 올릴 수 있다고 믿었던 것인지 알지 못한다. 몇 년이 흐른 뒤 11학년 때는 12학년 AP* 수학 수업을 들었지만, 이후 대학원에서 수학 과목 수강을 요구할 때까지 다시는 수학 수업

---

* Advanced Placement. 대학 과목 선이수제를 말한다. 고등학생들에게 대학 과목(주로 1학년 교양과목 수준)을 학습할 수 있는 기회를 제공하고, 대학 이수 학점으로 인정해주는 제도이다.

을 듣지 않았다. 왜 그랬을까? 11년 동안 수학에서 뛰어난 성적을 거둔 이력에도 불구하고 내가 첫 중간고사에서 가장 높은 점수를 받았을 때 수학 선생님은 오직 내게 모욕적인 반응만을 보였기 때문이다. 선생님은 학생들의 점수를 공개 게시했다(어떻게 봐도 합리화할 수 없는 관행이다). 그리고 그때 점수를 게시하면서 선생님은 나를 노려봤고 교실을 향해 큰 소리로 이렇게 평가했다. "누가 최고 점수를 받았는지 절대로 믿지 못할걸. 알린이었어. 너희들은 믿기니? 나는 못 믿겠어." 나는 곧 선생님이 그냥 하는 말이 아니라는 것을 알게 되었다. 그다음 기말고사에서 나는 다시 한 번 최고점을 받았고, 선생님은 내가 부정행위를 저질렀다고 비난하면서 교장선생님께 이 사실을 알렸다. 2학년 때 내 지적 능력이 폄하되었을 때와 마찬가지로 수학 선생님이 나를 비난하면서 제시한 유일한 증거는 내가 여학생이라는 사실이었다(당시 우리 반에 여학생은 2명뿐이었다). 내가 부정행위를 저지르지 않았다는 사실은 입증되었지만, 나는 그 수업을 끝까지 이수하는 대신 수강을 철회했다. 그 후로 내가 수학 수업을 다시 들은 건 그로부터 10년이 지나서였다. 그것도 순전히 자의가 아닌 타의에 의해서였다.

그 선생님은 고정 관점을 지닌 것이 확실했다. 수학에서 뛰어난 능력을 발휘하기 위해서는 반드시 Y염색체가 있어야 한다고 믿었다. 고정 관점을 지닌 사람은 사람들이 수학이나 운동에서 성공하는 데 필요한 능력을 타고났거나 타고나지 않았다고 믿는다. 이와 대조적으로 성장 관점을 지닌 사람은 사회적 정체성이나 유전자가 아니라 학습, 노력, 연습에 의해 능력이 달라진다고 믿는다.[9] 모든 사람이 아인슈타인이 될 수 있는 것은 아니지만,

모든 사람이 물리학 교실에서 성공할 수 있고, 미래의 흑인 아인슈타인은 수행능력을 감소시키거나 기회를 제한하는 "공기 속" 인종차별주의적인 고정관념에 가로막혀 뛰어난 능력을 발휘하지 못하는 일이 없어야 한다.

심리학자 메리 머피Mary Murphy와 캐럴 드웩Carol Dweck은 사람들이 기관과 교사와 상사와 같은 권력자와 마주 앉아서 소통할 때 고정 관점과 성장 관점이 어떤 영향을 미치는지 조사했다. 요컨대 사고 관점이 그 장소의 공기 일부가 될 때 어떤 일이 생기는지 조사했다.[10] 교사가 다음과 같이 말할 때는 고정 관점을 전달한다. "이 과목을 잘하는 데 필요한 재능을 타고나거나 타고나지 못하거나 둘 중 하나야." "수학을 이해할 수 있는 그런 머리가 있거나 없거나 둘 중 하나야." "이 수업에서 초반부터 어려움을 겪는다면 아마도 이 과목을 잘할 수 없을 것이고, 그러니 수강 철회하는 것을 고려해봐." 그런 선언은 학생들이 실패할 수밖에 없도록 만든다. 그런 선언은 소외집단 구성원에게 시도해보기도 전에 포기하라는 신호를 보낸다. 그 소외집단은 특정 과목에서 지적 능력이 떨어지거나 수행능력이 떨어진다고 전형화되어 있을 수 있다. 자기 의심, 실패에 대한 우려, 자신을 평가절하하고 무시하는 교사에 대한 분노, 또는 교사가 틀렸다는 것을 입증하겠다는 굳은 결심 등이 그 구성원의 정신 공간을 차지해버린다. 그래서 배우는 것이 어려워진다. 이것은 다시 사고 관점을 자기실현 예언으로 만들어버린다.

교사가 수업을 시작할 때 이렇게 말했다고 해보자. "너희는 모두 똑똑하니까 이 과목에서 충분히 A학점을 받을 수 있어. 다만 너희 중에는 이 과목의 몇몇 주제가 어렵다고 느끼는 학생도 있을 거야. 만약 그렇다면 상담 시간에 나를 찾아오렴. 그 주제에 대해 조금 더 깊게 이야기를 나눠보자." 머피와 드웩은 교육자가 학업 도전과제를 처리할 수 있는 능력이 이미 정해진 것이 아니라 학습할 수 있고 확장할 수 있는 것으로 규정하는 학교 환경에서 소외집단 구성원의 수행능력이 향상된다는 사실을 발견했다. 또한 교사의 언어와 행동에서 고정 관점 또는 성장 관점을 학생들에게 암시하는 명확한 신호 패턴이 있다는 사실도 발견했다. 심지어 성적도 그런 신호 역할을 할 수 있다. TED 강연에서 드웩은 졸업 요건으로 정해진 수의 과목 이수를 요구한 시카고의 한 고등학교의 이야기를 전했다.[11] 그 학교에서는 대신 어떤 과목에서 낙제점을 받더라도 F학점을 주지 않고 '아직은 아니다'Not Yet라는 학점을 준다. 이것은 학생들에게 학습 곡선을 따라 나아가고 있으며, 아직은 아니지만 미래에는 결국 목적지에 도달할 것이라는 메시지를 전달한다. '아직 아니다' 학점은 전형적인 제다이적 행동이다.

　머피는 STEM 교실에서 여학생들에게 고정관념이 미치는 영향을 감소시키는, 어떤 규모로도 적용할 수 있는 저비용 개입을 개발하고 있다. 내 수학 선생님이 한 것처럼 여학생은 수학에서 뛰어난 능력을 보이는 것이 불가능하다는 메시지를 전달하는 대신, 이 개입은 STEM 교사진이 강의계획서, 강의, 학생들과의 개별적인 상호작용, 기타 수업 관행을 통해 성장 관점 메시지를 전달할 수 있도록 보조한다. 젠더만이 아니라 계급, 인종, 민족, 이민자 출신 여부, 성적 취향, 종교 등에 대한 부정적인 전형화에 대처하는 유사한 개입을 다른 과목과 집단을 염두에 두고 개발할 수도 있을 것이다.

이런 소외집단 학생들의 학업 수행능력을 성공적으로 향상시키는 종종 놀라울 정도로 명확한 전략들이 개별 학생의 행동을 바꾸기보다는 학습환경을 바꾸는 데 초점을 맞추고 있다는 점에 주목하자. 현재 교사와 학생 간 상호작용을 통해 학생이 부정적인 고정관념에서 벗어난 상태에서 학습자료를 배우고 시험을 치르게 하면 성공 가능성이 훨씬 높아진다는 것을 보여주는 증거가 많이 축적되어 있다.

한 사람이 고정관념 위협 대신 정체성 안정성을 경험하는 환경과 상황이 더 많을수록, 일상에서 생리학적 스트레스 반응을 촉발하는 모욕적인 경험이 덜 누적될수록, 긍정적인 과정이 작동될 가능성이 더 높아진다. 예를 들어 학교에서 수학을 잘할 수 있는 여학생의 능력을 폄하하는 신호에 노출되지 않은 여학생은 수학 시험 성적이 더 좋을 것이다. 그리고 그런 성공 경험이 미래의 학업 및 진로와 관련된 기회로 확장될 수 있다. 그 여학생이 STEM 분야로 진출한다면 그 분야에서 두각을 내기에 좋은 입장에 있을 것이고, 고정관념 위협이 유발하는 저급한 스트레스에 시달릴 가능성이 낮아져서 번아웃증후군을 앓게 될 가능성도 낮아진다.[12] 유기화학 수업 시간에 고정관념 위협을 받지 않는 흑인 대학생은 더 좋은 성적을 낼 것이고, 의사가 될 수 있는 잠재력과 야심을 실현할 가능성도 더 높아질 것이고, 적어도 학교를 다니는 동안에는 웨더링 작용을 하는 일상의 스트레스 인자 몇 가지는 제거될 것이다.[13]

일반적으로 학교와 같은 통합 환경에서 소수집단 구성원에 대한 고정관념 위협을 줄이는 조치들은 그 구성원 개인에게 더 나은 삶을 살게 될 가능성을 열어준다. 또한 한편으로는 그 구성원이 간 길을 따라가는 사람들에게도 더 나은 미래로 가는 길을 열어준다. 왜 그럴까? 시간이 지나면 존중받는 전문가, 예컨대 교사, 의사, 변호사, 공학자, 과학자 등이 되는 데 성공한 구성원들이 학계와 노동인구의 다양성을 키울 것이기 때문이다. 이것은 자연스럽게 과거에 주변화되었던 집단의 다음 세대가 성공할 전망을 향상시킬 것이다. 그 세대는 자신이 추구하는 성공집단에 자신의 얼굴과 정체성이 이미 속해 있는 것을 보기 때문이다. 요컨대 소외집단 구성원의 성공은 부정적인 고정관념을 해체하는 데 일조할 것이고, 그 결과 세대를 가로질러 대물림되는 정체성 위협의 해로운 영향을 완화한다.

학교에서 정체성 안정성이 보장되는 환경을 조성하기 위한 기본 원칙과 접근법 다수는 일터, 건강 돌봄 시설, 경찰-지역사회 관계, 언론 등 다른 제도적 환경에도 적용될 수 있다.[14]

낙인찍힌 사람들이 자신의 어려움을 다루는 대안 내러티브를 개발하도록 장려하기

유해한 신호의 생리학적 영향을 완화하는 대안 내러티브를 만드는 것도 그 유해성을 줄이는 효과적인 전략이다. 대항적 시선을 취하고 대안 내러티브를 효율적으로 활용하는 기술은 건강에 해로운 영향을 미칠 가능성이 있는 부정적인 정체성 신호에 대항하는 면역력을 길러줄 수도 있고, 적어도 유해한 신호가 건강에 미치는 해로운 영향의 강도를 약화시킬 수 있다. 대안 내러티브는 주류집단의 주변화 내러티브를 대체할 수 있는 논리다. 사회적 정체성만을 근거로 어떤 사람을 비방하는 일 없이 어떤 상황을 설명한다. 인종차별주의, 성차별주의, 동성애자 혐오, 무슬림 혐오, 기타 차별주의나 혐오에 의해 형성된 널리 공유되는 내러티브를 비판할 때 유용하다. 대안 내러티브는 단순히 긍정확언에 머물지 않는다. 전통적으로 수용된 내러티브를 분석적으로 해체하며, 사회적 고려가 반영되어 더 정확한 맥락을 제공하는 추가 정보를 포함하고 있다. 실질적으로 소외집단의 구성원이 자신의 뇌에 걸린 포스터를 스스로 바꾸는 행위이기도 하다.

예를 들어 11학년 때 수학 선생님이 내가 수학 성적을 잘 받았다면 그것은 오직 내가 부정행위를 저질렀기 때문에 가능한 것이라면서 혐의를 제기했을 때, 그것을 내 개인의 문제로 여기는 대신에, 내가 뭘 잘못해서 선생님이 나를 그토록 불신하고 적대시하게 되었는지 고민하는 대신에, 그 선생님의 수업에서 하차하고 그 후로 10년 동안 수학을 멀리하는 것이 유일한 해법이라고 생각하는 대신에, 대항적 시선으로 그 상황을 바라보면서 스스로에게 이렇게 말했을 것이다. "잠깐만. 나는 늘 수학을 잘했어. 우리 반 남자애들 대부분보다 더 성적을 잘 받아. 내가 부정행위를 저지르지 않았다는 걸 난 알아. 선생님이 왜 그렇게 화를 내면서 나를 비방하는지 모르겠어. 아마도 선생님 수업을 학기가 끝날 때까지 듣는다면 불편하기는 할 거야. 그래도 선생님이 성차별적인 사람이라고 해서 내가 수학을 포기할 이유는 없어. 지금까지 내가 만난 수학 선생님들은 모두 나를 격려해줬어. 선생님의 성차별주의를 내 문제로 만들 필요는 없어."

제도를 통해 억압당한 사람들이 그런 대안 내러티브를 개발하도록 도울 수 있다. 사회적 정체성에 부착된 낙인이나 특권을 전파하는 신호를 포착하고 제거해서 사회적 역학관계를 바꾸고 그와 관련된 정체성 위협을 약화하도록 도울 수 있다. 대안 내러티브, 비판의 의식화, 시위는 역사적으로 사람들의 마음과 감정을 바꾸는 중요한 방법이었다. 적어도 그런 행위를 통해 낙인찍힌 사람들을 위협적인 신호의 가장 치명적인 영향으로부터 보호할 수 있고, 저항 수단을 제공할 수 있다.[15]

학교 환경에서 고정관념 위협을 연구하는 학자들은 다음과 같은 전략들을 체계적으로 시험한 결과 이 전략들이 주변화 내러티브를 중화하는 효과가 있다는 것을 발견했다.

1. 학년 초에 학생들이 자신이 가장 소중하게 생각하는 자아 감각을 긍정적으로 인식하도록 지도해서 위협에 대한 저항력을 기르도록 돕는다. 학생들에게 익명으로 작성하는 한 페이지짜리 지필 질문지를 나눠주고 자신의 핵심 가치를 긍정적으로 평가하도록 요청하는 아주 간단한 방법으로도 할 수 있는 일이다.
2. 친숙함과 직접 경험으로 얻은 지식이 고정관념이 만들어내는 전제를 대체할 수 있도록 집단 간 상호교류를 유도한다. 비공식적인 다양한 소규모 모임을 통해 쉽게 할 수 있다.
3. 학생들이 자신이 좌절하는 이유를 설명해주는 상황에 관한 내러티브를 개발하도록 돕는다. 이를 위해 사회적 관계, 집단을 초월하는 우정, 롤모델을 활용할 수 있다. 친목활동이나 공부 모임이나 또래 멘토링을 통해 서로를 알아가도록 조력하면 학생들은 다른 사람의 경험에서 배울 기회를 얻는다. 예를 들어 나는 11학년 때 AP 수학교사가 예전부터 자신의 수업을 듣는

모든 여학생을 비하했다는 사실을 알게 되었을 것이고, 내가 불신을 살 만한 일을 해서 그 선생님이 나만 괴롭힌 것이 아니라는 사실을 깨닫게 되었을 것이다.

종단적 연구는 이렇듯 대상 집단에 맞춰 조정 가능한 개입이 단기적으로 유색인종 학생의 학업 수행능력을 향상시키며 그 후로도 오랫동안 학업 수행능력에 지속적으로 긍정적인 효과를 낸다는 사실을 보여준다.[16]

스토리텔링 미디어를 통해 새로운 사회적 정체성 신호 내보내기

미디어를 활용하는 것도 긍정적인 대안 내러티브를 만드는 작업에 도움이 된다. 역사적으로 미디어가 고착화시킨 어디서나 접할 수 있는 부정적인 내러티브를 미디어를 통해 대체하는 것이다. 모든 스토리텔링 미디어 양식, 즉 TV, 영화, 팟캐스트 등이 사회적 정체성 생성 과정에 그 어느 때보다 큰 영향력을 행사하고 있다. 플롯, 주동인물, 악당, 배우, 대사가 고정관념을 반영하고 강화하고, 우리가 호흡하는 공기를 채운다. 1970년대로 거슬러 올라가면 고인이 된 존경하는 교수이자 문화비평가 벨 훅스 Bell Hooks는 미디어에서 흑인을 얼마나 부정확하게, 인종차별주의적이고 환원적으로 그리고 있는지를 해부하는 책들을 썼다.[17] 1950년대에 나고 자란 벨 훅스는 TV 방송이 시작된 초창기에 부정적으로 인종화된 집단 출신 캐릭터들이 얼마나 드문지, 그리고 그것이 얼마나 문제가 많은지에 대해 깊이 고민했다. 훅스의 부모는 훅스와 함께 TV를 봤고 훅스가 TV에서 방영되는 프로그램의 인종차별주의적인 묘사를 해체하도록 격려했다.

디지털 시대에도 미디어는 여전히 왜곡된 표현으로 가득하며, 그런 점이 명백하게 드러나는 경우도 있다(예컨대 비디오게임 캐릭터는 매우 인종차별적이거나 성차별적인 이미지를 투영한다). 자녀들의 인종적 사회화의 하나로 현대의 부모들은 훅스의 부모가 했듯이 자녀들이 그런 표면으로 드러난 인종차별주의적 신호를 찾아내고 명명하도록 도울 수 있다. 인종적 사회화는 자녀가 미국 사회에서 흑인으로 살아간다는 것이 무엇을 의미하는지 부모가 이해하도록 돕는 과정이다. 이를 통해 그런 신호를 중화시키고 그런 신호의 힘을 빼앗는 것이다. 유색인종 가정의 부모는 이미 자녀의 인종적 사회화에 이른바 부모 자녀 간 진지한 대화를 포함시키고 있다. 이런 대화를 통해 부모들은 위협적인 주변 환경과의 상호작용이 유발하는 최악의 반응 작용에 대한 저항성을 길러주는 조치를 취하고 있다. 이런 조치는 또한 어떤 상황이 그 자리에서 순식간에 치명적인 위기상황으로 치달을 가능성도 줄여준다.

그러나 이것은 완벽한 해법은 될 수 없다. 그런 신호를 해독하고 다시 자녀에게 그런 신호를 해독하는 방법을 가르쳐야 하는 책임을 부모에게 떠넘기기 때문이다. 오히려 그 신호와 위협을 일상생활에서 도려낼 책임은 그런 신호와 위협을 유지하고 강화하는 사람, 제도, 시스템의 몫이어야 한다.

소셜미디어와 디지털미디어가 전달하는
부정적인 신호 해독하고 해체하기

오늘날의 디지털 세계에서 미디어의 공공연한 인종차별적인 묘사를 해독하는 작업은 취약한 희생양을 구조적으로 폄하하고 비하하는 과정에 미디어가 참여해서 인종차별주의적, 계급주의적, 성차별주의적 이데올로기를 강화하는 방식의 겉만 핥은 것이다.

대중은 적은 용량이지만 반복적으로 십대 사용자들에게 악영향을 미칠 수 있는 매우 자극적인 소셜미디어 신호가 존재한다는 사실을 전달받았다. 예를 들어 인스타그램의 기능이 십대 소녀들의 신체상에 부정적인 영향을 미칠 가능성이 있고, 십대 소녀들이 섭식장애, 우울증에 빠지거나 심지어 자살충동을 느끼도록 만들 수 있다는 점이 큰 주목을 받고 활발하게 논의되었다.[18] 이 문제에 대한 과학 데이터는 대중이 아는 내용보다 더 세밀하지만, 소셜미디어의 신호가 특정 사회적 정체성 집단, 예컨대 흑인, 미국 원주민, 멕시코계 미국인, 애팔래치아 주민, 기타 역사적으로 억압당한 집단 구성원의 신체건강과 정신건강에 해로울 수 있다는 주장은 더 깊이 검토할 필요가 있다. 그리고 소셜미디어 규제나 가장 바람직한 미디어 관행을 개발하는 등의 방법으로 소셜미디어의 유해한 관행을 통제해야 한다.[19]

예를 들어 현재 AI 연구자들은 매사추세츠공과대학의 상상, 컴퓨터 계산, 표현 실험실Imagination, Computaion, and Expression Laboratory 소장인 D. 폭스 허렐D. Fox Herrell이 "비실재 미디어"phantasmal media라고 부른 것을 연구하고 있다. 다양한 이해관계자에게 반응하도록 설정한 전산 시스템과 설계 시스템에서 선입견이 어떻게 생겨나는지를 밝혀내고, 이를 통해 사용자 경험을 더 풍성하게 만들고, 명시적이거나 암묵적인 고정관념과 선입견이 편입되는 것을 막기 위해서다.[20]

빅데이터와 사회적 전형화

인종차별주의 내러티브를 강화하고 때로는 치명적인 결과를 낳지만 잘 알려지지 않은, 거의 감춰진 경로가 있다. 깊은 여운을 남기는 뛰어난 책 『대량살상 수학무기』Weapons of Math Destruction에서 수학자 캐시 오닐Cathy O'Neil은 빅데이터에 적용된 또는 빅데이터에서 추출된 컴퓨터 알고리즘의 활용 범위가 끝없이 확대되는 양상과 머신러닝 기술이 문화적으로 억압당하고 주변화된 집단의 폄하에 어떤 식으로 관여하는지를 해부한다.[21] 표면 아래서 조용히 작동하는 이런 알고리즘은 선입견을 부호화하고 심화하며, 신용 평가부터 경찰 배치, 대학교의 입학생 선정, 기업의 채용 결정, 부동산 거래 결정 등 우리 삶의 모든 측면에 강력한 영향력을 행사할 수 있다. 은밀한 불공평이라는 형태를 띠기 때문에 오히려 그 파괴력이 더 클 수 있다.

이런 알고리즘이 특히 깊이 침투한 한 영역이 의학적 진단과 치료 결정이다. 개인적 기준이 아닌 수학적 기준을 따르는 의사들의 결론은 얼핏 보기에는 객관적이므로 중립적이고 공정하다고 생각되기 쉽다. 『사이언스』에 게재된 한 논문에서 보건경제학자들은 어떤 환자가 집중적이고 전체론적인 맞춤 치료 계획을 필요로 하는지를 결정할 때 의사들이 널리 사용하는 한 알고리즘이 꽤 심각한 인종차별적 편향을 지니고 있으며, 그로 인해 흑인 환자들이 상당히 부당한 대우를 받았다는 사실을 발견했다.[22] 이런 격차를 해소하면 집중치료를 받는 흑인 환자의 비율이 17.7퍼센트에서 46.5퍼센트로 증가할 것이라고 그 연구자들은 추정했다. 이것은 충격적인 통계 수치이며, 흑인 환자들이 흑인이라는 이유로 얼마나 비싼 대가를 치르는지를 아주 잘 보여준다. 연구자들은 알고리즘이 질병이 아닌 의료서비스 비용을 예측하기 때문에 편향이 생긴다고 결론 내렸다. 그러나 의료서비스에 대한 접근 편의성이 다르다는 것은 백인 환자에 비해 흑인 환자를 돌보는 데 쓰이는 돈이 더 적다는 것을 의미한다. 따라서 의료서비스 비용이 예측 정확성을 측정하는 일부 척도에서는 건강 수준을 수치화하는 효과적인 대체 지표인 것처럼 보일 수 있지만, 실제로는 이때 엄청난 인종차별주의적 편향이 발생한다. 연구자들은 편리하고 겉으로 보기에 현장의 진실을 대변하는 효과적인 대체 지표를 선택하는 것이 많은 맥락에서는 알고리즘 편향의 중요한 원천일 수 있다고 지적한다.

다른 연구팀은 CEO를 비롯해 고연봉 직책의 채용 공고를 어떻게 낼지를 결정하는 알고리즘이 조작되어 있어서 자격을 갖춘 여성들에게 이런 채용 소식이 전달될 확률이 낮아졌다는 사실을 발견했다.[23] 법집행 기관은 안면 인식 기술을 점점 더 많이 활용하고 있지만, 이 기술의 정확도는 인종과 젠더에 따라 큰 차이를 보인다. 백인 얼굴이 유독 많이 나오는 사진 묶음으로 안면 인식 소프트웨어를 훈련시키기 때문에 백인 안면 인식 정확도가 가장 뛰어나다. 이것은 오판율이 거의 0에 가깝다고 널리 인식된 기술에 의해 흑인은 범죄자로 잘못 지목될 확률이 높다는 것을 의미한다. 컴퓨터 알고리즘과 머신러닝 기술이 점점 더 널리, 더 많이 활용될수록 은밀한 불공평의 원천이 될 가능성도 높아진다. 이런 불공평을 해소하려면 그런 알고리즘의 개발자와 소비자 모두가 정확한 정보를 바탕으로 의식적으로 노력해야 할 것이다. 앞서 논의한 수많은 신호의 재설정 작업과 마찬가지로, 첫 번째 단계는 알고리즘에 부호화되어 있는 위험한 편향을 식별하는 것이다.

법과 시사의 표현적 역할에 주의를 기울이기

법이 사회적 정체성 집단의 포용 내지는 배제의 신호 역할을 하며, 이런 "법의 표현적 역할"이 건강에 긍정적 영향과 부정적 영향 모두를 미칠 수 있다는 사실을 보여주는 과학적 증거가 점점 더 쌓이고 있다.[24] 실내 흡연을 금지하는 법이 흡연과 흡연자에 대한 여론을 뒤집었다는 연구 결과들이 있다. 동성결혼을 반대하는 법은 동성애자 혐오를 키웠다.[25] 동성결혼 금지법, 인종 간 결혼 금지법, 투표 억제법과 같은 일부 법은 정체성 안전성을 의도적으로 약화시키려는 목적으로 입법되었다. 이런 법은 소외집단에 법적 제약을 가할 뿐 아니라 그 집단 구성원의 건강에도 치명적인 영향을 미칠 수 있다. 그러나 다른 많은 경우에 대해서는 법과 정책이 정체성 안전성 맥락에 미치는 영향은 알려져 있지 않을 수도 있고, 그 영향이 부정적인 경우에도 의도한 것이 아닐 수도 있다.

마크 하첸빌러Mark Hatzenbuehler와 동료들은 매사추세츠주에서 2003년 동성결혼이 합법화되기 전과 된 후에 매사추세츠주의 동성애자와 양성애자 남성의 건강 상태를 분석했다. 동성결혼이 합법화된 이듬해에 동성애자와 양성애자 남성 집단의 정신건강과 신체건강 모두가 향상되었다. 12개월 전과 비교해 고혈압은 18퍼센트, 우울증은 14퍼센트, 의료비는 15퍼센트 줄었다.[26] 이와 대조적으로 같은 기간에 매사추세츠주 전체 인구집단의 의료비는 증가했다.

이와 유사하게 1979~1992년에 미국 전역의 흑인을 대상으로 실시한 종단적 설문조사에서는 신체건강과 정신건강 자기평가 결과가 1988년에 가장 긍정적이었던 것으로 나타났다. 그해에는 설문조사 응답자가 인종차별 경험을 당했다고 보고한 비율도 가장 낮았다.[27] 그해에 미국에서 흑인 삶의 질이 유독 높았다는 객관적인 증거는 파악된 바 없다. 연구자들은 그해에 실시된 미국 대통령 선거가 흑인들에게 인종 평등이 실현되는 더 밝은 미래를 기대하게 했을 거라고 주장했다. 레이건 시대가 막을 내릴 가능성이 있었고(실제로는 레이건이 재선에 성공했다), 흑인 남성인 제시 잭슨Jesse Jackson이 선거철 초반 지지율을 높이면서 매우 진지하게 캠페인을 벌였다. 이런 신호가 흑인에게 작은 희망, 그리고 당시 1980년대부터 TV 전파를 잠식한 복지 여왕, 마약상, 중독자, 슈퍼 범죄자 같은 도심 하층민의 부정적 전형화의 끝없는 폭격을 잠시 피할 수 있는 안식처를 제공했을 수 있다. 또한 흑인들이 느끼는 만성적인 생심리사회적 스트레스를 완화시켰을 수도 있다. 그러나 그런 긍정적인 상황 전개는 그것이 적극적으로 유지되고 강화될 때에만 유지되는 것으로 보인다. 레이건 시대의 정치 분위기를 그대로 답습한 조지 H. W. 부시 정부가 들어선 후 1992년의 설문조사에서는 그런 효과를 더 이상 찾아볼 수 없었다. 마찬가지로 버락 오바마가 2008년 대통령 후보로 지명되었을 때 연구자들은 오하이오주의 흑인과 라틴계 주민의 건강 자기평가 점수가 올라갔다는 사실을 발견했다. 심지어 순수입, 학력, 건강보험 유무, 연령, 성, 결혼 유무, 평균 다우존스 지수, 실업률과 같은 변수를 모두 고려했을 때에도 결과는 달라지지 않았다.[28] 백인 주민에게서는 그런 결과가 관찰되지 않았다. 오바마가 민주당 대통령 후보로 선정된 때와 대통령에 당선된 때 사이에 고정관념 위협이 흑인 학생의 학업 수행능력에 미치는 부정적인 영향이 적어졌고, 실제로 흑인 학생의 학업 수행능력이 향상되었다는 연구 결과에서도 또 다른 긍정적 "오바마 효과"의 예를 찾을 수 있다.[29] 이런 긍정적 효과는 취약했다. 2016년 미국 대선 이후 건강에 대한 오바마 효과가 완전히 사라지지는 않았다 해도 줄어들었다. 오바마를 향해 일부 백인 집단이 맹렬한 인종차별주의적 공격을 퍼붓는 것을 보면서 오바마의 대통령 당선을 두고 "인종차별주의의 종식"post-racial이나 다문화가 존중되는 미국의 탄생이라고 환호했던 자신들의 기대가 순진했다는 사실을 미국의 흑인들이 확인하게 되었기 때문이다.

이런 예들은 인종차별 영향 평가에서 웨더링을 평가 항목에 포함하는 것이 왜 중요한지를 잘 보여준다. 어떤 정책안이 정체성 안정성 문화를 조성하는 데 크게 기여하는지에 관한 명시적인 논의도 웨더링 항목의 검토 사항이어야 한다. 웨더링에 저항하고, 웨더링의 작용을 완화하고, 웨더링을 단절하는 방법에 대한 다른 많은 통찰과 더불어 제다이 공공보건(JPH) 전략들도 일상생활이 자동적으로 스트레스 반응을 일으키지 않도록 막고, 생심리사회적 운동장을 더 평평하게 만들고, 지배문화 이데올로기로 소외집단의 선택지와 자원을 빼앗고 삶의 경험을 폄하하면서 그 집단의 구성원을 좌절시키는 지배집단의 힘을 축소하는 데 한 몫한다.

사방에서 끊임없이 송출되어 소외집단의 생리학적 갑옷을 자동적·방어적으로 활성화시키는 신호들의 치명적 영향을 중화시켜야만 웨더링을 근절하고 건강 격차를 해소할 수 있다. JPH 프로젝트는 그런 신호의 파급력에 주목하고 개인들이 어떤 환경이나 상황에서든 제한된 시간, 노력, 돈으로도 그 신호를 중립적 신호 또는 긍정적 신호로 재설정할 수 있는 방법들을 제시한다. 그런 행동은 소외집단 구성원이 일상생활에서 맞닥뜨리는 스트레스 일부를 완화하는 데 도움이 될 것이다. 이 프로젝트를 실천하기가 얼마나 쉬운지를 생각해보면 더 큰 시스템의 변화, 구조적 변화가 일어나기 전이라도 이것을 당장 실천하지 않을 이유가 없다. 이 프로젝트는 단순하지만 근본적인 효과가 있으며, 선순환에 시동을 걸어서 더 많은 사람에게 기회를 열어주고, 시간이 필요하겠지만 모든 사람에게 공정한 지형과 모든 사람이 공정한 삶의 경험을 할 수 있는 세상을 만드는 데 기여할 수 있다. 그런 전략을 사용하지 않으면 오히려 고부담 상황 등 웨더링이 작동하는 장소와 경험을 강화하고 확대할 뿐이다.

그러나 명확히 해둘 것이 있다. 이 장에서 제안한 전략들이 실제로 효과가 있는 것은 사실이지만 그 전략들만으로는 구조적 인종차별주의, 계급주의, 성차별주의를 근절할 수 없다. 물론 자신의 사회적 정체성과 관련이 있는 질문을 시험지 맨 마지막에서 접하는 학생들은 그들을 열등하거나 부족하다고 낙인찍는 고정관념 신호에 영향을 받을 가능성이 더 적다. 마찬가지로, 자신이 속한 정체성 집단의 구성원을 긍정적으로 묘사하는 영화와 TV 프로그램을 시청하는 아이들은 자신과 자신의 선택지에 대해 더 큰 기대를 품을 것이다. 실제로 많은 아이들이 그렇다고 증언했다. 그러나 이것이 미국 사회의 뿌리 깊은 인종차별주의적, 계급주의적, 성차별주의적 현실을 결코 지우지는 못한다. 시스템의 문제를 해결하기 위해서는 시스템이 변해야 한다. 다음 장들에서는 우리 사회가 그런 방향으로 나아가기 위해 실행해야 할 지침들을 제시한다.

10장   전체론적으로 생각하기

: 부서, 구역, 결정요인별로
  대응하는 관행에서 벗어나기

공공보건 분야 안에서는 점점 더 많은 이해관계자들이 정책 입안 과정에 '모든 정책에 건강을'Health in All Policies(HiAP) 접근법을 적용해야 한다고 지적한다. 이 접근법은 이른바 건강의 사회적 결정요인들Social Determinants of Health(SDOH)을 다룬다.[1] 여기에는 뿌리 깊은 빈곤, 안전하지 않은 주택과 지역, 의료서비스 공급 부족, 그리고 건강한 음식, 안전한 운동 공간, 교육, 취업 기회에 대한 불평등한 접근성 등이 포함된다. 처음에는 건강과 관련이 없어 보여도 사회 정책과 프로그램을 개발하거나 평가할 때 건강과 건강 형평성을 고려해야 한다는 것이 이 접근법의 기본 논지다.

이것은 바람직한 목표다. 목표 자체만 놓고 보면 그렇다. 그러나 건강 형평성 실현으로 가는 반응적이고 지속가능한 진출로를 만들기 위해서는 정부기관과 관료들이 "사회적 결정요인"으로 규정한 특정 요소가 아니라 중첩된 억압 시스템을 먼저 해결해야 한다. "사회적 결정요인"은 결국 물리적이고 인위적인 환경에서 구체적이고, 측정가능하고, 기록가능한 것, 그리고 빈곤층 분리지역과 재정 지원이 끊긴 지역에 사는 사람들이 건강한 생활방식을 일상적으로 실천하지 못하도록 가로막는 공간적·물질적 장벽에 한정되어 있다. HiAP 접근법은 "건강의 사회적 결정요인"을 한 번에 한 가지만 다룰 때가 너무나 많다. 각 요소를 단독으로 다루면서 그 요소를 인종차별주의적, 계급주의적 시스템의 산물로 보는 대신, 개인에게 영향을 미치는 개별 요소로 취급한다. 많은 HiAP 접근법은 현실 세계가 아니라 진공 상태에서나 존재할 수 있을 법한 정책 제안으로 이어진다. 우리가 문제를 어떻게 규정하는지가 우리가 해결책을 어떻게 찾을지, 그 해결책이 얼마나 효과적일지를 결정한다.

HiAP 접근법을 통해 중요하고 측정가능한 개선이 이루어질 수도 있다. 식품 사막에 식료품점과 농산물 직거래 시장을 들인다. 녹색 공간이 부족한 지역사회에 공원과 여가 시설을 짓는다. 자전거 도로를 내고 가로등이 전혀 없는 보행로에 가로등을 충분히 많이 설치한다. 이런 접근법은 건강한 생활방식을 실천해야 하는 책임을 오로지 개인에게 지우고 그렇게 하지 못한 개인을 폄하하거나 벌주는 것보다는 당연히 더 낫다. 또한 이런 접근법은 지리적으로 식품 사막이 분포되어 있는 현실을 인정한다. 요컨대 양질의 식료품점이나 신선한 과일과 채소 공급처를 찾기가 어려운 인구집단의 비중이 높은 저소득층 지역은 분명히 존재한다. 게다가 그런 지역에서도 주류 상점과 가공식품에 대한 접근성은 결코 떨어지지 않는다.

그러나 HiAP 접근법에는 한계가 있다. 무엇보다 그런 접근법은 건강 형평성을 막는 장애물을 직접적인 물리적 환경에 있는 요소들로 한정시킨다. 그래서 문제의 근원, 예컨대 에이지워싱 내러티브의 개인적 책임 강조와 '만드는 자 대 취하는 자' 개념틀이 지배하는 현실을 우리가 제대로 이해할 수 없게 만든다. 또한 이 접근법은 한 가지 요소에 초점을 맞추므로 재정 지원이 끊긴 지역사회에 대한 투자가 광범위하게 이루어지거나 장기적으로 이루어질 것이라는 보장이 없다. 그때그때 자금의 재원이 바뀌고, 정치·정책·경제의 흐름이 바뀌므로 필연적으로 지속 시간이 비교적 짧을 수밖에 없을 것이다. 그래서 식료품점과 농산물 직거래 시장이 떠나고, 공원이 관리되지 않을 것이고, 보행로의 가로등이 꺼지게 될 것이다.

일례로, 2009년 금융위기 발생 직후 시정부들은 본질적으로 예산 축소를 의미하는 도시 계획 긴축주의로 돌아섰다.[2] 이로 인해 특히 유색인종 비율이 높은 저소득층 내지 중소득층 도시 주민이 피해를 입었다. 앞서 언급했듯이 대불황 이후 도시 계획 긴축주의를 채택한 디트로이트에서는 지방정부 인력이 거의 절반으로 줄었다. 또한 디트로이트의 공공서비스 재정 지원 삭감으로 당시와 그 이전의 공공서비스 인력의 임금과 연금이 재협상 대상이 되었고, 약 7만 8,000채의 건물이 공실이 되어 방치되었고, 노동계급의 주거지역에 제대로 작동하는 가로등이 드물어졌고, 주거 시설에 대한 수도 공급이 끊겼다. UN은 수도 공급 중단은 인권을 침해하는 조치라면서 항의했다.[3]

또는 반대로, 동네 환경 개선 접근법이 "너무 성공적"일 수도 있다. 그래서 부동산 가격이 상승해 기존 주민들이 동네에서 쫓겨난다. 형평성의 측면에서 도심 재생 이후 생활비가 치솟아 수십 년 동안 지역에 대한 재정 지원 중단에도 버티고 그에 따른 웨더링을 고스란히 당해야 했던 지역 주민이 쫓겨나는 일이 없도록 하는 보호 조치들이 마련되어야 한다.[4] 그런 조치의 예로는 기존 주민이 동네에 머물 권리를 보장하는 임대료 통제와 강제 퇴거처분 유예와 같은 알맹이가 있는 지역사회 혜택 제공을 들 수 있다.

또한 근본적으로 특정 요소에만 초점을 맞추는 HiAP 접근법은 개인적 책임 내러티브를 내세우는 에이지워싱 이데올로기를 전혀 건드리지 않는다. 간단히 말해 이 접근법은 역효과가 날 가능성이 있다. 이 접근법이 건강을 개선하겠다고 나선 집단에게 오히려 해를 가할 수 있기 때문이다. 이렇게 역효과가 나는 과정을 보여주는 반면교사 사례로는 비교적 최근이라고 할 수 있는 2021년 3월 영국 인종 및 민족 격차 위원회UK Commission on Race and Ethnic Disparities의 보고서가 내린 결론을 들 수 있다.[5] 그 보고서는 네 가지 주된 권고사항을 제시했는데, 그중 하나가 "주체성 육성"이었다. 요컨대 소외집단의 구성원들에게 "건강한" 생활방식을 선택할 수 있는 능력을 키워줘야 한다는 것이다. 이것은 개인적 책임 내러티브를 표현하는 또 다른 방식이다. 건강 격차에 대해 이 보고서는 이렇게 서술한다. "민족 불문 개인과 공동체가 자신의 건강을 스스로 관리하도록 장려해야 한다. (…) 관련해 자신의 행동을 바꾸도록 유도해야 한다."

보고서는 계속해서 영국 정부가 지난 50년 동안 소외집단에게 "문을 열기" 위해 실시한 하향식 개선 노력을 부각시키면서도 그런 노력에도 불구하고 여전히 극심한 인종/민족 격차가 존재한다는 사실을 인정한다. 그 이유에 대해서 보고서는 이렇게 설명한다. "그러나 문을 여는 것만으로는 참여를 이끌어낼 수 없다. 공동체가 열린 공간으로 뛰어들어와 그런 기회를 직접 잡아야만 한다고 우리가 호소하는 이유다."

보고서가 내린 결론은 영국의 노동계급 민족 집단이 자신들에게 "부여된" 새로운 주체성을 충분히 행사하지 않았고, 따라서 격차 유지에 대한 책임 상당부분이 그들에게 있다고 우회적으로 말하고 있다. 미국에서 우리는 소외집단이 자체적으로 주체성을 행사하기 위해 엄청나게 노력하는 사례들을 봤다. 그러나 그런 주체성에 대한 투자의 보상은 들어간 노력과 자원, 투자를 위한 계획, 조율, 타협과 희생에 한참 못 미쳤다.

따라서 영국에서 소외되고 인종화된 집단도 비슷한 어려움에 처해 있다고 짐작해볼 수 있다. 보통 오만하지 않고서는 이런 식으로 주체성이 필요하다는 논리를 지극히 불리한 입장에 놓인 집단의 구성원들을 비난하는 매개물로 삼을 수는 없을 것이다. 그러나 이것이 개인적 책임 내러티브의 본질적인 문제점이다.

요약하자면, 이런 HiAP 정책들을 몇 가지 도입한 뒤에 우리는 건강한 행동을 실천에 옮기고, 그래서 건강을 증진하는 데 필요한 운동장을 평평하게 다졌다고 믿는다. 정책입안자와 집행자들로 하여금 이것만으로도 자신들이 할 수 있는 모든 것을 다했다고 생각하도록 미국적 신조가 그런 확신에 필요한 논리를 제공한다. 극심한 건강 격차가 계속 유지된다면 그것은 그들이 도와주려고 애쓰는 그 집단 구성원의 잘못일 수밖에 없다. 우리는 운동장을 평평하게 다졌다. "그들"이 오지 않았다. 우리는 문을 열었다. "그들"이 뛰어들어오지 않았고, 우리가 제공한 기회를 잡지 않았다.

이런 사고에 갇힌 대중은 소외집단이 새로 생긴 식료품점과 보행로를 이용하면서 조금이나마 혜택을 입는다 하더라도, 그런 긍정적 효과보다 그들이 일상생활에서 겪는 만성적 웨더링의 부정적 효과가 여전히 너무나 커서 긍정적 효과가 묻혀버린다는 사실을 보지 못할 수 있다. 그들은 여전히 하루의 시작을 입석뿐인, 환기도 잘 안 되는 대중교통으로 출근하면서 몇 시간을 보내고,

깨어 있는 시간은 집주인과 상사에게 억지 미소를 지어 보이면서 주어진 업무를 처리하고 식비, 약값, 월세, 전기세, 수도세 중 어느 것에 먼저 돈을 쓸지 전략을 짜면서 보낸다. 그리고 하루 일과가 끝날 무렵에는 해충이 득실득실하고, 벽에는 납페인트가 칠해져 있고, 비좁고, 냉방 또는 난방이 되지 않는 집에서 지쳐 쓰러진 채 인종차별주의적인 주장을 펼치는 미디어를 본다. 웨더링은 쉬지 않고 계속된다. 그들에게 건강한 삶을 살 수 있는 더 나은 기회를 제공한다는 짐짓 선한 의도로 기획된 모든 프로젝트는 실패할 수밖에 없다.

건강 격차의 다른 사회적 원천을 고려하는 더 포괄적인 HiAP 기획안들도 있다. 예컨대 일자리 창출, 경제적 안정성 확대, 대중교통 접근성 및 이동 편이성 향상, 탄탄한 농업 시스템 구축, 환경적 지속가능성 강화, 근접 의료서비스 및 교육기관의 질 개선 등. 문제에 대한 더 전체론적인 이해가 뒷받침된 이런 정책은 단순히 건강한 생활방식을 더 적은 비용으로, 더 쉽게 실천할 수 있게 만드는 정책에 비해 긍정적 효과가 더 클 것이다. 지난 40년 동안 군림한 개인 행동 접근법과 비교했을 때 이런 방향 전환이 얼마나 큰 도약인지 아무리 강조해도 지나치지 않다.

그러나 이런 접근법도 웨더링 문제를 해결하는 정책이 되기에는 부족하다. 영향력 있는 사상가와 정치인들이 대중교통 접근성 향상, 일자리 창출, 기타 억압된 집단의 건강을 전반적으로 증진하기 위한 정책에 포함된 덜 직관적인 "건강의 사회적 결정요인"을 고려하는 것에 반대할 것이기 때문이다. 그런 접근법은 정치적 실패 내지는 아무리 좋게 말해도 정치적 취약성을 야기할 위험이 있기 때문이다. 그런 접근법의 기획자는 "진보의 희망 목록"의 항목들을 성취하기 위해 시스템을 남용한다고 공격받을 것이다. 유감스럽게도 그런 공격은 대개 전체론적이고 야심찬 정책에 대한 대중의 지지를 약화시킨다. 적어도 연방정부 차원에서는 그렇다. 단기적으로는 현재의 정치 지형상 그런 프로그램이 미국 전역에서 정치적 유인이 될 것이라고 기대하기는 쉽지 않다. 그러나 일부 지역에서는 더 전체론적이고 교차적인 접근법을 택하고 "상위 경로" 개발을 추구하는 프로젝트가 이미 도입되고 있다.[6] 상위 경로 개발은 공동 번영, 환경적 지속가능성, 효율적인 민주주의를 대체재가 아니라 필수 상호보완재로 취급한다.

   13장에서 이 개념을 더 상세히 설명하고 예시를 제공할 것이다. 예시로 제시된 지역 프로젝트들은 이 개념의 유효성을 입증하는 증거이다. 새로운 교차적 접근법으로 여러 건강 및 사회적 형평성 신장 목표를 동시에 성공적으로 달성할 수 있다는 것을 보여주기 때문이다. 그런 교차적 접근법은 단순히 주택 공급과 같이 한정된 기간에 한 가지 사회적 결정요인만을 개선하기보다는 더 큰 목표와 더 많은 주민을 염두에 두며, 하향식이 아니라 지역사회 주도로 이루어진다. 그래서 규모의 경제를 실현하고, 더 폭넓고 깊은 지지를 이끌어낼 수 있다. 또한 그 지역사회에서 재생과 지속가능성을 이뤄내며, 이런 결과는 다른 지역에서도 재현될 수 있다.

11장　　　　억압받는 이해관계자를
　　　　　　　　지워서는 안 된다

: 우리 없이는 우리에 대해
　아무것도 하지 말라

형평성 정책을 향해 나아가는 길의 좌표를 그릴 때, 효과적인 해법이 스스로를 전문가라고 생각하는 사람들의 입 또는 머리에서만 나오지는 않을 것이다. 자칭 전문가들이 오늘날의 억압적 탱고 춤을 리드하고 있을 수도 있지만, 그들이 억압받는 집단의 웨더링을 근절하기를 바란다면 일방적으로 지시하고 금지하거나 자신의 필요와 관점을 중심으로 삼거나 자신이 생각하는 삶의 일반상식 공식에 기대서는 안 된다. 이런 경향성을 경계하는 선제적 조치 없이는 그것이 당연하게 받아들여질 것이다.

지배문화에서 권한을 가진 자들과 그들이 부여하는 혜택의 대상이라고 생각하는 자들을 가르는 구분선이 너무나 깊고 넓어서, 특권층이지만 열린 마음으로 "구분선 건너편"에 있는 사람들이 어떻게 사는지 그 진실을 알고자 적극적으로 노력하는 사람들조차 그 진실로부터 너무 멀리 떨어져 있다 보니 그 삶을 좀처럼 이해하지 못한다. 의료인류학자 세스 홈스Seth Holmes가 농장에서 일하는 라틴계 이민자들의 이야기를 다룬 저서 『신선한 과일, 부서진 몸들』*Fresh Fruit, Broken Bodies*에 나오는 대화가 떠오른다.[1] 홈스가 대학원생 시절 불법체류자인 멕시코계 미국인 농장 노동자들을 대상으로 실시한 참여 관찰 연구를 진행한 경험을 들려주는 대목이었다. 한 농장 노동자가 이렇게 지적하면서 대화가 시작되었다.

> "지금 당신과 나는 똑같습니다. 우리 둘 다 가난해요. 하지만 나중에 당신은 부자가 될 거고, 비싸고 좋은 집에서 살고 있을 거예요."

홈스는 자신은 비싸고 좋은 집이 아니라 오히려 작고 소박한 집에서 살고 싶다고 말했다. 농장 노동자는 이렇게 반문했다. "하지만 화장실은 집 안에 있을 거잖아요, 그쵸?"

홈스가 화장실이 집 안에 있는 것이 당연하다고 생각했듯이, 지배집단의 구성원은 자신의 인종화된 가난한 노동계급 이웃의 삶에 웨더링이 얼마나 깊이 스며들어 있는지 알지도 못하고 그것이 가능하다고도 생각하지 않는다. 웨더링 작용이 실재한다는 사실이 우리로 하여금 소외집단이 자신들의 삶에 대한 궁극적인 전문가라는 것을 인정하도록 설득한다.

어떤 정책이든 그 정책을 도입하기 전에 그로 인해 영향을 받게 될 공동체의 목소리를 반영해야 하며, 정책을 개발하고 평가할 때 그 공동체와 협력하는 것은 실제로 유익하기도 하고 그 공동체를 존중하는 것이기도 하다. 그렇게 하지 않으면 그 공동체가 직면한 어려움을 완전히 이해할 수가 없다. 도시연구소The Urban Institute가 디트로이트 고등학생들에게 이동 시간을 기준으로 학교 선택권을 주는 프로그램의 영향을 평가하면서 벌어진 일이 여기에 해당한다.[2] 자가용을 타고 집에서 곧장 학교로 가는 데 걸리는 시간만을 검토했기 때문에 도시연구소는 평균적으로 학생들이 자신이 선택한 학교에서 자동차로 약 10분이면 닿는 거리에서 통학한다고 결론 내렸다. 그 연구자들은 자동차로 10분이라는 거리가 학생 대다수에게는 의미가 없다는 사실을 알지 못했음이 틀림없다. 많은 학생이 자가용이 아닌 버스로 통학했다. 자가용 이동만을 고려한 연구자들은 오직 대중교통만을 이용할 때 발생하는 문제를 고려하지 않았다. 그들은 버스정류장까지 오래 걸어가야 하거나 때로는 그 길이 안전하지 않다는 사실, 버스시간표가 정확하게 지켜지지 않는다는 사실, 버스가 승객으로 꽉 차면 정류장을 그냥 통과한다는 사실, 그래서 학생들이 다음 버스가 올 때까지 기다릴 수밖에 없게 된다는 사실, 그것도 꽤 오랜 시간을 기다려야 할 수도 있다는 사실 등을 고려하지 않았다.

도시연구소가 전적으로 자신들의 전문 인력에만 의존했기 때문에 놓친 요소는 대중교통과 관련한 문제만이 아니다. 리니아 에번스Linnea Evans가 실시한 질적 연구에서 자가용으로 통학하는 학생들조차도 통학 경로가 A에서 곧장 B로 가는 식으로 단순하지 않았다는 사실을 발견했던 것을 떠올려보자.³ 학생들이 자가용으로 통학할 때에도 여러 가족 구성원의 일정에 맞추느라 그 경로가 복잡해지고, 그래서 통학 시간이 더 길어질 때가 많았다. 그 학생들의 이야기를 들으면서 우리는 학생들의 통학 시간이 도시연구소 연구자들이 추정한 자동차로 10분이라는 시간보다 훨씬 더 길고 통학 경로도 훨씬 더 복잡했다는 사실을 알게 되었다. 집과 학교까지의 거리라는 짐짓 객관적으로 측정가능해 보이는 거리만을 고려한 도시연구소 연구자들이 통학 시간과 거리를 더 길고 복잡하게 만드는 모든 요인을 파악하기를 기대할 수는 없었다.

달리 말하면, 도시연구소 연구자들의 의도가 아무리 선했다

하더라도, 그들은 집에서 학교까지 늘 곧장 이동할 수 있는 자가용으로 통학했던 자신의 경험을 토대로 그렇게 추정했을 가능성이 높다. 그 결과 그들은 학생들이 살고 있는 현실을 엄청나게 잘못 이해했다. 도시연구소가 그 정책에 따라 살아가야 할 사람들의 이동 수단에 대한 현장 지식을 지닌 사람들의 목소리를 듣고 참고했다면, 이동 시간을 기준으로 학교를 선택하는 프로그램이 학생들에게 어떤 영향을 미칠지 더 정확하고 더 완전한 그림을 그릴 수 있었을 것이다.

임신과 출산을 하는 여성의 목소리에 귀 기울이기

앞서 우리는 사망원인이 임신과 관련이 있었거나 임신 또는 출산으로 인해 죽을 뻔한 흑인 산모들의 이야기에서 한 가지 뚜렷한 공통 주제를 발견했다. 심지어 세리나 윌리엄스처럼 엄청난 부자이거나 샬론 어빙처럼 학력이 매우 높은 사람도 예외는 아니었다. 그들이 뭐가 이상하다고 문제를 제기했을 때 의료진이 그런 우려의 목소리를 진지하게 받아들이지 않았다. 끈질기게 목소리를 냈지만 소용이 없었다. 또 다른 사례는 사회학자 트레시 맥밀런 코텀Tressie McMillan Cottom이다. 코텀은 맥아더 펠로우이기도 했던 노스캐롤라이나대학교 채플캠퍼스의 연구교수이자 작가이다. 코텀은 자신의 끔찍했던 출산 경험을 구체적으로 들려줬다. 코텀은 조산의 징후가 있다는 우려를 내비쳤지만 그녀를 담당한 의료진은 그런 우려를 무시했다. 그리고 이후 아마도 막을 수 있었을 코텀의 갓 태어난 딸의 죽음에 아무런 책임이 없다고 주장했다. 그 고통스러운 경험을 돌아보면서 코텀은 이렇게 말했다.

> 내가 가장 뚜렷하게 기억하는 것은 (…) 병원 밖에서 내가 어떤 사람인지는 내가 의료 문제에 있어서 무능하다는 전제에 흠집조차 낼 수 없었다. 나는 정식 교육을 아주 많이 받은 사람처럼 말했다. 나는 의료보험도 있었다. 결혼한 산모였다. 내 사회경제적 지위의 모든 특징이 내가 "무능하지 않다"고 외치고 있었다. 그러나 그 무엇도 내가 진찰실에 들어섰을 때 내 흑인성이 외치는 소리를 차단할 수 없었다.[4]

우리는 지금까지 의료진에게 무시당한 성공한 흑인 산모의 사례를 많이 접했다. 의료진이 그들의 목소리에 귀를 기울였다면, 그 산모들의 죽음과 아기들의 죽음을 막을 수 있었을지도 모른다.

그렇게 부유하고 학력이 높은 흑인 산모의 목소리도 무시당하는데, 내가 트렌턴의 진료소에서 처음 목격했듯이 가난한 노동계급 산모의 목소리가 산부인과에서 완벽하게 소거된다는 것이 놀랍지 않다. 미국 인구통계에 따르면 대다수 흑인 산모가 가난하거나 노동계급에 속한다. 앞서 우리는 인종차별주의, 계급주의, 연령주의, 에이지워싱 내러티브가 의료서비스 제공 업무에 영향을 미치게 내버려두는 의료 종사자가 산모 건강과 영아 건강 격차를 심화시킬 수 있다는 것을 살펴보았다. 진단검사와 치료의 문지기인 임상의에게 구조적·문화적 역량 교육을 실시해야 한다. 제도적 차원에서는 산모와 산모가 분만할 때 산모를 돌보는 간호사, 조산사, 산파의 목소리가 더 잘 들리도록 만들어야 한다. 분만실에서 오직 의사의 목소리만 들리는 일이 없도록 해야 한다.

모든 임산부는 자신에게 결정권이 있다고 느낄 때 의료서비스를 제공하는 사람들과 솔직하게 열린 대화를 나눌 수 있다. 예일대학교 교수이자 조산사로 활동하는 사샤 제임스-콘터렐리Sascha James-Conterelli는 현재 미국 간호사 조산사 협회 American College of Nurse Midwives 회장으로, 의료서비스 제공자에게 질문을 하면 답을 받을 수 있는 권리가 있다고 조언한다. 의료서비스 제공자의 돌봄 계획을 완벽하게 이해하고 그 계획을 편안하게 받아들이기 위해 필요한 만큼 질문을 해도 좋으며, 의료서비스 제공자는 그런 질문에 기꺼이 답해야 한다고 말이다. 또한 진찰을 받을 때마다 가족, 배우자, 산파 등 자신의 편에 서 줄 사람을 데리고 갈 수 있는 권리를 주장하라고 권한다.[5]

돌봄제공자는 그들이 임산부의 인종에 따라 그 임산부를 다르게 대한다는 사실을 인정해야 한다. 그리고 그런 구분이 임산부가 돌봄을 경험하는 방식뿐 아니라 그들이 감수해야 하는 구체적인 위험에도 실질적인 영향을 미친다는 사실도 알아야 한다. 임산부에게 질문할 권리가 있다는 사실을 알리는 것은 돌봄제공자의 의무이다. 그런 질문은 인종차별주의에 관한 것일 수도, 분만 계획에 관한 것일 수도 있다. 또한 임산부의 질문을 진지하게 고려하고 사려 깊게 답할 의무도 있다. 다만 명확히 해둘 것이 있다. 이런 조치가 산모 개개인과 산부인과 종사자를 변화시킬 수 있을지는 몰라도, 조작된 시스템에서 스스로의 변호인이 되어야 하는 책임을 여전히 각 산모에게 지운다는 점에서 한계가 있다. 미국 질병통제예방센터 역학조사부의 연구원, 그랜드슬램 우승을 23회나 한 테니스 슈퍼스타, 맥아더 펠로우의 목소리가 무시되고 있다면, 이제는 산모의 목숨이 위협받는 상황에서는 임상의의 재량을 제한해서 공평한 결과가 나올 수 있도록 해야 한다.

목숨이 위협받는 상황에서 강제 규정을 통해 형평성을 실현시키기

산모 돌봄의 경우에는 산모의 목숨이 위협받는 상황이라면 임상의의 재량을 제한하고, 실질적으로 산모의 필요를 의사의 권위보다 더 우선순위에 두는 실천 강령을 개발하고 제도화할 수 있을 것이다. 합병증이나 후유증이 생겼을 때 그런 강령이 자동적으로 실행되어 임상의가 자신이 담당하는 산모의 능력이나 인격에 대해 어떤 인종차별주의적 신념을 지니고 있든, 그 산모의 말을 얼마나 무시하든, 그 임상의의 편향된 알고리즘이 어떻게 속삭이든, 그 임상의에게 필수 행동 지침을 따르고 장비를 투입할 책임을 지울 수 있다. 이것의 한 가지 예시는 모성 보건 혁신을 위한 연합Alliance for Innovation on Maternal Health(AIM)이 배포하는 환자 맞춤 안전 대응책 사용을 의무화하는 것이다.[6] 이런 대응책은 막을 수 있는 산모 사망의 가장 흔한 원인들에 대한 최적의 임상적 반응을 표준화한 지침을 제공한다. (각 환자 맞춤 안전 대응책은 최선의 의료적 조치가 무엇인지에 대한 증거가 쌓일 때마다 업데이트되어야 할 것이다.)

현재까지 AIM은 다음 사항에 대한 대응책을 구성했다.

- 산과적 출혈
- 임신 기간 중 중증 고혈압
- 1차 제왕절개 분만 건수의 안전한 감축
- 마약성진통제 사용 장애가 있는 산모를 위한 산과 돌봄
- 산과 돌봄을 받는 중에 발생한 심장 이상
- 산후 퇴원 이행기

산과적 출혈 대응책을 한번 살펴보자. 이 강령은 모든 환자가 출혈이 있으면 진단을 받아야 하고, 그 진단이 단순히 관찰에 의존해서는 안 되며 실제 출혈량을 측정해야 한다고 요구함으로써 임상의의 재량을 제한한다. 더 나아가 출혈 처치 카트를 즉시 사용할 수 있는 곳에 비치하고, 대응팀을 지정해두고, 산모가 희귀한 혈액형일 경우에 대한 대비책을 마련하고, 실제로 출혈이 발생했을 때를 가정하고 팀 실전훈련을 실시하는 "준비성"을 반드시 갖춰야 한다. 의사, 간호사, 기술사 등 모든 병원 인력이 더 자주, 더 다양한 의견을 낼 수 있도록 그 대응책은 출혈 중인 산모와 관련이 있는 모든 사람이 자신이 관찰한 사항과 최선의 대응 방법에 대한 의견을 낼 수 있는 기회와 권한을 부여하는 "회의 문화"를 구축하도록 요구한다.

AIM은 미국 산과 전문의 및 부인과 전문의 협회American College of Obstetricians and Gynecologists(ACOG), 그리고 각 주의 지도자들과 함께 손잡고 주가 이런 강령을 의무화하고 강령의 효과를 평가하기 위해 그와 관련된 데이터를 수집하는 기획안을 추진하고 있다. 몇몇 주는 이 강령을 제도화하고 평가하는 계약을 체결했지만, 더 많은 주가 그렇게 하도록 설득해야 한다. 필요

하다면 관련 법규를 제정하거나 면허증 취득 요건으로 적시할 수도 있을 것이다.

임신기의 네 번째 3개월*

우리는 또한 임신과 출산의 생심리사회적 작용이 산모에게 미치는 영향이 아기가 태어나는 순간 중단되는 것이 아니라는 사실을 알아야만 한다. 산모의 몸이 회복할 시간이 필요하고 모유 수유를 한다면 신체의 새롭고 중요한 생리학적 요구에 적응해야 한다. 신생아를 돌보면서 겪는 수면 부족, 갓 태어난 아기의 엄마로 살아가기 때문에 달라진 심리사회적 요구들, 신생아를 돌보면서 다른 의무도 수행하기 위한 고군분투, 이 모든 것이 부정적인 생리학적 효과를 유발한다. 그리고 이 모든 것이 웨더링을 증폭할 수 있다.

현재 미국에서 전통적인 산후 돌봄은 출산 후 6주가 지났을 때 1회 산과 진료를 받도록 권한다. 그렇게 산과를 방문했을 때 산모의 산과 담당의 내지 부인과 담당의는 혈압, 활력 징후, 신체 회복 진행 정도를 점검한다. 이 그림에서 무엇이 잘못되었을까? 엄마가 된 첫 달에 다른 의료서비스를 거의 받지 못한다면 미국 외의 선진국에서는 이를 의료적 방치로 여길 것이다. 왜 그럴까? 비록 산모 사망 사건의 3분의 1은 임신 중에, 5분의 1은 분만 중

---

* 출산 직후 3개월을 말한다. 이 시기도 임신기의 연장선상에서 접근해야 한다는 저자의 생각이 담겨 있다.

에 일어나지만, 나머지 50퍼센트는 아기가 태어난 후에 발생하며 그중 4분의 3은 산후 첫 6주 안에 일어나기 때문이다.[7] 달리 말하면 단 한 번의 산후 진료 상담이 산후 사망이 가장 많이 발생하는 기간 이후로 지정되어 있는 것이다. 이와 대조적으로 세계보건기구WHO는 산후 첫 6주 안에 적어도 네 번은 산부인과 진료를 받아야 한다고 권장한다.[8] 미국의 문화에서는 임신 경험의 각 단계마다 산모의 전체론적인 필요들이 있다는 사실을 인정하지 않는다. 산후 조리 기간의 필요에 대해서는 관심조차 없다.

쌍둥이 아들 중 한 명은 역아逆兒로, 다른 한 명은 응급 제왕절개술로 낳으면서 난산을 겪은 나는 몇 달은 침대에서 꼼짝말고 쉬어야 한다는 의사의 처방을 받고 집에 돌아온 뒤에도 거의 잠을 자지 못해 환각 증세에 시달리기 시작했다. 학과장은 두 아들이 생후 1개월일 때 내가 그의 강의에서 하기로 예정되어 있던 객원 강연을 미뤄달라는 내 요청을 거절했다. 그는 이렇게 덧붙였다. "임신해서 합병증을 겪을 때는 추가 업무를 수행하도록 요청할 수 없다는 걸 알아요. 하지만 이제 아기들이 태어났으니 우리 나머지 부모와 같은 처지인 것 아닌가요?" 나는 "천만에요!"라고 말할 수 있는 입장이 아니었다. 그리고 아마도 잠도 부족한 상태라 그럴 기운도 없었을 것이다. 게다가 학과장은 내 답에 관심도 없어 보였다. 그의 질문은 내 귀에 독선적인 수사학적 질문처럼 들렸다.

두 아들이 태어난 뒤, 미시건대학교는 갓 부모가 된 교원이 자신의 업무 분담을 조정할 수 있도록 정책을 바꿨다. 새로운 정책으로도 학과장이 내가 쌍둥이를 임신하고 난산을 겪는 바람에, 그리고 특히 아기가 태어난 이후 모유 수유 패턴을 맞추느라 엄청난 수면 부족에 시달리면서 여전히 회복중인 가운데 객원 강연을 준비하고 수행하도록 요청하는 것이 내게 얼마나 큰 짐이 되는지를 과소평가하는 일을 막을 수는 없었겠지만. 그럼에도 불구하고 내 직업이 내게 가한 제약은 나보다 학력이 낮고 형편없는 임금을 받는 서비스직 종사자, 공장 노동자, 농장 노동자에게 가해지는 제약에 비하면 덜 가혹하고 건강에도 덜 해롭다. 내가 여기서 이런 개인적인 이야기를 들려주는 이유는 내 경험이 막 출산을 경험한 엄마와 막 태어난 아기의 필요에 대해 우리 문화가 얼마나 무지한지를 잘 보여주는 사례이기 때문이다. 이런 생각이 그런 특권층, 전문직의 공간에 만연하다면 그런 생각이 우리 문화와 (거의 없다시피 한) 정책에 얼마나 뿌리 깊게 박혀 있는지 쉽게 상상할 수 있을 것이다. (우리 학교는 미국에서 공공보건 분야 최상위 대학원이고, 심지어 아동 및 가족 건강 프로그램의 주관처이기도 하다!) 미국 사회가 부모들에게 최소한 이삼 개월의 유급휴가를 주지 않고 있다는 것은 수치다. 그리고 이것 또한 다른 모든 선진국과는 다른 모습이다. 실제로 미국에는 막 엄마가 된 산모의 필요를 다루는 제도나 기관이 거의 없다.

또한 미국은 산후 진료 상담을 보장하는 나머지 선진국에 비하면 한참 뒤처져 있다. 다른 모든 고소득 국가는 여러 차례에 걸쳐 산후 진료 상담을 받도록 법적으로 규정하고 (진료비도 지원하고) 있다. 진료 상담 일정은 병원에서 퇴원한 일주일 뒤에 시작한다. 대개 퇴원해서 집으로 간 지 24시간 이내에 첫 산후 진료 상담을 받아야 한다. 이때는 조산사나 간호사가 가정방문을 한다. 그리고 방문할 때마다 출산 후 회복하는 엄마를 돌보기 위해 반드시 서너 시간을 머물도록 명하고 있다.

과거에는 그런 정책이 미국에서 듣도 보도 못한 정책이 아니었다. 1921년 하원은 섀퍼드-타우너법을 통과시켰다.[9] 100년 전에 이 법에 따라 수백만 달러의 연방 자금이 주정부에 지급되었다. 조산사가 산모를 찾아가는 가정방문 사업과 미국 전역의 빈곤지역에 아동과 산모를 위한 보건소를 설립하는 사업을 지원하기 위해서였다. 이 모든 사업의 목적은 산모가 산전 건강관리와 산전 교육을 더 쉽게 받을 수 있게 하는 것이었다. 섀퍼드-타우너법, 특히 가정방문 사업과 접근성이 좋은 보건소 설립 덕분에 법이 발효된 이후 8년 동안 영아 사망률이 절반가량 순감소하는 효과를 낸 것으로 추정된다.

유감스럽게도 미국의학협회American Medical Association(AMA) 및 여러 강력한 정치 단체들이 이 법을 "공산주의자들의 음모"라고 주장하면서 법의 유효기간이 1928년에 만료되었을 때 재제정을 막는 데 성공했다. 우리는 그 후로 갓 출산한 엄마, 갓 태어난 아기, 그 가족을 지원하는 합리적인 조치(와 다른 많은 사회복지 법안)에 반대하는 비슷비슷한 주장에 여전히 갇혀 있다. 그리고 그 결과 미국은 전 세계의 다른 모든 선진국(그리고 아직 선진국이 아닌 국가)와 비교하면 사회복지제도의 지원 규모가 작다.

섀퍼드-타우너법 재제정을 막기 위한 AMA의 로비활동이 남긴 또 다른 유산은 조산사가 아니라 의사가 산모 건강관리의 대부분을 감독하게 되었다는 점이다. 이것은 안타까운 일이다. 왜냐하면 조산사는 대체로 더 전체론적인 돌봄을 제공하기 때문이다. 조산사는 임신/출산 중인 여성의 목소리를 더 잘 듣고 그들의 말을 더 진지하게 듣는다. 그러나 분만을 더 여성중심적으로 접근하는 조산사의 존재는 의사의 전문가 지위를 위협하는 것으로 여겨진다. 의사는 자신들이 산모만이 아니라 분만에 관여하는 다른 모든 사람들보다도 위계질서상 더 높은 권위를 지니는 최고의 전문가라고 믿는다. 19세기에서 20세기로 넘어간 직후부터 의사들은 조산사들을 공격했다(그전에도 조산사에게 우호적이지는 않아서 조산사는 마녀로 의심받기도 했다).

1928년, 새퍼드-타우너법의 재제정이 무산된 그해, 당시 조지아주 보건위원회 아동위생부 부장이었던 조 P. 보우도인Joe P. Bowdoin은 권위를 인정받는 『미국의학협회 저널』Journal of the American Medical Association(JAMA)에 "조산사 문제"라는 제목의 글을 발표했다. 이 글은 당시의 인종차별주의, 계급주의, 성차별주의를 적나라하게 보여주는 기념비적인 글이라고 할 수 있다. 보우도인은 자신이 산부인과 진료를 보는 미국 남동부에서는 산과 전문의가 부족하다 보니 분만 과정에서 무능한 조산사들이 의사의 역할을 대신하고 있다면서 이것이 심각한 문제라고 주장했다. "거의 모든 조산사가 검둥이negroes[원문 그대로 표기]이고, 나이가 이미 중년을 바라보거나 넘었다"고 지적하고는 계속해서 이렇게 주장했다. "그들은 예외 없이 무식하고 미신을 숭배하고 그 인종의 전통을 많이 따르고 있다. 대다수는 문맹이다. 그래서 그들을 가르치는 일이 더디게 진행될 수밖에 없다."[10]

이와 유사한 공격들이 이어지면서 미국에서 조산사라는 직군을 없애는 데 거의 성공할 뻔하기도 했다. 이후 조산사라는 직업은 부활했고 전문직이 되었다. 오늘날 조산사는 의학 교육을 받으며, 자격증을 취득한 전문가이다. 어느 주에서 활동하는가에 따라 다르지만 부인과 검사를 실시하고, 처방전을 쓰고, 분만 중인 산모를 돌보고, 태아 상태를 모니터링하고, 아기를 받는 것이 허용된다. 그렇다면 의사가 하지 않는 일 중에 조산사가 하는 일은 무엇인가? 아주 많다. 그것도 훨씬 더 저렴한 비용을 청구한다. 더 나아가 어떤 면에서는 조산사가 하지 않는 것들이 그들이 하는 것들 못지않게 중요하다. 현재 가장 큰 권력을 휘두르는 전문의는 출산하는 산모를 대상화할 때가 많다. 산모와 태아의 활력 징후를 모니터링하는 기계에만 집중하고, 산모가 실제로 내는 목소리에 귀를 기울이거나 산모가 표하는 걱정에 반응하지 않는다. 이와 대조적으로 조산사는 기술적 개입을 최소화하려고 노력하고, 출산을 의학적인 문제라기보다는 자연적인 삶의 과정으로 이해한다. 또한 분만이 의학적 문제로 **전환하면** 그 사실을 알아차릴 수 있고, 필요한 경우에는 의사를 호출한다. 조산사는 일반적으로 분만 중인 산모의 신체적 필요뿐 아니라 정서적 필요에도 더 반응적이다. 산모들은 조산사가 의사에 비해 덜 위협적이라고 느낀다.

앞서 다뤘듯이 포틀랜드주립대학교와 협연을 맺고 조산사가 되고 싶은 흑인 여성을 교육하는 비영리 단체인 전통적인 출산을 위한 국제 센터International Center for Traditional Childbearing(ICTC)는 명백히 아프리카계 중심 접근법을 취한다. 보우도인과 같은 산과 전문의에 대한 암묵적인 힐책이기도 한 ICTC의 방법론은 "아프리카, 카리브해, '딥사우스'에서 구전되는 전통을 포용한다."[11]

흑인 조산사와 산파를 교육시키고 분만 과정에 더 적극적으로 관여시키려는 움직임은 중요한 진전이다. 그러나 미국은 여전히 조산사 서비스 활용에 있어서는 다른 고소득 국가에 비해 한참 뒤처져 있고, 이것은 아쉬운 일이다. 현재 산전 건강관리 서비스를 제공하는 임상의가 극도로 부족하고, 극빈곤 도심 및 시골 지역에서 이 문제가 특히 심각하기 때문이다. 다른 고소득 국가에 비해 미국은 출생아 1,000명당 산모 돌봄서비스 종사자의 수가 가장 적다. 또한 산과/부인과 전문의의 비중은 과도하게 높은 반면, 조산사의 수는 수요에 비해 한참 부족하다. 실제로 미국은 산모 돌봄서비스 종사자에서 의사 대비 조산사 비율이 가장 낮은 국가다(아래 그래프를 참조하라). 출생아 1,000명당 산모 돌봄서비스 종사자는 15명에 불과하며, 그중 조산사는 5명 미만이다. 이와 대조적으로 다른 고소득 국가는 산모 돌봄서비스 종사자의 수가 2배 더 많고(심지어 그 수가 4배, 5배나 되는 국가도 있다!), 그중 조산사의 비중도 훨씬 더 높다. 오스트리아와 스웨덴은 그 수가 출생아 1,000명당 각각 75명과 78명이며, 그중 대다수가 조산사여서 오스트리아는 91퍼센트, 스웨덴은 75퍼센트가 조산사다. 두 국가 모두 미국보다 훨씬 더 낮은 영아 사망률과

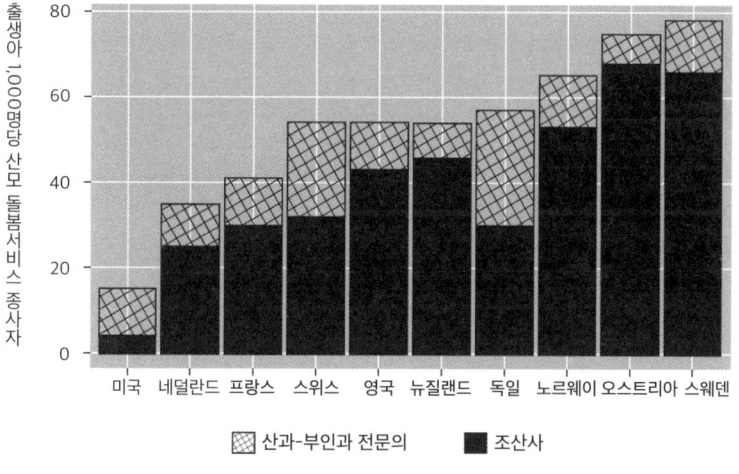

미국 및 기타 고소득 국가의 출생아 1,000명당 산모 돌봄서비스 종사자의 수와 구성

산모 사망률을 자랑하며 인구 1인당 의료비도 훨씬 더 낮다.[12]

미국의 산모 돌봄서비스 종사자 부족 문제에 초라한 산후 돌봄서비스 지원이 더해져 웨더링을 당하는 산모와 그 산모에게서 태어난 아기들을 최악의 결과로 몰아간다. 미국에서 임신 중, 분만 중, 산후에 산모의 목소리를 경청하고 그들의 필요를 최우선순위에 두는 일이 계속 미뤄지면서 이것은 이제 100년 묵은 과제이자 시스템의 부끄러운 실패 사례가 되었다. 그러나 지난 30년간 산모 사망률이 상승하면서 이 문제가 주목받기 시작했다. 앞서 소개한 문제를 바로잡는 방법은 비교적 명확하며 이미 일부 지역에서는 실행되고 있다. 따라서 이 문제가 정책의 문제라는 점을 인정하고, 정책적으로 해결하기 위해 노력한다면 기존의 관행을 답습할 때보다 1인당 의료비 부담도 낮아질 것이다.

2016년에 임신기 네 번째 3개월 프로젝트the 4th Trimester Project는 산후 돌봄 구조조정안을 마련하고자 산모, 의료서비스 제공자, 기타 이해관계자를 초대해 협의회를 만들었다. 모든 이해관계자의 목소리를 들은 프로젝트 주최 측은 산후 돌봄의 표준 지침이 임신기 네 번째 3개월이라는 개념을 제도화해야 한다는 결론을 내렸다. 회담의 요약 기록에 나오듯이 네 가지 주요 문제 영역이 부각되었다.[13]

1. 산전 건강관리에 모든 관심이 집중되다 보니 적절한 산후 관리가 거의 이루어지고 있지 않다.
2. 의료 행위 지침이 여성의 경험과는 일치하지 않을 때가 많다.
3. 산모가 자신의 영아에 대해서는 전문가임을 인정하지 않으

며, 엄마로서의 힘을 키워주는 것이 건강 목표 달성에 필수적이라는 사실에 대한 이해가 부족하다.
4. 종합적인 돌봄이 필요한데도 불구하고, 수많은 시스템상 제약으로 인해 종합적인 돌봄을 제공하기가 어렵다.

현재의 산모 돌봄 관행을 개선하는 것과 더불어 임신기 네 번째 3개월의 보편 유급출산휴가제도를 도입하는 것이 이 모델을 지원하기 위해 필수적으로 채택해야 하는 최소한의 정책이다. 3개월의 유급출산휴가제도 도입이 과도한 요구로 보일 수도 있다. 현재의 모델에서는 그런 제도 자체가 전무하니까! 그러나 다른 모든 고소득 국가는 적어도 그 정도의 제도는 마련하고 있다. 대다수는 그보다 훨씬 더 관대한 제도를 마련하고 있고, 심지어 아빠와 엄마 모두에게 제공한다! 부유한 미국에서는 남성의 유급 육아휴가를 전혀 보장하고 있지 않는 반면, 미국 다음으로 가장 짧은 유급 육아휴가를 제공하는 부유한 국가(스위스)의 경우 14주가 보장된다. 노르웨이가 가장 길게 보장하는데, 무려 91주가 보장된다! 중간에 위치하는 영국은 39주가 보장된다.[14]

배제 금지: 투표권

미국인은 목소리로 의견을 말하기도 하지만, 투표로 의견을 말하기도 한다. 미국에서는 수백 년간 법률상 그리고 사실상 흑인의 참정권이 박탈되었다. 1965년 투표권법이 통과되면서 가난한 흑인이 대거 참정권을 얻게 되었다. 그러나 오늘날 흑인의 참정권이 침해당하고 있음이 명백하게 드러나고 있다. 정부, 대개 주 정부가 몇몇 의사결정과 업무집행을 통해 미국 수정헌법 15조의 인종과 계급에 따른 투표권 차별 금지 조항을 선택적·의도적으로 위반하고 있는 것처럼 보인다.[15]

몇몇 주에서 투표소 운영 시간을 점점 단축하고 있으며, 유권자의 신원 확인 절차가 점점 더 엄격해지는 흐름은 특히 비백인과 빈자들의 투표권 행사에 부정적 영향을 미친다.[16] 선거구를 구획할 때 인종/민족 집단을 소수집단 구역으로 집중 배치하는 게리맨더링*도 그런 집단의 정치적 영향력을 줄인다.[17] 많은 주에서 시행되고 있는 중범죄자 참정권 박탈법은 마약 관련 범죄의 기소 및 판결의 대상이 특정 인종/민족에 집중된다는 점에서 상당히 차별적인 조치라고 할 수 있다. 이 모든 흐름이 투표를 통해 정부의 우선순위 결정에 참여하는 흑인과 가난한 미국인의 목소리를 약하게 만든다.

소외집단의 참정권은 웨더링에 의해 더욱더 제한된다. 정치학자 하비에르 로드리게스Javier Rodriguez가 지휘하고 나를 비롯해 경제학자 존 바운드John Bound, 지리학자 대니 돌링Danny Dorling이 참여한 협력 연구에서 우리의 계산에 따르면 적어도 100만 명의 흑인 유권자가 2004년 선거기간 중 이른 나이에 사망함으로써 흑인 유권자가 사라지는 결과를 낳았다. 즉 미국에서 백인과 흑인의 기대수명이 동일했다면, 흑인 유권자 100만 명이 더 있었을 것이라는 의미이다.[18] 과거의 투표 경향에 비춰보면 그

---

* gerrymandering. 자기 정당에 유리하게 선거구를 변경하는 일을 말한다. 1812년 미국 매사추세츠 주지사 게리E. Gerry가 고친 선거구가 전설의 괴물 샐러맨더salamander 모양을 닮았다고 해서 붙여졌다.

렇게 사라진 흑인 유권자의 상당수가 민주당 후보에게 투표했을 것이다. 실제로 근소한 차이로 공화당 후보가 승리한 많은 주의 선거에서 투표 연령층인 흑인의 사망률이 투표 연령층인 백인의 사망률과 동일했다면 민주당 후보가 당선되었을 것이다.

우리의 계산 결과는 또한 흑인 집단의 조기 사망 건수가 미국인이 투표권을 가장 열심히 행사하는 연령대에서 가장 높게 나타난다는 것을 보여준다. 노동계급에서 사망률이 급격히 치솟은 데다가 2013년 대법원이 투표권법을 축소하는 판결을 내림으로써 2004년에 비해 참정권 제한과 건강 격차로 인한 목소리 소거 현상이 더 심화되었다. 시스템에 의해 인종화된 빈곤층의 참정권 제한은 민주주의를 무력화시킨다. 미국인의 투표 패턴은 흑인의 참정권이 제한되면 선출직 공무원이 건강 격차를 줄이는 정책을 펼칠 가능성이 감소하는 등 사회적 정책이 왜곡되는 여러 가지 방식이 작용한다는 것을 보여준다. 그 외에도 이로 인해 다른 사회 정책에도 왜곡이 발생한다. 달리 말하면 유독 흑인의 참정권을 제한하는 가장 널리 알려진 요인들과 더불어 백인과 흑인의 기대수명 격차가 크게 벌어진 채로 유지되는 것이 1960년대 정계 재편 이후 미국 정치가 양극화하는 현상의 원인이자 결과라고 볼 수도 있다. 여러 참정권 제한 수단을 통해 흑인의 정치권력이 약화되면서 정부는 건강 형평성을 증진하는 프로그램에 대한 재정 지원을 꺼리게 된다. 흑인, 빈자, 시골 주민, 학생 인구집단의 목소리를 약화시키는 전략들이 끊임없이 등장하고 제도화된다.

민주주의를 수호하고 소외집단의 정치적 목소리가 나머지 이해집단과 동등하게 존중받을 수 있게 하기 위해서는 무엇보다 먼저 소수집단의 투표권을 복구하고 보호해야 한다. 장기적인 관점에서 보면 우리는 지난 30여 년간 경험한 웨더링의 심화 추이를 되돌릴 수 있을 것이다. 게리맨더링과 엄격한 투표권자 신원 확인법에 반대하는 움직임이 점차 힘을 얻고 있고, 일부 주에서는 일단 형을 다 채우면 중범죄 참정권 제한을 중단하고 있다. 이런 캠페인을 꾸준히 지원하는 것이야말로 사회에 관심이 있는 모든 시민이 실천할 수 있는 행동이다. 웨더링으로 우리 사회가 유권자 목소리를 잃고 있다는 사실은 그로 인해 투표권자 연령인 흑인이 과도하게 많이 사망한다는 점에서도 시민들이 지속적이고 조직적인 행동에 나서야 하는 이유이다.

12장

공공보건 과학과 정책을 재편해
노동연령 및 생식연령 성인의
필요를 더 잘 반영하기

많은 공공보건 프로젝트가 노동연령인 성인보다는 아동 또는 노인의 건강과 웰빙 증진을 목표로 삼거나 고려한다. 청장년층, 즉 대략 25~65세의 성인은 신체가 멀쩡하고 전성기에 있다고 전제하는 에이지워싱 렌즈로 들여다보면 아동과 노인이 위험에 더 취약한 계층이고, 따라서 지원을 더 많이 받아야 한다.

그러나 노동연령 및 생식연령 성인에게 웨더링이 더 강하게 작용한다는 증거 앞에서 우리는 잠시 멈추고 생각해야 한다. 억압받는 공동체의 청장년층 구성원의 건강 문제는 매우 다양하고 심각하다. 우리가 소외집단의 관점, "우리 없이는 우리에 대해 아무것도 하지 말라"는 입장을 진지하게 고려한다면, 청장년층의 필요도 중요하다는 사실을 깨닫게 될 것이다. 가족과 공동체가 제대로 굴러가기 위해서는 청장년층이 가장 핵심적인 역할을 하므로 마땅히 그들의 필요를 충족시켜야 할 것이다. 그렇게 하면 그들이 키우는 아이, 그들이 모시는 노인, 그리고 사회 전체에게도 혜택이 돌아간다.

그렇게 하는 것이 왜 큰 보상으로 돌아오는지 이해하기 위해 대단한 상상력(그리고 공감력)이 필요하지는 않다. 노동연령층이 웨더링으로 인해 심각한 장애를 얻으면 정규직 일자리에 취업해서 가족을 경제적으로 부양할 수 있는 능력이 제한된다. 또한 노동계급 가족의 돌봄체계에도 엄청난 부담을 지운다. 난산을 겪은 여성은 당연히 정상분만을 한 여성보다 회복하는 데 더 오래 걸리고 갓난아이를 잘 돌볼 수 없다. 아이가 있든 없든 노동연령 및 생식연령의 여성은 가난한 노동계급 가족을 지탱하는 확장된 친족 네트워크에서 중심적 역할을 담당한다. 그러나 너무나 많은 의무들, 예컨대 가족에 대한 의무, 지역사회 네트워크에 대한 의무, 임금을 주는 일터에 대한 의무가 서로 경쟁하고 충돌하기 때문에 스트레스와 관련된 질환이 조기 발병해서 그런 역할을 수행할 수 있는 능력을 상실할 위험에 직면하게 된다.

앞 장에서 살펴보았듯이 미국은 소득 수준이 비슷한 국가들 중에서 산모 및 가족 지원에 가장 인색한 국가다. 그러면서도 아마도 대개 여성인 주 돌봄제공자에 대한 기대가 가장 높은 국가일 것이다. 2019년 유니세프는 "가족친화적" 항목에서 중고소득 국가 41개국 중 미국이 최하위라고 보고했다.[1] 부모의 양육 의무와 관련된 스트레스 인자는 노동계급 부모에게 기하급수적으로 늘어난다. 그런 부모는 육아를 위한 유급 휴가를 내거나 자녀를 대신 돌봐줄 도우미를 구하기가 가장 어려운 집단이면서, 다른 한편으로는 스트레스가 많은 일을 하고 출퇴근 시간이 길고 비좁거나 허름한 주택에서 살 가능성이 가장 높기 때문이다. 게다가 여러 세대가 관여하는 복잡한 여러 돌봄 의무를 동시에 수행하느라 고군분투하고 있을 것이다.

노동연령 및 생식연령 성인의 부담을 덜어주는 지원책에 투자하는 것은 모든 사람에게 이롭다. 그런데 우리는 부모들이 물에 빠지든 말든 알아서 헤엄치도록 내버려두고 있다. 경제적 여유가 있어서 무급 휴가를 신청하거나 돈을 지불하고 필요한 지원

서비스(예: 육아도우미와 가사도우미를 고용하거나 어린아이를 양질의 주간 돌봄센터나 유치원에 보내는 등)를 구할 수 있는 사람들이 아니라면 그것은 애초에 수행 불가능한 과제일 수 있다.

경제적 여유가 있는 부모들조차도 공적 안전망이 부재한 사회에서는 예상하지 못한 재앙으로 인해 한순간에 위기의 나락으로 굴러떨어질 수 있다. 그리고 이것이 바로 코로나19 팬데믹 기간에 어린 자녀를 둔 부모들이 겪은 현실이다. 미국에서는 자녀돌봄와 관련된 재난 대비책이나 백업 플랜이 전혀 마련되어 있지 않다. 가난한 노동계급 부모들은 이 사실을 이미 알고 있었다. 그리고 이제 팬데믹을 겪으면서 최상위 부유층과 특권층 부모들을 제외한 나머지 부모들 모두가 이 사실을 알게 되었다. 이것이 많은 여성이, 특히 어린 자녀를 둔 여성이 코로나19 팬데믹이 시작되었을 때 일을 그만둘 수밖에 없었던 이유이다. 팬데믹이 시작된 지 18개월이나 지났을 때에도, 브루킹스연구소가 이 문제에 관한 보고서를 냈을 때에도 그렇게 일을 그만둔 여성들이 노동시장에 다시 복귀했다는 징후가 거의 없었다.[2] 아마도 우리 시스템의 단층선이 팬데믹이라는 극한 상황에서 완전히 드러났기 때문인지 바이든 정부의 연방 정책안은 부모를 지원과 확장이 필요한 "인력 인프라"의 일부로 분류하려고 시도했다. 여기에는 자녀돌봄 보조금, 유치원 보편제도화, 가족 휴가제, 아동 수당, 보편 기본임금제 또는 생활임금 보장 등이 포함된다. 그런 정책은 장기적으로는 저소득 노동연령 성인이 경험하는 생심리사회적 스트레스 인자를 줄이는 데 도움이 될 것이다. 적어도 그 성인이 부모이고 지원 네트워크의 구성원이면서 경제적으로 어려움을 겪고 있다면 어느 정도 도움이 될 것이다. 만성 스트레스가 건강에 미치는 영향을 고려할 때, 그리고 노동인력의 건강이 나쁘면 경제의 생산성에 부정적 영향을 미친다는 점을 고려할 때 그런 정책을 일부 또는 전부 도입해야 한다는 건 누구라도 알 수 있다. 그러나 이런 정책안이 제시되면 종종 소상공인의 부담 비용 증가를 이유로 반대하는 목소리, 이런 정책은 미국을 사회주의 방향으로 굴리는 경사라는 즉 망상일 뿐이라는 목소리, 갑자기 정부의 재정 적자를 걱정하는 목소리에 의해 좌절된다. 또한 다른 우선순위 항목들이 정무 예산을 가로챈다. 그러나 미국 대중 대다수는 미국도 다른 부유한 국가들과 마찬가지로 그런 가족을 위한 혜택을 일부 내지 전부를 제공할 때가 되었다고 생각한다.

인력 인프라 예산 집행은 가족을 지원하는 데 필요한 자원을 제공한다. 누구를 얼마나 지원할 것인가? 악마는 디테일에 숨어 있다. 모든 접근법이 똑같이 유용하지도 않고, 지원이 가장 간절한 사람들이 확실하게 혜택을 받을 수 있도록 신중하게 대상을 정하지도 않는다. 예를 들어 지난 10년간 나온 가족 정책 기획안 일부는 대체로 경제적으로 여유가 있는 가족들에게 혜택을 줬다. 그러나 최근에 나온 기획안들은 우리의 초라한 안전망을 확실하게 개선할 것이다. 18살 이하 자녀 한 명당 정해진 금액을 저소득 가족에게 지급하는 자녀양육 보조금이 여기에 해당한다. 이런 접근법이 제공하는 혜택의 구체적인 예가 미국인 구제 계획 American Rescue Plan의 자녀양육 보조금 확대이다. 이 계획에 따라 팬데믹 기간에 미국 정부는 부양 자녀 1명당 매해 3,600달러(또는 매달 300달러)를 지급했고, 이것은 아동 빈곤을 30퍼센트 이상 줄인 것으로 추정된다.

이외에도 웨더링 단절 방안과 관련해 미국인 구제 계획 발의에서 중심 역할을 한 마이클 베넷Michael Bennet 상원의원은 이렇게 지적했다. "세상이 망하지 않았을 뿐 아니라 내가 이야기를 나눈 가족들은 그 돈을 학교에 입고 갈 옷부터 자전거까지 다양한 곳에 썼고, 그 덕분에 스트레스가 덜어졌다고 말했다. 그게 그 가족들이 쓴 표현이다. 엄청난, 등골을 휘어지게 만드는 스트레스를 덜어주었다고."³

그러나 이 계획은 2021년 말에 종료되었다. 이 계획의 영향에 대한 방대한 연구가 실시되었고 미국에서 식품 확보 불안정성으로 인해 아이들의 끼니가 보장되지 않는 900만 가구 중 3분의 1을 구제하는 등 많은 이점이 있었다는 기록에도 불구하고, 하원은 그 계획을 연장하지 않았다. 공화당 의원들은 낡은 비유에 새로운 코드를 덧씌워 활용하면서 적극적으로 그 계획에 반대했다. 미국 남부의 전략집을 따르면서도 노골적으로 인종차별주의적이고 계급주의적인 언어를 제로섬 게임 논리를 통해 도덕적 공황 상태를 유도하는 모호하고 추상적인 언어로 대체했다.⁴ 웨더링과 소득 격차가 심화되고 있는 현실을 고려하면 부모들을 지원하는 정책에 반대하는 그런 닳고닳은 주장의 거짓을 이미 오래전에 폭로했어야 한다. 이 계획이 단 1년 동안 보여준 성과에 비춰보면 이 계획을 더 장기적으로, 더 나아가 영속적으로 실행했을 때 건강 형평성이 얼마나 더 신장될지 충분히 상상할 수 있다.

생식 정의*: 산파와 금지 사항들

미국에서 생식 정의가 구현되지 않고 있는 현실이 노동계급 성인의 필요를 외면하고 있다는 것을 보여주는 핵심적인 단서다. 로레타 로스Loretta Ross와 로스가 참여한 모임 시스터송SisterSong이 체험한 첫 생식 정의 기본 지침은 광범위한 교차 정체성의 건강과 웰빙을 증진하는 것을 목표로 삼은 사회보건 정책 내지 공공보건 정책이 기본원칙과 행동지침으로 삼아야 사항들을 제시한다.5 여기서 제시한 사항들을 따르면 형평성을 도모하고 웨더링을 심화하는 일을 피할 수 있으며 웨더링을 단절할 수 있다. 이 기본 지침은 미국 여성이 다양성이 존재하지만 불공평한 미국 사회를 살아가면서 대면하게 되는 사회적으로 구조화되고 문화적으로 유동적인 생식 경험의 다양한 양상에 대처할 수 있다.

모든 여성의 생식 정의를 보장하기 위한 세 가지 핵심 원칙은 다음과 같다.

1. 아이를 낳을 권리
2. 아이를 낳지 않을 권리
3. 부모로서 안전하고 건강한 환경에서 아이를 키울 권리

현실에서는 우리의 정치 담론과 정책 토론이 오로지 생식 정의의 두 번째 원칙에만 맞춰져 있다. 우리는 에이지워싱 내러티

---

* reproductive justice. '재생산 정의'라고 옮기기도 하는데, 여기서는 '생식연령'reproductive age이라는 표현에 맞춰 '생식 정의'로 옮겼다.

브에 관점에서 생식을 개인의 행동으로 보고, 책임 있게 생식을 행하는 사람은 적절한 물질적 조건을 갖춰서 적절한 나이에 적절한 순서로 자녀를 낳고 양육할 것이라고 생각한다. 그래서 미국의 터무니없게 심각한 산모 및 영아 건강 격차를 해소하는 제1수단으로 피임을 택했고, 피임이라는 바구니 안에 너무 많은 알(의도적으로 사용한 표현이다)을 넣었다. 자신의 생식력을 독자적으로 조절할 기본권이 당연히 보장되어야 하지만, 피임 수단의 접근성을 높이고 이를 실천하도록 장려하는 것은 인종화된 사회적·경제적·건강 격차라는 다차원적 문제에 대한 충분한 답이 될 수 없다.

나는 많은 특권층이 피임이 완전한 답이 아니라는 관념을 받아들이는 것을 곤란해한다는 것을 알게 되었다. 소외집단이 인종차별주의적 사회에서 살아가면서 맞닥뜨리는 어려움에 진심으로 관심을 가지고 우려하는 사람들도 예외는 아니다. 그래서 내가 흑인 여성의 경우 더 나이 들어 임신을 하면 오히려 산모 사망률이 올라간다는 웨더링 연구 결과를 발표하면 청중 중에 고학력 전문직 사람들이 마치 항복하듯 두 손을 번쩍 들면서 때로는 진심으로, 때로는 냉소적으로 이렇게 말하는 것을 자주 듣는다. "그러면 어쩌라는 거죠, 가난한 흑인 여성은 십대에 임신하라고 권장하기라도 해야 된다는 건가요?"

명백하게 밝히는데, 이 질문에 대한 내 답은 한 치의 망설임도 없이 "아니다"이다.

방향이 잘못된 정책의 해결책은 그것과 정반대 방향으로 나아가는 것이 아니다. 요컨대 십대 임신을 막지 않고 오히려 권장하는 것은 올바른 답이 될 수 없다. 어떤 경우에도 제3자가, 그 사람이 아무리 이른바 "전문가"라 할지라도 모든 사람에게 보편적으로 최적인 임신 연령을 결정할 권한은 없다. 그런데도 2018년 4월, 지난 이삼십 년간 산모 사망률의 격차가 점점 더 심화되기만 하는 현실 앞에 마침내 이 문제가 시급하게 바로잡아야 하는 문제로 대두되자, 미국 산과 전문의 및 부인과 전문의 협회 American College of Obstetricians and Gynecologists(ACOG)는 마치 심각한 질문을 제기하는 듯 인스타그램에 이렇게 다음과 같이 올렸다.

산모 사망을 막는 최선의 방법은?

이런 생과 사에 관한 질문으로 팔로워를 자극한 뒤 ACOG는 이 질문에 대한 답을 공개했다. 페이스북과 인스타그램 모두에 만화라는 형식으로 게시했는데, 이를 본 사람들은 그 답의 무신경함에 충격을 받았다. 만화에는 괴상한 의인화된 콘돔이 씩 웃고 있는 그림이 그려져 있었다.[6]

그러니까 콘돔을 사용하는 것이 산모 사망을 막는 최선의 방법이라는 것인가? 그런 답의 논리적 연장선상에서 추론해본다면 흑인의 산모 사망률이 가장 높으니까 특히 흑인 커플이 콘돔을 더 열심히 사용해야 한다는 의미인가? 정말이지 ACOG가 이런 질문과 답을 게시했다는 것은 사실이 아니라고 말하고 싶지만, 그럴 수가 없다.

ACOG의 게시물은 곧장 맹렬하고 신랄한 반박을 불러일으켰다. 페이스북 게시물에 대한 700개 이상의 반응 중에 '좋아요'나 '사랑해요'나 웃는 표정을 누른 반응은 100개도 되지 않는다.

574개는 분노를 표했고, 나머지는 놀라움이나 슬픔을 표했다. 다음이 전형적인 댓글 중 하나다.

> 여기서 말하고자 하는 바는 "분만 중에 죽기 싫으면 임신을 하지 말라"인 것 같다. 산모 사망에 대해 웃으면서 이야기하는 콘돔의 건방진 말투가 불쾌하다. 특히 백인과 비교해 유색인종 여성이 분만 중에 죽을 확률이 3배나 높다는 것과, 의료서비스 분야가 유색인종 여성 돌봄에 있어서는 아직 갈 길이 멀다는 것을 알기 때문이다. 만약 어떤 말이 농담으로 느껴지지 않는다면 그것을 농담 취급하지 말자. 치욕스럽다.

또 다른 댓글 작성자는 자신이 느끼는 불쾌감을 간결하게 하나의 질문으로 요약했다. "진정 이것이 당신들이 여성의 목숨을 구하기 위해 내놓은 최선인가, 아이를 낳지 마라???"

실제로 앞서 이미 논의한 것과 같이 산모 사망 문제에 직접적으로 대처하는 것이 산모 사망을 줄이는 데 더 효과적이라는 증거가 너무나 많다. 병원에 산모 안전 꾸러미를 상비하도록 법적으로 강제하기, 조산사와 산파를 더 많이 교육하고 임신의 모든 단계에서 산모 건강관리에 조산사와 산파를 개입시키기, 전체론적 산후 돌봄서비스를 확대하기. 이렇듯 할 수 있는 것이 많은데, 도대체 왜 콘돔 사용을 제안했는지 궁금할 따름이다.

모든 사람의 생식권을 보장하기 위해서는 피임과 낙태에 대한 접근권을 동등하게 누려야 한다는 것은 맞다. 그런 기술에 대한 보편적 접근권은 보호받아 마땅하다. 그러나 피임과 낙태 접근권을 지지하는 것이 문화적으로 억압받는 집단의 임신 및 출산과 관련된 모든 건강 문제 또는 사회 문제를 해결하는 합리적인 대처법은 아니다. 피임과 낙태 접근권이 문제 해결의 핵심이라는 믿음은 증거기반 연구보다는 현재 널리 수용되고 있는 개인적 책임 내러티브에서 비롯된 것이다. 더 나아가 피임약과 피임도구 사용이 산모 및 영아 건강 증진의 최전선을 지킬 대응책이라는 논리는 에이지워싱 내러티브, 그리고 여성이 임신과 출산을 어느 정도 나이가 들 때까지 미루면 임신 및 출산과 관련된 건강 문제들이 자연적으로 사라지게 된다는 관념에서 나온 것으로, 이는 잘못된 관념이라는 것이 이미 입증되었다. 앞서 살펴보았듯이 흑인 여성의 경우 산모 나이가 많아질수록, 특히 이십대 초반 이상 연령대에서 산모 사망률이 급격하게 상승했다. 이것은 십대 청소년의 피임약과 피임도구 사용이 늘어나면 문제가 해결될 거라는 주장이 근거가 없는 희망에 불과하다는 것을 보여준다. 더 나아가 미국의 출산율은 대공황 이후 최저점을 기록하고 있다. 십대 출산율 또한 역사상 최저점을 기록하고 있다. 이것은 성생활이 활발한 십대가 이미 효과적으로 피임을 하고 있다는 것을 의미한다. 그런데 산모 사망률은 여전히 올라가고 있다. 왜 그럴까? 한 가지 이유는 4장에서 검토했듯이 나이가 상대적으로 많은 산모의 출산으로 더 많은 여성과 영아가 위험한 상황에 처하게 되었기 때문이다.

피임이 점점 더 커지는 산모와 영아 사망률 격차에 대한 묘책인 양 내세우는 당국의 말을 반사적으로 수용하는 대신 이런 질문을 던져야 한다. 과연 피임을 하는 것이 라틴계 여성을 ICE(이민세관단속국)의 불시 단속으로부터 보호할 수 있는가? 캔터키주 애팔래치아의 가난한 여성을 환경 독성물질로부터 보호할 수 있는가? 노동계급 흑인 여성이 겨우 입에 풀칠이나 할 수 있는 임금을 받겠다고 비천하고 고된 육체노동을 하기 위해 매일 건강에 해로운 통근길을 몇 시간씩 오가지 않도록 막아줄 수 있는가? 피임을 하는 것이 키라 존슨을(153쪽 참조) 비롯해 사회적으로 성공한 흑인 산모들이 병원에서 피를 흘리며 죽어가며 도움을 요청할 때 그들의 목소리가 소거당하는 일이 없도록 막아줄 수 있는가? 산모 사망 격차의 주된 원인은 임신이 아니다. 웨더링과 웨더링을 심화하는 인종화된 삶의 경험이 산모 사망 격차의 주된 원인이다.

ACOG는 콘돔 만화가 불러일으킨 분노를 무마하기 위해 페이스북 게시글을 수정하면서도 피임이 산모 사망을 줄이는 최선의 방법이라는 주장만큼은 확고하게 고수했다. 그런 입장에 대한 비판의 목소리가 끊이지 않고 있는 만큼 ACOG의 사과문은 처음 시도한 무식한 농담만큼이나 분위기 파악에 실패했다고 봐야 할 것이다. 대다수 사람들이 보기에 그 사과문은 진심이 담겨 있지도 않았고, 사과가 아닌 훈계에 가까웠다. 또한 여전히 산모 사망 예방에서 피임이 중요한 역할을 해야 한다는 주장을 옹호하는 것처럼 보였다. 여성이 죽고 싶지 않다면 그냥 임신을 하지 않으면 된다는 말은 그것이 농담이라고 하더라도 모욕적인데, 실상 그것이 산모 사망 문제를 대하는 미국 정부의 기본적인 입장이다. 그러나 임신하기에 적절한 시기가 있다는 에이지워싱된 개인적 책임 내러티브에 이념적으로 갇혀 있으면 다른 새로운 발상을 하기가 어렵다.

막을 수 있는 산모 사망을 줄이기 위한 미국 정부의 정책 의제가 이토록 초라한 이유는 피임을 일종의 초능력으로 여기기 때문이다. 2020년 미국 보건복지부는 건강한 사람들 2030Healthy

People 2030이라는 제목의 보고서에서 향후 10년간 국가의 공식 공공보건 목표를 설정했다.[7] 보건복지부는 산모와 영아 사망률을 줄이는 것이 최우선순위 목표라는 점을 인정하면서 이를 달성하는 세 가지 기본 경로를 집중적으로 다뤘다. 그중 하나는 개인 행동을 강조했고, 다른 하나는 피임의 중요성을 지나치게 강조했다. 이 두 가지는 이미 과거에 이렇다 할 성과를 내는 데 실패했고, 앞으로도 이것은 크게 달라지지 않을 것이다. 정부 권고사항의 주요 골자는 임신 전(예: 피임을 효과적으로 사용해서 십대 임신과 계획되지 않은 임신을 줄인다, 임신을 시도할 때 비만이어서는 안 된다) 또는 임신 중(예: 임신 중에 마약과 술을 멀리한다, 산전 건강관리를 받는다, 매독에 걸리지 않도록 조심한다)에 개인의 행동을 바꿔야 한다는 것이다. 이 보고서에는 산모 및 영아 사망으로 이어지는 흑인/백인 건강 격차나 그 격차가 이미 크게 벌어져 있고 점점 더 벌어지고 있는 현실, 그리고 그런 격차를 해소하기 위해 필요한 기본적인 구조적 개선안에 대한 언급이 전혀 없었다. 웨더링이라는 관점에서 이 보고서를 평가했을 때, 보고서에서 제시한 구체적 목표를 달성하더라도 결과적으로는 가난한 노동계급 백인 산모와 영아의 사망률과 더불어 흑인 산모와 영아의 사망률이 하락하기는커녕 오히려 상승할 것이다.

우리는 더 잘할 수 있다.

산모 및 영아 건강 격차 해소라는 과제를 풀기 위해서는 아무리 가족계획이 생식 정의의 필수적인 요소라 하더라도 오직 가족계획만이 답이라는 생각을 우리의 집단의식에서 완전히 비워내야 한다.[8] 매년 가임률이 하락하는 가운데에서도 산모와 영아 사망률이 상승하는 시기, 증거에 기반한 근본적 고민에서 나온 접근법에 비해 피임에 초점을 맞춘 정책은 점점 더 심각해지는 뿌리 깊은 공공보건 문제를 해결하기에 너무나 나태하고 현실과 동떨어진 대응이다. 지금 이 순간에도 산모와 아기들이 죽어가고 있다.

    점점 상승하는 산모 사망률의 근본적 원인인 사회 시스템과 그 시스템에 존재하는 심각한 격차에 대한 이해를 바탕으로 하는 다른, 더 나은 방법들이 있다. 모든 사람의 생식 정의를 보장하기 위해서는 우리의 생식 운명이 전부 연결되어 있는 방식을 우리가 보지 못하도록 가리고 있는 장막을 거둬야 한다. 우리는 현상 유지가 불필요하게도 모든 산모와 영아를 더 큰 위험 속에 방치한다는 사실을 깨달아야 한다. 화이트칼라이든 블루칼라이든 사회 안전망이 강화되면 일하는 모든 가족이 혜택을 받는다.

임신 유보의 과대평가된 미덕과 과소평가된 비용

미국 사회 전체가 직업적 안정성을 확보한 이후로 부모되기를 미루는 상상된 이상적 생애주기 시나리오에 갇혀 있다. 우리는 이미 임신을 미뤄야 한다는 압박이 어떤 결과를 낳는지 알고 있다. 일부 흑인 여성은 그 대가로 목숨을 잃으며, 그보다 더 많은 수의 여성이 그 대가로 건강을 잃는다. 높은 주거비, 양육비, 대학등록금과 그로 인해 수십 년에 걸쳐 점점 불어나는 학자금 대출로 인해 많은 대졸 노동자가 인종·민족을 불문하고 아주 오랜 기간 일을 하고 나서야 지배문화가 "준비성"이라고 규정한 것을 기준으로 부모가 될 준비가 되었다고 느낀다. 우리가 웨더링을 향해 들고 있는 활의 화살로 노동 및 생식연령 성인의 필요를 정확하게 겨냥하려면 "준비성"의 구성요소과 그런 구성요소를 갖추기 위한 노력을 방해하는 구조적 장애물에 대한 우리의 이해가 어떤 불행한 결과로 이어질 수 있는지 진지하게 검토해야 한다.

이 책 전반에 걸쳐 다룬 인종차별주의 내러티브에 의문을 제기하는 것 외에도 우리는 부모가 되고 싶은 너무나 많은 사람들에게 임신을 미루도록 압박하는 의심스러운 세 가지 조언들을 재고해야 한다.

- 존중받는 책임 있는 부모가 되려면 무엇보다도 먼저 사회경제적 조건들을 모두 충족해야 한다.
- 어린 자녀를 키우면서 동시에 안전하고, 보람차고, 명예롭고, 충분한 금전적 보상이 지급되는 커리어를 쌓는 것은 불가능하다.
- 아이 가지기를 원하는 개인 또는 부부가 30대 중후반 내지 40대까지 또는 부모가 될 준비가 되었다고 느낄 때까지 임신을 미뤄도 최신 생식 보조 기술이 발달하고 있으니 불임을 걱정하지 않아도 될 것이다.

산모의 나이가 많아질수록 가임능력, 임신기를 건강하게 보낼 가능성, 건강한 아이를 낳을 가능성이 줄어드는 것이 자연의 섭리다. 그러나 정규직 일자리 또는 전문직을 원하면서 아이도 키우기를 원하는 부부가 가야 할 길은 오직 임신하기에 앞서 전문성과 사회적 성공을 확보하는 것이라는 명제는 자연의 섭리가 아니다. 적절한 지원책이 마련되면, 예컨대 최소 두세 달 주어지는 육아휴가, 탄력근무제, 갓난아이가 있는 부모의 해외 출장 제한 등이 실시된다면 그 두 가지 목표를 동시에 추구하고, 역순으로 또는 동시에 실현할 수도 있다.

실제로 우리는 더 오랫동안 교육과 훈련을 받고 자신의 능력을 입증하기 위해 일에 전념해야 하는 분야로 더 다양한 배경의 사람들이 진출할 수 있도록 문을 열었고, 그 결과 부모되기를 미뤘을 때 그 결과가 집단마다 다르게 나타난다는 사실은 무시한 채 부모되기를 미루게 하는 데 더 집착하게 되었다. 그리고 사람들은 순응했다. 2016년 CDC(질병통제예방센터)는 미국 역사상 최초로 30대 산모의 수가 20대 산모의 수를 넘어섰다고 발표했다.[9]

이런 흐름은 가장 교육을 많이 받고 사회적으로 성공한 여성들이 2022년 『뉴욕타임스』에 실린 기획기사에서 다룬 일을 겪게 된다는 것을 의미했다. 기사는 34세인 미네소타주 메이요클리닉 Mayo Clinic 소속 혈액학자 아리엘라의 이야기를 전했다.

처음부터 더 열심히, 더 오래, 더 잘 일하면 성공할 거라는 확신을 가지고 전진했다. 그리고 그녀는 그렇게 했다. 고등학교를 수석으로 졸업했고, 엘리트 대학교를 졸업했고, 미국 최상위 의과대학원에 진학했다. 그러나 한 가지만은 손에 넣을 수 없었다. 아이였다. 그녀는 커리어가 탄탄해질 때까지 임신을 미뤘는데, 마침내 34세에 아이를 가지기로 마음먹었을 때 임신촉진제를 사용했는데도 임신할 수 없다는 사실에 놀랐다.[10]

기사는 아리엘라 개인의 이야기가 더 광범위한 현상의 일례일 뿐이라고 지적한다. 설문조사에 따르면 의사인 여성은 일반 여성에 비해 임신을 시도할 때 불임률이 약 2배가량 더 높다.[11] 마찬가지로 외과수술의인 여성을 대상으로 실시한 설문조사에서는 42퍼센트가 유산을 경험했다고 답했다.[12] 이 또한 일반 여성의 유산 비율보다 2배 이상 높다. 더 나아가 그들은 일반 여성보다 임신 합병증을 앓는 비율도 훨씬 더 높았다.

인종을 불문하고 엄마가 되기를 원하는 여성은 점점 더 늦은 나이에 가정을 꾸리고 있고, 그 결과 같은 여성이 더 어린 나이에 임신을 시도했을 때보다 불임과 나쁜 출산 결과의 위험이 더 높아진다. 이것은 흑인 여성의 경우 명백하게 밝혀진 사실이며, 앞서 상세하게 논했듯이 그 여성이 전문직 종사자인지 가난한 노동자인지와는 무관하다. 그 정도는 덜하지만 이것은 특권층의 고학력 백인 여성의 경우에도 마찬가지로 적용된다. 그들은 문화적으로, 경제적으로 교육과 사회적 성공을 임신보다 우선시할 인센티브가 있다. 문화적·사회적 규범에 순응한 결과 전문직 여성 사이에 번아웃증후군이 빈번하게 발생하고 있고, 구조적 불임이 널리 퍼지고 있다. 또한 백인 전문직 여성의 산모 및 영아 사망률도 증가했다. 전문직 흑인 여성을 포함해 흑인 여성 집단만큼 그 수치가 높지는 않다 하더라도 애초에 그렇게 높아야 할 이유가 없다.

그러나 현재와 같은 곤란한 상황이 발생한 한 가지 이유는 전문직 교육 프로그램과 근무 일정이 주로 남자가 생계비를 버는 가장 역할을 맡고, 여자는 제1돌봄제공자 역할을 맡던 시절에 생긴 모델을 따르기 때문이다. 커리어를 추구하는 것과 건강한 가정생활을 꾸리는 것이 양립 불가능해 보이는 또 다른 주된 이유는 지난 40년간 우리 경제가 경제학자들이 수요독점 자본주의 monopsony capitalism라고 부르는 것을 향해 아무런 규제 없이 달려가고 있기 때문이다. 수요독점 자본주의에서는 거대기업들의 힘이 워낙 막강하다 보니 규제나 경쟁이 없으면(특히 경쟁자들을 모두 제압했다면) 임금을 낮추고 피고용인의 복지혜택을 줄이거나 제거할 수 있게 된다.[13]

수요독점 자본주의는 자유시장 자본주의가 아니다. 수요독점 경제는 상층부에 권력을 집중시키고 나머지 사람들은 무력하게 만들어서 상층부의 선의에 기댈 수밖에 없게 만든다. 그리고 그런 선의는 존재하지 않는다. 자본주의에서 기업의 존재이유는 오직 하나, 이윤이기 때문이다. 그러나 아마존, 애플, 페이스북, 테슬라 같은 기업이 놀라울 정도로 짧은 기간에 득세한 것에서 볼 수 있듯이 수요독점 경제는 확산되고 있다.

최근 몇십 년 동안 진행된 탈규제가 소수의 거대기업이 통제받지 않는 독점 권력과 수요독점 권력을 얻게 된 주요 원인이다. 독점 경제가 제품의 비용과 공급과 관련이 있다면, 수요독점 경제는 노동환경, 임금, 고용 안정성과 관련이 있다. 독점 경제가 소비자에게 불리하듯이 수요독점 경제는 노동자에게 불리하다. 노동시장에서 소수의 산업계 거물이 터무니없을 정도로 과도한 지분을 행사하게 된 직접적인 결과로, 그리고 그런 거대기업 간 결탁을 통해 노동계급의 임금은 급격히 하락했다. 합병과 비밀유지계약서, 경쟁금지조항, 인력탈취금지 합의를 전략적으로 활용해서 노동자들의 손발을 묶는다. 저숙련 기술 노동자들은 임금이 높거나 복지 혜택이 좋은 일자리 기회가 거의 없고 심지어 근무 일정조차도 언제든 예고 없이 바뀔 수 있다.

수요독점 자본주의는 노동계급뿐 아니라 고연봉 전문직 노동자에게도 영향을 미친다. 연봉 직장인이 점점 더 오랜 시간 일하도록 압력을 가하기 때문에 근무 시간과 개인 시간의 경계가 사라진다. 또한 업무상 출장을 다녀야 한다는 압박도 가하는데 (물론 코로나19 팬데믹 기간에는 이런 압박이 줄었다), 이는 양쪽 부모 모두가 고위 전문직인 가정에는 재앙으로 작용한다. 또한 연봉 직장인은 수요독점 경제에서는 고용 불안정성이 커진다. 따라서 조기 출근, 야근 및 휴일 근무를 해야 한다는 압박에 저항하지 못할 가능성이 커진다. 노동자들은 자신들이 어려움을 겪고 있다는 사실을 인정받는 경우에도 명상, 운동, 건강한 식습관으로 스트레스와 자신의 시간에 대한 통제력 상실, 심지어 번아웃증후군에 대응하라는 조언을 듣는다. 그러나 가장 많이 동원되는 대응 기제는 가족과 살림이 굴러가도록 돕는 외부인에게 의지하는 것이다. 실상 외부인의 도움 없이는 가정생활을 유지하기가 불가능하다. 그리고 이것은 다시 웨더링에, 특히 경제적 여유가 없는 소외집단의 웨더링에 큰 영향을 미친다.

    가족을 위한 제도적 내지 재정적 지원을 거의 제공하지 않는 사회에서 특권층 부모가 성공한 맞벌이 부부로서 혜택을 누릴 수 있었던 이유는 오직 그들이 가사노동을 거의 전적으로 외부에 위탁할 수 있었기 때문이다.[14] 점점 많은 맞벌이 부부가 자녀 양육, 집 청소, 장보기, 식사 준비, 반려견 산책을 노동계급에 맡기고 있다. 심지어 노동계급을 대리모로 고용하기도 한다. 그동안 그 노동자들은 자신의 가족을 위해서도 그런 일을 동시에 수행하느라 완전히 기력이 소진될 정도로 고군분투해야 하는 경우가 더 많이 생긴다. 따라서 생태계가 우리에게 미치는 영향은 다를지라도 우리가 같은 생태계에 속해 있음을 환기하는 또 다른 예는 전문직 노동자에게 가해지는 임신을 미루고 더 오래 일해야 한다는 압박이 소외집단 노동자의 웨더링을 심화한다는 사실이다.

삶의 주요 사건과 성취에 대해 지배문화의 "이상적 생애주기" 또는 "성공 절차"를 길잡이로 삼으면 오로지 우리 사회의 웨더링이 심화될 뿐이다. 가난한 노동계급의 젊은 여성에게 임신을 십대 후반이 아닌 이십대 초반 이후로 미루도록 압력을 가하고, 엄마가 되기를 원하는 경제적으로 여유가 있거나 사회경제적으로 상향 이동이 가능한 유색인종 여성이 필요한 교육을 다 마치고 치열한 전문직 커리어가 어느 정도 자리를 잡을 때까지 임신을 미루도록 권장하는 것은 오히려 그 여성들의 웨더링을 심화시킬 뿐이라는 사실을 잊어서는 안 된다. 더 늦게 임신하도록 권하는 것을 사회 전체의 입장으로 삼고 싶다면 그런 선택을 위험하게 만드는 웨더링을 완화하기 위해 무엇을 해야 하는지를 먼저 고민해야 한다. 그리고 가난한 소외집단 구성원이 너무나 흔하게 일상 속에서 맞닥뜨리는 생심리사회적 스트레스 인자로부터 임산부와 산모를 보호할 방법을 찾아야 한다. 이것은 생식 정의의 문제다.

건강한 생식 형평성을 포함하는 완전한 생식 정의를 구현하기 위해서는 특권층이 가정생활의 즐거움을 누릴 수 있는 능력이 착취와 웨더링을 당하는 노동계급의 희생에서 나와서는 안 된다. 미국의 경악스러울 만큼 높은 산모와 영아 사망률을 낮추려면, 그리고 그에 못지않게 끔찍한 산모와 영아 사망률 격차를 해소하려면 가족 지원 정책을 제공할 뿐 아니라, 수요독점 자본주의의 힘을 제한하는 명시적 규제책을 마련해야 한다.

수요독점 자본주의의 최대 수혜자로는 실리콘밸리의 거대기업들을 꼽을 수 있다. 그 기업들은 성공한 전문직 여성들에게 임신을 미루도록 압박을 가하는 흐름의 대표적인 주동자이기도 하다. 물론 그들은 자신들이 반대 입장을 대변하고 있다고 스스로를, 그리고 우리를 속이기도 하지만 말이다. 실리콘밸리 기업들은 자사가 아주 자비로운 혜택을 제공하는 것처럼 홍보한 역사가 있다. 출퇴근 버스, 무료 음식, 마사지, 체육시설, 요가 수업, 심지어 사무실을 오가는 세탁 서비스 등을 제공했다. 그러나 그런 혜택의 이면에는 그런 서비스가 제공됨으로써 직원들이 직장에 더 오래 머물게 된다는 현실이 있다. 이들 기업은 여사 직원과 남자 직원 모두에게 서너 달가량의 출산휴가 내지 육아휴가를 제공한다(미국 기준으로는 매우 큰 혜택이다). 페이스북 CEO가 자신의 두 딸이 태어났을 때 육아휴가를 쓰면서 시범을 보이기도 했다. 이것은 물론 칭찬할 만한 일이다. 그런데 이 기업들은 출산휴가와 육아휴가가 끝난 뒤 몇 년간 임신을 하거나 가정을 꾸리는 것과 매일매일의 업무 기대 및 책임에 부응하는 것이 양립 가능하도록 어떤 배려를 하고 있는가? 물론 고급 전문 인력에게 높은 연봉을 지급하므로 살림을 도울 민간 서비스를 고용할 경제적 여유를 제공하고 있다고 말할 수도 있다. 그러나 이 기업들의 전반적인 문화는 그들이 선전하는 것만큼 가족친화적이지 않다.

최근 몇 년간 애플, 구글, 페이스북과 같은 기업들은 직원들에게 새로운 혜택을 제공하기 시작했고, 이를 (매우 드물지만) 암 치료를 받는 과정에서 배란 기능을 상실하는 등의 이유로 조기 폐경을 겪는 직원에 대한 연민의 마음을 담아 배려 차원에서 마련한 대응책이라고 홍보하고 있다. 이런 혜택을 비극적 상황에 처한 여직원에게만 제공할 수도 있었겠지만, 이 특이하고 특수한 혜택을 모든 젊은 전문직 여직원들에게 제공하기로 결정했다고 밝혔다(그러나 물류창고 직원이나 저임금 노동자들은 이 지원 대상에서 제외되었음이 눈에 띈다). 요컨대 미래의 불임에 대비한 냉동 난자 시술 비용을 지원하기로 한 것이다.[15]

냉동 난자 시술 비용 지원은 전문직 직원들에게는 궁극의 혜택처럼 보일 수도 있다. 구조적으로 워커홀릭이 된 사람들에게는 더더욱 그렇게 느껴질 수 있다. 아직 충분히 검토되거나 연구되거나 논의되거나 규제되지 않은 냉동 난자 시술이 유발할 수 있는 잠재적 후유증은 전혀 고려하지 않기 때문이다. 난자를 얼리기 위해서 여자는 배란주기에 맞춰 2주 동안 호르몬 주사를 맞아야 하고 난자를 추출하기 위해서는 전신 마취를 해야 한다. 이 시술을 경험한 많은 여자가 "정상으로 돌아왔다"고 느끼기까지 추가로 2주의 회복 기간이 필요했다고 말한다. 더 나아가 이 시술을 받는 여자들은 종종 여러 회차를 시도해야 한다. 첫 시도에서 냉동하기에 적합한 난자를 충분히 채취하지 못했거나 나중에 난자를 사용하기로 결정했을 때 IVF 시술(체외 인공수정 시술)을 여러 번 받기에 충분한 수의 난자를 채취하기 위해서다.

이 혜택에는 그 외에 또 다른 어두운 면이 있다. 이것이 일종의 미끼 상술이기 때문이다. 나이가 들어 냉동 난자로 임신하고 정상 출산에 성공할 확률은 15퍼센트가 채 안 된다(약 7명 중 1명). 기업들은 가족친화적이라는 이미지를 내세우지만 현실적으로 냉동 난자 시술을 받은 여성들이 실제로 임신할 가능성이 낮다는 사실은 무시되고 있다. 이를 통해 이 기업들은 여자 직원들이 번아웃증후군으로 나가떨어질 때까지 최대한 부려먹을 수 있다. 이 혜택이 여자 직원에게 자신의 가임능력과 커리어에 대해 더 많은 선택지와 통제권을 부여하는가 하는 문제와는 별개로,

이 혜택은 그 기업들에게 상당한 혜택을 부여하는 것만은 확실하다. 직원이 자신의 일에 전념하도록 붙들어두는 효과가 있기 때문이다. 또한 기업들 입장에서는 냉동 난자 시술과 같은 기술적 혜택을 제공하는 것이 해롭고 착취적인 직장 문화를 근본적으로 바꾸는 것보다는 더 손쉬운 조치이다.

아이를 가지기로 결심했을 때 냉동 난자를 사용할 수 있다는 기대로 임신을 미루는 여자 직원들이 당장은 가정에 대한 의무를 수행하느라 업무에 집중하지 못하는 일이 발생하지 않는다는 것은 기업에게 무엇을 의미하는가. 젊은 테크기업 직원들은 종종 하루에 16시간씩 일하고 언제든 그 자리에서 며칠 내지 몇 주간 전 세계로 출장을 떠날 준비가 되어 있어야 한다. 임신과 출산을 미룬 여자들과 남자들은 그런 미친 일정에 맞춰 일할 수 있다. 상사는 자녀가 아프거나 학교가 쉬는 날이라거나 방과후 활동에 참석해야 한다거나 기타 자녀가 있는 직원들이 맞닥뜨리곤 하는 상황을 참작할 필요가 없다. 문화적으로 그런 접근법은 또한 이십대 내지 삼십대 초반에 아이를 가지기로 한 직원들을 낙인찍는 효과도 있다. 그런 직원들을 자신의 커리어에 충분히 헌신하지 않는 사람들로 규정하기 위한 밑작업인 셈이다. 페이스북에서 가장 높은 자리에 오른 여자 임원이 전문직 여성으로 성공하는 비결은 물러서지 말고 "깊이 파고드는 것"라고 조언하는 문화적 시대를 살아가고 있으니 말이다.

이것이 부모이거나 부모가 되기를 바라는 테크기업 전문직 직원들에게 열악한 노동환경이라는 것은 확실하지만, 그 직원들에게 가해진 압박이 불러일으키는 도미노 효과도 살펴볼 필요가 있다. 기업 고용주가 그들에게서 수익을 한 방울이라도 더 쥐어

짜낼 수 있도록 긴 근무 시간과 정신없이 바쁜 일정을 소화해야 한다면 그들 역시 "도우미"에게 기댈 수밖에 없고, 따라서 도우미의 근무 시간도 길어진다. 도우미 대부분은 여성이고, 특히 유색인종 여성의 비율이 압도적으로 높다. 가사를 비롯한 가족 돌봄서비스 종사자들의 웨더링도 함께 심화된다. 이미 충격적이도록 높은 그 집단의 산모 유병률과 사망률, 영아 유병률과 사망률은 더더욱 높아질 것이다.

이런 말이 있다. "백인이 감기에 걸릴 때 흑인은 폐렴에 걸린다." 이렇게 되는 이유 중 하나는 웨더링을 겪은 가난한 노동계급 흑인은 이미 "폐렴"에 걸린 채로 "감기"에 걸린 부유한 백인의 간호를 하도록 불려갈 것이기 때문이다. 이것은 산모와 영아 건강 문제로도 연장해 적용할 수 있다. 사회적 기대에 부응하기 위해 임신을 미루는 전문직 여성이 직면한 위험이 불필요하게 심각하다면, 가난한 노동계급 유색인종 여성이 직면한 위험은 그보다 훨씬 더 심각할 수밖에 없다.

웨더링과 대물림되는 웨더링의 영향력을 최소화하겠다는 우리의 의도가 정말로 진심이라면 그리고 우리가 진정한 생식 정의와 사회 형평성을 구현하기로 굳게 결심했다면, 자원을 지닌 사람들은 자신의 대응책이 다른 이들에게 짐이 된다는 사실을 간과한 채 단순히 자신의 권익만을 옹호해서는 안 된다. 보상을 충분히 받는 노동자들 또한 냉동 난자 시술과 같은 단편적이고 모호한 혜택에 만족해서는 안 된다. 그보다는 사회 전체가 모든 노동 연령의 성인과 그 가족들의 필요를 지원하는 일에 실질적으로 전념하기를 요구해야 한다.

13장   우리 모두의 운명이
       연결되어 있음을 깨닫기

웨더링의 신체적·사회적·경제적 비용을 어떻게 해결해야 할지 고민하지 않으면 장기적으로는 언젠가는 결국 그 비용을 감당하지 못하고 무너지게 될 것이다. 웨더링의 효과를 직접적으로 느끼는 사람들뿐 아니라, 사회 전체가. 승자 대 패자, 자격이 있는 자 대 자격이 없는 자, 만드는 자와 취하는 자로 나누는 이분법적인 사고방식으로는 이 문제를 해결할 수 없다. 오늘날 미국의 소득, 건강, 정치참여 격차의 정도가 너무나 커서 미국 사회의 근간을 위협하고 있다. 우리가 인정하든 안 하든 우리 모두의 운명은 연결되어 있다. 새로운 사회 비전을 세우는 것이 모든 사람에게 이로운 이유다.

헤더 맥기Heather McGhee가 자신의 책 『우리 모두의 총합』 The Sum of Us에서 일목요연하게 주장했듯이, 미국의 정치와 정책 논리는 흔히 우리 각자가 개인으로든 또는 사회적 정체성 집단의 구성원으로든 제로섬 게임을 하고 있으며 각자도생해야 한다고 믿게 만들면서 우리 모두를 인질로 잡는다.[1] 언제나 "승자"와 "패자"가 있다는 논리는 승자가 승리할 자격이 있고, 패자는 패배할 만했다는 부속 논리만큼이나 망상에 불과하다. 의료서비스 비용과 기후 변화와 같은 중요한 공공정책 쟁점을 자세히 들여다보면 이 논리의 오류가 명백하게 드러난다. 이 장 전반에 걸처 내가 하는 것처럼 세부사항을 분석적으로 검토하면 내가 무슨 말을 하는지 이해하게 될 것이다. 여기서 다룬 쟁점을 비롯해 많은 정책 쟁점에서 우리는 모두 이해관계자이고, 우리 모두가 공범이다. 사회 쟁점을 다룰 때 웨더링을 고려하는 것이 성공으로 가는 길이고, 그렇게 하는 것이 우리 모두에게 이롭다.

의료서비스 비용

웨더링은 미국의 의료서비스 비용에 큰 영향을 미친다. 그것이 우리 모두에게 어떤 영향을 미치는지는 단순하고 명확하다. 최상위 부유층에게도 의료서비스 시스템은 꼭 필요한데, 미국의 의료서비스 시스템은 재정적인 측면에서 현상 유지가 불가능하다. 건강한 인구의 수를 크게 늘리지도 못하면서 GDP의 큰 부분을 잡아먹는다.[2] 또한 가족과 국가 모두의 예산에 엄청난 부담을 준다.[3] 의료서비스 비용은 미국 부채가 크게 늘어난 주된 요인이며, 그로 인해 예산안에서 우선적으로 고려되어야 할 사안들이 뒤로 밀려버린다. 의료비를 감당할 수 없을지도 모른다는 불안으로 많은 미국인이 건강 문제로 응급실에 가야 할 상황이 오면 당장 관리비, 월세를 못 내게 될 수도 있고, 그보다 더 심각한 경제위기에 빠질 수도 있다. 웨더링을 가장 심하게 당한 사람들이 특히 더 그런 불안에 시달리겠지만, 나머지 사람들도 크게 다르지 않다. 의료서비스에 대한 수요를 줄이기 위해서는 웨더링을 촉발하는 격차를 해소해야 하고, 미국인 전체의 전반적인 건강을 증진시켜야 한다. 다행히도, 의료서비스 시스템에서 웨더링을 단절시키는 개입들 중에는 현재의 의료서비스 관행보다 비용이 덜 드는 것들이 있다. 이 점은 이미 산모 돌봄이라는 맥락에서 다뤘다. 시골 주민을 위한 제3차 진료기관인 상급종합병원의 지역 건립과 같은 정책은 단기적으로는 초기 투자 비용으로 인해 재정에 부담이 될 수 있다. 그러나 장기적으로는 그런 변화를 실행에 옮기지 않으면 앞으로 더 큰 비용을 치르게 될 것이다.

핵심은 간단하다. 의료서비스에 대한 수요 증가 속도를 늦추지 못하면 미국에서 그 누구도 의료서비스 시스템을 이용할 수 없게 될 것이다. 웨더링을 무시하면 우리 모두에게 불리한 방향, 변화의 필요를 무시하는 방향으로 나아가게 될 수밖에 없다.

기후 변화

웨더링이 의료서비스 비용을 어떻게 증가시키는지는 쉽게 알아차릴 수 있다. 웨더링을 당하는 당사자가 아니라도 그런 의료서비스 비용이 우리 모두에게 어떤 영향을 미치는지 잘 안다. 그리고 웨더링 문제를 해결하는 것이 우리 모두에게 이롭다는 것도 이해하기 어렵지 않다. 그에 비해 기후 변화 정책은 그것이 웨더링과 어떻게 연결되는지가 명확하게 보이지 않을 수 있다. 기후 변화가 과연 웨더링과 어떻게 연결될 수 있을까?

기후 변화 대처는 결국 기술 혁신과 정치 개혁의 문제라고 믿는 사람이 많다. 그러나 현실에서 기후 변화 대처 역량은 웨더링과 서로 연결되어 있다. 인종차별주의가 인종을 의식한 근교화, 자가 운전자의 폭발적 증가, 백인의 도심 탈출에 기름을 부은 도심 재정 긴축과 노후화를 통해 기후 변화에 관여하는 방식을 이해하지 않고서는 기후 변화에 대처할 수 없다. 이런 흐름이 웨더링과 기후 변화 모두를 심화했다. 또한 도심을 재생하고, 녹색 경제를 구축하고, 대중교통을 확대하는 정책을 펼칠 때 형평성과 웨더링을 고려하지 않으면 기후 변화에 대처할 수 없다. 이 모든 것을 아래에서 더 구체적으로 다룰 것이다. 웨더링과 형평성을 고려하지 않았기 때문에 모두에게 치명적인 결과를 낳은 정책 사례, 그리고 웨더링과 형평성을 고려한 희망적인 사례도 살펴볼 것이다. 그러나 그에 앞서 우리 지구를 더 이상 살아갈 수 없는 곳으로 만들 위험이 있는 기후 변화라는 위협 앞에서 존재론적 위기에 맞닥뜨린 우리의 운명이 어떻게 연결되어 있는지를 명확하게 설명하겠다.

  기후 변화로 가장 큰 타격을 입은 것은 최하위계층이지만(그리고 기후 변화는 웨더링을 심화한다), 기후 변화로 인한 지구 파괴라는 현실을 완전히 피할 수 있는 사람은 없다. 타들어가는 지구의 열파와 열파에 수반되는 대형 화재는 캘리포니아주 파라다이스의 소박한 주택과 이동식 주택을 파괴하듯 말리부 해변의 값비싼 대저택도 망설임 없이 파괴한다. 지구에서 가장 부유한 남자가 터무니없이 비싼 남근 모양의 캡슐을 타고 대기권 끝으로 날아가 삼사 분가량 무중력 상태로 떠다니면서 큰 재미를 느낀다 해도 결국에는 지구로 돌아와야 한다. 생물다양성 감소가 야기한 위협과 그것이 우리의 식품 공급망에 미치는 영향, 깨끗한 물 공급 부족, 치명적인 전염병과 질병의 증가라는 현실에서 벗어날 수 있는 사람은 없다. 기후 난민이 새로운 정착지를 구하면서 필연적으로 사회가 불안정해지고 자원 부족으로 전쟁이 벌어질 미래에서 벗어날 수 있는 사람도 없다.

우리 중 그 누구도, 심지어 지금 이 순간에도 안전하지 않다는 사실을 나는 개인적으로도 직접 경험했다. 2021년 여름의 어느 아침 『디트로이트 뉴스』 기사를 훑어보는 중에 다음과 같은 기사를 읽고 나는 공포와 충격에 휩싸였다. "미시간대학교를 졸업한 29세 레베카 코플랜드의 주검이 차가운 물속에서 발견되었다. 밤새 그랜드캐니언에서 갑자기 발생한 홍수가 코플랜드가 야영하던 곳을 휩쓸고 지나간 다음날인 목요일에 발견된 것이다."[4]

나는 레베카와 친분이 있었다. 레베카는 죽기 한 달 전쯤 공공보건학과 공공정책학 이중 전공으로 석사 과정을 졸업했다. 애리조나주에서 휴가를 즐기면서 콜로라도 강에서 래프팅을 하고, 그 이후에는 그녀의 꿈의 직장인 메디케어 및 메디케이드 혁신 센터로 출근할 예정이었다. 그런데 홍수에 휩쓸린 잔해들에 두들겨 맞은 흔적이 고스란히 새겨진 채 이미 생명이 떠나 얼음장처럼 차가운 상태로 레베카의 몸이 발견되었다.

레베카의 래프팅 그룹은 레베카의 시신이 발견된 길고 좁은 골짜기에서 400미터가량 떨어진 캠핑 사이트에 1박 야영을 위해 텐트를 쳤다. 미국의 다른 지역과 마찬가지로, 그해 여름 애리조나주에는 폭우가 자주 쏟아졌고, 그로 인해 레베카를 낚아채고 죽인 그런 홍수가 발생할 때가 많았다. 기후 변화는 그런 홍수가 발생한 원인으로 (적어도 원인 중 하나로) 지목되고 있다.

애리조나주에서 홍수가 발생하는 동안, 미국 서부 지역은 대가뭄으로 고통받고 있었다. UCLA 물기후학자 파크 윌리엄스 Park Williams의 설명에 따르면 서기 800년에 발생한 대가뭄 이후 최악의 가뭄이라고 한다. 윌리엄스는 이런 가뭄 또한 기후 변화와 관련이 있다고 말한다. 그는 "나무의 나이테를 근거로 추정해볼 때, 실제로 지난 22년은 최소한 1,200년이라는 기간 중에 가장 메마른 22년이었다"고 지적했다.5 이런 타들어가는 듯한 가뭄으로 인해 저수지의 물이 빠른 속도로 줄어들고 있으며, 미국 서부의 주들에서 치명적인 열파와 대형 화재가 발생하고 있다. 농장 노동자의 생계를 위협하고 있으며, 많은 사람들이 건강한 식단을 지키는 것이 경제적으로 불가능해지고 있다. 물과 농경지 부족, 그리고 관개 비용 증가로 인해 과일, 채소, 곡물 가격이 하늘 높은 줄 모르고 치솟고 있다.

또한 기후 변화는 일자리, 사회경제적 안전성, 상향 사회이동의 기회도 위협하고 있다. 한 TV 뉴스 기자가 캘리포니아주 센트럴밸리에서 멜론 농장을 경영하는 조 델 보스크의 이야기를 다뤘다. 조 델 보스크는 적자를 볼 가능성이 커지자 노동자들을 대량 해고했다. 또한 물 부족이 심해지자 경작 규모를 줄였다. 델 보스크는 농장과 노동자들이 이 대가뭄 위기를 살아서 극복할 수 있을지 확신하지 못했다. 기자가 이런 질문을 던졌다. "만약 처음부터 다시 시작할 수 있다면, 그리고 기후 변화에 대해 당신이 지금 아는 것을 그대로 알고 있다면, 이렇게 농사를 지으시겠어요?" 델 보스크는 이렇게 답했다.

> 글쎄요. 내 멜론 농장을 경영하는 것이 제게는 일종의 꿈이었거든요. 저는 농장 노동자의 아들이었으니까요. 제가 먹여살려야 하는 사람이 많아요. 지금 밭에 나가서 멜론을 수확하고 있는 사람만 수백 명이에요. 그들은 미국에 온 제 조상과 같은 사람들이에요. 제 조상들은 아이들을 먹여살리기 위해, 아이들이 저처럼

대학교에 갈 수 있도록 열심히 일했어요. 멜론 농장이 망하면 조상들의 꿈도 끝나는 게 되겠죠.[6]

기후 변화에 대처하는 것은 권력집단의 저항에도 불구하고 반드시 해야 하는 일이다. 어떤 해결책이든 효과가 있으려면 먼저 구조적인 인종차별주의와 계급주의 이데올로기가 어떤 식으로 작동하는지를 다뤄야 한다. 그런 이데올로기가 환경적 인종차별주의와 일상의 대응기제와 관련이 있는 생심리사회적 스트레스 인자를 통해 소외집단의 건강에 끊임없이 타격을 입히는 동시에 우리를 기후 혼란과 재앙의 낭떠러지로 끌고 왔기 때문이다.

근교화와 재도심화
: 기후 변화와 웨더링의 연결고리, 역사와 현재에서

기후 재앙이 이토록 심각해진 근본적 이유 중 하나는 근교화와 무분별한 도시 확장이다. 20세기에 미국이 대중교통이 아닌 도로와 자동차에 투자하기로 결정했기 때문에 가능한 일이었다.[7] 미국에서 온실가스 배출의 주된 원인 중 하나가 무분별한 도시 확장이며, 미국은 전 세계적으로 온실가스를 가장 많이 배출하는 나라다. 모든 사람이 교통체증과 긴 통근길을 싫어하고 여론조사에서 대다수 미국인이 더 친환경적인 미래를 원한다고 답하고 있음에도 불구하고, 지난 몇십 년 동안 무분별한 도시 확장이 계속 진행되고 심지어 대다수 대도시 권역에서는 오히려 가속화되면서 자동차 운전과 관련된 온실가스 배출이 급격히 증가했다.

왜 이런 일이 일어나고 있는 걸까?

근본적 원인은 인종별 거주지 분리가 법에 위배되는데도 그런 거주지 분리를 지탱하는 인종차별주의적 이데올로기에 있다. 근교에 사는 것과 도시에 남는 것은 예나 지금이나 어떤 사람에게는 단순히 선택의 문제가 아니다. 20세기에 들어서 빈민가를 특정 경계 지구로 지정하는 관행으로 인해 도심 유색인종 밀집지역의 주택 가격이 하락했고 그 지역에 대한 투자가 줄었다. 근교 시역의 새집을 사기 위해 대출을 받아야 하는 도심 밀집 시역 주민들은 대출 심사에서 탈락했다.8 근교 주택단지 개발업자들은 주택을 점점 더 많이 지었고, 그에 따라 토지용도제한(토지사용제한법)이 도입되었다. 그런 제한은 근교에 빌라나 아파트처럼 노동계급이 경제적으로 감당할 수 있고 다세대 친족 네트워크의 유지에 유리한 주거용 집합건물을 세우는 것을 금지했다. 많은 근교에서 토지사용제한법은 넓은 땅에 한 가구만을 위한 주택을 짓도록 요구한다. 그런데 그런 법적 요구로 인해 주택값이 비싸져서 노동계급의 자가 소유가 더 요원해진다. 개별 주택 증서에서 단서 조항을 두어 근교 주택의 구매자 후보에서 흑인(그리고 때로는 아시아계나 유대인)을 합법적으로 제외하기도 했다.

이런 법과 관행이 백인의 근교 이동을 유도했다. 20세기 중반 근교의 백인 거주지와 대도시의 문화 중심지구를 연결하는 새로운 고속도로 건설도 그런 이동을 부추겼다. 재정 지원이 끊기고 낙인찍힌 "도심 구역"의 확장과 노후화에 대한 대응으로 백인의 도시 탈출 행렬이 이어졌고, 이후 구매자 자격 단서 조항이 불법으로 규정되면서 흑인, 라틴계, 아시아계 중산층도 그런 탈출 행렬에 합류했다. 이런 도시 탈출이 무분별한 도시 확장을 지속시킨 동력이었고, 이를 통해 주로 백인이 거주하는 근교와 주로 가난한 소외집단과 노동계급이 거주하는 대도시 도심 간 삶의 질과 조건의 심각한 격차가 유지되었다.

무분별한 도시 확장은 여전히 인종별 거주지 분리와 환경 독성물질 노출, 주거, 교육, 고용 격차가 유지되는 동력으로 작용하고 있다. 20세기 중반 고속도로가 건설되면서 많은 도심의 유색인종 밀집지역이 문화 중심지구, 일자리, 가족 구성원, 친족 네트워크로부터 단절되었다. 이런 과정을 통해 유색인종은 재정 지원이 끊긴 도심 지역에 점점 고립되고, 그 결과 웨더링을 심화하는 생심리사회적 스트레스 인자가 그런 유색인종의 일상에 넓고 깊게 스며든다.[9]

백인들에게 근교 주택단지의 선점은 장기적으로도 이점밖에 없는 선택이었다. 우리 세대, 즉 1950년대와 1960년대에 근교 주택을 최초로 자가 소유한 사람들의 자녀 세대, 그리고 우리 세대의 자녀 세대가 이후 근교 주택 가격이 계속 큰 폭으로 상승하면서 경제적 이득을 보았다는 사실은 널리 알려져 있다. 1940년에 주택의 중앙값은 2,938달러(현재 가치로 환산하면 30,600달러)에 불과했다. 2000년에는 주택의 중앙값이 무려 119,600달러가 되었다.

이런 가격 상승으로 인해 오늘날 자가 소유는 미국인의 자산을 증식시키는 일등공신이 되었다. 수십 년 동안 지속된 주택시장의 인종차별과 직접적 배제로 인해 소외집단의 가족들은 세대에서 세대로 대물림되는 이런 경제적 안정성의 닻을 내릴 기회를 얻지 못했다. 그 닻은 일부 가족에게는, 특히 주택 가격이 매우 비싼 대도시 권역에 사는 가족에게는 예상치 못한 엄청난 부를 안겨주었다. 이렇듯 인종별로 다르게 작동하는 백해무익한 정책을 구조화하는 것만으로도 현재의 경제적 지위를 "누릴 자격"이 있는지 없는지에 대한 기존의 감각이 둔해진다.

최근 몇십 년간 도심 재생을 요구하는 목소리가 커졌다. 물론 무분별한 도시 확장의 중단은 기후 변화 정책이 온실가스 배출을 줄이는 데 성공하기 위해서는 반드시 포함해야 하는 내용이다. 그러나 도시 재생 정책에 형평성 요소나 합리적 가격의 주택 공급이 포함되지 않는다면, 도시를 재생하겠다는 좋은 의도가 오히려 웨더링을 심화하면서 또한 기후 변화 완화에도 도움이 되지 않는 결과를 낳을 수 있다. 이것을 부분으로 나눠서 상세히 검토하자.

무분별한 도시 확장을 멈추고 사회경제적 특권층을 위해 도심 지구를 복구하기 위한 지금까지의 시도들은 가난한 노동계급 도시 주민에게 재앙과도 같았다. 그런 도시의 주민들은 쫓겨났고, 뿔뿔이 흩어졌다. 공공주택단지 철거와 "가난의 탈집중화"의 사회적 중요성을 주장하는 순진한 이론이 이를 부추겼다. 지난 몇십 년간 도심으로 돌아온 부유층이 젠트리피케이션을 가속화했고, 부동산 가격이 상승하면서 저소득, 저자산인 흑인과 이민자들은 현재 살고 있는 집에 계속 살 수 없게 되었다. 결과적으로 도심의 가난한 노동계급의 운명은 다음과 같은 세 가지 유형의 거주 환경에 귀속되었다. 각 범주마다 고유한 방식으로 웨더링을 심화시켰다.

1. 도시에 남은 노동계급 장기세입자는 높아진 주거비를 감당해야 하고 이것이 이미 빠듯한 생활비의 대부분을 잡아먹어서

경제적 여유를 확보할 수 없게 된다. 또한 주거비를 아끼고자 동일 면적 안에 더 많은 사람이 살게 되면서 낡은 전기시설에 과부하가 걸리게 된다. 가정과 거주지의 사회적·환경적 스트레스 인자 또한 늘어난다. 화재 및 감염병 전파 위험이 높아지고, 강제 퇴거에 대한 불안도 높아진다.

2. 도시에서 계속 살 수 없게 된 사람들은 더 싼 집을 찾아 더 먼 근교로 나간다. 그래서 도시에 있는 직장으로 출퇴근하기 위해서는 스트레스를 유발하는 긴 통근길을 감수해야 한다. 대중교통을 이용할 수도 있고, 여유가 있다면 자가용으로 다닐 수 있다. 자가용으로 출퇴근을 하면 당연히 교통체증이 더 심해지고 탄소 배출량도 늘어난다. 역설적이게도 무분별한 도시 확장에 제동을 걸기는커녕 지역 단위에서 주민들의 거주지만 서로 바꾸는 돌려막기를 하는 셈이 되어버렸다.

3. 게다가 노숙자가 되거나 여러 집을 돌며 얹혀살거나 도시 내에 있는 임시 주거시설, 예컨대 판자촌 같은 곳에 살게 된 사람들도 있다.

지역 주택시장에서 부동산 가격 상승으로 퇴출된 사람들에게 주어진 이와 같은 선택지는 가난한 노동계급을 웨더링에 노출시킨다. 이것은 공공보건에도 좋지 않지만, 또한 환경에도 좋지 않다.

기후 변화에 대처하기 위해 우리는 무분별하게 확장된 도시를 원래대로 되돌려놓아야 한다. 지역사회가 더 밀집되어야 하고, 그러면 서로 다른 인종집단 및 경제계급과 공간적으로 더 가까운 곳에 살아야 한다. 무분별한 도시 확장을 차단하는 동시에 인종적으로나 계급적으로나 거주지가 분리된 채 지낼 수는 없다. 최근 몇십 년간 진행된 도심 젠트리피케이션으로 부유한 백인이 도심으로 돌아왔지만, 그들은 인종적·경제적으로 분리된 지역에 사는 경향이 있다. 심지어 외부인의 출입을 제한하는 주거지를 마련하기도 한다. 이런 형태의 재도시화는 무분별한 도시 확장의 등장인물들을 바꿀 뿐 그런 확장을 중단시키지는 않는다. 도시로 돌아온 백인 대신 도심 지역의 노동계급이 도시의 주변부로 밀려 나가고, 값싼 집을 찾아 멀리 떨어진 근교로 나설 뿐이다. 따라서 문제는 이것이다. 어떻게 하면 사회 통합을 효과적으로 유도하고 장려해서 그 누구도 담을 사이에 두고 분리되는 일 없이 모든 계급과 인종이 서로 가까이 모여 살게 할 수 있을까? 어떻게 하면 소외집단의 타자화 가능성을 제거해서 빈곤층, 착취당하는 집단, 억압받는 집단의 웨더링을 심화하는 통합이 아니라 완화하는 통합을 이룰 수 있을까?

진정한 의미에서 형평성이 실현된 도시화라는 지향점이 미국 공공정책, 정치, 사회에 엄청난 도전과제가 될 것이라는 점은 아무리 강조해도 지나치지 않다. 유색인종도, 근교의 백인도 그런 요청에 적극적으로 화답하지는 않을 것이다. 미국에서 역사적으로 흑인은 환경운동을 의심스러운 눈으로 지켜봤다. 그리고 환경운동이 전기차 테슬라를 몰고, 청정에너지 기업과만 거래하고, 태양열 전지판을 설치하는 등 오로지 잘사는 사람들만 실천할 수 있는 변화에 초점을 맞춘다고 느꼈다. 충분히 그렇게 느낄 만했다. 그러나 지금은 미국 원주민, 흑인, 라틴계가 환경 정의를 위한 지역 사회 조직화의 최전선에 나서고 있다. 그들도 개인이 돈이 많이 드는 환경친화적 생활방식을 선택하는 것으로는 충분하지 않고 사회 구조 자체를 바꿔야 한다는 것을 이해하기 때문이다.

　금전적 인센티브 제공이나 개인들이 녹색친화적인 생활양식을 선택해야 한다는 구호만으로는 사람들을 도시로 불러들여서 공평한 밀집 공동체를 형성하고 그 공동체에 합류하게 만들 수 없다.

공평한 녹색경제

많은 사람이 녹색 도시가 탈산업화 시대에 중산층 노동계급을 위한 새로운 일자리를 창출하는 기회가 될 것이라고 주장하면서 녹색 도시 정책을 환영하고 있다. 엄청나게 많은 노동자가 필요한 사업들이 진행될 것이기 때문이다. 에너지 효율성이 낮은 낡은 건물을 개보수하고 더 친환경적인 새 건물을 지어야 한다. 풍력 발전소를 짓고, 새로운 대중교통 시스템과 생태친화적인 수자원 관리 시스템을 구축해야 한다. 그 외에도 신녹색경제가 추구하는 수많은 목표들을 실천에 옮겨야 한다. 교통비 상승으로 인해 많은 제조산업이 지역에 공장을 지어 물건을 생산하는 것이 비용적인 측면에서 더 효율적이라고 판단하게 될 것이다. 그렇게 되면 새로운 제조업 일자리도 생길 것이다. 그러나 이런 과정 중에 자동적으로 이루어질 수 있는 것은 아무것도 없다. 녹색 건설 일자리가 본질적으로 양질의 일자리인 것은 아니다. 건설 관련 일자리가 역사적으로 양질의 일자리였던 이유는 건설직 노동자들이 조합을 결성해 높은 임금을 받아낼 수 있었기 때문이다.

　더 나아가 이런 녹색경제는 더 포괄적이고 포용적인 양질의 일자리를 창출할 수 있는 가능성을 지니고 있지만 그런 가능성이 현실이 되려면 먼저 최근 몇십 년간 재정 지원이 끊긴 도심의 분리된 극빈곤층 인종 밀집지역이 겪고 있는 문제들, 특히 심각한 교육 및 건강 격차 문제가 해결되어야 한다. 전 뉴욕 부시장을 지낸 MIT 도시계획학과 교수 J. 필립 톰슨J. Phillip Thompson은 이런 의견을 제시했다.

> 녹색 노동시장에 던져야 하는 중요한 질문은 그 노동시장이 포용적인가 하는 것이다. 노동자들이 자신의 일을 잘 수행할 수 있도록 직업 훈련을 잘 시키고, 충분한 임금을 지급할 것인가? 직업 훈련은 어떤 식으로, 어떤 규모로 진행될 것인가? 직업 훈련 비용은 누가 부담할 것인가? 전기기술과 배관기술을 배우기 위해서는 12학년 수준의 독해력과 수학 지식이 필요한데, 현재 많은 청년 실업자는 일상생활을 할 수 있는 4학년 수준의 독해력과 수학 지식을 가지고 있을 따름이다. 이런 간극을 어떻게 처리할 것인가? 보강 교육은 어떤 식으로 진행할 것인가? 임금 수준은 어떻게 결정할 것인가? 녹색 도시 정책이 단순히 소수의 백만장자를 새로 배출하는 데 그치지 않고, 새로 창출된 일자리를 통해 사람들을 빈곤에서 구제할 수 있으려면 이런 문제를 해결하는 새로운 공공정책이 뒷받침되어야 한다.[10]

녹색 도시 정책이 성공하더라도 톰슨이 제기한 쟁점을 외면해서는 안 된다. 또한 웨더링의 현실을 무시해서도 안 된다. 우리는 앞서 웨더링이 노동계급의 목숨을, 그 이전에는 신체 기능을 앗아가는 현실을 들여다보았다. 장애가 없는 사람들은 취업을 해서 돈을 벌어야 한다는 책임과 자녀, 만성질환이나 장애가 있는 식구, 노쇠한 집안 어른 등 부양가족을 돌봐야 한다는 책임, 이렇게 서로 상충하는 두 임무 사이에서 갈등할 수밖에 없다. 이런 상황이 웨더링을 심화하고 그 가족과 **노동시장**에서 꼭 필요한 일꾼을 빼앗아간다. 일자리를 구하는 노동자가 새로 마련된 일자리에서 요구하는 교육이나 건강 조건을 충족할 수 없으면 녹색경제도 창조할 수 없다. 단순히 기술적인 차원의 해결책에 대해서도 그런 조치를 통해 형평성을 도모하고 웨더링을 근절할 수 있는 방법이 있는지 고민해야 한다.

대중교통 시스템 개선하기

녹색경제로 전환하는 것을 우선과제로 내세우는 많은 미국인이 에너지 효율이 높은 대중교통 시스템을 확대하고 보강하는 것이 핵심 열쇠라는 주장에 대해서는 동의한다. 형평성을 고려하면서 대중교통 시스템을 개선하면 대체로 가난한 노동계급인 이용객들의 웨더링 스트레스 인자가 줄어들 것이고, 다양한 계층의 사람들을 이용객으로 끌어들일 수도 있으며, 온실가스 배출량도 줄일 수 있다. 그러나 지금까지 실시된 대중교통 시스템 개선 정책들은 공평하지도 않았고 효율적이지도 않았다. 유감스럽게도 이것은 내가 평소에 뉴욕주 롱아일랜드부터 오리건주 포틀랜드에 이르기까지 많은 사례들을 통해 지적하는 점이다.[11] 이 이야기는 포틀랜드 사례에서 시작하는 것이 좋겠다.

자칭 기후친화적 도시인 포틀랜드는 온실가스 배출량을 줄이겠다는 야심찬 목표를 달성하지 못했다. 목표 달성에 실패한 주된 이유는 애초에 온실가스 배출량 감축을 위한 정책을 설계할 때 형평성을 고려하지 않았기 때문이다. 포틀랜드의 부유한 백인만이 거주할 수 있는 지역에서 자전거 공유 정류장, 자전거 도로, 안정적으로 운영되는 전차, 동네의 산책 환경 개선과 같은 정책은 성공적으로 시행되었고, 덕분에 그 지역에 사는 사람들은 자동차 없는 일상을 사는 것이 가능해졌다. 그러나 포틀랜드시는 이스트포틀랜드와 같은 백인 외 인종이 사는 저소득층 지역의 환경을 개선하려는 노력은 전혀 하지 않았다.

산책하기 좋은 동네의 부동산 가격은 계속해서 폭등했고, 그 지역에 살던 저소득층 주민은 이스트포틀랜드와 같은 지역으로 밀려났다. 그런 지역에서는 자가용이 생필품이다. 현재 많은 포틀랜드 주민이 점점 심해지는 교통체증 완화를 위해 기존의 고속도로를 확장할 것을 요구하고 있다. 고속도로를 확장하면 온실가스 배출량이 늘어날 것이고, 특히 소수집단의 거주 지역에서 크게 늘어날 것이다. 교통체증이 너무나 심각한 나머지 I-5 고속도로에 위치한 해리엇 터브먼 중학교에서는 독성 매연에 대한 노출을 줄이기 위해 학생들이 실외에 머무는 시간을 강제로 제한하는 것을 고려하고 있다.[12] 고속도로의 오염된 대기로부터 학생과 교사의 건강을 지키기 위해 최근에 수백만 달러를 들여 공기정화 시스템을 학교에 설치했다. 학교의 교육 지원비가 다른 용도에 사용될 수밖에 없게 된 것이다. 전혀 공평하지 않다.

녹색 정책을 선별적으로 시행하고 특정 집단이 독점한 결과 최종적으로 포틀랜드의 총 온실가스 배출량은 늘었다. 산책하기에 좋은 동네들이 생겼음에도 말이다. 이런 결과는 미래에 대한 전망을 어둡게 하지만, 아마도 시적 정의라고 할 만한 사건이 있다면 그것은 2021년 여름 포틀랜드를 덮친 열파일 것이다. 이 열파의 유례없이 높은 온도로 인해 포틀랜드에서 가장 녹색화되었다고 할 만한 동네의 전차 케이블이 녹아내렸다.[13]

이보다는 희망적인, 그리고 필요는 발명의 어머니라는 표현을 연상시키는 소식은 포틀랜드 권역의 지역사회 단체가 포틀랜드의 녹색화 정책이 형평성을 도모하도록 에너지 민주주의 운동의 원칙들을 실천에 옮기고 있다는 것이다. 2018년 흑인, 미국 원주민, 기타 유색인종 공동체는 포틀랜드에 기반을 둔 매출이 50만 달러 이상인 기업은 매년 그해 총수입의 1퍼센트를 지역사회가 관리하는 포틀랜드 청정에너지 기금에 기부해야 한다는 법안을 포틀랜드 시민 투표에 회부했다. 유색인종 공동체가 지역사회의 연대를 이끌어내기 위해 애쓰고, 적극적인 교육 및 홍보 캠페인과 투표 장려 활동에 나선 덕분에 이 법안은 유권자의 3분의 2로부터 찬성표를 얻어내는 압도적인 승리를 거두면서 통과되었다. 이들의 교육 캠페인은 지역 사업가와 노동계 지도자 모두를 공략하는 것을 주요 전략으로 삼았다. 그 결과 포틀랜드 청정에너지 기금은 현재 주택 개보수 사업, 주민들을 위한 생활임금 일자리 교육, 재생에너지 사업, 포틀랜드 대권역의 유색인종 가족과 극빈곤층 공동체를 위한 도심 정원 및 녹지 조성에 매년 4,000만 달러 내지 6,000만 달러를 지원할 수 있을 정도의 자금을 확보했다.

더 나은 미래를 위한 야심찬 목표를 세운 또 다른 도시인 로스앤젤레스는 현재 갈림길에 서 있다. 따라서 포틀랜드의 초기 정책 실패 사례를 반면교사로 삼아야 할 것이다.

2006년 나는 당시 십대 청소년이었던 딸을 처음으로 로스앤젤레스에 데리고 갔다. 맑은 날이었음에도 불구하고 자동차 창밖 하늘이 잿빛인 것에 딸은 적잖이 놀랐다. 로스앤젤레스의 스모그(심지어 현재는 가장 심했던 때보다 다소 옅어진 것이다)를 보거나 로스앤젤레스의 교통정체를 겪었다면 20세기에 모든 사람을 위한 공평하고 살 만한 도심을 구축하는 대신 근교의 부유한 통근자를 위해 고속도로 건설에 투자한 결과를 몸소 체험한 것이다.

최근 몇 년간 로스앤젤레스는 광범위한 지속가능성 관련 목표를 세웠다. 2019년에 발표한 로스앤젤레스 그린뉴딜 정책도 그중 하나다. 이 정책 발표로 로스앤젤레스는 미국의 대다수 지역보다 이 흐름의 선두에 설 수 있게 되었다.[14] 로스앤젤레스가 그린뉴딜 정책을 성공적으로 실시하면 대기오염이 기승을 부리고, 도시 확장이 무분별하게 진행되고, 꽉 막힌 고속도로에 대한 의존도가 높은 현 상태를 타개하는 데 도움이 될 것이다. 로스앤젤레스는 녹색 도시 전환에 필요한 추가 재원 마련을 위해 조치 MMeasure M 소비세 법안을 통과시켰다. 이를 통해 매년 LA 교통 예산에 사용될 8억 6,000만 달러를 확보하는 것이 목표다.[15] 그 외에도 2020년 LA 카운티 예산에서 20억 달러 이상을 LA 도심에서 멀리 떨어진 일부 지역까지 연결하는 LA 카운티 지하철 노선 확장 비용으로 배정했다.[16]

이 모든 정책이 유망해 보인다. 온실가스 배출량을 줄이고, 대중교통 시스템을 개선하는 것 외에도 이론상으로는 웨더링 스트레스 인자도 줄여줄 것으로 보인다. 로스앤젤레스는 그동안 대중교통에 대한 투자에 인색했고, 노동계급이 점점 더 일터에서 먼 곳으로 이사하면서 가사 노동자와 필수 노동자는 매일 긴 통근길을 오가느라 기력이 소진되고 우울해질 수밖에 없었다. 이런 통근길은 독성물질에 노출될 가능성도 높였다. 예를 들면 50대 가사 노동자인 마리아는 매일 버스를 타고 편도 3시간 걸리는 부유한 동네의 집들을 청소하는 일을 한다. 마리아와 마리아의 가족은 자신의 일터에서 점점 더 먼 근교로 이사해야만 했다. 노동계급의 임금은 제자리걸음을 하거나 실질임금의 관점에서는 오히려 줄어든 반면 주택 임대료와 부동산 가격은 급격히 치솟았기 때문이다. 이런 주택 위기는 미국 전역의 많은 도시가 겪고 있는 문제다.[17]

아직 학생인 유리스자는 로스앤젤레스 노스리지에 있는 캘리포니아주립대학교까지 약 50킬로미터를 통학하느라 하루에 5시간을 써야 한다. 학교에 가는 날은 새벽 6시에 버스정류장에 도착해서 이후 버스를 3번, 지하철을 1번 갈아타야 하는 긴 여정을 시작한다. 학교 근처로 이사가거나 차를 살 형편이 안 된다. 유리스자가 느끼는 좌절감은 그녀의 말에서도 드러난다. "버스를 타면 제가 가야 하는 길인 A에서 B로 곧장 갈 수가 없어요. 너무 싫어요."[18]

주중 내내 긴 통근길을 오가는 사람이 겪는 고통은 실로 어마어마하다. 수면 시간을 줄여야 하고, 디젤이나 매연에 노출되고, 버스정류장에서 오래 기다리느라 궂은 날씨 등 불편을 감수해야 하고, 대중교통을 이용하면서 깊은 좌절감을 느끼는 경우도 자주 발생한다. 이렇다 보니 대중교통을 이용하는 사람들은 대중교통 이용과 관련이 있는 고유한 웨더링 스트레스 인자에 노출될 수밖에 없다. 힘겨운 통근길을 경험하는 동안 필연적으로 활성화될 수밖에 없는 생리학적 스트레스 반응으로 심박수가 올라가면 그 상태가 몇 시간, 또는 하루 종일(낮과 밤) 지속될 수 있고, 그동안 다른 스트레스 인자도 계속 쌓인다. 그런 추가적인 스트레스 인자로는 모욕을 당하는 경험, 육체노동, 마리아와 같은 가사 노동자가 사용하는 세제 속 독성 화학물질, 고정관념 위협에 대한 경계 태세 유지, 상황 변화에 맞춘 언어와 말투 바꾸기 등이 있다. 특히 마지막 인자는 유리스자와 같은 학생이 소외집단을 고려하지 않고 설계된 대학 캠퍼스에서 살아남을 수 있도록 갑옷을 착용하는 것에 해당한다.

따라서 대중교통 시스템 개선은 일상에서 웨더링 스트레스 인자에 가장 취약한 사람들의 건강에 즉각적이고 직접적인 영향을 미칠 수 있다. 유감스럽게도 로스앤젤레스의 새로운 정책 기획안이 마리아와 유리스자와 같은 시민에게 도움이 될지는 여전히 확실하지 않다. 현재로서는 로스앤젤레스도 포틀랜드의 전철을 밟을 위험이 커 보인다. 극빈곤층은 지하철이 아닌 버스를 더 많이 이용하는데, 로스앤젤레스가 대중교통에 새롭게 배정한 예산은 대부분이 부유층과 관광객을 위한 터널과 기차 관련 예산으로 지정되어 있기 때문이다. 그런 새로운 선로를 건설하는 비용은 대개 처음에 주민들에게 발표한 것보다 더 많이 들기 마련이다. 그래서 카운티가 건설 프로젝트를 위한 추가 재원 마련에 어려움을 겪는 일이 자주 발생한다.[19] 이로 인해 개선이 시급한 공공버스 지원금은 줄어들 것이 뻔하다. 그런데 이미 예산 삭감으로 버스 운행 시간과 노선이 줄어든 상태이다.

로스앤젤레스 노동공동체 전략센터 소장 채닝 마르티네스 Channing Martinez의 말을 빌리자면, LA 메트로는 "버스에 써야 할 자금을 탈취하고 있다. (…) 그 돈으로 자신들의 선로를 건설하려는 것이다."20 이런 행태는 로스앤젤레스에서는 오랜 역사를 지니고 있다. 그래서 지난 수십 년간 로스앤젤레스의 노동계급은 영리한 풀뿌리 집단행동으로 이에 맞섰다. 이를테면 1996년 로스앤젤레스 버스승객 조합Los Angeles Bus Riders Union(BRU)은 시를 상대로 소송을 제기했다. 그리고 법정에서 로스앤젤레스 시 당국이 버스에 의존하는 승객들의 시민권을 침해했고, 그들이 이용할 수 없는 불평등한 시스템을 만들고 있다는 것을 입증하는 데 성공했다.21 이것은 엄청난 승리였고, 이 판결로 LA 메트로는 이후 10년간 공공버스 시스템에 20억 달러를 투자해야 했다. 애석하게도 당사자 합의를 바탕으로 한 이 동의명령은 2006년 만료되었고, LA 메트로는 재정 지원이 절실한 공공버스 시스템에 대한 예산을 다시금 삭감하고 있다.

공공버스보다 도시철도를 우선순위에 두는 것 자체가 형평성에 어긋나지만, 이것은 장기적인 관점에서 볼 때 대중교통 이용객 수를 늘리겠다는 공식적인 정책 목표와도 상충된다. 로스앤젤레스 버스승객 조합은 공공버스 서비스에 대한 투자로 이용객이 20퍼센트 증가했다고 추정했다. 이런 변화는 버스를 이용하는 사람들뿐 아니라 환경과 다른 통근자들에게도 긍정적인 결과이다. 공공버스 이용객이 증가하면 그만큼 교통체증 완화에도 도움이 되기 때문이다. 게다가 현실적으로 도시철도를 보완하는 탄탄한 공공버스 시스템의 지원 없이 LA의 통근자들이 도시철도 시스템을 제대로 활용하기도 어렵다. 로스앤젤레스 버스승객 조합 및 전략센터의 조합장인 에릭 만Eric Mann은 이렇게 주장한다. "도시철도는 유연성이 떨어져요. 직선으로 한번에 가죠. A역에서 B역으로 가기에는 편리해요. 그런데 당신의 목적지가 A역도, B

역도 아니라면 기차에서 내린 다음에는 어떻게 해야 할까요? 버스를 타야죠."[22]

안타깝지만 BRU의 캠페인 성공 사례는 임시방편에 불과해서, 상황은 애초 예상했던 시나리오대로 흘러가고 있다. LA 메트로가 엄청난 자금을 투자했지만, 최근 대중교통 이용객 수는 감소하고 있다. 다른 도시도 비슷한 일을 겪고 있지만, 로스앤젤레스만큼 심각하지는 않다. 21세기 들어 주요 대도시 권역의 90퍼센트가 대중교통 이용객 감소를 경험하고 있는데, 미국의 주요 대중교통 시스템 중에서도 LA 메트로의 이용객 감소 규모가 가장 크고 감소 속도도 훨씬 빠르다. 따라서 공식적인 정책 목표와는 반대로 교통체증이 증가했다. 기한이 2030년으로 설정된 온실가스 배출량 감축 목표를 달성하려면 대대적인 중간 점검과 경로 수정을 단행해야 한다. 어떤 것은 시정되고 있고, 어떤 것은 영원히 시정되지 않을 수도 있다. 비평가들은 로스앤젤레스의 그린뉴딜 정책에서 현 공공버스 시스템에 대한 투자 확대를 언급하지 않았다는 점을 지적했다.[23]

대중교통 이용객을 늘리기 위해 조치 M 소비세로 마련한 재원 중 2억 5,000달러가 투입될 시범 프로그램의 도입이 예정되어 있다. 로스앤젤레스에서 시민들이 23개월 동안 버스를 무료로 이용할 수 있도록 지원하는 프로그램이다.[24] 이것은 물론 주 수혜자가 될 저소득층 버스 이용객의 입장에서는 긍정적인 시도이다. 그러나 시범 프로그램에 불과하며, 공공버스 서비스의 더 근원적인 구조적 문제를 해결하지 못한다. 지역교통연합Alliance for Community Transit과 정의로운 경제를 위한 전략적 행동 Strategic Actions for a Just Economy과 같은 풀뿌리단체는 영구적인 무료 수송 체계를 마련해야 한다고 목소리를 높였다. 이들은 자체 데이터 분석 보고서를 통해 무임승차제도가 그 어떤 정책보다도 대중교통 이용객 수를 늘리고 교통체증을 완화할 수 있는 가장 효과적인 방안이라고 지적했다.[25] 현재 시범 무임승차 프로그램을 상시 제도화하는 작업은 '만드는 자 대 취하는 자' 논쟁에 갇혀 별다른 진전이 없는 상태이다.

무임승차제도 외에도 도시철도 프로젝트에 배정된 자금을 더 공평하게 집행할 수 있는 방법들이 있다. 새로운 전기버스를 도입할 수도 있고, 버스 노선을 확대할 수도 있고, 운행 시간은 늘리면서 버스 운행 간격은 줄일 수 있고, 급행버스 전용도로를 신설할 수도 있고, 가로등을 더 설치하는 등 전반적으로 버스정류장을 더 안전하고 편안한 장소로 만들기 위해 환경을 개선할 수도 있다. 형평성 증진에 관심을 가지면서 버스 시스템을 더 효율적으로 바꾸고 더 이용하기 편리한 이동수단으로 만들면 웨더링 스트레스 인자를 줄이고, 대중교통 이용객을 늘리고, 도로를 누비는 자동차 수와 온실가스 배출량 모두를 줄일 수 있다. LA 메트로에 배정된 새로운 예산은 위에서 나열한 모든 것을 시행하기에 충분한 금액이다. 그렇게 할 정치적 의지가 있기만 하다면 말이다. 그러나 이 글을 쓰는 현재, 그런 정책이 실시될지는 여전히 미지수다.

로스앤젤레스 사례에는 긍정적인 내용도 있는데, 그것은 로스앤젤레스가 새로 건설되는 LA 메트로 노선 주변 지역의 젠트리피케이션을 막기 위해 토지비축제도land-banking라고 불리는 선제적인 조치를 취했다는 것이다. 역사적으로 보면 토지비축제도를 도입하지 않은 상태에서 경전철을 신설하면 개발업자들은 경전철 노선을 따라 값비싼 부동산을 건설할 기회를 얻게 된다. 그러면 어떤 일이 벌어질까? 최선의 시나리오를 가정하더라도 저소득 필수 노동자들이 더 먼 곳으로 밀려나가게 되고, 통근길이 더 길어져서 오히려 웨더링이 심화된다. 또한 새로 건설된 주택단지에 입주한 부유한 주민들이 고속전철이라는 이동수단 외에 추가로 고속도로 이용 편의성을 위해 고속도로 신설을 요구하면 당국의 원래 의도와는 달리 결국 고속도로를 확장하게 될 수도 있다. 이렇듯 예측가능한 일들이 전개되면 결국 1950년대로 회귀하는 셈이 될 것이다!

　로스앤젤레스는 이미 과거에 이것을 경험했다. LA 메트로가 새로운 노선을 신설하면서 근처 부동산 가격이 폭등했다. 고급 주택단지가 건설되자 대개 유색인종이었던 영세 자영업자와 저소득 임차인은 그 지역을 떠나야 했다. 2022년 6월, LA 메트로 이사회는 이런 예상가능한 시나리오를 막기 위해 토지비축제도를 도입하기 위한 준비 작업에 들어갔다. LA 메트로는 신설이 예정된 선로 근처 토지를 직접 매입하고 "비축"했다. 또한 현재 그 토지에 거주하고 있는 저소득 주민이 계속 그곳에 살 수 있게 하는 보호장치를 마련했고, 임대료 상한선을 설정하고 토지 투기를 금지해서 저렴한 주택단지 건설을 유도했다.[26] 이를 통해 LA에 저렴하게 임대하거나 구매할 수 있는 주택이 늘어날 것이고, 임차인들은 신설 노선으로 더 편리해진 교통 여건의 혜택을 받을 수 있다. 또한 이미 인종다양성이 확보된 현재의 저소득층 주거공동체를 보존할 수 있다. 이런 정책적 접근법은 공평하며 여러 경로로 웨더링의 작용을 중단시킬 수 있다. 이런 정책이 웨더링을 완화하는 방식 몇 가지만 예로 들자면, 친족 네트워크와 지원 공동체가 유지되고, 통근 시간이 줄어든다. 도시의 다른 지역으로의 이동 편의성이 높아지고, 지역의 소규모 가족사업체 운영에도 도움이 된다.

토지비축제도와 같은 정책이 중요한 역할을 한다는 사실은 현실적으로 단순히 대중교통 시스템에 큰 예산을 배정하거나 녹색이 붙은 모호한 목표를 설정해서 추진한다고 해서 형평성, 웨더링 근절, 대기오염 완화와 같은 큰 목표들의 달성에 도움이 된다는 보장이 없다는 점을 부각시킨다. 실제로 녹색에너지 목표는 형평성, 그리고 형평성과 자연스럽게 연결되는 웨더링을 고려하지 않으면 그 자체로는 아무런 의미가 없다.

바이탈 브루클린: 형평성을 중심에 둔 전체론적 지역기반 도시계획
그 외에도 미국 전역에는 재생에너지 사회로의 전환을 꾀하면서 경제 및 건강 형평성을 도모하는 사람들이 있다. 한 가지 예가 바이탈 브루클린Vital Brooklyn 프로그램이다. 뉴욕시에서 추진하는 이 프로그램은 건강기반 개발이라고 부르는 사업을 통해 명시적으로 반反웨더링을 추구하며, 이해관계자들의 교집합에 초점을 맞춰 상위 경로를 택하는 윤리적 방식으로 경제 형평성과 환경보호를 도모한다. 바이탈 브루클린의 세부 내용을 더 자세히 검토하기 전에 녹색화를 이해관계자들의 교집합에 초점을 맞춰 상위 경로로 접근한다는 것이 무엇을 의미하는지 잠시 살펴보겠다.

상위 경로 개발High-road development은 이분법적 사고방식과 만드는 자 대 취하는 자, 일자리 대 기후와 같은 제로섬 게임 논리와 경쟁적 분리 정책 대 민주적 공통 정책과 같은 양자택일 관점을 지양한다. 대신 개발의 목표와 개발 과정에서 누구나 혜택을 누리고 번창할 수 있도록 노력하고, 환경적 지속가능성, 민주주의, 지역 자치권을 보장할 수 있는 방법을 고민한다.[27] 이것은 환경적 민주주의 운동이 취하는 접근법이기도 하다.

이런 접근법이 통하려면 먼저 공동체를 조직하고 다양한 이해관계자의 협력을 이끌어내야 한다. 환경적 민주주의는 환경보호 투자가 이루어지지 않은 도시 지구, 시골 지역, 부족 구역이 노후화되고 무분별하게 확장되는 대기업 관리 에너지 그리드에 소속되는 대신 더 규모가 작은 공공 또는 지역 또는 노동자 또는 집단 소유 에너지 그리드를 운영하는 것을 고려해야 한다고 주장한다. 이런 에너지원으로 전환하면 책임성이 확보되고, (특히 외진 지역이나 극빈곤층 지역이 겪는 순차적 단전이나 장기 단전을 예방할 수 있도록) 신속한 재난 대응 채비를 갖출 수 있고, 에너지 비용이 감소하고, 다른 어려운 문제("난방비 대 식비" 딜레마)를 해결할 수 있는 추가 수입원이 생기고, 지역 일자리와 직업 교육을 지원할 수 있다.[28]

상향식 접근법과 형평성 렌즈를 적용한다는 것은 원탁에 더 많은 목소리를 초대해서 그 지역사회가 가장 의미있고, 가장 공평한 해결방안을 도출하도록 돕는 것을 말한다. 지역민에게 주도권을 주고 지역민의 허락을 구하면 에너지 절약과 환경을 보호하는 최선의 실천방안에 대한 더 큰 지지와 참여를 이끌어낼 수 있다. 성과를 얻기까지 시간이 너무 오래 걸린다고 생각하겠지만, 그렇게 시간과 노력을 투자할 만한 충분한 가치가 있다. 이해관계자의 참여도가 낮고, 지역민의 허락도 받기 힘들고, 책임성도 보장되지 않는 상향식, 민간중심 자유시장 접근법에 비해 장기적으로는 도시 재생과 지속가능성이라는 측면에서 더 유리하기 때문이다. 바이털 브루클린이 이 점을 잘 보여주는 사례다. (에너지 민주주의에 관심이 있다면 에머랄드 시티 협력단Emerald City Collaborative(ECC)의 활동을 조사해보라. ECC는 2009년 출범한 미국의 전국단위 비영리 단체 네트워크로, 지속가능한 환경을 위해 일하며, 우리가 녹색경제로 전환하는 과정에서 저소득층 유색인종 공동체와 유색인종 영세사업체의 몫이 침범당하는 일이 없도록 노력하고 있다.[29]

우리는 형평성을 중심에 두지 않았을 때 선한 의도로 기획된 정책들이 오히려 웨더링 스트레스 인자를 **늘리고**, 심지어 그 정책에서 설정한 목표에도 반하는 결과가 발생한 사례들을 거듭해서 본다. 그런데 정책입안자들이 형평성을 **중심에** 두면 어떤 일이 벌어질까? 2021년 출범한 바이털 브루클린은 건강, 경제 개발, 교육, 주거와 같은 문제를 해결하기 위해 형평성을 중심에 두고서 이해관계자들의 교집합에 초점을 맞추고 상호 조율된 비전을 추구하는 정책 기획안이다.

뉴욕주정부가 예산 14억 달러를 지원하는 바이털 브루클린 프로그램은 베드포드-스타이브슨트, 브라운스빌, 부시위크, 커나시, 크라운하이츠, 사이프리스힐스/오션힐, 이스트플랫부시, 이스트뉴욕, 프로스펙트하이츠, 프로스펙트레퍼츠가든스를 포함하는 센트럴브루클린 지구에서 시행된다.[30] 바이털 브루클린 프로그램의 원기획안은 "사회의 사회적 병폐들이 우리 몸에 쌓인다"라는 전제를 토대로 설계되었다. 이것이 웨더링을 인정하는 진술로 들린다면, 당신이 짐작한 대로다. 나는 이 프로그램의 구상 단계에서 설계 작업에 참여했고, 이 기획안에 웨더링 렌즈로 굴절되어 심화된 건강 격차를 해소할 수 있는 방법들을 포함시켰다.[31]

바이탈 브루클린은 20세기 중반에 시행된 정책들이 야기한 부정적인 결과들을 되돌리는 것을 목표로 삼는다. 센트럴브루클린의 경우 그런 정책들로 인해 건강, 교육 및 취업 기회, 생활 및 노동 여건에서 엄청난 격차가 발생했다. 그런 정책의 예로는 도심 지역에 대한 공공투자 중단의 일환으로 인종 분리 지구에 대한 시정부 서비스의 제공을 중단한 정책을 들 수 있다. 이 정책으로 인해 주로 흑인과 노동계급으로 구성된 동네가 완전히 기능을 상실하고 쇠락하면서 극빈곤지역이 되었다.[34] 그와 동시에 서시 경제 구조조정과 세계화가 추진되면서 그 동네는 양질의 지역 일자리마저 빼앗겼다.

이런 문제를 바로잡기 위해 바이탈 브루클린은 "빈곤의 탈집중화"에 초점을 맞추고서 공공주택단지 입주민을 도시 외곽으로 밀어내고 뿔뿔이 흩어지게 만든 1990년대의 정책과는 정반대의 접근방식을 취하고 있다. 즉 유색인종 비율이 높은 가난한 노동계급 거주지역에 필요한 것은 형평성과 회복적 정의라는 관점에서 사회경제적 투자를 진행하고, 이를 통해 그 동네에 이미 풍부하게 존재했던 긍정적인 면과 탄탄한 네트워크의 가치를 극대화하는 조치를 전면에 내세운 정책을 추진한다.

이런 목표를 달성하기 위해 바이탈 브루클린은 웨더링을 고려한 공평한 사회 정책 지침들을 수용한다.

- 전체론적, 생태학적으로 생각하라
- 억압받는 이해관계자를 지우지 마라. "우리 없이 우리에 대해 아무것도 하지 말라"
- 노동연령 및 생식연령 성인의 필요에 관심을 가져라

- 우리 모두의 운명이 연결되어 있음을 인정하라

바이탈 브루클린 프로그램 기획자들은 스스로를 전문가라고 자처하는 대신 "우리 없이 우리에 대해 아무것도 하지 말라"는 지역 주민의 호소를 진지하게 받아들였다. 2016년 시행된 바이탈 브루클린 프로그램의 첫 사업은 브루클린 주민을 대상으로 그 지역의 문제에 대한 주민들의 의견을 구하는 설문조사를 실시하는 것이었다. 프로그램의 우선순위와 프로그램 실행 방식에 응답자들의 답변을 반영했는데, 응답자들의 관심사는 다음과 같았다. "열린 공간과 취미 활동", "건강한 식품", "교육", "경제 주도권", "지역사회기반 폭력 예방책", "지역사회기반 건강 돌봄서비스", "저렴한 주택 공급", "(환경적) 회복탄력성".

바이탈 브루클린은 이런 쟁점들이 서로 연결되어 있다는 것을 이해하므로 그런 문제들을 별개로 다루기보다는 전체론적으로 접근한다. 우리 모두의 운명이 연결되어 있음을 인정하는 바이탈 브루클린은 또한 정부, 지역 사업체, 비영리단체, 노동조합, 지역 대학교, 병원, 지역사회 단체와 협력하고, 상호 협력을 장려하며, 각각 상대하기보다는 그들의 이해관계의 교집합을 찾아 통합을 이끌어낸다. 현지 조달을 원칙으로 규정하고, 교육 및 취업 기회와 저렴한 주택을 제공하고, 지역의 슬럼화를 막는 닻 기관 역할을 하는 지역 병원이 파산하지 않도록 지원하고, 더 건강한 건물을 짓는 등의 활동을 통해 이 프로그램은 노동연령과 생식연령 성인의 필요를 확실하게 반영하고 있다.

바이탈 브루클린 프로그램이 추진하는 사업을 몇 가지만 소개하자면 다음과 같은 것들이 있다. 지역사회의 모든 구성원이 걸어서 10분 안에 갈 수 있는 녹지를 조성한다. 지역사회의 의견을 수렴해 저렴한 주택 수천 호를 신규 공급한다. 건물 또는 주택 소유주의 태양광 패널 설치 비용, 납페인트 제거 비용, 해충 박멸 비용을 보조하는 건축물 개보수 대출 상품을 출시한다. 연령을 불문하고 모든 주민에게 STEM, 의료서비스, 지역 주거환경 보수 등과 관련된 취업 및 교육 기회를 제공한다.

바이탈 브루클린은 지역 자원을 극대화하고, 지역사회의 돈이 지역 사업체로 순환될 수 있도록 노력하고, 지역사회 구성원이 쉽게 접근할 수 있는 건강 기회들을 만들어내고, 지역중심 경제 개발을 진행하는 데 있어서 뛰어난 성과를 내고 있다. 예를 들어 바이탈 브루클린은 지역사회에 신선한 식품이 더 잘 공급되도록 도시 농장을 늘리고, 지역의 지속가능한 식품 생산 및 공급 시스템을 구축하기 위해 노력하고 있다. 신체활동을 중심으로 사회적 유대관계와 공동체를 형성하며, 지역 주민이 공동으로 소유하고 운영하는 체육관을 세우고, 공원을 재단장하고, 공원들을 연결하는 산책로를 늘리고, 주택들을 개보수해서 더 건강하고 에너지 효율성이 높은 주택으로 바꿨다. 에너지 불안정성, 구급차 대기 시간, 녹지 공간과 체육관들 간 거리, 영양가 높은 식품을 얻기 위한 이동 거리를 줄여서 웨더링을 당하는 공동체를 괴롭히는 일상의 스트레스를 해소하고 지속가능한 건강한 삶을 지원하는 실질적인 지역사회기반 해결책을 지역 주민에게 제공한다. 또한 일자리, 직업 교육, 지역 인턴십 프로그램을 통해 새로 등장한 녹색경제에 청년들이 참여할 수 있도록 역량을 키워주는 한편, 행정 인력, 서비스, 물품, 장비를 지역 주민과 지역 사업체에서 조달하는 등 현지 조달 기회를 만들어 지역사회에 소득원을 제공함으로써 지역 주민과 지역사회의 삶의 질을 높이고 있다.

현재 진행 중인 바이탈 브루클린은 협력체계를 구축했고, 이해관계자들의 합의를 이끌어냈으며, 공표한 목표를 달성하는 데 필요한 재원도 확보했다. 일단 프로그램이 완료되면 평가를 실시해야 할 것이다. 분명 반면교사로 삼을 부분도 있을 것이다. 그러나 개념과 방향의 측면에서 바이탈 브루클린의 접근법은 형평성 중심 정책안이 어떻게 지역사회의 주도로, 전체론적으로 설계될 수 있고, 설계되어야 하는지를 잘 보여주는 모범 사례이다. 또한 이 프로그램은 미국 전역의 재정 지원이 끊긴 도심과 시골 지역 및 인구집단으로 상향식 형평성 중심 정책을 확대 적용할 때 참고자료가 되는 기본틀을 제공한다.

웨더링의 관점에서 보면 바이탈 브루클린은 생심리사회적 스트레스가 유발하는 웨더링을 완화하고, 학업이나 업무 성과를 향상시킬 수 있는 제다이 공공보건 지침을 일부 실천하고 있다. 형평성의 관점에서 장기 거주 주민의 밀집도를 유지하고 지역기반 교육 및 경제 기회를 제공하면 주민들은 일상에서 미세공격, 멸시, 불안에 덜 노출될 것이다. 그러면 우리 사회에 만연한 타자화, 지속적인 경계 태세 유지, 상황에 따른 언어 바꾸기 경험이 만들어내는 생심리사회적 스트레스 인자가 줄어들 것이다. 이런 접근법이 역사적으로 흑인이 백인 학생을 주로 받는 대학교 대신 흑인 학생을 주로 받는 대학교에 다닐 때 얻는 건강상 이점과 유사한 점이 있다고 생각할 수도 있다.

그러나 그런 변화를 겪는 지역사회는 진공 상태에서 존재하는 것이 아니다. 그 지역의 주민들은 여전히 주변화의 대상이고, 소외집단 문화를 무시하는 지배문화의 가치, 일반상식을 가장한 선입견, 알고리즘, 연방정부법과 주정부법, 언론의 전형화에 노출되어 있으며, 그런 것들이 불러일으키는 파괴적인 웨더링 폭풍에도 취약하다. 바이탈 브루클린 모델은 현재로서는 지역 수준에서 확보 가능한 것으로 보이는 정체성 안전성을 어떻게 통합 환경에서, 더 나아가 미국 전체에서 확보할 수 있는가라는 질문에는 답하지 못하고 있다.

앞으로 나아가기

한 가지 희망이 있다면, 바이탈 브루클린과 같은 지역 정책안이 미국 전체로 퍼져나가 미국 사회에 확고부동하게 자리 잡은 인종차별주의적, 계급주의적 고정관념을 제거하는 것이다. 또한 다양한 배경의 사람들이 함께 살아가는 지역의 주민들이 더 교육을 잘 받고, 경제적으로 자립하고, 더 건강해질 수 있기를 바란다. 단순히 건강한 식단을 지키고 규칙적으로 운동을 하기가 더 쉬워졌기 때문이 아니라 독성물질이 없는 물리적 환경에서 살고, 삶에 목적과 의미를 부여하는 활동에 참여하고, 단단한 친족 네트워크 속에서 살아가는 등 정신과 신체를 온전하고 건강하게 만들어주는 필수 요소들이 갖춰졌기 때문에 그렇게 되기를 바란다.

바이탈 브루클린 프로그램처럼 지역사회가 주도한 전체론적이고 이해관계자 교집합 중심적인 야심찬 정책안을 살펴보면서 우리는 환경친화적이고, 공평하고, 인구밀도가 높은 도시를 미국인들이 살고 싶어하는 곳으로 만들기 위해 무엇을 해야 하는가라는 질문에 대한 답을 찾을 수 있다. 그런 프로그램을 미국 전역으로 확대하기에는 아직 강력한 정치적·경제적 장벽들이 존재하지만, 그 어느 때보다도 그런 프로그램을 확대할 수 있는 기회들이 활짝 열려 있다. 많은 도시에서 지구와 민주주의의 미래뿐 아니라 자신들의 미래를 깊이 걱정하는 청년 주민들의 연합 조직이 점점 더 늘어나고 있다. 그런 도시 청년들도, 마찬가지로 일자리가 사라지고 있는 시골의 가난하고 장기 실업 상태인 청년들도 더 이상 웨더링, 가난, 억압, 죽음을 자기 삶의 일부로 받아들이기를 거부하기 시작했다.

2021년 11월 15일, 미국 대통령 바이든이 서명한 HR 3684, 즉 기반시설 투자 및 일자리법은 미국의 물리적 기반시설을 보수하기 위한 자금을 지원한다.[33] 이 법은 대규모 변혁을 가져올 가능성이 있지만, 이 법으로 재정 지원을 받게 될 프로젝트를 구상하고 설계하는 단계에서 교집합 중심의 공평한 상위 경로 접근법의 이점을 이해하는 사람들이 적극적으로 참여해 관련 이해관계자들의 협력을 이끌어내야 한다는 점을 잊어서는 안 된다. 설계 단계에서부터 웨더링의 근절과도 연결되는 형평성을 중심에 두지 않으면, 그리고 이해관계자들의 책임성을 확보하는 지침이 뒷받침되지 않으면 그 프로젝트는 실패할 수밖에 없다. 더 나아가 최상위층에게만 도움이 되는 기반시설에 엄청난 돈을 쓰게 될 것이고, 그 결과 온실가스 배출량을 줄이는 데는 거의 도움이 되지 않을 것이다(오히려 온실가스 배출량이 늘어날 수도 있다!).

그러나 희망을 품을 여지도 있다. 형평성을 중심에 두어야 한다는 깊은 공감대, 형평성을 중심에 두기 위한 굳은 의지와 돌파력을 보여주는 사례들이 있기 때문이다. 포틀랜드 청정에너지 기금을 비롯해 미국 전역에서 지역 주민의 투표 발의를 통해 도입된 정책들, 미국 의회에 회부된 HR 448, 즉 에너지 탄력적 지역사회법안Energy Resilient Communities Act 등이 그런 예다.[34] 2022년 신설된 연방환경정의사무소는 모든 사람이 환경적 위해와 건강상 위험요인으로부터 보호받을 권리를 동등하게 누린다는 이념을 근거로 세워졌으며, 그런 목적을 염두에 두고서 미국 환경보호국Environmental Protection Agency(EPA)과 미국 법무부의 강령과 조치를 통합하는 일을 한다.[35]

분명 우리는 민주주의, 환경, 국민 건강이라는 측면에서 중요한 분기점에 서 있다. 그리고 형평성과 민주주의를 지지하는 우리는 그동안 중요한 전투에서 패배했다. 그러나 미국의 극단적인 정치 양극화는 양날의 검이다. 기업화되고 중앙집권화된 화석연료 경제는 여전히 건재하고, 미국 대법원은 오른쪽으로 급격히 선회해 산업을 규제할 수 있는 EPA의 권한을 사실상 무효화하는 한편, 웨더링에 가장 취약한 인구집단의 필수 의료서비스에 대한 접근권을 크게 줄이는 판결들을 내놓았다. 적어도 미국인의 절반은 이런 대법원의 행보에 분노하고 있으며 더 진보적인 비전을 실현하기 위해 세력을 모으면서 싸울 준비를 하고 있다. 이것이 웨더링을 중단시키고 근절하기 위한 모든 정책과 사회 변화가 고려해야 하는 더 큰 사회적 맥락이다.

이미 오래전에 행동에 나섰어야 했다. 우리가 이미 이론적으로, 방법론적으로 알고 있는 것이 많고, 내일 할 수 있는 일들 중에는 오늘 당장 할 수 있는 것들이 있다. 웨더링의 사슬을 끊고 건강 형평성을 도모하기 위해 행동에 나서야만 구할 수 있는 생명들이 있다. 시간이 없다. 우리 모두의 운명은 연결되어 있다.

감사의 말

많은 사람이 내게 웨더링에 관한 책을 쓰라고 권했고, 나 또한 지난 30년간 웨더링에 관한 책을 써야겠다는 생각이 문득문득 들기는 했다. 최근까지는 그럴 때마다 거부했다. 책을 쓰는 것은 내 방식이 아니었다. 그러다 그 30년 동안 미국의 모성 사망률이, 특히 충분히 막을 수 있었던 흑인, 원주민, 라틴계, 시골 백인 산모의 사망이 급격히 치솟았다는 데이터를 본 순간 정신이 번쩍 들었다. 웨더링이 공공 담론에 포함되어야 하는지도 모르겠다는 생각이 들었다.

나를 인터뷰한 저널리스트 린다 빌라로사, 니나 토텐버그, 르네 몬테인, 마라 게이, 카이 라이트, 진 덴비, 데이비드 헤어우드에게 감사한다. 그들의 인터뷰 기사를 통해 웨더링이 공공 담론에 포함되어야 한다는 점을 확인할 수 있었다. 특히 린다 빌라로사는 시시때때로 내 옆구리를 쿡쿡 찔러가며 웨더링에 관한 책을 정말로 쓰고 있다는 내 말을 내가 지킬 수 있도록 이끌었다.

카리 홍에게 큰 빚을 졌다. 이민 전문 변호사인 카리 홍은 망명을 신청했으나 억류된 이민자들(의 조기 석방)을 위한 구속적부심에 무료 변론 변호사로 나서 나를 전문가 증인으로 세웠다. 그 이민자들은 하나같이 코로나19가 마치 산불처럼 번지고 있는 구금시설에서 코로나19에 감염되어 죽을 위험에 처해 있었고,

그 위험은 그들이 갇혀 있는 매시간마다 기하급수적으로 커졌다. 카리는 웨더링을 근거로 어떤 범죄 혐의도 없는 자신의 피변호인들이 실제 나이보다 생체 나이가 더 많으며, 따라서 팬데믹 기간에 노인 구금자들이 석방되었듯이 그들도 석방되어야 한다는 논리를 펼쳤다. 카리 덕분에 많은 이민자가 석방되었다. 이는 웨더링의 과학을 대중 담론에 편입시키는 것이 얼마나 중요한지를 보여준다.

나는 내가 들려준 이야기들의 주인공들에게 깊이 감사한다. 나는 그들 또는 그들이 사랑한 이들의 때이른 죽음에 관여한 사악한 인종적 허구가 규정한 세계관을 꿰뚫어볼 수 있는 새로운 통찰을 제시할 수 있기를 바라면서 그들의 이야기를 전했다. 그러나 나는 또한 그들의 이야기가 인종화된 집단에 속한 독자에게는 심리적 손상을 일으키는 트리거로 작동하거나 과거의 트라우마를 재연할 수 있다는 것도 알고 있다. 부디 내가 그런 가능성을 차단할 수 있는 충분히 균형 잡힌 목소리로 그들의 이야기를 전달했기를 진심으로 바란다.

애비타스 크리에이티브 매니지먼트의 에이전트 네이트 무스카토의 시의적절한 조언과 격려가 없었다면 이 책은 나오지 못했을 것이다. 내 에이전트 네이트는 비범한 통찰, 기술, 열정을 지닌 작가 조련사다. 내가 머뭇거릴 때 언제 엑셀을 밟으라고 격려해야 하는지를 알았다. 또한 그에 못지않게 내가 주위를 보지 못한 채 엉뚱한 방향으로 내달릴 때 언제 어떻게 브레이크를 밟으라고 조언해야 하는지도 알았다. 내가 잠시 운전대에서 손을 떼야 할 때가 오면 이를 알아차리고서 내가 다시 운전대를 잡을 준비가 되는 데 꼭 필요한 만큼만 나 대신 운전대를 잡고서 올바른 방향으로 나를 데려다주었다.

내 기획안에서 불씨를 알아본 리틀 브라운 스파크 출판사의 편집자 트레이시 베하르에게 깊이 감사한다. 그 후로 트레이시는 그 불씨의 잠재력을 구조화하는 최선의 전략을 제시하는 등 불씨를 틔우는 여정에서 뛰어난 가이드가 되어주었다. 트레이시의 탁월한 팀, 그중에서도 이언 스트라우스, 카리나 리언, 리즈 가리가의 지원을 받을 수 있었다는 것도 매우 고마운 일이었다. 또한 이 책의 가독성을 높여준 다른 조력자들에게도 빚을 졌다. 뛰어난 이해력을 바탕으로 내 원고를 교정해준 베스 래시바움, 독자가 내 의도와는 다르게 내 글을 해석할 수 있다는 사실을 예리하게 포착한 르네 할스턴, 성실한 조사로 인용 작업에 큰 도움을 준 매트 헛슨, 사려 깊고 세심하고 철저하게 퇴고를 해준 앨버트 라파지에게도 감사한다.

학생으로, 학자로 지내는 동안 나는 등대 역할을 해준 사람들을 만나는 행운을 누렸다. 내가 쓰는 글에는 여전히 그들의 지문이 남아 있다. 내 지적 세계관의 영원한 일부가 될 벽돌을 제공한 이들도 있고, 딱 필요한 순간에 꼭 맞는 조언이나 퍼즐조각을 제공한 이들도 있다. 그런 사람들 중에서도 특히 셸던 월린과 스티브 에스퀴스에게 빚을 졌다. 두 사람 덕분에 나는 지배, 주변화, 착취를 도모하고 유지하는 데 있어 구조와 권력이 얼마나 중요한지를 깨닫게 되었다. 밥 러빈은 내게 인류학 개념 도구들을 제공했고, 그 도구들을 사용하면서 나는 삶에 목적과 의미를 부여하는 개인 또는 집단의 행동을 빚어내는 일상의 사실과 가치관의 수많은 조합과 치환에 대해 체계적으로 생각할 수 있게 되었다. 제인 랭커스터는 그런 조합과 변형이 어떻게 결합하면서 다양한 인구집단 단위의 이해관계와 타협을 낳는지 생각하도록 도왔다. 캐럴 스택과 린다 버튼은 문화기술지적 기록으로 웨더링의 구체적 사례들을 묘사함으로써 삶의 실제 현장의 진실과 세밀한 내용을 밝혀냈다. 셔먼 제임스와 클로드 스틸의 연구, 지도, 그리고 그들과의 협업이 없었다면 나는 웨더링의 핵심적인 주요 사회심리학적 역학관계들을 놓쳤을 것이다. 깊은 분석적 관점과 행동주의를 결합하는 필 톰슨의 독보적인 행보는 끊임없는 영감의 원천이다. 그는 컵에 물이 반이나 찼다거나 컵에 물이 반밖에 없다는 식으로 바라보기를 거부하고 그저 그 컵을 채우는 데 매진하기 때문이다. 브루스 매큐언의 생체 적응 과부하 개념은 구조적 인종차별주의가 억압당하고, 소외당하고, 착취당하는 사람들의 몸에 어떻게 깊이 새겨지는지 그 생물학적 기전을 정확하고 생생하게 담아냈다. 브루스는 20년 넘게 웨더링 이론의 열렬한 응원군이었고 이 책의 원고를 읽고 의견을 낼 수 있기를 손꼽아 기다렸다. 만약 그가 살아 있어서 원고를 검토해주었다면 더 나은 책이 나왔을 것이다.

이 책의 증거 기반은 거의 40년에 걸친 연구를 통해 마련되었고, 그 연구의 대부분은 공동연구였다. 그런 공동연구의 동료들에게 진 빚이 크다. 그중에서도 특히 존 바운드, 필 톰슨, 제이 피어슨, 팀 와이드만, 셔먼 제임스, 메리앤 힐마이어, 샌디 코렌먼, 신디 콜른, 레이철 스노, 브렌다 헨리-산체스, 데니아 킨, 리니아 에번스, 에린 린넨브링어, 루이스 그레이엄, 마크 하첸빌러, 메리 머피, 실비아 테시, 아레샤 마르티네스-카르도소, 니콜 노박, 마르켄 스톡스, 앤절라 레예스, 에이미 슐츠, 클리오 콜드웰, 애니 로, 크리스터퍼 스토야노프스키, 랜던 휴스, 알렉사 아이젠버그를 언급하고 싶다. 내 웨더링 연구의 태동기에 찰리 웨스토프, 스피브 고트메이커, 아돌프 리드 주니어는 웨더링 연구를 시작하는 데 필요한 훈련과 기회, 그리고 따뜻한 정신적 지지를 제공했다. 너무나 많은 이름들, 40년간 교직에 몸담으면서 만난 내 모든 학생들이 내 가슴에 특별한 자리를 차지하고서 동기를 부여했다. 이제 여러분들의 활동을 통해 내가 여러분에게 배울 수 있다는 사실이 너무나 좋습니다!

내 연구의 대부분은 개별 연구 프로젝트에 대한 유니스 케네디 슈라이버 국립 아동 건강 및 인간 개발 연구소, 국립노화연구소, 국립 소수집단 건강 및 건강 격차 연구소, 미국 질병통제예방센터, 로버트 우드 존슨 재단의 넉넉한 자금 지원이 없었다면 불가능했을 것이다.

스탠퍼드대학교 행동과학 고등연구소와 러셀 세이지 재단에 방문학자로 초청받은 덕분에 웨더링 이론을 구성하는 관념들을 형성하는 여러 단계에서 그 관념들을 명확하게 구축하는 데 필요한 시간과 공간을 얻었다. 두 기관 모두 같은 시기에 방문 연구 중인 여러 분야의 학자들과 지적 시너지 효과를 낼 수 있는 여건을 제공한다는 약속을 지켰다. 그런 방문학자 그룹의 핵심 멤버에는 이미 앞에서 언급한 사람들 외에도 래리 보보, 스털링 스투키, 스킵 게이츠, 앤 피터센, 해리 홀처, 존 후지무라, D. 폭스 허렐, 캐서린 입스터, 프레드 터너, 앨리스 오코너, 샘 마이어스, 스티븐 오셀로 로버츠, 다이애나 에르난데스, 커스틴 스윈스도 있었다.

역사적인 차원에서 부모, 조부모, 슈테틀(과거 동유럽에 있던 유대인 마을)의 조상들이 없었다면 나도 없었다. 그들은 동유럽에서 자행된 대학살에서 살아남았고, 이후에는 미국의 외국인혐오와 노동계급 탄압에서 살아남았다. 게다가 그들은 삶의 대부분을 사랑하는 이들, 고향, 자신들이 소중하게 여기는 전통에서 추방된 채로 보냈다. 부모와 조부모에 대한 내 기억에 자신들의 집단기억을 보태준 사촌 샤론 그린과 조이스 티츠넬, 언니 에디 월시와 수전 제로니머스에게 감사한다. 내가 부모와 조부모의 역사를 재구성하는 데 큰 도움이 되었다.

동시대적인 차원에서는 남편이자 빈번한 연구 협력자 존 바운드와 내 아이들 미리엄, 에이든, 찰리 제로니머스가 나의 전부다. 네 사람 모두 없는 시간을 쪼개 초안의 일부를 읽고, 교정하고, 의견을 내주었다. 그 덕분에 훨씬 더 좋은 책이 나왔다. 그들은 실질적인 조언이나 지속적인 격려를 통해 여러 걸림돌에도 불구하고 내가 넘어지지 않고 무사히 넘어갈 수 있도록 도왔다. 아이들과 함께 작업을 하면서 나는 내 아이들이 한 집단을 완벽하게 지워버리거나 자신들이 우연히 타고난 특권을 독점하는 것을 용인하지 않는 어른으로 자랐다는 사실을 알게 되었다. 성인이 된 아이들을 더 잘 알게 된 것, 그것도 대면 만남이 금지된 팬데믹 기간에 아이들과 함께 작업할 기회를 얻게 된 것은 이 책을 쓰면서 내가 받은 가장 놀랍고 감사한 선물이었다. 언제나 그렇듯이 존, 미리엄, 에이든, 찰리는 그 모든 것에도 불구하고 삶이 살아갈 만한 가치가 있다는 사실을 상기시켜주었다.

미주

서문

1. M. Heckler, "Report of the Secretary's Task Force on Black and Minority Health" (Washington, DC: US Department of Health and Human Services), 1985.
2. Infoplease Staff, "Life Expectancy at Birth by Race and Sex, 1930-2010," *Infoplease*, February 28, 2017, https://www.infoplease.com/us/population/life-expectancy-birth-race-and-sex-1930-2010.
3. National Center for Health Statistics, "Healthy People," CDC, n.d., https://www.cdc.gov/nchs/healthy_people/index.htm.
4. Heckler, "Report of the Secretary's Task Force."
5. T. A. LaVeist and J. M. Wallace Jr., "Health Risk and Inequitable Distribution of Liquor Stores in African American Neighborhood," *Social Science and Medicine* 51, no. 4 (2000): 613-617; T. A. LaVeist and L. A. Isaac, ed., *Race, Ethnicity, and Health: A Public Health Reader*, vol. 26 (San Francisco: John Wiley, 2012); A. T. Geronimus, L. J. Neidert, and J. Bound, "Age Patterns of Smoking in US Black and White Women of Childbearing Age," *American Journal of Public Health* 83, no. 9 (1993): 1258-1264.
6. B. C. Booske, S. A. Robert, and A. M. Rohan, "Awareness of Racial and Socioeconomic Health Disparities in the United States: The National Opinion Survey on Health and Health Disparities, 2008-2009," *Preventing Chronic Disease* 8, no. 4 (July 2011).
7. 1968~2019년 미국 질병통제예방센터 주요 통계 데이터(Centers for Disease Control Vital Statistics Data, 1968~2019)의 1989~2019년 출생코호트(특정의 해, 또는 기간에 출생한 집단) 파일을 참고해 저자가 계산했다.
8. 1968~2019년 미국 질병통제예방센터 주요 통계 데이터(Centers for Disease Control Vital Statistics Data, 1968~2019)의 1989~2019년 출생 코호트 파일을 참고해 저자가 계산했다.

9   미국 질병통제예방센터 주요 통계 데이터의 1989~2019년 출생코호트 파일과 1989~2020년 기간/코호트별 출생-영아 사망 데이터 파일을 참고해 저자가 계산했다.

10   A. T. Geronimus et al., "Excess Mortality Among Blacks and Whites in the United States," *New England Journal of Medicine* 335, no. 21 (1996): 1552-1558; A. T. Geronimus et al., "Inequality in Life Expectancy, Functional Status, and Active Life Expectancy Across Selected Black and White Populations in the United States," *Demography* 38, no. 2 (2001): 227-251.

11   이와 관련된 연구들을 전체적으로 정리해둔 자료가 필요하다면 다음을 참고하라. D. R. Williams, "Miles to Go Before We Sleep: Racial Inequities in Health," *Journal of Health and Social Behavior* 53, no. 3 (2012): 279-295.

12   B. Jordan, "Authoritative Knowledge and Its Construction," in *Childbirth and Authoritative Knowledge: Cross-Cultural Perspectives*, ed. Davis-Floyd and C. Sargent (Berkeley: University of California Press, 1997), 55-79.

13   K. W. Crenshaw, *On Intersectionality: Essential Writings* (New York: New Press, 2023).

14   C. Cheng, "Are Asian American Employees a Model Minority or Just a Minority?," *Journal of Applied Behavioral Science* 33, no. 3 (1997): 277-290.

15   T. C. Masters-Waage, N. Jha, and J. Reb, "COVID-19, Coronavirus, Wuhan Virus, or China Virus? Understanding How to 'Do No Harm' When Naming an Infectious Disease," *Frontiers in Psychology* 11 (December 2020): 561270.

16   I. Disha, J. C. Cavendish, and R. D. King, "Historical Events and Spaces of Hate: Hate Crimes Against Arabs and Muslims in Post-9/11 America," *Social Problems* 58, no. 1 (2011): 21-46.

17   A. L. Reed Jr., *The South: Jim Crow and Its Afterlives* (New York: Verso, 2022).

18   L. D. Hughes et al., "U.S. Black-White Differences in Mortality Risk Among Transgender and Cisgender People in Private Insurance, 2011-2019," *American Journal of Public Health* 112 (10): 1507-1514.

1부 배제, 마모, 그리고 버터내기

1 *Fannie Lou Hamer's America*, February 22, 2022, PBS, directed by J. Davenport.

1장. 열심히 일하고 규칙을 지키면 우리를 괴롭히는 병으로부터 치유될 수 있을까?

1 M. Levenson, "11 Days After Fuming About Coughing Passenger, a Bus Driver Died from the Coronavirus," *New York Times*, April 4, 2020, https://www.nytimes.com/2020/04/04/us/detroit-bus-driver-coronavirus.html.
2 J. Hargrove, Facebook, March 22, 2020, https://www.facebook.com/photo/?fbid=102225 11706481725.
3 J. Hargrove, Facebook, March 21, 2020, https://www.facebook.com/Dj.Infiniti /videos/10222496193013898.
4 G. Russonello, "Why Most Americans Support the Protests," *New York Times*, June 5, 2020, https://www.nytimes.com/2020/06/05/us/politics/polling-george-floyd-protests-racism.html.
5 HRC Foundation, *Violence Against the Transgender and Gender Non-Conforming Community in 2020*, n.d., https://www.hrc.org/resources/violence-against-the-trans-and-gender-non-conforming-community-in-2020.
6 M. Alsan, A. Chandra, and K. Simon, "The Great U: Initial Health Effects of COVID-19 in the United States," *Journal of Economic Perspectives* 35, no. 3 (2021): 25-46.
7 A. T. Forde et al., "The Weathering Hypothesis as an Explanation for Racial Disparities in Health: A Systematic Review," *Annals of Epidemiology* 33 (May 2019): 1-18.
8 CDC, "Risk for COVID-19 Infection, Hospitalization, and Death by Race/Ethnicity," June 2, 2022, https://www.cdc.gov/coronavirus/2019-cov/covid-ata/investigations-discovery/hospitalization-death-by-race-ethnicity.html.
9 D. L. Hoyert, "Maternal Mortality Rates in the United States, 2020," CDC, February 2022, https://www.cdc.gov/nchs/data/hestat/maternal-mortality/2020 /maternal-mortality-rates-2020.htm.
10 미국 질병통제예방센터 자료를 참고하여 저자가 계산했다. Pregnancy

Mortality Surveillance System. https://www.cdc.gov/reproductive health/maternal-mortality/pregnancy-mortality-surveillance-system.htm.

11 J. Vaupel, "Setting the Stage: A Generation of Centenarians?," *Washington Quarterly* 23, no. 3 (2000): 195-200.

12 *Time*, February 23, 2015.

13 Age of Happiness, "These 60-and-Older Seniors Will Destroy Your Age Stereotypes," *Bored Panda*, 2015, https://www.boredpanda.com/senior-citizen-ageing-stereotypes-age-of-happiness-vladimir-yakovlev.

14 B. Kantrowitz, P. King, and S. Downey, "The Road Ahead: A Boomer's Guide to Happiness," *Newsweek*, April 3, 2000, 56-59.

15 G. Cowley & A. Underwood, "How to Get to Your Golden Years," *Newsweek*, April 4, 2000, 72-74.

16 J. Kluger, "How Your Mindset Can Change How You Age," *Time*, February 23, 2015, 82-86.

17 J. A. Pearson, "Can't Buy Me Whiteness: New Lessons from the Titanic on Race, Ethnicity, and Health," *Du Bois Review: Social Science Research on Race* 5, no. 1 (2008): 27-47; J. A. Pearson and A. T. Geronimus, "Race/Ethnicity, Socioeconomic Characteristics, Coethnic Social Ties, and Health: Evidence from the National Jewish Population Survey," *American Journal of Public Health* 101, no. 7 (2011): 1314-1321.

18 *Statista*, "Life Expectancy (from Birth) in the United States, from 1860 to 2020," August 2019, https://www.statista.com/statistics /1040079/life-expectancy-united-states-all-time//.

19 A. Gopnik, "Can We Live Longer But Stay Younger?," *New Yorker*, May 13, 2019, https://www.newyorker.com/magazine/2019/05/20/can-we-live-longer-but-stay-younger.

20 J. Bound et al., "Measuring Recent Apparent Declines in Longevity: The Role of Increasing Educational Attainment," *Health Affairs* 34, no. 12 (2015): 2167-2173; A. T. Geronimus et al., "Inequality in Life Expectancy, Functional Status, and Active Life Expectancy Across Selected Black and White Populations in the United States," *Demography* 38, no. 2 (2001): 227-251; A. T. Geronimus et al., "Weathering, Drugs, and Whack-A-Mole: Fundamental and Proximate Causes of Widening Educational Inequity in US Life Expectancy by

Sex and Race, 1990-2015," *Journal of Health and Social Behavior* 60, no. 2 (2019): 222-239; 미국 10년 단위 인구조사 1990년, 2000년, 2010년 자료를 근거로 저자가 계산.

21 A. T. Geronimus et al., "Excess Black Mortality in the United States and in Selected Black and White High-Poverty Areas, 1980-2000," *American Journal of Public Health* 101, no. 4 (2011): 720-729.

22 Ibid.; A. T. Geronimus et al., "'Weathering' and Age Patterns of Allostatic Load Scores Among Blacks and Whites in the United States," *American Journal of Public Health* 96, no. 5 (2006): 826-833; A. T. Geronimus et al., (2007), "Black-White Differences in Age Trajectories of Hypertension Prevalence Among Adult Women and Men, 1999-2002," *Ethnicity and Disease* 17, no. 1 (2007): 40-49.

23 J. DeMuth, "Fannie Lou Hamer: Tired of Being Sick and Tired," *Nation*, June 1, 1964, https://www.thenation.com/article/archive/fannie-lou-hamer-tired-being-sick-and-tired//.

24 V. Wang, "Erica Garner, Activist and Daughter of Eric Garner, Dies at 27," *New York Times*, December 30, 2017, https://www.nytimes.com/2017/12/30/nyregion/erica-garner-dead.html.

25 *Politics Nation*, January 7, 2018, "Transcript 1/ 7/ 18 Politics Nation," https://www.msnbc.com/transcripts/politicsnation/2018-01-07-msna1058631.

26 Wang, "Erica Garner."

27 DeMuth, "Fannie Lou Hamer."

28 J. M. Burns, *The Crosswinds of Freedom, 1932-1988* (New York: Open Road Media, 2012).

29 W. J. Barber, "America, Accepting Death Is Not an Option Anymore!," sermon, June 14, 2020, *Repairers of the Breach*, https://www.breachrepairers.org/blogs/accepting-death-is-not-an-option-anymore.

30 *Morning Joe*, January 2020, MSNBC, Reverend Barber interview.

2장. 스트레스와 인간의 생물학적 캔버스

1 J. Salah, "All-Women's Alzheimer's Report: Stress, Midlife Crisis and Other Demons," *Guardian Liberty Voice*, October 1, 2013, https://guardianlv.com/2013/10/all-womens-alzheimers-report-stress-midlife-crisis-and-other-demons//.

2   J. Kluger, "How Your Mindset Can Change How You Age," *Time*, February 23, 2015, 82-86.

3   H. Epstein, "Ghetto Miasma: Enough to Make You Sick," *New York Times Magazine*, October 12, 2003, 10-16.

4   A. T. Geronimus et al., "'Weathering' and Age Patterns of Allostatic Load Scores Among Blacks and Whites in the United States," *American Journal of Public Health* 96, no. 5 (2006): 826-833.

5   L. M. Burton and L. Bromell, "Childhood Illness, Family Comorbidity, and Cumulative Disadvantage," *Annual Review of Gerontology and Geriatrics* 30, no. 1 (2010): 233-265.

6   A. T. Geronimus et al., "Excess Mortality Among Blacks and Whites in the United States," *New England Journal of Medicine* 335, no. 21 (1996): 1552-1558; A. T. Geronimus, J. Bound, and T. A. Waidmann, "Poverty, Time, and Place: Variation in Excess Mortality Across Selected US Populations, 1980-1990," *Journal of Epidemiology and Community Health* 63, no. 6 (1999): 325-334; A. T. Geronimus, "Economic Inequality and Social Differentials in Mortality," *Economic Policy Review* 5 (September 1999): 23-36; A. T. Geronimus et al., "Inequality in Life Expectancy, Functional Status, and Active Life Expectancy Across Selected Black and White Populations in the United States," *Demography* 38, no. 2 (2001): 227-251; A. T. Geronimus et al., "Urban-Rural Differences in Excess Mortality Among High-Poverty Populations: Evidence from the Harlem Household Survey and the Pitt County, North Carolina, Study of African American Health," *Journal of Health Care for the Poor and Underserved* 17, no. 3 (2006): 532-558; A. T. Geronimus, J. Bound, and C. G. Colen, "Excess Black Mortality in the United States and in Selected Black and White High-Poverty Areas, 1980- 2000," *American Journal of Public Health* 101, no. 4 (2011): 720-729.

7   Geronimus, Bound, and Colen, "Excess Black Mortality."

8   Geronimus et al., "Inequality in Life Expectancy."

9   A. T. Geronimus et al., "Weathering, Drugs, and Whack-A-Mole: Fundamental and Proximate Causes of Widening Educational Inequity in US Life Expectancy by Sex and Race, 1990-2015," *Journal of Health and Social Behavior* 60, no. 2 (2019): 222-239.

10 Ibid.

11 B. S. McEwen, "Stress, Adaptation, and Disease: Allostasis and Allostatic Load," *Annals of the New York Academy of Sciences* 840, no. 1 (1998): 33-44.

12 Greater Good Science Center, "Robert Sapolsky: The Psychology of Stress," March 20, 2012, YouTube, https://www.youtube.com/watch?v=bEcdGK4DQSg.

13 R. M. Sapolsky, *Why Zebras Don't Get Ulcers: The Acclaimed Guide to Stress, Stress- Related Diseases, and Coping*, 3rd ed. (New York: Henry Holt, 2004); B. S. McEwen and R. M. Sapolsky, "Stress and Cognitive Function," *Current Opinion in Neurobiology* 5, no. 2 (1995): 205-216.

14 B. J. Ellis et al., "Hidden Talents in Harsh Environments," *Development and Psychopathology* 34, no. 1 (2022): 95-113.

15 D. Young, "I Pray for Murder Sometimes," *New York Times*, September 28, 2019, https://www.nytimes.com/2019/09/28/opinion/sunday/black-men-murder-death.html.

16 E. J. Kim, B. Pellman, and J. J. Kim, "Stress Effects on the Hippocampus: A Critical Review," *Learning and Memory* 22, no. 9 (2015): 411-416.

17 R. S. Duman and L. M. Monteggia, "A Neurotrophic Model for Stress-Related Mood Disorders," *Biological Psychiatry* 59, no. 12 (2006): 1116-1127.

18 K. M. Roy, C. Y. Tubbs, and L. M. Burton, "Don't Have No Time: Daily Rhythms and the Organization of Time for Low–Income Families," *Family Relations* 53, no. 2 (2004): 168-178.

19 L. M. Burton and K. E. Whitfield, "'Weathering' Towards Poorer Health in Later Life: Co-morbidity in Urban Low-Income Families," *Public Policy and Aging Report* 13, no. 3 (2003): 13-18.

20 D. Sontag, "For Poor, Life 'Trapped in a Cage,'" *New York Times*, October 6, 1996, https://www.nytimes.com/1996/10/06/us/for-poor-life-trapped-in-a-cage.html.

21 M. Desmond, *Evicted: Poverty and Profit in the American City* (New York: Crown, 2016).

22 A. Elliott, *Invisible Child: Poverty, Survival and Hope in an American City* (New York: Random House, 2021).

23 A. Eisenberg et al., "Toxic Structures: Speculation and Lead Exposure in Detroit's Single-Family Rental Market," *Health and Place* 64 (July

2020): 102390.

24 Ibid.

25 J. McKenzie, "Detroit's Foreclosure Crisis and the Need for 'Information Justice,'" *Bloomberg*, March 8, 2017, https://www.bloomberg.com/news/articles/2017-03-08/detroit-s-foreclosure-crisis-and-the-need-for-information-justice.

26 J. Gallagher, "In Detroit, More People Rent Homes Than Own Them," March 19, 2017, *Detroit Free Press*, https://www.freep.com/story/money/business/john-gallagher/2017/03/19/detroit-poverty-mortgages-economy-homeownership/98957798/.

27 J. Akers and E. Seymour, "The Eviction Machine: Neighborhood Instability and Blight in Detroit's Neighborhoods," *Poverty Solutions*, University of Michigan, June 2019.

28 J. Kurth and M. Wilkinson, "Detroit Demo Blitz Linked to Rising Lead Levels in Children," *Bridge Michigan*, November 13, 2017, https://www.bridgemi.com/children-families/detroit-demo-blitz-linked-rising-lead-levels-children.

29 H. A. Washington, *A Terrible Thing to Waste: Environmental Racism and Its Assault on the American Mind* (New York: Little, Brown Spark, 2019); K. Chandramouli et al., "Effects of Early Childhood Lead Exposure on Academic Performance and Behaviour of School Age Children," *Archives of Disease in Childhood* 94, no. 11 (2009): 844-848; S. A. Mayfield, "Language and Speech Behaviors of Children with Undue Lead Absorption: A Review of the Literature," *Journal of Speech, Language, and Hearing Research* 26, no. 3 (1983): 362-368.

30 D. J. Vagins and J. McCurdy, "Cracks in the System: Twenty Years of the Unjust Federal Crack Cocaine Law," American Civil Liberties Union, October 2006.

31 D. Wallace and R. Wallace, "Urban Systems During Disasters: Factors for Resilience," *Ecology and Society* 13, no. 1 (2008); D. Wallace and R. Wallace, *A Plague on Your Houses: How New York Was Burned Down and Public Health Crumbled* (London and New York: Verso, 1998).

32 C. Tsigos and G. P. Chrousos, "Hypothalamic-Pituitary-Adrenal Axis, Neuroendocrine Factors and Stress," *Journal of Psychosomatic Research* 53, no. 4 (2002): 865-871.

33 B. S. McEwen and P. J. Gianaros, "Central Role of the Brain in Stress and Adaptation: Links to Socioeconomic Status, Health, and Disease," *Annals of the New York Academy of Sciences* 1186, no. 1 (2010): 190-222.

34 M. H. Schernthaner-Reiter et al., "The Interaction of Insulin and Pituitary Hormone Syndromes," *Frontiers in Endocrinology* 12 (2021): 626427.

35 Mary F. Dallman, Norman C. Pecoraro, Susanne E. la Fleur, "Chronic stress and comfort foods: self-medication and abdominal obesity," *Brain, Behavior, and Immunity*, Volume 19, Issue 4, 2005, Pages 275-280.

36 미국 질병통제예방센터 자료를 참고하여 저자가 계산했다. Pregnancy Mortality Surveillance System. https://www.cdc.gov/reproductivehealth/maternal-mortality/pregnancy-mortality-surveillance-system.htm.

37 J. Gonnerman, "Kalief Browder, 1993-2015," *New Yorker*, June 7, 2015, https://www.newyorker.com/news/news-desk/kalief-browder-1993-2015.

38 B. McEwen, "Neurobiological and Systemic Effects of Chronic Stress," *Chronic Stress* 1 (January-December 2017): 2470547017692328; D. Pagliaccio et al., "Stress-System Genes and Life Stress Predict Cortisol Levels and Amygdala and Hippocampal Volumes in Children," *Neuropsychopharmacology* 39, no. 5 (2014): 1245-1253.

39 M. Nolan et al., "Hippocampal and Amygdalar Volume Changes in Major Depressive Disorder: A Targeted Review and Focus on Stress," *Chronic Stress* 4 (September 2020): 2470547020944553.

40 K. Hughes et al., "The Effect of Multiple Adverse Childhood Experiences on Health: A Systematic Review and Meta-Analysis," *Lancet Public Health* 2, no. 8 (2017): e356-e366.

41 S. Jacobs and J. Annese, "Mom Dies of 'Broken Heart' After Son Kalief Browder Killed Himself Last Year," *New York Daily News*, October 16, 2016, https://www.nydailynews.com/new-york/bronx/exclusive-mom-late-kalief-browder-dies-broken-heart-article-1.2833023.

3장. 스트레스 받는 유전자와 마모된 세포

1 A. M. Tuchman, *Diabetes: A History of Race and Disease* (New Haven, CT: Yale University Press, 2020).

2   A. L. Beaudet and L. Meng, "Gene-Targeting Pharmaceuticals for Single-Gene Disorders," *Human Molecular Genetics* 25, no. R1 (2016): R18-R26.

3   M. F. Fraga et al., "Epigenetic Differences Arise During the Lifetime of Monozygotic Twins," *Proceedings of the National Academy of Sciences* 102, no. 30 (2005): 10604-10609.

4   L. L. Simpson and Society for Maternal-Fetal Medicine (SMFM), "Twin-Twin Transfusion Syndrome," *American Journal of Obstetrics and Gynecology* 208, no. 1 (2013): 3-18.

5   J. O. Hill and J. C. Peters, "Environmental Contributions to the Obesity Epidemic," *Science* 280, no. 5368 (1998): 1371-1374.

6   C. Bouchard, "Genetics of Obesity: Overview and Research Directions," in *The Genetics of Obesity*, ed. C. Bouchard (Boca Raton, FL: CRC Press, 2020), 223-233.

7   23andMe, "23andMe Releases First-of-Its-Kind Genetic Weight Report," 23andMe Blog, March 2, 2017, https://blog.23andme.com/health-traits/23andme-releases-first-of-its-kind-genetic-weight-report/.

8   L. O. Schulz and L. S. Chaudhari, "High-Risk Populations: The Pimas of Arizona and Mexico," *Current Obesity Reports* 4, no. 1 (2015): 92-98.

9   R. A. Kittles and K. M. Weiss, "Race, Ancestry, and Genes: Implications for Defining Disease Risk," *Annual Review of Genomics and Human Genetics* 4, no. 1 (2003): 33-67.

10 R. S. Cooper, "Race and Genomics," *New England Journal of Medicine* 348, no. 12 (2003): 1166.

11 E. Evangelou et al., "Genetic Analysis of Over 1 Million People Identifies 535 New Loci Associated with Blood Pressure Traits," *Nature Genetics* 50, no. 10 (2018): 1412-1425.

12 R. S. Cooper et al., "An International Comparative Study of Blood Pressure in Populations of European vs. African Descent," *BMC Medicine* 3, no. 1 (2005): 1-8.

13 J. S. Kaufman and S. A. Hall, "The Slavery Hypertension Hypothesis: Dissemination and Appeal of a Modern Race Theory," *Epidemiology* 14, no. 1 (2003): 111-118.

14 K. Esoh and A. Wonkam, "Evolutionary History of Sickle-Cell Mutation: Implications for Global Genetic Medicine," *Human*

Molecular Genetics 30, no. R1 (2021): R119- R128.

15 J. Diamond, "Race Without Color," *Discover*, November 1, 1994, https://www.discovermagazine.com/mind/race-without-color.

16 E. S. Epel et al., "Accelerated Telomere Shortening in Response to Life Stress," *Proceedings of the National Academy of Sciences* 101, no. 49 (2004): 17312-17315.

17 S. R. Chan and E. H. Blackburn, "Telomeres and Telomerase," *Philosophical Transactions of the Royal Society of London, Series B: Biological Sciences* 359, no. 1441 (2004): 109-122.

18 K. de Punder et al., "Stress and Immunosenescence: The Role of Telomerase," *Psychoneuroendocrinology* 101 (2019): 87-100.

19 J. Yang et al., "The Paradoxical Role of Cellular Senescence in Cancer," *Frontiers in Cell and Developmental Biology* 12 (August 2021): 2200.

20 J. Zhang et al., "Ageing and the Telomere Connection: An Intimate Relationship with Inflammation," *Ageing Research Reviews* 25 (2016): 55-69.

21 S. Tsalamandris et al., "The Role of Inflammation in Diabetes: Current Concepts and Future Perspectives," *European Cardiology Review* 14, no. 1 (2019): 50-59.

22 L. Duan, X. Rao, and K. R. Sigdel, "Regulation of Inflammation in Autoimmune Disease," *Journal of Immunology Research* (February 28, 2019): 7403796- 7403796.

23 G. Multhoff, M. Molls, and J. Radons, "Chronic Inflammation in Cancer Development," *Frontiers in Immunology* 2 (2012): 98.

24 G. K. Hansson, "Inflammation, Atherosclerosis, and Coronary Artery Disease," *New England Journal of Medicine* 352, no. 16 (2005): 1685- 1695.

25 J. F. Bentzon et al., "Mechanisms of Plaque Formation and Rupture," *Circulation Research* 114, no. 12 (2014): 1852-1866.

26 E. Linnenbringer, S. Gehlert, and A. T. Geronimus, "Black-White Disparities in Breast Cancer Subtype: The Intersection of Socially Patterned Stress and Genetic Expression," *AIMS Public Health* 4, no. 5 (2017): 526.

27 P. P. Souza and U. H. Lerner, "The Role of Cytokines in Inflammatory Bone Loss," *Immunological Investigations* 42, no. 7 (2013): 555-622.

28   Z. Wang et al., "Potential Role of Cellular Senescence in Asthma," *Frontiers in Cell and Developmental Biology* 8 (2020): 59.

29   C. C. Walton et al., "Senescence as an Amyloid Cascade: The Amyloid Senescence Hypothesis," *Frontiers in Cellular Neuroscience* 14 (2020): 129.

30   C. Franceschi et al., "Inflamm-aging: An Evolutionary Perspective on Immunosenescence," *Annals of the New York Academy of Sciences* 908, no. 1 (2000): 244-254.

4장. 위험에 빠진 산모와 영아

1   L. M. Burton and L. Bromell, "Childhood Illness, Family Comorbidity, and Cumulative Disadvantage: An Ethnographic Treatise on Low-Income Mothers' Health in Later Life," *Annual Review of Gerontology and Geriatrics* (2010): 231-265.

2   C. Nathanson, *Dangerous Passage: The Social Control of Sexuality in Women's Adolescence* (Philadelphia: Temple University Press, 1991).

3   C. Jencks, "What Is the Underclass—and Is It Growing?," *Focus* 12, no. 1 (1989): 14-26.

4   J. R. Anderson et al., "Revisiting the Jezebel Stereotype: The Impact of Target Race on Sexual Objectification," *Psychology of Women Quarterly* 42, no. 4 (2018): 461-476.

5   United Health Foundation, "America's Health Rankings Annual Report," 2021, https://assets.americashealthrankings.org/app/uploads/americashealthrankings-2021annualreport.pdf.

6   D. M. Ely and A. K. Driscoll, "Infant Mortality in the United States, 2019: Data from the Period Linked Birth/Infant Death File," *National Vital Statistics Reports* 70, no. 14 (2021): 1-18.

7   G. K. Singh and M. Y. Stella, "Infant Mortality in the United States, 1915-2017: Large Social Inequalities Have Persisted for Over a Century," *International Journal of Maternal and Child Health and AIDS* 8, no. 1 (2019): 19-31.

8   D. L. Hoyert, "Maternal Mortality Rates in the United States, 2020," CDC, February 2022, https://www.cdc.gov/nchs/data/hestat/maternal-mortality/2020/maternal-mortality-rates-2020.htm.

9   N. J. Kassebaum et al., "Global, Regional, and National Levels of Maternal Mortality, 1990-2015: A Systematic Analysis for the Global

Burden of Disease Study 2015," *Lancet*, 388, no. 10053 (2016): 1775-1812.

10 미국 질병통제예방센터 자료를 참고하여 저자가 계산했다. Pregnancy Mortality Surveillance System. https://www.cdc.gov/reproductivehealth/maternal-mortality/pregnancy-mortality-surveillance-system.htm.

11 Hoyert, "Maternal Mortality Rates."

12 R. Montagne, "For Every US Mother Who Dies for Pregnancy-Associated Reasons, Another 70 Mothers Come Close to Dying," NPR, May 10, 2018, https://www.npr.org/2018/05/10/607782992/for-every-woman-who-dies-in-childbirth-in-the-u-s-70-more-come-close.

13 N. J. Kassebaum et al., "Global, Regional, and National Levels."

14 1990~2015년 데이터는 다음을 참고하였다. Centers for Disease Control and Prevention, "Births: Final data for 2015," *National Vital Statistics Reports*, 66, no. 1 (2017), https://www.cdc.gov/nchs/data/nvsr/nvsr66/nvsr66_01.pdf.

15 화자와 개인적으로 주고받은 내용.

16 미국 질병통제예방센터의 1989~2019년 출생코호트 파일을 참고해 저자가 계산했다.

17 K. Mikkola et al., "Neurodevelopmental Outcome at 5 Years of Age of a National Cohort of Extremely Low Birth Weight Infants Who Were Born in 1996- 1997," *Pediatrics* 116, no. 6 (2005): 1391-1400.

18 A. L. Beam et al., "Estimates of Healthcare Spending for Preterm and Low-Birthweight Infants in a Commercially Insured Population: 2008-2016," *Journal of Perinatology* 40, no. 7 (2020): 1091-1099, https://www.nature.com/articles/s41372-020-0635-z.

19 미국 질병통제예방센터의 1989~2019년 출생코호트 파일을 참고해 저자가 계산했다.

20 A. T. Geronimus, "What Teen Mothers Know," *Human Nature* 7, no. 4 (1996): 323-352.

21 미국 질병통제예방센터의 1989~2019년 출생코호트 파일을 참고해 저자가 계산했다.

22 CDC, "High Blood Pressure During Pregnancy," May 6, 2021, https://www.cdc.gov/bloodpressure/pregnancy.htm.

23 T. Shih et al., "The Rising Burden of Preeclampsia in the United States Impacts Both Maternal and Child Health," *American Journal of Perinatology* 33, no. 4 (2016): 329-338; J. Winter, "Why a Life-

Threatening Pregnancy Complication Is on the Rise," *New Yorker*, August 12, 2022, https://www.newyorker.com-science-annals-of-medicine/why-a-lifethreatening-pregnancy-complication-is-on-the-rise.

24 T. Field and M. Diego, "Cortisol: The Culprit Prenatal Stress Variable," *International Journal of Neuroscience* 118, no. 8 (2008): 1181-1205.

25 M. D. Esteban-Vasallo et al., "Mercury, Cadmium, and Lead Levels in Human Placenta: A Systematic Review," *Environmental Health Perspectives* 120, no. 10 (2012): 1369- 1377; H. Bove et al., "Ambient Black Carbon Particles Reach the Fetal Side of Human Placenta," *Nature Communications* 10, no. 1 (2019): 1-7

26 M. A. Kioumourtzoglou et al., "Traffic-Related Air Pollution and Pregnancy Loss," *Epidemiology* 30, no. 1 (2019): 4.

27 C. Winder, "Lead, Reproduction and Development," *Neurotoxicology* 14, no. 2-3 (1993): 303-317; H. Hu et al., "Fetal Lead Exposure at Each Stage of Pregnancy as a Predictor of Infant Mental Development," *Environmental Health Perspectives* 114, no. 11 (2006): 1730-1735; H. A. Washington, *A Terrible Thing to Waste: Environmental Racism and Its Assault on the American Mind* (New York: Little, Brown Spark, 2019).

28 A. Eisenberg, et al., "Toxic Structures: Speculation and Lead Exposure in Detroit's Single-Family Rental Market," *Health and Place* 64 (July 2020): 102390.

29 L. D. Klein et al., "Concentrations of Trace Elements in Human Milk: Comparisons Among Women in Argentina, Namibia, Poland, and the United States," *PloS One* 12, no. 8 (2017): e0183367.

30 M. Jaishankar et al., "Toxicity, Mechanism and Health Effects of Some Heavy Metals," *Interdisciplinary Toxicology* 7, no. 2 (2014): 60-72.

31 A. T. Geronimus et al., "Black-White Differences in Age Trajectories of Hypertension Prevalence Among Adult Women and Men, 1999-2002," *Ethnicity and Disease* 17, no. 1 (2007): 40-49.

32 A. A. Creanga et al., "Pregnancy-Related Mortality in the United States, 2006-2010," *Obstetrics and Gynecology* 125, no. 1 (2012): 5-12.

33 Centers for Disease Control and Prevention. Pregnancy Mortality Surveillance System. https://www.cdc.gov/reproductivehealth/maternal-mortality/pregnancy-mortality-surveillance-system.htm를

참고해 저자가 계산했다.

34 N. Martin and R. Montagne, "Black Mothers Keep Dying After Giving Birth. Shalon Irving's Story Explains Why," NPR, December 7, 2017, https://www.npr.org/2017/12/07/568948782/black-mothers-keep-dying-after-giving-birth-shalon-irvings-story-explains-why.

35 C. Jackson, "East Orange Police Sgt. Tahmesha Dickey Dies During Childbirth," East Orange (NJ) Public Information, January 14, 2018, https://www.tapinto.net/towns/paterson/articles/east-orange-police-sgt-tahmesha-dickey-dies-duri-4.; E. Brady et al., "Dying to Deliver: The Race to Prevent Sudden Death of New Mothers," ABC News, May 16, 2018, https://abcnews.go.com/Health/dying-deliver-race-prevent-sudden-death-mothers/story?id=55015361.

36 S. Alisobhani, "A Call to Action: Responding to the Crisis of Maternal Mortality," *Ms.*, February 17, 1011, https://msmagazine.com/2022/02/07/maternal-mortality-kira-johnson-black-womenhealth/; Associated Press, "Lawsuit Says a Black Patient Bled to Death Because of a Hospital's Culture of Racism," NPR, May 5, 2022, https://www.npr.org/2022/05/05/1096833756/racism-lawsuit-cedars-sinai-medical-center-wife-death; A. Helm, "Kira Johnson Spoke 5 Languages, Raced Cars, Was Daughter in Law of Judge Glenda Hatchett. She Still Died in Childbirth," *The Root*, October 19, 2018, https://www.the root.com/kira-johnson-spoke-5-languages-raced-cars-was-daughte-1829862323; S. Young, "Confronting Racial Bias in Maternal Deaths," *Grow by WebMD*, January 17, 2020, https://www.webmd.com/baby/news/20200117/confronting-racial-bias-in-maternal-deaths.

37 J. Burton, "Serena Williams Called 'Crazy' by Nurse Amid Pregnancy Blood Clot Scare," *Newsweek*, April 7, 2022, https://www.newsweek.com/serena-williams-nurse-called-crazy-pregnancy-blood-clot-ordeal-1695869; R. Haskell, "Serena Williams on Motherhood, Marriage, and Making Her Comeback," *Vogue*, January 10, 2018, https://www.vogue.com/article/serena-williams-vogue-cover-interview-february-2018; A. Macon, "Serena Williams's New HBO Documentary Sparks the Breastfeeding Conversation We Should All Be Having," *Vogue*, May 16, 2018, https://www.vogue.com/article/serena-williams-breastfeeding-motherhood-wedding-hbo-

documentary-being-serena.

38 H. Southwick, "Talk About a Grand Slam! Inside Serena Williams' Net Worth and How She Made It," *Parade*, July 1, 2022, https://parade.com/1400745/hannah-southwick/serena-willliams-net-worth/.

39 I. Kendi, *Stamped from the Beginning: The Definitive History of Racist Ideas in America* (New York: Nation Books, 2016); L. Villarosa, *Under the Skin: The Hidden Toll of Racism on American Lives and on the Health of Our Nation* (New York: Doubleday, 2022).

40 N. Natale, "Venus Williams Opens Up About Rare Autoimmune Disease as She Prepares for the U.S. Open," *Prevention*, July 30, 2019, https://www.prevention.com/health/a28446557/venus-williams-sjogren-syndrome/.

41 Shine My Crown Staff, "Serena Williams: 'I Know Firsthand the Sexism and Racism the Media Use to Vilify Women of Color,'" *Shine My Crown*, March 8, 2021, https://shinemycrown.com/serena-williams-i-know-firsthand-the-sexism-and-racism-the-media-use-to-vilify-people-of-color//.

42 Villarosa, *Under the Skin*.

43 S. Cruickshank, "The Death of a Young Black Mother Brings Attention to the Issue of Racial Health Disparities," *Hub*, February 26, 2019, https://hub.jhu.edu/2019/02/26/shalon-irving-maternal-mortality-symposium//.

44 Burton, "Serena Williams Called 'Crazy.'"

45 Haskell, "Serena Williams on Motherhood."

46 M. Osterman et al., "Births: Final Data for 2020," *National Vital Statistics Reports* 70, no. 17 (2021): 1-50.

47 S. J. Ventura, B. E. Hamilton, and T. J. Matthews, "National and State Patterns of Teen Births in the United States, 1940-2013," *National Vital Statistics Reports* 63, no. 4 (2014): 1-34, https://www.cdc.giv/nchs/data/nvsr/nvsr63/nvsr63_04.pdf.

5장. 집단적으로 웨더링 견뎌내기

1 R. A. LeVine et al., *Child Care and Culture: Lessons from Africa* (Cambridge: Cambridge University Press, 1994).

2 R. Blythe, *The View in Winter: Reflections on Old Age* (London: Allen Lane/Penguin, 1979).

3   A. T. Geronimus, et al., "Inequality in Life Expectancy, Functional Status, and Active Life Expectancy Across Selected Black and White Populations in the United States," *Demography* 38, no. 2 (2001): 227-251, 그리고 최신 데이터를 반영하기 위해 저자가 추가로 수치를 계산했다.

4   M. Gilens, *Why Americans Hate Welfare* (Chicago: University of Chicago Press, 1999).

5   L. M. Burton, "Teenage Childbearing as an Alternative Life-Course Strategy in Multigeneration Black Families," *Human Nature* 1, no. 2 (1990): 123-143.

6   K. L. Brown, *Gone Home: Race and Roots Through Appalachia* (Chapel Hill: University of North Carolina Press, 2018).

7   C. Stack, *All Our Kin: Strategies for Survival in a Black Community* (New York: Basic Books, 1974).

8   이런 관점에서 가족 구성원의 역량에 대한 더 유동적인 기대 등을 바탕으로 여러 세대가 책임을 나누는 것과 학교와 청소년 사법시설과 같은 기관에서 "성인화 편견"adultification bias에 뿌리를 둔 강력한 집단적 필요로 인해 조금 더 나이가 많은 청소년에게 책임을 지우는 것은 구별되어야 한다. 성인화 편견은 당국이 백인 청소년에 비해 흑인 청소년이 덜 순진하다고 생각하거나 백인 청소년에 비해 흑인 청소년은 따뜻하게 안심시키거나 부드럽게 지도해야 할 필요가 덜하다고 생각하는 것을 말한다. 그런 지배문화 편견은 흑인 청소년에게 치명적인 결과를 가져올 수 있다. 예를 들어 동일한 범죄를 저질러도 백인 미성년 범죄자는 "남자애들이 다 그렇지"라는 말과 함께 미성년자라는 이유로 선처를 받을 때 흑인 미성년 범죄자는 성인 범죄자처럼 재판을 받고 처벌을 받는다. 권력자들이 성인화 편견에 따라 의사결정을 하거나 행동을 할 때 그런 사례는 반드시 폭로되고 근절되어야 한다. 내 할아버지가 병을 얻었을 때 가족의 생계수단인 할아버지의 사업을 지키기 위해 헨리 삼촌이 당연히 할아버지의 책임을 넘겨받을 것이 기대되었지만, 그것이 가족들이 헨리 삼촌이 계속 학교를 다니는 또래보다 덜 순진하다거나 따뜻한 공감을 필요로 하지 않는다고 생각했다는 것을 의미하지는 않는다.

9   D. Brooks, "The Nuclear Family Was a Mistake," *Atlantic*, March 2020, https://www.theatlantic.com/magazine/archive/2020/03/the-nuclear-family-was-a-mistake/605536/.

10 D. Cohn et al., "The Demographics of Multigenerational Households," Pew Research Center, March 24, 2022, https://www.pewresearch.org/social-trends/2022/03/24 /the-demographics-of-multigenerational-households//.

11 J. V. Ward, *The Skin We're In: Teaching Our Children to Be Emotionally Strong, Socially Smart, Spiritually Connected* (New York: Simon and Schuster, 2000).

12 C. B. Stack and L. M. Burton, "Kinscripts," *Journal of Comparative Family Studies* 24, no. 2 (1993): 157-170.

13 A. T. Geronimus, S. Korenman, and M. M. Hillemeier, "Does Young Maternal Age Adversely Affect Child Development? Evidence from Cousin Comparisons," *Population and Development Review* 20, no. 3 (1994): 585-609; A. T. Geronimus, "On Teenage Childbearing and Neonatal Mortality in the United States," *Population and Development Review* 13, no. 2 (1987): 245-279.

14 L. Mullings, "The Sojourner Syndrome: Race, Class, and Gender in Health and Illness," *Voices* 6, no. 1 (2002): 32-36.

15 D. Young, *What Doesn't Kill You Makes You Blacker: A Memoir in Essays* (New York: Ecco, 2019).

16 C. Chambers, *Hill Women: Finding Family and a Way Forward in the Appalachian Mountains* (New York: Ballantine Books, 2021).

17 S. Hicks-Bartlett, "Between a Rock and a Hard Place: The Labyrinth of Working and Parenting in a Poor Community," in *Coping With Poverty: The Social Contexts of Neighborhood, Work, and Family in the African-American Community*, ed. S. Danziger and A. C. Lin (Ann Arbor: University of Michigan Press, 2000), 27-51.

6장. 우리를 은밀하게 죽인다

1 *abUSed: The Postville Raid*, film produced and directed by L. Argueta (United States: New Day Films, 2011).

2 J. Friesen, "Hardening the Line on Illegal Workers," *Globe and Mail* (Toronto), May 24, 2008.

3 J. M. Krogstad, "In Postville, Shock But No Surprise," *Waterloo-Cedar Falls (IA) Courier*, May 13, 2008, https://wcfcourier.com/news/metro/in-postville-shock-but-no-surprise/article_205edba8-a0e1-59be-a16b-13ceae6628d6.html.

4 E. Camayd-Freixas, "Interpreting After the Largest ICE Raid in US History: A Personal Account," in *Behind Bars: Latinos/as and Prison in the United States*, ed. S. Oboler (New York: Palgrave Macmillan, 2009), 159-173.

5   Krogstad, "In Postville, Shock."
6   Camayd-Freixas, "Interpreting After the Largest ICE Raid."
7   M. Hemingway and B. Weingarten, "Op-Ed: Feds Ignore Illegal Alien ID Theft Plaguing Americans as U.S. Coffers Fill," *The Center Square*, June 30, 2022, https://www.thecentersquare.com/national/op-ed-feds-ignore-illegal-alien-id-theft-plaguing-americans-as-u-s-coffers-fill/article_28cf76dc-f8be-11ec-92ec-b3950c9a0650.html.
8   C. C. Garcia Hernandez, "Naturalizing Immigration Imprisonment," *California Law Review* (2015): 1449-1514.
9   R. Brito, "Europe Welcomes Ukrainian Refugees—Others, Less So," AP News, February 28, 2022, https://apnews.com/article/Russia-ukraine-war-refugees-diversity-230b0cc790820b9bf8883f918fc8e313.
10 Garcia Hernandez, "Naturalizing Immigration Imprisonment."
11 N. L. Novak, A. T. Geronimus, and A. M. Martinez-Cardoso, "Change in Birth Outcomes Among Infants Born to Latina Mothers After a Major Immigration Raid," *International Journal of Epidemiology* 46, no. 3 (2017): 839-849.
12 T. Saul, "Eastern Iowa Hispanic Community Fears More Raids," *Sioux City Journal*, May 22, 2008, https://siouxcityjournal.com/news/eastern-iowa-hispanic-community-fears-more-raids/article_20a51fb3-24e0-55be-b65b-98b82089b5ae.html.
13 E. Christensen, "Area Hispanics Scurry to Get Paperwork in Line," *The Courier* (Waterloo, IA), May 12, 2008, https://postvilleproject.org/stories/items/show/28.
14 J. Jacobs and J. Perkins, "Immigration Raid: Workers, Take Care, Take Cover," *Des Moines Register*, May 13, 2008, https://www.fosterglobal.com/news/ImmigrationRaidWorkersTakeCareTakeCover.pdf; "90 Miles Away, Postville Raid's Impact Is Still Being Felt," *Globe Gazette* (Mason City, IA), May 25, 2008, https://globegazette.com/news/local/90-miles-away-postville-raids-impact-is-still-being-felt/article_ed576161-6c5c-5543-8d9b-ac0857480bd3.html.
15 Camayd-Freixas, "Interpreting After the Largest ICE Raid."
16 D. S. Lauderdale, "Birth Outcomes for Arabic-Named Women in California Before and After September 11," *Demography* 43, no. 1 (2006): 185-201.

17 D. S. Curtis et al., "Highly Public Anti-lack Violence and Preterm Birth Odds for Black and White Mothers," *SSM—Population Health* 18 (June 2022): 101112.

18 D. S. Curtis et al., "Highly Public Anti-Black Violence Is Associated with Poor Mental Health Days for Black Americans," *Proceedings of the National Academy of Sciences* 118, no. 17 (2021): e2019624118.

19 C. M. Steele, *Whistling Vivaldi: How Stereotypes Affect Us and What We Can Do* (New York: W. W. Norton, 2011).

20 L. Feinberg, *Stone Butch Blues* (Sydney, Australia: ReadHowYouWant.com, 2010).

21 A. Ashe and A. Rampersad, *Days of Grace: A Memoir* (New York: Ballantine Books, 1994).

22 J. H. Davis, S. G. Stolberg, and T. Kaplan, "Trump Alarms Lawmakers with Disparaging Words for Haiti and Africa," *New York Times*, January 11, 2018.

23 J. A. Pearson, "Can't Buy Me Whiteness: New Lessons from the Titanic on Race, Ethnicity, and Health," *Du Bois Review: Social Science Research on Race* 5, no. 1 (2008): 27-47.

24 *Seinfeld* (season 6, episode 24), "The Understudy," directed by A. Ackerman, written by L. David, J. Seinfeld, M. Gross, and C. Leifer, Sony Pictures Entertainment.

25 V. Bashi and A. McDaniel, "A Theory of Immigration and Racial Stratification," *Journal of Black Studies* 27, no. 5 (1997): 668-682; D. W. Carbado, "Racial Naturalization," *American Quarterly* 57, no. 3 (2005): 633-658; Pearson, "Can't Buy Me Whiteness."

26 R. Kaestner et al., "Stress, Allostatic Load, and Health of Mexican Immigrants," *Social Science Quarterly* 90, no. 5 (2009): 1089-1111.

27 K. Kozlowski, "Detroit's 70-Year Population Decline Continues; Duggan Says City Was Undercounted," *Detroit News*, August 12, 2021, https://www.detroitnews.com/story/news/local/detroit-city/2021/08/12/census-detroit-population-decline-u-s-census-bureau/5567639001//.

28 C. Gibson and K. Jung, "Historical Census Statistics on Population Totals by Race, 1790 to 1990, and by Hispanic Origin, 1970 to 1990, for Large Cities and Other Urban Places in the United States" (Washington, DC: Population Division, US Census Bureau, 2002).

29 이와 관련된 안타깝고 비극적인 예가 내가 지도한 박사과정생이었고 현재 뉴욕주립대학교 부교수로 재직 중인 제자 라화 하일Rahwa Haile이 thegrio.com에 기고한 논평에 나온다. R. Haile, "The Attacks on Black Maternal Health Go Far Beyond Roe," June 8, 2022. https://thegrio.com/2022/06/08/the-attacks-on-black-maternal-health-go-far-beyond-roe/

30 T. J. Sugrue, "The Rise and Fall of Detroit's Middle Class," *New Yorker*, July 23, 2013, https://www.newyorker.com/news/news-desk/the-rise-and-fall-of-detroits-middle-class.

31 L. Deng et al., "Saving Strong Neighborhoods from the Destruction of Mortgage Foreclosures: The Impact of Community-Based Efforts in Detroit, Michigan," *Housing Policy Debate* 28, no. 2 (2018): 153-179.

32 Annie E. Casey Foundation, *The 2014 KIDS COUNT Data Book*, July 22, 2014, https://www.aecf.org/resources/the-2014-kids-count-data-book//.

33 UN Office of the High Commissioner for Human Rights, "Detroit: Disconnecting Water from People Who Cannot Pay—An Affront to Human Rights, Say UN Experts," June 25, 2014, https://www.ohchr.org/en/press-releases/2014 /06/detroit-disconnecting-water-people-who-cannot-pay-affront-human-rights-say.

34 A. T. Geronimus et al., "Weathering in Detroit: Place, Race, Ethnicity, and Poverty as Conceptually Fluctuating Social Constructs Shaping Variation in Allostatic Load," *Milbank Quarterly* 98, no. 4 (2020): 1171-1218; A. T. Geronimus et al., "Race-Ethnicity, Poverty, Urban Stressors, and Telomere Length in a Detroit Community-Based Sample," *Journal of Health and Social Behavior* 56, no. 2 (2015): 199-224.

35 E. A. Viruell-Fuentes, "Beyond Acculturation: Immigration, Discrimination, and Health Research Among Mexicans in the United States," *Social Sciences and Medicine* 65, no. 7 (2007): 1524-1535.

7장. 성공을 위해 애쓰다가 웨더링 당하기

1 K. Brodkin, *How Jews Became White Folks and What That Says About Race in America* (New Brunswick, NJ: Rutgers University Press, 1998); M. F. Jacobson, *Whiteness of a Different Color* (Cambridge, MA: Harvard University Press, 1999).

2 A. T. Abernethy, *The Jew a Negro: Being a Study of the Jewish*

	Ancestry from an Impartial Standpoint (Moravian Falls, NC: Dixie Publishing, 1910).
3	A. M. Tuchman, *Diabetes: A History of Race and Disease* (New Haven, CT: Yale University Press, 2020).
4	J. Karabel, *The Chosen: The Hidden History of Admission and Exclusion at Harvard, Yale, and Princeton* (Boston: Houghton Mifflin, 2005).
5	M. Boullier and M. Blair, "Adverse Childhood Experiences," *Paediatrics and Child Health* 28, no. 3 (2018): 132-137.
6	B. S. McEwen, "The Brain on Stress: Toward an Integrative Approach to Brain, Body, and Behavior," *Perspectives on Psychological Science* 8, no. 6 (2013): 673-675.
7	M. Lepeles, "Conservative Alumni Act to Alter Princeton Image," *New York Times*, March 3, 1974.
8	M. Devall et al., "Racial Disparities in Epigenetic Aging of the Right vs Left Colon," *Journal of the National Cancer Institute* 113, no. 12 (2021): 1779-1782.
9	L. J. Costa et al., "Recent Trends in Multiple Myeloma Incidence and Survival by Age, Race, and Ethnicity in the United States," *Blood Advances* 1, no. 4 (2017): 282-287.
10	R. Howell, "Before Their Time," *Yale Alumni Magazine*, May 2011, https://yalealumnimagazine.org/articles/3193-before-their-time.
11	"Stanley H. Reeves '78," *Princeton Alumni Weekly*, November 13, 2019, https://paw.princeton.edu/memorial/stanley-h-reeves-78.
12	C. G. Colen, N. Pinchak, and K. S. Barnett, "Racial Disparities in Health Among College-Educated African Americans: Can HBCU Attendance Reduce the Risk of Metabolic Syndrome in Midlife?," *American Journal of Epidemiology* 190, no. 4 (2020): 553-561.
13	Z. N. Hurston, "How It Feels to Be Colored Me," in *Worlds of Difference: Inequality in the Aging Experience*, 3rd ed., ed. Eleanor Palo Stoller and Rose Campbell Gibson (Thousand Oaks, CA: Pine Forge Press, 2000).
14	C. M. Steele, *Whistling Vivaldi: How Stereotypes Affect Us and What We Can Do* (New York: W. W. Norton, 2011).
15	C. M. Steele and J. Aronson, "Stereotype Threat and the Intellectual Test Performance of African Americans," *Journal of Personality and*

Social Psychology 69, no. 5 (1995): 797-811.

16. M. C. Murphy, C. M. Steele, and J. J. Gross, "Signaling Threat: How Situational Cues Affect Women in Math, Science, and Engineering Settings," *Psychological Science* 18, no. 10 (2007): 879-885; S. J. Spencer, C. M. Steele, and D. M. Quinn, "Stereotype Threat and Women's Math Performance," *Journal of Experimental Social Psychology* 35, no. 1 (1999): 4-28.

17. N. Ambady et al., "Stereotype Susceptibility in Children: Effects of Identity Activation on Quantitative Performance," *Psychological Science* 12, no. 5 (2001): 385-390; M. Shih, T. L. Pittinsky, and N. Ambady, "Stereotype Susceptibility: Identity Salience and Shifts in Quantitative Performance," *Psychological Science* 10, no. 1 (1999): 80-83.

18. J. Stone et al., "Stereotype Threat Effects on Black and White Athletic Performance," *Journal of Personality and Social Psychology* 77, no. 6 (1999): 1213-1227.

19. S. J. Barber and M. Mather, "Stereotype Threat Can Both Enhance and Impair Older Adults' Memory," *Psychological Science* 24, no. 12 (2013): 2522-2529.

20. M. C. Murphy and V. J. Taylor, "The Role of Situational Cues in Signaling and Maintaining Stereotype Threat," in *Stereotype Threat: Theory, Process, and Application*, ed. M. Inzlicht and T. Schmader (Oxford: Oxford University Press, 2012), 17-33; C. M. Steele, S. J. Spencer, and J. Aronson, "Contending With Group Image: The Psychology of Stereotype and Social Identity Threat," in *Advances in Experimental Social Psychology*, ed. M. P. Zanna, vol. 34 (Academic Press, 2002): 379-440.

21. S. Cheryan et al., "Ambient Belonging: How Stereotypical Cues Impact Gender Participation in Computer Science," *Journal of Personality and Social Psychology* 97, no. 6 (2009): 1045-1060.

22. M. Inzlicht and T. Ben-Zeev, "A Threatening Intellectual Environment: Why Females Are Susceptible to Experiencing Problem-Solving Deficits in the Presence of Males," *Psychological Science* 11, no. 5 (2000): 365-371.

23. J. Blascovich et al., "African Americans and High Blood Pressure: The Role of Stereotype Threat," *Psychological Science* 12, no. 3 (2001):

225-229.

24   Murphy, Steele, and Gross, "Signaling Threat."

25   W. Mischel, *The Marshmallow Test: Understanding Self-Control and How to Master It* (New York: Random House, 2014).

26   T. W. Watts, G. J. Duncan, and H. Quan, "Revisiting the Marshmallow Test: A Conceptual Replication Investigating Links Between Early Delay of Gratification and Later Outcomes," *Psychological Science* 29, no. 7 (2018): 1159-1177.

27   C. Kidd, H. Palmeri, and R. N. Aslin, "Rational Snacking: Young Children's Decision-Making on the Marshmallow Task Is Moderated by Beliefs About Environmental Reliability," *Cognition* 126, no. 1 (2013): 109-114.

28   S. A. James, "The Narrative of John Henry Martin," *Southern Cultures* 1, no. 1 (1993), 83-106.

29   S. A. James, "John Henryism, Structural Racism, and Cardiovascular Health Risks in African Americans," in *Racism: Scientific Tools for the Public Health Professional*, ed. C. Ford et al. (Washington, DC: American Public Health Association, 2019), 56-76.

30   S. A. James, "John Henryism and the Health of African Americans," *Culture, Medicine and Psychiatry* 18, no. 2 (1994): 163-182.

31   J. M. Booth and C. R. Jonassaint, "The Role of Disadvantaged Neighborhood Environments in the Association of John Henryism with Hypertension and Obesity," *Psychosomatic Medicine* 78, no. 5 (2016): 552-561; J. P. Godbout and R. Glaser, "Stress-Induced Immune Dysregulation: Implications for Wound Healing, Infectious Disease and Cancer," *Journal of Neuroimmune Pharmacology* 1, no. 4 (2006): 421-427; S. A. James et al., "Life-Course Socioeconomic Position and Obesity in African American Women: The Pitt County Study," *American Journal of Public Health* 96, no. 3 (2006): 554-560; N. Khansari, Y. Shakiba, and M. Mahmoudi, "Chronic Inflammation and Oxidative Stress as a Major Cause of Age-Related Diseases and Cancer," *Recent Patents on Inflammation and Allergy Drug Discovery* 3, no. 1 (2009): 73-80; V. Parente, L. Hale, and T. Palermo, "Association Between Breast Cancer and Allostatic Load by Race: National Health and Nutrition Examination Survey 1999-2008," *Psycho-Oncology* 22, no. 3 (2013): 621-628; T. Seeman et al., "Socio-Economic Differentials

in Peripheral Biology: Cumulative Allostatic Load," *Annals of the New York Academy of Sciences* 1186, no. 1 (2010): 223-239; T. Seeman et al., "The Great Recession Worsened Blood Pressure and Blood Glucose Levels in American Adults," *Proceedings of the National Academy of Sciences* 115, no. 13 (2018): 3296-3301; A. Steptoe and M. Kivimaki, "Stress and Cardiovascular Disease: An Update on Current Knowledge," *Annual Review of Public Health* 34 (2013): 337-354.

32 G. E. Miller et al., "Self-Control Forecasts Better Psychosocial Outcomes But Faster Epigenetic Aging in Low-SES Youth," *Proceedings of the National Academy of Sciences* 112, no. 33 (2015): 10325-10330.

33 G. H. Brody et al., "Persistence of Skin-Deep Resilience in African American Adults," *Health Psychology* 39, no. 10 (2020): 921-926.

34 Miller et al., "Self-Control Forecasts."

35 E. Chen et al., "The Costs of High Self-Control in Black and LatinoYouth with Asthma: Divergence of Mental Health and Inflammatory Profiles," *Brain, Behavior, and Immunity* 80 (2019): 120-128.

36 G. E. Miller et al., "Youth Who Achieve Upward Socioeconomic Mobility Display Lower Psychological Distress But Higher Metabolic Syndrome Rates as Adults: Prospective Evidence from Add Health and MIDUS," *Journal of the American Heart Association* 9, no. 9 (2020): e015698.

37 L. Gaydosh et al., "College Completion Predicts Lower Depression But Higher Metabolic Syndrome Among Disadvantaged Minorities in Young Adulthood," *Proceedings of the National Academy of Sciences* 115, no. 1 (2018): 109-114.

38 G. H. Brody et al., "Resilience in Adolescence, Health, and Psychosocial Outcomes," *Pediatrics* 138, no. 6 (2016): e20161042.

39 G. H. Graf et al., "Testing Black-White Disparities in Biological Aging Among Older Adults in the United States: Analysis of DNA-Methylation and Blood-Chemistry Methods," *American Journal of Epidemiology* 191, no. 4 (2022): 613-625.

40 L. E. Davis, "Have We Gone Too Far with Resiliency?," *Social Work Research* 38, no. 1 (2014): 5-6.

8장. 사회 정책과 흑인 가족생활에 대한 공격

1 A. T. Geronimus et al., "Black-White Differences in Age Trajectories of Hypertension Prevalence Among Adult Women and Men, 1999-2002," *Ethnicity and Disease* 17, no. 1 (2007): 40-49; A. T. Geronimus, J. Bound, and C. G. Colen, "Excess Black Mortality in the United States and in Selected Black and White High-Poverty Areas, 1980-2000," *American Journal of Public Health* 101, no. 4 (2011): 720-729; A. T. Geronimus et al., "Weathering, Drugs, and Whack-A-Mole: Fundamental and Proximate Causes of Widening Educational Inequity in US Life Expectancy by Sex and Race, 1990-2015," *Journal of Health and Social Behavior* 60, no. 2 (2019): 222-239.

2 A. T. Geronimus, "To Mitigate, Resist, or Undo: Addressing Structural Influences on the Health of Urban Populations," *American Journal of Public Health* 90, no. 8 (2000): 867-872.

3 Personal Responsibility and Work Opportunity Reconciliation Act of 1996, H.R. 3734, 104th Congress, https://www.congress.gov/bill/104th-congress/house-bill/3734.

4 K. Edin and H. L. Shaefer, *$2.00 a Day: Living on Almost Nothing in America* (Boston: Houghton Mifflin Harcourt, 2015).

5 R.D.G. Kelley, "Playing for Keeps: African-American Youth in the Postindustrial City," in *The House That Race Built: Black Americans/U.S. Terrain*, ed. W. Lubiano (New York: Random House, 1997), 195-231.

6 D. P. Moynihan, US Department of Labor, Office of Policy Planning and Research, *The Negro Family: The Case for National Action* (Washington, DC: US Government Printing Office, 1965). *African American Male Research*, (pp. 1-35). 모이니핸의 발언 전문은 4장 "병리 뭉치"The Tangle of Pathology에 나온다. "그럼에도 불구하고, 병리 뭉치의 중심에는 가족 구조의 약점이 있다. 한두 겹만 벗겨도 그것이 가장 일탈적이고, 부적절하고, 반사회적인 행동의 주된 원천임을 알 수 있으며, 그런 행동은 빈곤과 결핍의 순환을 구축하지는 않았지만, 현재 그 순환을 영속시키는 역할을 한다."

7 예시로는 다음을 참고하라. V. J. Hotz et al.., "The Costs and Consequences of Teenage Childbearing for Mothers," in *Kids Having Kids: Economic Costs and Social Consequences of Teen Pregnancy*, ed. R. A. Maynard (DC:Urban Institute Press, 1997), 55-94. 호츠Hotz 와 동료들은 십대 임신과 장기적인 경제 결과 간 유효한 상관관계가 존재

하는데도 이를 가릴 만한 관찰되지 않은 배경 요인이 있다는 전제로 실시된 다양한 연구방법론을 검토한다. 그들은 십대 임신이 경제에 미치는 부정적인 영향을 추정한 단면조사연구들이 선택 편향으로 인해 그런 부정적 영향을 "엄청나게" 과대평가한다고 진단했고, 그들이 검토한 연구들이 십대 임신이 경제에 "상당히 큰 부정적인 영향을 미친다는 근거를 전혀 제시하지 못한다"는 사실을 밝혀냈다. 더 나아가 십대 임신이 경제에 미치는 영향의 불확실성 구간이 "다소 부정적이다" "미미하다" "긍정적이다"에 걸쳐 있다고 결론 내렸다. 다음도 참고하라. A. T. Geronimus and S. Korenman, "The Socioeconomic Costs of Teenage Childbearing: Evidence and Interpretation," *Demography* 30, no. 2 (1993): 281-296, and C. A. Bachrach and K. Carver, "Outcomes of Early Childbearing: An Appraisal of Recent Evidence," in Summary of a Conference Convened by the National Institute of Child Health and Human Development, Bethesda, MD, 1992.

8 J. Forman and K. Vinson, "The Superpredator Myth Did a Lot of Damage. Courts Are Beginning to See the Light," *New York Times*, April 20, 2022, https://www.nytimes.com/2022/04/20/opinion/sunday/prison-sentencing-parole-justice.html.

9 Editorial Board, "Slandering the Unborn," *New York Times*, December 28, 2018, https://www.nytimes.com/interactive/2018/12/28/opinion/crack-babies-racism.html.

10 4President Corporation, "Bill Clinton 1996, on the Issues: Preventing Teen Pregnancy," *4President.Org.*, n.d., http://www.4president.org/issues/clinton1996/clinton1996teen.htm.

11 정액 보조금에 수반되는 금지사항과 요구사항에는 다음과 같은 것들이 있다. 생후 12주가 지난 아동을 키우는 결혼하지 않은 미성년자가 고등학교를 졸업하지 않았고 고등학교 졸업장이나 그에 상응하는 인증서를 받기 위한 활동에 참여하고 있지 않거나 주에서 인증한 대안 교육 프로그램에 참여하고 있지 않은 경우에 보조금 지급을 금한다. (아동의 나이와 관계없이) 아동을 키우는 결혼하지 않은 미성년자가 부모, 법정후견인, 기타 성인 친척이 관리하는 주거지에 주거하지 않아도 보조금 지급을 금한다. 학교 출석 일수를 채우는 십대 가장은 노동 요건을 충족하는 것으로 간주된다. 십대에 한정된 것은 아니지만 특히 십대의 경우 아동의 아빠가 누구인지 확정하는 활동에 협조해야 한다는 점이 강조되며, 협조하지 않았을 경우 가장 가벼운 징벌이 가족 수당 25퍼센트 삭감 지급이다.

12 다음을 참고하라. Personal Responsibility and Work Opportunity

Reconciliation Act of 1996, "The National Campaign to Prevent Teen Pregnancy," 2100 M Street, N.W., Suite 500, Washington, DC 20037의 주장도 참고하라.

13 A. T. Geronimus, "Teenage Childbearing and Personal Responsibility: An Alternative View," *Political Science Quarterly* 112, no. 3 (1997): 405-430.

14 1990년대 초 이후 아동 빈곤율이 감소했다는 일부 빈곤 측정 결과에 최근 언론이 주목했는데, 그것이 명확한 수치라 해도, 피상적이며 오해의 소지가 있다. (DeParle, J. "Expanded Safety Net Drives Sharp Drop in Child Poverty," *The New York Times*, September 11, 2022, https://www.nytimes.com/2022/09·11/us/politics/child-poverty-analysis-safety-net.html를 참고하라.) 제시된 모든 공식 빈곤 측정값이 너무 낮고, 이들 측정값이 1980년대와 1990년대에 생활비가 급격히 치솟은 점과 가난한 가족들의 삶의 경험과 사회 상황적 지식을 제대로 반영하지 못한다는 것이 중론이다. 또한 이 측정은 친족 네트워크가 아닌 핵가족에 대해서만 실시되었다. 엄밀하게 말하면 공식 빈곤선보다 살짝 더 많은 [그러나 여전히 너무 낮은] 자원을 지닌 가족이 몇 가구 더 있을 수 있다. 그러나 그렇다고 해서 그 가족들이 식량 또는 주거 불안정성, 기타 심각하고 때로는 생명을 위협하는 경제적 어려움을 겪지 않는다거나 필요한 의료서비스를 받을 수 있는 경제적 여건이 된다거나 지속적인 웨더링을 유발하는 재정 스트레스 인자로부터 자유롭다는 것을 의미하지는 아니다. 또한 대불황기에 아동 빈곤이 증가하지 않았다는 일부 관련 통계 결과는 단언컨대 나올 수 없는 결과다.

15 Edin and Shaefer, *$2.00 a Day*.

16 Ibid.

17 L. M. Burton and K. E. Whitfield, "'Weathering' Towards Poorer Health in Later Life: Co-morbidity in Urban Low-Income Families," *Public Policy and Aging Report* 13, no. 3 (2003): 13-18.

18 S. Hicks-Bartlett, "Between a Rock and a Hard Place: The Labyrinth of Working and Parenting in a Poor Community," in *Coping With Poverty: The Social Contexts of Neighborhood, Work, and Family in the African-American Community*, ed. S. Danziger and A. C. Lin (Ann Arbor: University of Michigan Press, 2000), 27-51.

19 J. Guillen, "City Inspections of Detroit Schools Find Rodents, Mold," *Detroit Free Press*, January 25, 2016, https://www.freep.com/story/news/2016/01/25/city-inspections-detroit-schools-find-rodents-mold /79311004//.

20   E. Brown, "Rats, Roaches, Mold—Poor Conditions Lead to Teacher Sickout, Closure of Most Detroit Schools," *Washington Post*, January 20, 2016, https://www.washingtonpost.com/news/education/wp/2016/01/20/rats-roaches-mold-poor-conditions-leads-to-teacher-sickout-closure-of-most-detroit-schools//.

21   L. J. Dill, O. Morrison, and M. Dunn, "The Enduring Atlanta Compromise: Black Youth Contending with Home Foreclosures and School Closures in the 'New South,'" *Du Bois Review: Social Science Research on Race* 13, no. 2 (2016): 365-377; M. F. Gordon et al., "School Closings in Chicago: Staff and Student Experiences and Academic Outcomes," University of Chicago Consortium on School Research, 2018. T. L. Green, "'We Felt They Took the Heart out of the Community': Examining a Community-Based Response to Urban School Closure," *Education Policy Analysis Archives/Archivos Analiticos de Politicas Educativas* 25 (2017): 1-30; B. Kirshner, M. Gaertner, and K. Pozzoboni, "Tracing Transitions: The Effect of High School Closure on Displaced Students," *Educational Evaluation and Policy Analysis* 32, no. 3 (2010): 407-429.

22   L. A. Evans, A. T. Geronimus, and C. C. Caldwell, "Systematically Shortchanged: Black Adolescent Girls in the Detroit-Metro School Reform Environment," *Du Bois Review: Social Science Research on Race* 16, no. 2 (2020): 357-383.

23   M. Pattillo, "Everyday Politics of School Choice in the Black Community," *Du Bois Review: Social Science Research on Race* 12, no. 1 (2015): 41-71.

24   D. Keene, M. Padilla, and A. T. Geronimus, "Leaving Chicago for Iowa's 'Fields of Opportunity': Community Dispossession, Rootlessness and the Quest for Somewhere to 'Be OK,'" *Human Organization: Journal of the Society for Applied Anthropology* 69, no. 3 (2010): 275-284.

25   S. Clampet-Lundquist, "'Everyone Had Your Back': Social Ties, Perceived Safety, and Public Housing Relocation," *City and Community* 91, no. 1 (2010): 87-108.

26   D. Ranney and P. Wright, "Race, Class and the Abuse of State Power: The Case of Public Housing in Chicago," *SAGE Race Relations Abstracts* 25, no. 2 (2000): 3.

27   G. T. Kingsley, J. Johnson, and K. L. Pettit, "Patterns of Section 8

28 Relocation in the HOPE VI Program," *Journal of Urban Affairs* 25, no. 4 (2003): 427-447.

28 S. Greenbaum et al., "Deconcentration and Social Capital: Contradictions of a Poverty Alleviation Policy," *Journal of Poverty* 12, no. 2 (2008): 201-228.

29 L. Bennett and A. Reed, "The New Face of Urban Renewal: The Near North Redevelopment Initiative and the Cabrini-Green Neighborhood," in *Without Justice for All: The New Liberalism and Our Retreat from Racial Equality*, ed. A. Reed (Boulder, CO: Westview Press, 1999), 176-192.

30 D. Keene and A. T. Geronimus, "'Weathering' HOPE VI: The Importance of Evaluating the Population Health Impact of Public Housing Demolition and Displacement," *Journal of Urban Health* 88, no. 3 (2011): 417-435.

31 E. Linnenbringer et al., "Associations Between Breast Cancer Subtype and Neighborhood Socioeconomic and Racial Composition Among Black and White Women," *Breast Cancer Research and Treatment* 180, no. 2 (2020): 437-447.

32 A. T. Geronimus et al., "Race-Ethnicity, Poverty, Urban Stressors, and Telomere Length in a Detroit Community-Based Sample," *Journal of Health and Social Behavior* 56, no. 2 (2015): 199-224.

33 M. Schmidt, "Glenn Grothman Criticized for Saying Black Lives Matter Dislikes 'Old-Fashioned Family,'" *Wisconsin State Journal*, March 12, 2021, https://madison.com/news/local/govt-and-politics/glenn-grothman-criticized-for-saying-black-lives-matter-dislikes-old-fashioned-family/article_02b5de1e-2fb6-5a06-9666-c90a9caf5d06.html.

34 R. Scott, "Washington Elites Oppose My Plan to Rescue America: Here's What's in It," *Washington Examiner*, March 14, 2022, https://www.washingtonexaminer.com/restoring-america/equality-not-elitism/washington-elites-oppose-my-plan-to-rescue-america-heres-whats-in-it.

2부 앞으로 나아가는 길

1 https://www.bringyourownchair.org/about-shirley-chisholm/.

2   시민운동가들을 따라 사회운동에 참여하거나 그들처럼 사회운동을 시작하고 싶은 사람이 있다면 사회운동사에서 추린 핵심 교훈과 사회운동가의 성공적인 전략을 길잡이로 삼을 수 있을 것이다. 다음은 참고할 만한 사회운동 조직화에 관한 고전들과 최신 도서들의 목록이다. G. Jobin-Leeds and AgitArte, *When We Fight We Win: Twenty-First-Century Social Movements and the Activists That Are Transforming Our World* (New York: New Press, 2016); P. Khan-Cullors and A. Bandele, *When They Call You a Terrorist: A Black Lives Matter Memoir* (New York: St. Martin's, 2018); S. Schulman, *Let the Record Show: A Political History of ACT UP New York, 1987-1993* (New York: Farrar, Straus and Giroux, 2021).

3   R. R. Hardeman, E. M. Medina, and K. B. Kozhimannil, "Structural Racism and Supporting Black Lives-The Role of Health Professionals," *New England Journal of Medicine* 375, no. 22 (2016): 2113-2115.

9장. 생심리사회적으로 생각하기

1   A. T. Geronimus, "Jedi Public Health: Leveraging Contingencies of Social Identity to Grasp and Eliminate Racial Health Inequality" in *Mapping "Race": Critical Approaches to Health Disparities Research (Critical Issues in Health and Medicine)*, ed. L. Gomez and N. Lopez (New Brunswick, NJ: Rutgers University Press, 2013).

2   A. T. Geronimus et al., "Jedi Public Health: Co-Creating an Identity-Safe Culture to Promote Health Equity," *SSM-Population Health* 2 (December 2016): 105-116.

3   L. Graham et al., "Critical Race Theory as Theoretical Framework and Analysis Tool for Population Health Research," *Critical Public Health* 21, no. 1 (2011): 81-93; S. A. James, "John Henryism and the Health of African Americans," *Culture, Medicine, and Psychiatry* 18, no. 2 (1994): 163-182; J. A. Pearson, "Can't Buy Me Whiteness: New Lessons from the Titanic on Race, Ethnicity, and Health," *Du Bois Review: Social Science Research on Race* 5, no.1 (2008): 27-47.

4   A. T. Geronimus et al., "'Weathering' and Age Patterns of Allostatic Load Scores Among Blacks and Whites in the United States," *American Journal of Public Health* 96, no. 5 (2006): 826-833; S. A. James, "Racial and Ethnic Differences in Infant Mortality and Low Birth Weight: A Psychosocial Critique," *Annals of Epidemiology* 3, no. 2 (1993): 130-136; Pearson, "Can't Buy Me Whiteness"; E. Viruell-uentes, "Beyond

Acculturation: Immigration, Discrimination, and Health Research Among Mexicans in the United States," *Social Science and Medicine* 65, no. 7 (2007): 1524-1535; E. Viruell-Fuentes, P. Y. Miranda, and S. Abdulrahim, "More Than Culture: Structural Racism, Intersectionality Theory, and Immigrant Health," *Social Science and Medicine* 75, no. 12 (2012): 2099-2106.

5   L. Villarosa, "Why America's Black Mothers and Babies Are in a Life-or-Death Crisis," *New York Times Magazine*, April 11, 2018.

6   S. K. McGrath and J. H. Kennell, "A Randomized Controlled Trial of Continuous Labor Support for Middle-Class Couples: Effect on Cesarean Delivery Rates," *Birth* 35, no. 2 (2008): 92-97.

7   ICTC. 현재 이 교육 프로그램은 오리건주 포틀랜드주립대학교와 협력해 운영하고 있다. 나는 이것을 하나의 예로서 소개하는 것일 뿐 이와 관련된 ICTC의 프로그램이나 서비스를 추천하는 것은 아니다.

8   J. P. Jamieson, W. B. Mendes, and M. K. Nock, "Improving Acute Stress Responses: The Power of Reappraisal," *Current Directions in Psychological Science* 22, no. 1 (2013): 51-56; A. Martens et al., "Combating Stereotype Threat: The Effect of Self-Affirmation on Women's Intellectual Performance," *Journal of Experimental Social Psychology* 42, no. 2 (2006): 236-243; T. Schmader, "Stereotype Threat Deconstructed," *Current Directions in Psychological Science* 19, no. 1 (2010): 14-18; D. Sekaquaptewa, A. Waldman, and M. Thompson, "Solo Status and Self-Construal: Being Distinctive Influences Racial Self-Construal And Performance Apprehension in African American Women," *Cultural Diversity and Ethnic Minority Psychology* 13, no. 4 (2007): 321-327; C. M. Steele, *Whistling Vivaldi: How Stereotypes Affect Us and What We Can Do* (New York: W. W. Norton, 2011); C. M. Steele and J. Aronson, "Stereotype Threat and the Intellectual Test Performance of African Americans," *Journal of Personality and Social Psychology* 69, no. 5 (1995): 797-811; C. M. Steele, S. J. Spencer, and J. Aronson, "Contending With Group Image: The Psychology of Stereotype and Social Identity Threat," in *Advances in Experimental Social Psychology*, ed. M. P. Zanna, vol. 34 (Academic Press, 2002): 379-440; G. M. Walton and G. L. Cohen, "A Brief Social Belonging Intervention Improves Academic and Health Outcomes of Minority Students," *Science* 331, no. 6023 (2011): 1447-

1451.

9   C. S. Dweck, *Self-Theories: Their Role in Motivation, Personality, and Development* (New York: Psychology Press, 2000); C. S. Dweck and E. L. Leggett, "A Social-Cognitive Approach to Motivation and Personality," *Psychological Review* 95, no. 2 (1988): 256-273.

10 M. C. Murphy and C. S. Dweck, "A Culture of Genius: How an Organization's Lay Theory Shapes People's Cognition, Affect, and Behavior," *Personality and Social Psychology Bulletin* 36, no. 3 (2010): 283-296.

11 C. Dweck, "The Power of Believing That You Can Improve," TED Talk, 2014, https://www.ted.com/talks/carol_dweck_the_power_of_believing_that_you_can_improve.

12 M. Deziel et al., "Analyzing the Mental Health of Engineering Students Using Classification and Regression," July 2013, in *Educational Data Mining 2013*; I. H. Settles, "When Multiple Identities Interfere: The Role of Identity Centrality," *Personality and Social Psychology Bulletin* 30, no. 4 (2004): 487-500; I. H. Settles et al., "The Climate for Women in Academic Science: The Good, the Bad, and the Changeable," *Psychology of Women Quarterly* 30, no.1 (2006): 47-58; US Department of Health and Human Services. (1992). Substance Abuse and Mental Health Services Administration, Office of Applied Studies, *Treatment Episode Data Set, 2005*; Substance Abuse and Mental Health Services Administration, Office of Applied Studies, *The NSDUH Report*, "Depression Among Adults Employed Full-Time, by Occupational Category," 2007; C. J. Taylor, "'Relational by Nature'? Men and Women Do Not Differ in Physiological Response to Social Stressors Faced by Token Women," *American Journal of Sociology* 122, no. 1 (2016): 49-89; W. M. Hall, T. Schmader, and E. Croft, "Engineering Exchanges: Daily Social Identity Threat Predicts Burnout Among Female Engineers," *Social Psychological and Personality Science* 6, no. 5 (2015): 528-534.

13 Steele, "Whistling Vivaldi."

14 Geronimus et al., "Jedi Public Health"; A. T. et al.,"Public Health Creating Identity-Safe Culture to Promote Health Equity,"-2 (2016).

15 A. T. Geronimus and J. P. Thompson, "To Denigrate, Ignore, or Disrupt: Racial Inequality in Health and the Impact of a Policy-

Induced Breakdown of African American Communities," *Du Bois Review: Social Science Research on Race* 1, no. 2 (2004): 247-279.

16 D. Kenthirarajah and G. Walton, "How Brief Social-Psychological Interventions Can Cause Enduring Effects," in *Emerging Trends in the Social and Behavioral Sciences*, ed. R. Scott and S. Kosslyn (Hoboken, NJ: John Wiley, 2015).

17 B. Hooks, *Black R Looks: Race and Representation* (Boston: South End Press, 1992); B. Hooks, *Reel to Real: Race, Sex and Class at the Movies* (New York: Routledge, 1996).

18 S. Lai, "How Do We Solve Social Media's Eating Disorder Problem?," *TechTank*, February 24, 2022, https://www.brookings.edu/blog/techtank/2022/02/24/how-do-we-solve-social-medias-eating-disorder-problem//.

19 R. Benjamin, *Race After Technology: Abolitionist Tools for the New Jim Code* (Cambridge and New York: Polity, 2019).

20 D. F. Harrell, *Phantasmal Media: An Approach to Imagination, Computation, and Expression* (Cambridge, MA: MIT Press, 2013).

21 C. O'Neil, *Weapons of Math Destruction: How Big Data Increases Inequality and Threatens Democracy* (New York: Crown, 2016).

22 Z. Obermeyer et al., "Dissecting Racial Bias in an Algorithm Used to Manage the Health of Populations," *Science* 366, no. 6464 (2019): 447-453.

23 I. Ajunwa, "The Paradox of Automation as Anti-Bias Intervention," *Cardozo Law Review* 16741, no. 5 (2016): 1672-1742.

24 S. Burris, "Stigma and the Law," *Lancet* 367, no. 9509 (2006), 529-531.

25 Geronimus et al., "Jedi Public Health."

26 M. L. Hatzenbuehler et al., "Effect of Same-Sex Marriage Laws on Health Care Use and Expenditures in Sexual Minority Men: A Quasi-Natural Experiment," *American Journal of Public Health* 102, no. 2 (2012): 285-291.

27 J. S. Jackson et al., "Racism and the Physical and Mental Health Status of African Americans: A Thirteen Year National Panel Study," *Ethnicity and Disease* 61, no. 1-2 (1996): 132-147.

28 J. Malat, J. M. Timberlake, and D. R. Williams, "The Effects of Obama's Political Success on the Self-Rated Health of Blacks, Hispanics, and Whites," *Ethnicity and Disease* 21, no. 3 (2011): 349-355.

29 D. M. Marx, S. J. Ko, and R. A. Friedman, "The 'Obama Effect': How a Salient Role Model Reduces Race-Based Performance Differences," *Journal of Experimental Social Psychology* 45, no. 4 (2009): 953-956.

10장. 전체론적으로 생각하기

1 CDC, Office of the Associate Director for Policy and Strategy, "Health in All Policies," June 9, 2016, https://www.cdc.gov/policy/hiap/index.html.

2 J. Peck, "Austerity Urbanism: American Cities Under Extreme Economy," *City* 16, no. 6 (2012), 626-655.

3 J. Lichterman and B. Woodall, "In Detroit Bankruptcy Trial, Union Says City Had Pensions in Sight," Reuters, October 23, 2013, https://www.reuters.com/article/us-sa-detroit-bankruptcy/in-detroit-bankruptcy-trial-union-says-city-had-pensions-in-sight-idUSBRE99M0U320131023; UN Office of the High Commissioner for Human Rights, "Detroit: Disconnecting Water from People Who Cannot Pay-An Affront to Human Rights, Say UN Experts," June 25, 2014, https://www.ohchr.org/en/press-eleases/2014/06/detroit-disconnecting-water-people-who-cannot-pay-affront-human-rights-say.

4 M. T. Fullilove, *Urban Alchemy: Restoring Joy in America's Sorted-Out Cities* (New York: New Village Press, 2013).

5 Commission on Race and Ethnic Disparities, "The Report of the Commission on Race and Ethnic Disparities," March 31, 2021, *Gov.uk*, https://www.gov.uk/government/publications/the-report-of-the-commission-on-race-and-ethnic-disparities.

6 J. Rogers, "What Does 'High Road' Mean?," University of Wisconsin-Madison, Center on Wisconsin Strategy, 1990, https://www.cows.org/_data/documents/1776.pdf.

11장. 억압받는 이해관계자를 지워서는 안 된다

1 S. Holmes, *Fresh Fruit, Broken Bodies: Migrant Farmworkers in the United States* (Berkeley: University of California Press, 2013).

2 J. Cowen et al., "Motor City Miles: Student Travel to Schools in and Around Detroit," *Urban Institute*, October 11, 2018, https://www.urban.org/research/publication /motor-city-miles-student-travel-

schools-and-around-detroit.

3   L. A. Evans, A. T. Geronimus, and C. H. Caldwell, "Systematically Shortchanged, Yet Carrying On: Black Adolescent Girls in the Detroit Metropolitan School Reform Environment," *Du Bois Review: Social Science Research on Race* 16, no. 2 (2019): 357-383.

4   T. M. Cottom, *Thick: And Other Essays* (New York: New Press, 2018).

5   사샤 제임스-콘터렐리와 개인적으로 주고받은 내용.

6   AIM Patient Safety Bundles, safehealthcareforeverywoman.org.

7   R. Tikkanen et al., "Maternal Mortality and Maternity Care in the United States Compared to 10 Other Developed Countries," *Commonwealth Fund*, November 18, 2020, https://www.commonwealthfund.org/publications/issue-briefs/2020/nov/maternalmortality-maternity-care-us-compared-10-countries.

8   World Health Organization, "WHO Urges Quality Care for Women and Newborns in Critical First Weeks After Childbirth," March 30, 2022, https://www.who.int/news/item/30-03-2022-who-urges-quality-care-for-women-and-newborns-in-critical-first-weeks-after-childbirth.

9   K. Madgett, "Sheppard-Towner Maternity and Infancy Protection Act (1921)," *Embryo Project Encyclopedia*, May 18, 2017, https://embryo.asu.edu/pages/sheppard-towner-maternity-and-infancy-protection-act-1921.

10   J. P. Bowdoin, "The Midwife Problem," *Journal of the American Medical Association* 9, no. 7 (1928): 460-462.

11   ICTC, Portland State University, Oregon, 2022, https://capstone.unst.pdx.edu/partners/international-center-for-traditional-childbearing-ictc.

12   Tikkanen et al., "Maternal Mortality and Maternity Care."

13   K. P. Tully, A. M. Stuebe, and S. B. Verbiest, "The Fourth Trimester: A Critical Transition Period with Unmet Maternal Health Needs," *American Journal of Obstetrics and Gynecology* 217, no. 1 (2017): 37-41.

14   Y. Chzhen, A. Gromada, and G. Rees, "Are the World's Richest Countries Family Friendly?: Policy in the OECD and EU," UNICEF Office of Research, Florence, Italy, 2019.

15   J. Manza and C. Uggen, *Locked Out: Felon Disenfranchisement and*

American Democracy (Oxford: Oxford University Press, 2006); C. Uggen and J. Manza, "Democratic Contraction? Political Consequences of Felon Disenfranchisement in the United States," *American Sociological Review* 67, no. 6 (2002): 777-803; C. Uggen, S. Shannon, and J. Manza, "State-Level Estimates of Felon Disenfranchisement in the United States, 2010," Sentencing Project, July 12, 2012.

16　M. A. Barreto, S. A. Nuno, and G. R. Sanchez, "The Disproportionate Impact of Voter-ID Requirements on the Electorate: New Evidence from Indiana," *PS: Political Science and Politics* 42, no. 1 (2009): 111-116.

17　D. Epstein and S. O'Halloran, "Measuring the Electoral and Policy Impact of Majority-Minority Voting Districts," *American Journal of Political Science* 43, no. 2 (1999): 367-395; F. Trebbi, P. Aghion, and A. Alesina, "Electoral Rules and Minority Representation in US Cities," *Quarterly Journal of Economics* 123, no. 1 (2008): 325-357.

18　J. M. Rodriguez et al., "Black Lives Matter: Differential Mortality and the Racial Composition of the U.S. Electorate, 1970-2004," *Social Science and Medicine* 136-137 (July 2015): 193-199.

12장. 공공보건 과학과 정책을 재편해 노동연령 및 생식연령 성인의 필요를 더 잘 반영하기

1　Y. Chzhen, A. Gromada, and G. Rees, "Are the World's Richest Countries Family Friendly?: Policy in the OECD and EU," UNICEF Office of Research, Florence, Italy, 2019.

2　S. Aaronson and F. Alba, "The Relationship Between School Closures and Female Labor Force Participation During the Pandemic," *Brookings*, November 3, 2021, https://www.brookings.edu/research/the-relationship-between-school-closures-and-female-labor-force-participation-during-the-pandemic//.

3　E. Klein, "America Has Turned Its Back on Its Poorest Families," *New York Times*, April 17, 2022, https://www.nytimes.com/2022/04/17/opinion/biden-child-tax-credit.html.

4　이를테면 미국 재건정책 등 인력 기반시설 구축을 위한 정부 계획안을 무산시키기 위해 상원의원 릭 스콧Rick Scott의 "미국을 구하기 위한 12단계 전략"은 가족 구조를 쐐기 삼아 '만드는 자 대 취하는 자'라는 이분법적 구분을 더 확실하게 벌리려는 시도를 한다. 이른바 핵가족의 미덕을 찬미하면서

우회적으로 여러 세대와 친척도 식구로 들이는 흑인 가족이 실패했다는 주장을 은연중에 피력하면서도 결코 인종이나 계급을 명시적으로 언급하지는 않는다. 스콧은 이렇게 주장한다. "좌파 광신도들이 부모의 권위를 약화시키고 정부 프로그램으로 부모를 대체하려고 시도하면서 전통적인 가족상을 평가절하고 재규정하려고 애쓰고 있다. 우리는 사회주의가 가족의 필요보다 국가의 필요를 우선시하도록 내버려두지 않을 것이다."(https://rescueamerica.com/12-point-plan). 노동계급이 겪는 어려움의 원인으로 스콧의 주장에 따르면 강력하고 위협적인 "좌파 광신도"를 지목하는 이런 비난하기 정치 전략이 얼마나 통할지는 조금 더 지켜봐야 할 것이다.

5   L. Ross and R. Solinger, *Reproductive Justice: An Introduction* (Oakland: University of California Press, 2017).

6   American College of Obstetricians and Gynecologists, Facebook, April 27, 2018, https://m.facebook.com/ACOGNational/photos/edited-post-we-hear-you-and-we-sincerely-apologize-for-the-misrepresentation-of-/1683943528326841//.

7   US Department of Health and Human Services, Healthy People 2030, Health.gov, n.d., https://health.gov/healthypeople.

8   물론 이런 논리를 근거로 주정부가 산모의 건강이나 생명이 위험할 때 적용되는 예외 규정 없이 무조건 낙태를 금지하는 것을 받아들여서는 안 된다. 그런 법규는 이미 그 내용 자체로 임산 관련 사망 위험을 증가시킬 우려가 있기 때문이다.

9   M. Stobbe, "Women in Their 30s Having More Babies Than Younger Moms in United States," AP News, May 21, 2017, https://apnews.com/article/053d0884bc514c2eafa-43d25a66969e6.

10 J. Mroz, "A Medical Career, at a Cost: Infertility," *New York Times*, September 13, 2021, https://www.nytimes.com/2021/09/13health/women-doctors-infertility.html.

11 N. C. Stentz et al., "Fertility and Childbearing Among American Female Physicians," *Journal of Women's Health* 25, no. 10 (2016): 1059-1065.

12 E. L. Rangel et al., "Incidence of Infertility and Pregnancy Complications in US Female Surgeons," *JAMA Surgery* 156, no. 10 (2021): 905-915.

13 E. L. Groshen and H. J. Holzer, "Labor Market Trends and Outcomes: What Has Changed Since the Great Recession?," *ANNALS of the American Academy of Political and Social Science* 695, no. 1 (2021): 49-69.

14 A. R. Hochschild, *The Outsourced Self: Intimate Life In Market Times* (New York: Metropolitan Books, 2012).

15 C. Weller, "What You Need to Know About Egg-Freezing, the Hot New Perk at Google, Apple, and Facebook," *BusinessInsider.com*, September 17, 2017, https://www.businessinsider.com/egg-freezing-at-facebook-apple-google-hot-new-perk-2017-9.

13장. 우리 모두의 운명이 연결되어 있음을 깨닫기

1 H. McGhee, *The Sum of Us: What Racism Costs Everyone and How We Can Prosper Together* (New York: One World, 2022).

2 R. Nunn, J. Parsons, and J. Shambaugh, "A Dozen Facts about the Economics of the U.S. Health-Care System," *Brookings*, March 10, 2020, https://www.brookings.edu/research/a-dozen-facts-about-the-economics-of-the-u-s-health-care-system/.

3 L. Lopes et al., "Health Care Debt in the U.S.: The Broad Consequences of Medical and Dental Bills," June 16, 2022, *KFF*, https://www.kff.org/health-costs/report /kff-health-care-debt-survey//.

4 "'A Bright Light': Ann Arbor Woman Dies in Grand Canyon Flash Flood," *Detroit News*, July 16, 2021, https://www.detroitnews.com/story/news/local/michigan/2021/07/16/ann-arbor-michigan-woman-dies-in-grand-canyon-flash-flood /7990485002.

5 *Sunday Morning*, "What the Megadrought Means to the American West," July 18, 2021, CBS News, https://www.cbsnews.com/news/what-the-megadrought-means-to-the-american-west//.

6 Ibid.

7 M. L. Oliver and T. M. Shapiro, *Black Wealth/White Wealth: A New Perspective on Racial Inequality* (New York and London: Routledge, 1995); R. Ewing and S. Hamidi, "Compactness Versus Sprawl: A Review of Recent Evidence from the United States," *Journal of Planning Literature* 3, no. 4 (2015): 413-432.

8 L. C. Winling and T. M. Michney, "The Roots of Redlining: Academic, Governmental, and Professional Networks in the Making of the New Deal Lending Regime," *Journal of American History* 108, no. 1 (2021): 42-69.

9 M. T. Fullilove, *Root Shock: How Tearing Up City Neighborhoods*

        Hurts America, and What We Can Do About It (New York: Ballantine Books, 2004).

10   J. 필립 톰슨과 개인적으로 주고받은 내용.

11   Editorial Board, "Is This Railroad for the Rich?," *New York Times*, June 26, 2021, https://www.nytimes.com/2021/06/26/opinion/lirr-long-island-affordable-housing.html; N. Popovich and B. Plumer, "Can Portland Be a Climate Leader Without Reducing Driving?," *New York Times*, April 21, 2022, https://www.nytimes.com/interactive/2022/04/21/climate/portland-emissions-infrastructure-environment.html.

12   Popovich and Plumer, "Can Portland Be a Climate Leader."

13   Ibid.

14   S. Roth, "L.A. Mayor Garcetti's 'Green New Deal' Would Phase Out Gas-Fueled Cars," *Los Angeles Times*, https://www.latimes.com/business/la-fi-garcetti-green-new-deal-los-angeles-20190429-story.html.

15   A. Walker, "Measure M: Angelenos Vote to Tax Themselves for Better Public Transit," *Curbed Los Angeles*, November 9, 2016, https://la.curbed.com/2016/11/9/13573924/measure-m-los-angeles-public-transit-results.

16   J. Linton, "Metro Board Approves FY2020 Budget, Locking In Rail Service Cuts," *Streets Blog Los Angeles*, May 29, 2019, https://la.streetsblog.org/2019/05/29/metro-board-approves-fy2020-budget-locking-in-transit-service-cuts//.

17   L. J. Nelson, "LA Is Hemorrhaging Bus Riders —Worsening Traffic and Hurting Climate Goals," *Los Angeles Times*, June 27, 2019, https://www.latimes.com/local/lanow/la-me-ln-bus-ridership-falling-los-angeles-la-metro-20190627-story.html.

18   Ibid.

19   L. J. Nelson, "How L.A. Metro Plans to Close Billion-Dollar Funding Gaps on Major Rail Projects," *Los Angeles Times*, https://www.latimes.com/california/story/,December25,2019-12-25/los-angeles-metro-rail-projects-budget-problems-2028-olympics, https://www.latimes.com/california/story/2019-12-25/los-angeles-metro-rail-projects-budget-problems-2028-olympics.

20   K. Kaufmann, "Garcetti Prioritizes Rails for the Rich Over Accessible

Public Transportation," *Knock LA*, January 27, 2021, https://knock-la.com/metro-is-talking-about-more-bus-service-cuts-6927eef438cf//.

21. R. Garcia and T. A. Rubin, "Crossroad Blues: The MTA Consent Decree and Just Transportation," in *Running on Empty: Transport, Social Exclusion and Environmental Justice*, ed. K. Lucas (Bristol, England: Policy Press), 221–256.

22. Kaufmann, "Garcetti Prioritizes Rails."

23. D. Newton, "Garcetti's Green New Deal for Los Angeles Under Attack for Being Too Car-Centric," *Streetsblog Los Angeles*, April 30, 2019, https://la.streetsblog.org/2019/04/30/garcettis-green-new-deal-for-los-angeles-under-attack-for-being-too-car-centric//.

24. P. Vega, "L.A. Metro Votes to Create Financial Plan for Offering Free Rides to Students, Low-Income Riders," *Los Angeles Times*, May 27, 2021, https://www.latimes.com/california/story/2021-05-27/l-a-metro-votes-to-create-financial-plan-to-launch-program-offering-free-rides-to-students-low-income-riders.

25. A. Walker, "L.A. Just Ran (and Ended) the Biggest Free-Transit Experiment in the U.S.," *Curbed*, January 19, 2022, https://www.curbed.com/2022/01/los-angeles-metro-free-transit-buses.html.

26. S. Scauzillo, "LA Metro Will Try to Prevent Gentrification Near Its Future Rail Lines by 'Land Banking,'" *Los Angeles Daily News*, June 27, 2022, https://www.dailynews.com/2022/06/27/la-metro-will-try-to-prevent-gentrification-near-its-future-rail-lines-by-land-banking//.

27. J. Rogers, "What Does 'High Road' Mean?," University of Wisconsin-Madison, Center on Wisconsin Strategy, 1990, https://www.cows.org/_data/documents/1776.pdf.

28. D. Hernandez, "Understanding 'Energy Insecurity' and Why It Matters to Health," *Social Science and Medicine* 167 (October 2016): 1–10.

29. Emerald Cities, https://emeraldcities.org/.

30. Vital Brooklyn Initiative, https://www.ny.gov/vital-brooklyn-initiative/vital-brooklyn-initiative.

31. A. T. Geronimus and J. P. Thompson, "To Denigrate, Ignore, or Disrupt: Racial Inequality in Health and the Impact of a Policy-Induced Breakdown of African American Communities," *Du Bois*

Review: Social Science Research on Race 1, no. 2 (2004): 247-279.

32 A. T. Geronimus, "To Mitigate, Resist, or Undo: Addressing Structural Influences on the Health of Urban Populations," *American Journal of Public Health* 90, no. 8 (2000): 867-872.

33 Infrastructure Investment and Jobs Act, H.R. 3684, 117th Congress.

34 Energy Resilient Communities Act, H.R. 448, 117th Congress, www.GovTrack.us.2021, July 23, 2022, https://www.govtrack.us/congress/bills/117/hr448.

35 C. Davenport, "E.P.A. Will Make Racial Equality a Bigger Factor in Environmental Rules," *New York Times*, September 24, 2022, https://www.nytimes.com/2022/09/24/climate/environmental-justice-epa.html.

추천의 말

가난하고 힘없는 자들에게 세상은 가혹하다. 살아내려 안간힘을 쓰는 이들의 삶은 끊임없이 마모되고 침식된다. 보건학자 알린 제로니머스는 그렇게 견뎌내며 무너지는 인간의 몸을 설명하기 위해 '웨더링'weathering이라는 용어를 만들어냈다.

책은 통계 데이터와 분자생물학 연구 사이를 오가며 인간의 고통에 대해 이야기한다. 그 목소리를 따라가다보면 우리는 인종차별과 계급주의와 성차별주의가 어떻게 몸속으로 들어와 텔로미어를 짧게 만들고 해마를 수축시키는지 이해하게 된다. 왜 흑인, 성소수자, 멕시코 이민자와 같은 이들의 삶은 노력할수록 더 힘들어지는지, 차별과 낙인을 견뎌내고 성공한 이들은 왜 그토록 빨리 세상을 떠나는지, 끊임없이 자기 이미지를 관리하고 존재를 증명해야 하는 이들이 지불했던 생물학적 대가가 무엇인지를 말한다.

비극적 사건들을 소개하지만, 슬픔에 머무르지 않는다. 이 부조리의 풍파에 맞서 "운명이 연결되어 있는" 우리가 서로를 지킬 수 있는 길을 제시한다. 치밀하고 섬세하다.

김승섭
(서울대 보건대학원 교수, 『타인의 고통에 응답하는 공부』 저자)

같은 날씨 속에 있어도 누군가에게 이곳은 너무 고되다. 사람 사이에 우열을 가르는 사회에서 자신이 열세에 놓였다는 걸 알 수밖에 없는 사람들이 살갗 바로 밑에서부터, 가슴 저 아래서부터 느끼는 게 있다. 어떻게든 정신을 차리고, 온몸으로 지금을 견뎌내려는 사람들은 자기도 모르게 기진맥진하다. 모멸을 버티어내는 건, 노동의 감옥에 갇히는 건, 매일 시간에 쫓기는 건 몸과 마음을 낡게 한다.

이 고됨은 심리적 경험이자, 정치경제적 상태이며, 동시에 한 사람의 몸에 매우 근본적인 수준의 생물학적 변화를 일으킨다. 사회적 차별은 몸 안에서 물리적 타격의 형태로 전환된다. 문제는 이걸 어떻게 증명할 것이냐이다. 알린 제로니머스는 빈곤과 인종주의, 성차별, 열악한 주거 환경과 불안정한 노동 조건이 일으키는 스트레스 반응에 대한 종합적인 실증 연구를 통해, 부정의가 인간의 몸을 쉼 없이 침식한다는 걸 입증한다.

『불평등은 어떻게 몸을 갉아먹는가』는 건강 격차 연구에서 중요한 변화를 이끌어온 세계적 보건학자의 학문적 성취를 집대성한 책이자, 이민자 가정의 자손이자 여성으로서 자기 경험에 기반한 비판의식이 빛나는 책이다. 보건학 연구의 정교함과 사회적 고통에 대한 인류학적 감각이 어우러질 때, 불평등에 대한 통찰과 변화를 위한 제언은 이렇게나 적실하다.

서보경
(연세대 문화인류학과 교수, 『휘말린 날들』 『돌봄이 이끄는 자리』 저자)

인간은 모두 늙고 병든다. 그런데 어떤 몸은 다른 몸보다 빨리 낡고, 어떤 삶은 다른 삶보다 쉽게 부서진다. 체제는 개인을 탓하기 일쑤지만, 비단 개인의 잘못만이 아니라면 우리는 어디서부터 다시 생각해야 할까. 제로니머스는 단호히 답한다. 구조가, 제도가, 오랜 억압이 그러한 차별을 낳는다고. 그에 따르면 지배집단과 소외집단의 문화적 권력 차이는 '인종화'를 야기하고, 액체처럼 유동적인 인종화는 누구도 피해가지 못할 차별의 사다리에 인간을 촘촘히 매달아둔다. 이때 보호막 없이 노출된 아래쪽 몸들은 사다리 위쪽의 몸들보다 훨씬 가혹하게 소모된다. 『불평등은 어떻게 몸을 갉아먹는가』의 원제가 '침식' '마모' '풍화'를 뜻하는 '웨더링'weathering인 이유다.

물론 사회역학의 제 연구처럼 이 책의 내용도 전혀 새로울 것은 없다. 강자의 기대수명이 약자보다 짧다는 결과가 나왔다면 경천동지하겠지만, 약자의 기대수명이 강자보다 짧다는 가설이 결국 증명되리라는 것을 어느 누가 모르겠는가. 다만 우리가 분명히 물어야 할 것은 모진 풍화를 겪고 있을 절대다수조차 왜 이 사실을 그저 당연하다고 여기느냐이다. 결국 독자들이 이 여성 보건학자의 학문적 실록을 돌멩이처럼 집어 들어야 한다. 인식의 틀을 깨트리는 돌멩이로서만이 아니라, 힘의 논리를 깊숙이 체화한 바로 이 현실을 깨부숴버릴 물리적인 짱돌로서.

이현석
(소설가·『다른 세계에서도』『덕다이브』, 직업환경의학과 전문의)